O MINISTÉRIO DA VERDADE

DORIAN LYNSKEY

O Ministério da Verdade

Uma biografia de 1984,
o romance de George Orwell

Tradução
Claudio Alves Marcondes

Companhia Das Letras

Grafia atualizada segundo o Acordo Ortográfico da Língua Portuguesa de 1990, que entrou em vigor no Brasil em 2009.

Título original
The Ministry of Truth: A Biography of George Orwell's *1984*

Capa
Kiko Farkas/ Máquina Estúdio

Foto de capa
Coleção de Fostin Cotchen

Preparação
Julia Passos

Índice remissivo
Luciano Marchiori

Revisão
Jane Pessoa
Clara Diament

Dados Internacionais de Catalogação na Publicação (CIP)
(Câmara Brasileira do Livro, SP, Brasil)

Lynskey, Dorian
O Ministério da Verdade : Uma biografia de *1984*, o romance de George Orwell / Dorian Lynskey ; tradução Claudio Alves Marcondes. — 1ª ed. — São Paulo : Companhia das Letras, 2021.

Título original: The Ministry of Truth: A Biography of George Orwell's *1984*

ISBN 978-65-5921-078-7

1. Ficção norte-americana 2. Orwell, George, 1903-1950 – Influência I. Título.

21-61304 CDD-813

Índice para catálogo sistemático:
1. Ficção : Literatura norte-americana 813

Aline Graziele Benitez – Bibliotecária – CRB-1/3129.

[2021]

EDITORA SCHWARCZ S.A.
Rua Bandeira Paulista, 702, cj. 32
04532-002 — São Paulo — SP
Telefone: (11) 3707-3500
www.companhiadasletras.com.br
www.blogdacompanhia.com.br
facebook.com/companhiadasletras
instagram.com/companhiadasletras
twitter.com/cialetras

Para Lucy, Eleanor e Rosa

Uma triste observação sobre a nossa época é que nos parece mais fácil crer em distopias do que em utopias: estas podem ser apenas imaginadas, mas aquelas já nos são conhecidas.

Margaret Atwood[1]

Havia verdade e havia inverdade, e se você se agarrasse à verdade, mesmo que o mundo inteiro o contradissesse, não estaria louco.

George Orwell, *1984*[2]

Sumário

Introdução

Dezembro de 1948. Numa ilha remota, sentado na cama diante de uma máquina de escrever, um homem luta para acabar de redigir o livro que lhe é mais importante do que qualquer outro. Está muito doente, mas afinal consegue terminar. Pouco mais de um ano depois, a vida do autor também chega ao fim.

Janeiro de 2017. Em Washington, DC, outro homem está diante de uma multidão, não tão grande quanto gostaria, tomando posse como o 45º presidente dos Estados Unidos. Mais tarde, a secretária de Imprensa comenta que aquele foi "o maior público a presenciar uma posse presidencial — ponto — tanto no país como no resto do mundo".[1] Ao pedirem que justificasse uma mentira tão deslavada, a assessora do presidente afirmou que a declaração se referia a "fatos alternativos".[2] Nos quatro dias seguintes, as vendas do livro do escritor falecido iriam explodir nos Estados Unidos, aumentando quase 10 000% e levando-o ao topo da lista dos mais vendidos.

Quando *1984*, de George Orwell, foi publicado no Reino Unido, em 8 de junho de 1949, no coração do século XX, um crítico perguntou se um livro tão oportuno naquele momento teria a possibilidade de exercer bastante influência nas gerações seguintes. Três décadas e meia depois, quando o presente alcançou o futuro imaginado por Orwell e o mundo não era o pesadelo por ele descrito, os comentaristas voltaram a anunciar a queda da popularidade do livro. De lá para cá, passaram-se outros 35 anos, e *1984* continua sendo o livro a que recorremos sempre que a verdade é mutilada, a linguagem, distorcida, o poder, abusado, e ficamos curiosos para saber o quão piores as coisas podem ficar — e isso porque alguém que viveu e morreu em outra época se mostrou clarividente o bastante para identificar esses males, além de ser talentoso o suficiente para apresentá-los sob a forma de um romance que Anthony Burgess, autor de *Laranja mecânica*, chamou de o "código apocalíptico dos nossos piores medos".[3]

1984 não só vendeu dezenas de milhões de exemplares, mas se infiltrou na consciência de incontáveis pessoas que nunca o leram. As frases e os conceitos cunhados por Orwell se tornaram elementos essenciais do discurso político, ainda potentes após décadas de uso e equívocos: Novafala, Grande Irmão, Polícia das Ideias, Quarto 101, Dois Minutos de Ódio, duplipensamento, despessoa, buraco da memória, teletela, 2 + 2 = 5, e o Ministério da Verdade. O título do livro marcou um ano do calendário, enquanto o adjetivo "orwelliano" transformou o nome do autor num sinônimo abrangente de tudo o que ele odiava e temia. Adaptada para o cinema, a televisão, o rádio, o teatro, a ópera e o balé, a obra serviu de inspiração para uma sequência romanceada (*1985*, de György Dalos), uma versão pós-moderna (*Orwell's Revenge: The 1984 Palimpsest* [A vingança de Orwell: O palimpsesto de 1984], de Peter Huber), e incontáveis réplicas. Até mesmo a escrita do livro deu origem, em 1983, a um drama da BBC, *The Crystal Spirit: Orwell on Jura* [O espírito cristalino: Orwell em Jura], e a um romance de 2017, *The Last Man in Europe* [O último homem na

Europa], de Dennis Glover. *1984* influenciou romances, filmes, peças de teatro, programas de televisão, histórias em quadrinhos, discos, propagandas, discursos, campanhas eleitorais e insurreições. Houve gente que amargou anos na prisão apenas pelo fato de ter lido o livro. Nenhuma obra de ficção literária do século XX alcançou tanta onipresença cultural e, ao mesmo tempo, preservou a sua força. Embora vozes discordantes, como Milan Kundera e Harold Bloom, tenham argumentado que *1984* é, na verdade, um romance ruim, com personagens inconsistentes, prosa monótona e enredo implausível, não conseguiram negar a sua importância. Como observou o editor de Orwell, Fredric Warburg, trata-se de um êxito extraordinário "para um romance que não é concebido para agradar nem é de fácil entendimento".[4]

Para qualquer artista, o preço de uma imensa popularidade é a certeza de ser mal compreendido. *1984* é mais conhecido do que lido. Este livro é uma tentativa de restaurar algum equilíbrio ao explicar o que de fato é o livro de Orwell, em que circunstâncias foi escrito e como vem moldando o mundo nos últimos setenta anos, após a morte do autor. O significado de uma obra de arte nunca se restringe às intenções do seu criador, mas nesse caso vale a pena reexaminar os propósitos de Orwell, tantas vezes distorcidos ou ignorados, caso se queira entender o livro *enquanto livro*, e não apenas como um conveniente repertório de memes. Um livro que é tanto uma obra de arte como uma maneira de ler o mundo.

Esta, portanto, é a história de *1984*. Foram escritas diversas biografias de Orwell e estudos acadêmicos sobre o contexto intelectual do seu romance, mas nunca se tentou mesclar ambos os aspectos numa única narrativa e, ao mesmo tempo, explorar as repercussões do livro. Tenho interesse na vida de Orwell sobretudo como um meio de esclarecer as experiências e as ideias que alimentaram esse pesadelo muito pessoal, no qual tudo o que ele valorizava é sistematicamente destruído: honestidade, decência, equidade, memória, história, clareza, privacidade, senso comum, sanidade, a Inglaterra e o amor. Isso implica remontar à sua decisão de lutar na Guerra Civil Espanhola em 1936, pois foi na Espanha que, pela primeira vez e de modo aguçado, tomou consciência das formas pelas quais a conveniência política corrompe a integridade moral, a linguagem e a própria verdade. Vou acompanhá-lo a partir daí — passando pela Blitz, a Guarda Nacional, a BBC, os círculos literários de Londres e a Europa do pós-guerra, até a ilha de Jura, onde afinal concluiu o romance —, a fim de demolir o mito de que *1984* teria sido um prolongado grito de desespero, lançado por um homem solitário, agonizante e incapaz de encarar o futuro. Meu objetivo é chamar a atenção para aquilo em que ele de fato estava pensando, e como chegou a pensar isso.

Um dos motivos pelos quais Orwell demorou tanto para escrever *1984* é que o livro sintetizava ideias que ele vinha elaborando durante a maior parte de sua trajetória como escritor. O livro é a consumação de anos de reflexão, escrita e leitura a respeito de utopias, superestados, ditadores, prisioneiros, propaganda, tecnologia, poder, linguagem, cultura, classe, sexo, o mundo rural, ratos, e muito mais, a tal ponto que, com frequência, é impossível atribuir uma frase ou uma ideia determinada a uma única fonte. Ainda que ele pouco tenha dito sobre a evolução do romance, Orwell deixou um rastro de papéis que se estende por milhares de páginas. Mesmo que tivesse vivido por mais décadas, *1984* teria assinalado o fim de uma etapa: como escritor, ele teria de começar de novo.

Na primeira parte, vou contar a história de Orwell e falar do mundo em que vivia: as pessoas que conheceu, as notícias que acompanhava e os livros que lia. Também dedico três capítulos a influências cruciais sobre *1984*: H. G. Wells; *Nós*, de Ievguêni Zamiátin; e o gênero da ficção utópica (e antiutópica). Todos os livros, peças ou filmes citados eram bem conhecidos de Orwell, a não ser quando indicado. Já a segunda parte acompanha a vida política e cultural de *1984*, desde a morte de Orwell até os dias atuais. No caminho, vamos encontrar Aldous Huxley e E. M. Forster; Winston Churchill e Clement Attlee; Ayn Rand e Joseph McCarthy; Arthur Koestler e Hannah Arendt; Lee Harvey Oswald e J. Edgar Hoover; Margaret Atwood e Margaret Thatcher; a CIA e a BBC; David Bowie e o seriado *O prisioneiro*; *Brazil: O filme* e *V de vingança*; *Laranja mecânica* e *Filhos da esperança*; Edward Snowden e Steve Jobs; Lênin, Stálin e Hitler. Ao longo do texto, vínculos com a situação política contemporânea são às vezes explicitados e, em outras, permanecem implícitos. Preferi não insistir demais em chamar a atenção do leitor nesse sentido, mas convém ter sempre em mente os nossos governantes atuais.

Algumas observações sobre a terminologia. "Orwelliano" admite duas definições opostas: como uma obra que reflete o estilo e os valores de Orwell, ou como um aspecto do mundo real que coloca em risco tais valores. Para evitar confusão, vou usar o adjetivo apenas nesta última acepção, e usar "similar a Orwell" para o primeiro caso.

"O êxito de Orwell decorre do fato de ele ter escrito os livros certos exatamente nos momentos certos", escreveu o filósofo Richard Rorty.[5] Antes da publicação de *A revolução dos bichos* e de *1984*, Orwell era conhecido nos círculos literários e políticos da Grã-Bretanha, mas estava longe de ser famoso. Atualmente, todos os seus livros, mesmo aqueles que ele descartou como experimentos fracassados ou meras obras feitas por encomenda, nunca ficam fora das livrarias, e hoje podemos ler todos os seus textos remanescentes, graças ao hercúleo esforço editorial do prof. Peter Davison, cujos vinte volumes de *The Complete Works of George*

Orwell contêm quase 9 mil páginas e 2 milhões de palavras. Aqueles que leram a primeira edição de *1984* em 1949 conheciam apenas uma fração de sua obra atualmente disponível.

Sabendo o quão escrupulosamente Orwell escolheu o que dividir com o público, não fui capaz de ler tudo o que ele escreveu sem, vez por outra, sentir um arrepio de culpa. Ele teria ficado mortificado de ver republicada grande parte dos textos jornalísticos, para não falar das cartas íntimas, e no entanto quase nada disso é desprovido de valor. Mesmo quando debilitado pela doença, esgotado pelo trabalho, ou desesperado para escrever algo diferente, o seu cérebro sempre estava ativamente às voltas com os grandes problemas e os pequenos consolos, e muito disso acabou desembocando em *1984*. Como ele recusava submeter o seu juízo a qualquer ideologia ou orientação partidária, mesmo ao errar, o que ocorria com frequência, Orwell se equivocava de uma forma sincera e interessante. Ele possuía exatamente aquilo que elogiou em Charles Dickens: uma "inteligência livre".[6] Não era, de maneira nenhuma, um gênio singular (também pretendo destacar alguns de seus contemporâneos menos célebres), mas foi o único escritor de seu tempo a fazer tão bem tantas coisas.

Um dos colegas de escola de Orwell, Cyril Connolly, recordou que "emanava dele um brilho que fazia a gente querer que ele gostasse um pouco mais de nós".[7] Essa mesma qualidade transparece nos seus escritos e leva os admiradores a buscar a sua aprovação imaginária. Todavia, não tenho a menor vontade de beatificar um homem que via com ceticismo os santos, as utopias e a perfeição em geral. Somente sendo franco a respeito de seus erros e insuficiências — como ele próprio costumava ser — tenho condições de explicar tanto o escritor como o livro. Embora a sua prosa criasse a ilusão de que era um sujeito decente e sensato, que estava afirmando uma verdade óbvia que o leitor sabia visceralmente mas ainda não reconhecera, Orwell também podia ser precipitado, hiperbólico, irritável, rígido e perverso. Nós o apreciamos apesar de suas falhas porque ele estava certo a respeito de questões cruciais relativas ao fascismo, ao comunismo, ao imperialismo e ao racismo numa época em que muita gente devia ter demonstrado maior discernimento.

Orwell sentia que vivia em tempos execráveis. Ele fantasiava outra vida na qual passaria os dias cuidando do jardim e escrevendo ficção, em vez de ser "obrigado a virar um panfletário",[8] mas teria sido um desperdício. O verdadeiro talento dele era a análise e a explicação de uma época tumultuada da história humana. Postos no papel, os valores fundamentais que defendia talvez pareçam vagos demais para significar algo — honestidade, decência, liberdade, justiça —, mas ninguém se confrontou tão assiduamente, em público e em particular, com o significado de tais ideais durante os dias mais sombrios do século XX. Ele sempre procurou dizer a verdade, e admirava qualquer um que fizesse o mesmo. Nada que se baseasse numa mentira, por mais sedutoramente conveniente, poderia ter valor. Indiscernível de sua honestidade era o compromisso de sempre entender o que estava pensando e por que estava pensando aquilo, sem nunca deixar de reavaliar tais opiniões. Para citar Christopher Hitchens, um dos discípulos mais eloquentes de Orwell, "não importa o que você pensa, mas *como* pensa".[9]

Meu intuito é traçar um quadro preciso das posições adotadas por Orwell diante das questões vitais da época, e das circunstâncias e motivos que o levaram a rever essas posições, sem a pretensão de adivinhar, por exemplo, o que ele teria achado do Brexit. Tal pretensão só pode ser sustentada por citações seletivas que muitas vezes chegam a ser fraudulentas. Lembro de, em 1993, ouvir o primeiro-ministro conservador John Major citar a frase de Orwell sobre "solteironas pedalando a caminho da missa em meio à névoa matinal",[10] como se não tivesse sido tirada de *O leão e o unicórnio*, uma passional argumentação em favor do socialismo. Quando os responsáveis pelo InfoWars, o website notório por disseminar escandalosas teorias conspiratórias, citam rotineiramente Orwell, fica óbvio que o duplipensar é algo bem real.

Um romance reivindicado por socialistas, conservadores, anarquistas, liberais, católicos e libertários de todas as estirpes não pode ser, como alegou Milan Kundera, meramente um "discurso político disfarçado de romance".[11] Sem dúvida, não é uma alegoria precisa como no caso de *A revolução dos bichos*, em que todo elemento se encaixa no mundo real com um clique audível. A prosa notoriamente translúcida de Orwell oculta um mundo de complexidade. *1984* costuma ser descrito como uma distopia. Mas também é, em graus variados e discutíveis, sátira, profecia, alerta, tese política, obra de ficção científica, thriller de espionagem, terror psicológico, pesadelo gótico, texto pós-moderno e história de amor. Quase todo mundo lê *1984* ainda na juventude e, embora muito afetado pelo livro — que oferece mais sofrimento e menos reconforto do que qualquer outra obra adotada em escolas secundárias —, não se sente compelido a redescobri-lo na idade adulta. É uma pena que seja assim. *1984* é muito mais rico e estranho do que a gente provavelmente lembra, e recomendo muito que seja lido de novo. Enquanto isso, no apêndice incluído no final deste livro, apresento um breve resumo do enredo, dos personagens e da terminologia.

Quando li *1984* pela primeira vez, ainda era adolescente e vivia numa área suburbana ao sul de Londres. Como disse Orwell, os livros lidos na juventude ficam conosco para sempre. Eu o achei chocante e instigante, mas isso foi por volta de 1990, quando o comunismo e o apartheid estavam se eclipsando, reinava o otimismo e o mundo não dava a impressão de ser particularmente orwelliano. Mesmo depois do Onze de Setembro, a relevância do livro era fragmentária: costumava ser citado em referência à linguagem política, aos meios de comunicação ou aos sistemas de vigilância, mas não como sendo relevante de forma mais ampla. A democracia estava em ascensão e a internet era vista sobretudo como uma força para o bem.

Enquanto pesquisava e escrevia *O Ministério da Verdade*, porém, o mundo mudou. As pessoas começaram a falar com ansiedade das turbulências políticas da década de 1970 e, pior ainda, da década de 1930. As estantes das livrarias passaram a ser tomadas por obras intituladas *Como a democracia chega ao fim*, *Fascismo: Um alerta*, *Na contramão da liberdade* e *A morte da verdade*, muitas das quais citam Orwell.[12] O livro *Origens do totalitarismo*, de Hannah Arendt, mereceu nova edição, divulgada como "uma obra complementar de não ficção para *1984*";[13] assim como o romance de Sinclair Lewis, publicado em 1935, sobre o fascismo americano, *Não vai acontecer aqui*.[14] A adaptação para a televisão do romance que Margaret Atwood publicou em 1985, *O conto da aia*, mostrou-se tão alarmante quanto se fosse um documentário. "Antes eu estava adormecida", diz a personagem Offred, vivida por Elizabeth Moss. "Foi assim que deixamos acontecer."[15] Bem, agora estávamos despertos. Eu me lembrei então de algo que Orwell havia escrito sobre o fascismo em 1936: "Se fizer de conta que é apenas uma aberração, algo que vai acabar sumindo por si mesmo, você está sonhando e vai acordar quando alguém o golpear com um cassetete de borracha".[16] *1984* é um livro concebido para despertar o leitor.

1984 foi o primeiro romance plenamente distópico a ser escrito com o conhecimento de que a distopia era real. Na Alemanha e no bloco soviético, ela já fora construída por homens, e outros homens e mulheres se viram obrigados a viver e morrer no interior de seus muros de ferro. Esses regimes podem ter ficado no passado, mas o livro de Orwell continua a definir os nossos pesadelos, ainda que estes assumam outras formas. "Para mim é como um mito grego, que a gente pega e faz dele o que quiser — como examinar a si mesmo", comentou Michael Radford, que dirigiu uma adaptação de *1984* para o cinema.[17] "É um espelho", diz um personagem na versão para o teatro montada em 2013 por Robert Icke e Duncan Macmillan. "Toda época se vê refletida ali."[18] Para o cantor e compositor Billy Bragg, "toda vez que o leio, parece diferente".[19]

Ainda assim, o fato de que o romance nos fale de modo tão incisivo e claro em 2019 é uma terrível condenação tanto dos políticos como dos cidadãos. Embora por enquanto seja um alerta, também é um lembrete de todas as dolorosas lições que o mundo parece ter desaprendido desde a época em que Orwell viveu, sobretudo as que ressaltam a fragilidade da verdade diante do poder. Hesito em dizer que *1984* continua mais relevante do que nunca, mas não há dúvida de que é mais relevante do que devia ser.

Parafraseando o aviso de Orwell em *Lutando na Espanha*, seu livro sobre a Guerra Civil Espanhola: deixei claros os meus preconceitos, mas procurei dizer a verdade.

PARTE I

1. A história interrompida

Orwell 1936-8

Vivemos num mundo onde ninguém é livre, onde quase ninguém está seguro, onde é quase impossível ser honesto e continuar vivo.

George Orwell, *O caminho para Wigan Pier*, 1937[1]

Pouco antes do Natal de 1936, George Orwell irrompeu na redação do *New English Weekly*, em Londres, vestido para uma expedição e com uma mala pesada, e anunciou: "Estou indo para a Espanha".[2]

"Por quê?", indagou o francês Philip Mairet, o afável editor da revista semanal.

"É esse fascismo", respondeu Orwell. "Alguém tem de fazer algo para impedir isso."

Quem era esse sujeito de 33 anos diante de Mairet? Que tipo de impressão causava? Media cerca de 1,90 metro, calçava 46, com mãos grandes e expressivas, e braços e pernas desengonçados que mal parecia saber onde colocar. Tinha um rosto pálido e magro, prematuramente envelhecido, com rugas marcadas em torno da boca, dando uma impressão do sofrimento nobre que lembrava aos amigos Dom Quixote ou um dos santos de El Greco. Os olhos azul-claros deixavam entrever uma inteligência desolada e compassiva. A boca era propensa a trejeitos irônicos e, para os mais afortunados, a um riso que parecia um grunhido rouco. O cabelo era eriçado como as cerdas de uma escova. Vestia roupas surradas, que não se ajustavam ao corpo mas pareciam ter sido penduradas nele, restando-lhe o bigode fino como única concessão ao esmero. Exalava tabaco queimado e, segundo alguns, um odor indefinível de enfermidade. Ele falava num tom monótono seco e rascante, cuja aspiração à neutralidade de classe era frustrada por um obstinado resquício de Eton. À primeira vista, podia parecer reservado e alheio: um sujeito seco e antipático. Quem o conhecia melhor logo se dava conta de sua generosidade e bom humor, mas continuava a se chocar com a reserva emocional. Ele acreditava firmemente no trabalho duro e nos prazeres simples. Era recém-casado, com a brilhante e intrépida Eileen O'Shaughnessy, formada em Oxford. Politicamente empenhado mas não de forma ideológica. Era viajado e falava várias línguas. Frequentava muitos círculos.

Igualmente relevantes são as coisas que ele não era. Ainda não era uma personalidade importante, um socialista convicto, um especialista em totalitarismo, tampouco um escritor cuja prosa se destacava pela transparência. Mal começava a ser George Orwell. A Espanha iria marcar a grande ruptura em sua vida: o seu marco zero. Anos mais tarde, diria ao amigo Arthur Koestler: "A história se interrompeu em 1936".[3] Com o totalitarismo. Com a Espanha. A história parou ali, e ali teve início o *1984*.

"Até por volta dos trinta anos", escreveu Orwell na meia-idade, "sempre planejei a minha vida tendo por pressuposto não somente que qualquer grande empreendimento estava condenado a fracassar, mas que estava fadado a viver só alguns anos a mais."[4]

Ele nasceu na Índia, em 25 de junho de 1903, e recebeu o nome de Eric Arthur Blair. A mãe, Ida, que o levou para a Inglaterra no ano seguinte, era uma mulher de inteligência aguçada, meio francesa, que frequentava as sufragetes e os fabianos. O pai,

Richard Blair, um funcionário público de médio escalão que trabalhava no Departamento do Ópio do governo imperial britânico, somente iria ressurgir na vida do filho em 1912, quando apareceu "simplesmente como um homem envelhecido de voz ríspida que sempre dizia 'Não'".[5] No romance *1984*, Winston Smith é obcecado por ter abandonado a mãe e a irmã quando pequeno, porém mal consegue lembrar do pai.

Assim, Orwell nasceu no que ele próprio chamaria de "estrato baixo da classe média alta",[6] uma camada problemática no sistema de classes inglês, pois tinha as pretensões e as maneiras dos ricos mas não o capital, e por isso empregava quase todo o seu dinheiro para "manter as aparências". Mais tarde, ele veria a si mesmo mais jovem com constrangimento, vergonha e considerável desprezo, como o tipo de "pequeno esnobe odioso"[7] que era o resultado esperado de sua classe e formação. "A menos que o arranque como a erva daninha que é, o esnobismo se agarra a você até a cova."[8] Entre oito e treze anos, ele foi aluno da St. Cyprian, uma pequena escola particular em Sussex, que ele odiou com fervorosa paixão até o fim da vida. "Fracasso, fracasso, fracasso — fracasso no passado, fracasso no futuro —, essa a convicção mais profunda que levava comigo."[9]

Na nota autobiográfica que Orwell contribuiu para o livro *Twentieth Century Authors* [Escritores do século xx], em 1940, ele escreveu: "Estudei em Eton, 1917-21, pois tive a sorte de ganhar uma bolsa, mas ali não fiz nada e aprendi muito pouco, por isso não sinto que Eton tenha sido uma influência muito formadora em minha vida".[10] Ainda que provavelmente estivesse exagerando o desprezo que os alunos pagantes direcionavam aos bolsistas, não há dúvida de que foi um estudante medíocre e com um forte sentimento de inadequação. Embora conhecido como um "bolchevique", seu socialismo era mais uma pose então na moda do que uma convicção genuína. Um colega o recorda como "um garoto sempre briguento, sempre predisposto a achar tudo errado ao redor, e passava a impressão de que estava ali para corrigir o que havia de errado".[11] Segundo outro colega, "ele era mais sardônico do que rebelde, mantendo-se um pouco à parte, observando — sempre observando".[12]

Depois de Eton, Orwell recusou a oportunidade de frequentar a universidade e se alistou na Polícia Imperial Indiana, na Birmânia, onde a mãe havia crescido: uma decisão surpreendente que ele nunca tentou explicar para os leitores ou para os amigos. Orwell pôs de lado as ambições literárias, mas os cinco anos que passou na Birmânia acabaram por lhe proporcionar o material para um romance razoável (*Dias na Birmânia*) e dois ensaios muito bons ("Um enforcamento" e "O abate de um elefante"), bem como uma crença vitalícia no valor da experiência direta. Orwell não gostava de intelectuais, um termo que costumava colocar entre aspas, que se baseavam em teorias e especulações; e jamais ficava plenamente convencido de algo até que tivesse, de alguma forma, vivenciado aquilo. "A fim de odiar o imperialismo, você precisa ser parte dele"[13] é uma generalização falaciosa, mas verdadeira no caso de Orwell. Nos textos de Orwell, *você* muitas vezes significa *eu*.

A Birmânia desempenhou o papel de uma terapia aversiva. Ao observar como os membros da classe dominante eram corrompidos e confinados pelo abuso do poder e pela hipocrisia que o mascarava, Orwell adquiriu uma aversão por todo tipo de opressão, e brevemente abraçou uma espécie de anarquismo, antes de concluir que não passava de uma "bobagem sentimental".[14] Ele retornou à Inglaterra em 1927 (de licença, mas nunca voltaria à Birmânia) com "um imenso fardo de culpa que tinha de expiar".[15] Isso se manifestou como um desejo masoquista de se colocar em situações desconfortáveis e que implicavam até mesmo risco de vida. "Como escrever sobre os pobres a menos que você viva a pobreza, ainda que temporariamente?", perguntou a um amigo.[16] Um bibliotecário que o conheceu nessa época notou com sagacidade que ele era um homem "no processo de se readaptar".[17]

Desprovido, como ele próprio admitiu, "de interesse no socialismo ou em qualquer outra teoria econômica",[18] procurou mergulhar no submundo dos oprimidos — aqueles que, por não terem emprego, propriedade ou status, haviam transcendido, ou melhor, haviam caído abaixo do sistema de classes —, tornando-se um vagabundo na Inglaterra e um lavador de pratos em Paris no final da década de 1920. "É uma espécie de mundo-dentro-do-mundo onde todos são iguais, uma pequena e esquálida democracia — talvez a coisa mais próxima da democracia que existe na Inglaterra", escreveu.[19] Para Richard Rees, o editor da revista literária *The Adelphi*, Orwell escolheu esse caminho "como uma espécie de penitência ou ablução para se lavar da mácula do imperialismo".[20] Essa *nostalgie de la boue* [nostalgia da lama], que antecipava as incursões de Winston Smith no bairro proletário em *1984*, o levou a escrever o seu primeiro livro, *Na pior em Paris e Londres*.

Publicado em 1933, o livro de memórias assinalou o nascimento de "George Orwell". Um dos motivos que deu para usar um pseudônimo era o desejo de poupar a família do constrangimento caso ficassem chocados com o conteúdo, ou caso a sua carreira de escritor não desse em nada, mas por outro lado ele nunca gostara do nome Eric e estava ansioso para se reinventar. Tirado do rio Orwell em Suffolk, esse nome quintessencialmente inglês acabou tomando o lugar de outros nomes alternativos que lhe ocorreram, como Kenneth Miles, P. S. Burton e H. Lewis Allways. E afinal foi uma boa escolha: "allwaysiano" não teria sido um adjetivo muito elegante.

Em 1936, Orwell era autor de três romances, um livro de não ficção, alguns poemas fracos e uma quantidade crescente de artigos jornalísticos — mas tudo isso ainda não chegava a constituir uma carreira viável. Ele só conseguia pagar as contas dando aulas e trabalhando em livrarias. Nesse mesmo ano, ele traçou um autorretrato sombriamente exagerado em seu terceiro romance, *A flor da Inglaterra*. Gordon Comstock é um fugitivo empobrecido da classe média "remediada mas digna"[21] que nutre ambições literárias irrealizadas e trabalha numa livraria para sobreviver. Ainda "não completou trinta, mas já está decrépito. Muito pálido, com rugas amargas e inextirpáveis".[22] A autopiedade, o pessimismo e a misantropia dele são de tal modo claustrofóbicos que a sua definitiva capitulação à conformidade burguesa, simbolizada pelo vaso doméstico de aspidistra, surge como uma libertação misericordiosa. Comstock é uma versão grotesca de Orwell, do que ele poderia ter se tornado caso tivesse sucumbido à amargura e ao desespero.

Em janeiro de 1936, Orwell aceitou o encargo — de seu editor Victor Gollancz, um entusiástico e vigoroso socialista judeu — de explorar as duras condições em que vivia a classe dos operários fabris no norte da Inglaterra. Publicada no ano seguinte, a primeira parte de *O caminho para Wigan Pier* é um exemplo de excelente jornalismo de denúncia, despertando a empatia do leitor por meio do entrelaçamento de dados concretos com uma vívida percepção de paisagens, sons, sabores e cheiros da vida da classe operária. A imagem de uma mulher ajoelhada para desentupir um cano de esgoto marcou Orwell como um quadro indelével da labuta que iria reencenar anos depois em *1984*. A expressão no rosto da mulher o deixou fascinado: "Ela sabia muito bem o que estava acontecendo".[23] Orwell escreveu com frequência sobre o poder da expressão facial para revelar a personalidade de forma profunda, seja no caso de Dickens, de Hitler, de um miliciano espanhol ou do Grande Irmão. Na Pista de Pouso Um, o nome que deu à versão da Grã-Bretanha em *1984*, o perigo de delatar fisicamente os seus verdadeiros sentimentos é chamado de "rostocrime",[24] e a metáfora do torturador O'Brien para a tirania é "uma bota pisoteando um rosto humano — para sempre".[25]

Embora tenha minimizado bastante os prazeres da existência da classe trabalhadora de modo a enfatizar as suas dificuldades, na primeira parte de *O caminho para Wigan Pier*, Orwell reconhece plenamente os personagens como seres humanos, e não apenas como unidades estatísticas ou emblemas das massas sofredoras. Por isso, ao comentar com o escritor proletário Jack Common que "temo ter feito uma trapalhada de certos trechos",[26] é de presumir que se referia à segunda parte ensaística do livro, a qual mais tarde afirmou que não valia a pena republicar.

Essa segunda parte abre com uma espécie de reminiscência, delineando, com brutal sinceridade, a evolução de sua consciência política. Ao dizer que fora preparado desde o nascimento para "odiar, temer e desprezar a classe operária",[27] implicitamente faz do livro um meio tanto de educação como de expiação. Para Orwell, se o socialismo era obviamente necessário, então a impopularidade dele se devia à sua imagem, que "afasta as próprias pessoas que deviam estar acorrendo em seu apoio",[28] ao obscurecer os ideais fundamentais de justiça, liberdade e decência comum. Ele identifica dois obstáculos importantes. Um deles é o culto da máquina pelo socialismo, que resulta numa visão desagradável de "aeroplanos, tratores e imensas e reluzentes fábricas de vidro e concreto".[29] O outro é a excentricidade de classe média. Mal reconhecendo a existência de socialistas da classe operária ou do movimento sindical, Orwell resgata os seus próprios preconceitos excêntricos através de hábitos mentais imaginários do homem comum, denunciando os fetiches e as debilidades que supostamente tornariam o socialismo pouco atraente para o tal homem (isto é, para ele próprio), investindo contra, entre outras coisas, vegetarianos, abstêmios, nudistas, quakers, sandálias, suco de frutas, jargão marxista, o termo *camarada*, camisas cor de pistache, métodos anticoncepcionais, ioga, barbas e a cidade-jardim de Welwyn, especialmente erguida em Hertfordshire de acordo com princípios utópicos. Embora Orwell sustente no livro que está apenas desempenhando o papel de advogado do diabo, não é fácil escapar à impressão de que se diverte mais insultando uma minoria aloprada de socialistas do que defendendo outras formas de socialismo. Depois de tal espetáculo, é um pouco demais ele concluir o livro com um apelo para que os "esquerdistas de todas as cores deixem de lado suas diferenças e se juntem".[30]

Orwell complicou a vida de Victor Gollancz, que pouco antes havia fundado o Left Book Club [Clube do Livro de Esquerda], juntamente com o deputado trabalhista John Strachey e o cientista político Harold Laski, a fim de promover o socialismo. Laski, o mais influente intelectual socialista da Grã-Bretanha, considerou a primeira parte de *O caminho para Wigan Pier* uma "admirável propaganda das nossas ideias",[31] mas Gollancz se sentiu obrigado a escrever um prefácio para a edição, publicada pelo Left Book Club, que desvinculava o clube do livro dos juízos dissonantes contidos na segunda parte. Nesse prefácio, Gollancz colocou o dedo na paradoxal natureza atormentada de Orwell: "Na verdade, ele é ao mesmo tempo um rematado intelectual e um violento anti-intelectual. Do mesmo modo, é um esnobe temível — ainda (que ele me perdoe por dizer isto), e um execrador genuíno de toda forma de esnobismo".[32] Até o final de sua vida, Orwell admitiu que os micróbios de tudo o que criticava estavam presentes nele mesmo. Na verdade, era essa percepção das próprias deficiências que o inoculava contra as ilusões utópicas da perfectibilidade humana.

Gollancz também acusou Orwell de nunca definir a sua versão preferencial do socialismo, nem de explicar como poderia ser concretizada. Segundo John Kimche, um colega de livraria e subsequente editor de Orwell, este era um "socialista visceral": "Muito decente mas sem consonância, diria eu, com situações políticas ou militares complexas".[33] Todavia, por mais fragmentária e perversa que fosse a sua crítica do socialismo, as intenções de Orwell eram sinceras. Estava convencido de que "nada mais pode nos salvar da miséria do presente ou do pesadelo do futuro",[34] e se o socialismo não conseguia a adesão dos britânicos comuns, então certamente a insatisfação deles acabaria sendo explorada por alguém como Hitler. Na Grã-Bretanha, escreveu, o socialismo "recende a excentricidade, a adoração da máquina e ao culto estúpido da Rússia. A menos que se livre desse odor, e bem depressa, o fascismo pode vencer".[35]

Enquanto escrevia essas palavras, Orwell já fazia planos para combater o fascismo de forma mais direta. Richard Rees, o editor da *Adelphi*, conhecia Orwell desde 1930, mas foi só quando o amigo viajou para a Espanha que Rees "começou a se dar conta de que ele era extraordinário".[36]

"A Guerra Civil Espanhola é um daqueles casos relativamente raros em que a visão mais amplamente aceita dos acontecimentos foi escrita de forma mais persuasiva antes pelos derrotados do que pelos vencedores no conflito", escreveu o historiador Anthony Beevor.[37] Além disso, as recordações do conflito mais amplamente lidas, *Lutando na Espanha*, foram escritas por alguém que lutou ao lado dos derrotados pelos derrotados: o Partido Obrero de Unificación Marxista (Partido Operário de Unificação Marxista), conhecido como Poum. Essa era uma perspectiva muito peculiar. O Poum era um partido pequeno e pouco influente, débil em termos militares e impopular em termos políticos. Assim, quando os contemporâneos e, mais tarde, os historiadores argumentaram que o livro de Orwell oferecia uma visão distorcida do conflito, eles não se equivocavam, ainda que o livro contasse a verdade da guerra vivida por seu autor.

Em fevereiro de 1936, na época em que Orwell estava em Wigan, os cidadãos na turbulenta República Espanhola, que existia na época havia cinco anos, elegeram por estreita margem uma coalizão de Frente Popular composta de anarquistas, socialistas, comunistas e republicanos liberais, para o horror da Igreja e do Exército, os pilares gêmeos do sentimento monarquista reacionário. No mesmo ano, em 17 de julho, após cinco meses de instabilidade, o general Francisco Franco promoveu um levante no Marrocos espanhol e nas ilhas Canárias, desencadeando uma guerra civil brutal que dividiu em dois o país e virou um campo de enfrentamento indireto entre o fascismo e o comunismo, cujo confronto iria definir a década. A Alemanha e a Itália logo passaram a fornecer armas e pessoal aos rebeldes franquistas, ao passo que a Rússia, graças a um equivocado embargo de armamentos imposto pela Grã-Bretanha e pela França, se tornou um aliado crucial da República, com consequências desastrosas.

Orwell acompanhou com muita atenção os acontecimentos na Espanha; as páginas finais de *O caminho para Wigan Pier* incluem uma referência à batalha por Madri, travada em novembro. Ele foi para a Espanha com a expectativa de combater o fascismo e defender "a decência comum",[38] mas lá mergulhou numa fervilhante sopa de letras dos acrônimos das facções políticas que, para alguns, marcaria a diferença entre a vida e a morte. Explicar aquilo que Orwell chamou de "uma praga de abreviaturas"[39] é uma tarefa ingrata e necessária, mas vou ser breve. O Psuc (Partido Socialista Unificado da Catalunha) era o braço catalão do Partido Comunista espanhol, que crescia com rapidez e era, de longe, a facção com mais recursos e mais bem armada, graças ao apoio russo. Os anarquistas eram representados pela FAI (Federação Anarquista Ibérica) e pela CNT (Confederação Nacional do Trabalho). Os socialistas da UGT (União Geral dos Trabalhadores) haviam contribuído com o último primeiro-ministro espanhol, Francisco Largo Caballero. Em seguida vinha o Poum, liderado por Andrés Nin, de 44 anos: um renegado partido operário marxista na posição isolada e vulnerável de oposição a Stálin, ao mesmo tempo que se desentendia com Trótski. Essas facções de esquerda acabaram se digladiando no interior da Guerra Civil mais ampla. Os comunistas, seguindo a nova estratégia russa de Frente Popular, numa aliança antifascista com os capitalistas, insistiam que a vitória na Guerra Civil tinha prioridade diante da revolução. Para os anarquistas e o Poum, a vitória sem revolução era inaceitável, e até impossível. As duas posições eram irreconciliáveis.

A adesão de Orwell ao Poum parece, em retrospecto, caracteristicamente quixotesca. De fato, como admitiria mais tarde, "não apenas não me interessava a situação política como nem me dava conta dela".[40] Se conhecesse mais, contou a Jack Common, ele teria se juntado aos anarquistas, ou mesmo às Brigadas Internacionais apoiadas pelos comunistas, mas na prática não coube a ele a decisão. Em busca de uma carta de recomendação que facilitasse a viagem à Espanha, ele havia procurado Harry Pollitt, o fervoroso stalinista que era secretário-geral do Partido Comunista da Grã-Bretanha. Pollitt considerou Orwell politicamente pouco confiável (o que era verdade, e motivo de orgulho para ele) e lhe recusou ajuda. Orwell teve mais sorte com Fenner Brockway, do Independent Labour Party (ILP, Partido Trabalhista Independente), um partido socialista pequeno e independente alinhado ao Poum, e assim a sua sorte foi lançada. Tanto o Poum como o ILP haviam se mostrado honestos e corajosos, aos olhos de Orwell, ao denunciar os espetaculares julgamentos que ocorriam em Moscou.

A mescla, em Orwell, de idealismo, ignorância e determinação não era incomum entre os estrangeiros que afluíram à Espanha em 1936. A grande causa de esquerda da época atraiu gente de todo tipo: aventureiros e sonhadores, poetas e encanadores, marxistas doutrinários e desajustados insatisfeitos. Segundo um desses voluntários, era "um mundo onde pessoas perdidas e solitárias podiam se sentir relevantes".[41] Até 35 mil indivíduos de 33 nacionalidades serviram nas Brigadas Internacionais, e outros 5 mil nas milícias filiadas aos anarquistas e ao Poum.[42] Mais de mil jornalistas e escritores também estavam lá, entre os quais Ernest Hemingway, Martha Gellhorn, Antoine de Saint-Exupéry e o poeta Stephen Spender, que depois escreveria "foi em parte uma guerra de anarquistas, uma guerra de poetas".[43] Poucos, se é que algum, desses estrangeiros entendiam a complexidade da situação política antes de chegarem lá, mas ainda assim, comentou o jornalista Malcolm Muggeridge, "parecia certo que, na Espanha, o Bem e o Mal afinal se defrontavam em uma luta sangrenta".[44]

Orwell partiu de Londres no dia 22 de dezembro e seguiu para a Espanha passando por Paris. Ali visitou o romancista americano Henry Miller, que considerava uma insensatez arriscar a vida por uma causa política, e tentou convencer Orwell a desistir. "Ainda que Orwell fosse um cara maravilhoso à sua maneira, no final achei aquilo uma estupidez", diria Miller décadas depois. "Ele era como muitos ingleses, um idealista, e, na minha opinião, um idealista estabanado."[45] Orwell cruzou a fronteira espanhola e chegou a Barcelona no dia seguinte ao Natal.

A Catalunha era uma região orgulhosa de sua quase independência, e tinha uma longa história de anarquismo. O golpe de Franco em julho desencadeara ali uma revolução antirreligiosa, com muitas igrejas incendiadas e padres executados. A burguesia fora em grande parte poupada, mas bancos, fábricas, hotéis, restaurantes, cinemas e táxis foram confiscados pelos partidos de esquerda e pichados com as iniciais da CNT e da FAI. Franz Borkenau, um escritor austríaco que Orwell viria a conhecer e admirar, visitou a Espanha em agosto e ainda presenciou o final do fervor revolucionário. "Era avassalador", escreveu ele. "Era como se tivesse desembarcado num continente diferente de tudo o que eu conhecera até então."[46] Cyril Connolly, um colega de escola de Orwell, também esteve lá, e por um momento aquilo acabou com o seu esnobismo. "É como se a massa, a mesma multidão a que normalmente se atribuem apenas os instintos da estupidez e da perseguição, desabrochasse no que é de fato uma espécie de florescimento da humanidade."[47]

Não está claro se Orwell foi à Espanha para lutar e terminou escrevendo, ou se foi o contrário. John McNair, o representante do ILP em Barcelona, lembra-se de Orwell entrando em sua sala e declarando: "Vim à Espanha para me juntar à milícia na luta contra o fascismo".[48] Porém, em *Lutando na Espanha*, Orwell deixa entrever que o jornalismo veio primeiro. Seja como for, apenas alguns dias foram suficientes para que decidisse fazer ambas as coisas.

O que encontrou lá foi "uma imitação ruim de 1914-8, uma guerra de posições, com trincheiras, artilharia, ataques surpresa, *snipers*, lama, arame farpado, piolhos e estagnação".[49] Ele passou a maior parte dos quatro meses seguintes com a 29ª Divisão do Poum nas trincheiras da frente de Aragão, que separava o povoado de Alcubierre, nas mãos dos republicanos, e os baluartes fascistas de Saragoça e Huesca. As grandes preocupações de Orwell eram, em ordem decrescente, "lenha, comida, tabaco, velas e" — num longínquo último lugar — "o inimigo".[50] Desprovidas das armas e dos equipamentos russos, as milícias do Poum não tinham recursos para fazer uma investida contra os fascistas. Entre outras coisas, faltavam uniformes, capacetes, baionetas, binóculos, mapas, lanternas e armas modernas. O fuzil de Orwell era um Mauser de 1896. A sensação de paralisia e futilidade o deixava furioso, e ele condenou a frente de combate com o mesmo veredicto que lhe sugerira a inércia enfadonha da família Comstock em *A flor da Inglaterra*: "Nunca acontecia nada ali".[51] Georges Kopp, o excêntrico comandante belga do batalhão de Orwell, dizia aos seus homens que "isto não é uma guerra. É uma ópera cômica com mortes ocasionais".[52] Ainda assim, Orwell entreviu nas trincheiras uma versão melhorada do igualitarismo purificador que encontrara entre os vagabundos, e isso por fim fez dele um socialista. Ele "respirava o ar do igualitarismo".[53] Foi essa experiência localizada que lhe permitiria mais tarde afirmar que, a despeito de tudo, havia deixado a Espanha "não menos, porém mais convencido da decência dos seres humanos".[54]

Menos espiritual, outro consolo era o suprimento de chocolate, charutos e chás da Fortnum & Mason que Orwell começou a receber de sua esposa Eileen, depois que também ela chegou à Espanha, em fevereiro, para trabalhar como secretária de McNair em Barcelona. Os dois haviam se casado oito meses antes, tendo se conhecido numa festa em 1935, e em muitos aspectos haviam sido feitos um para o outro. Ambos eram emocionalmente reticentes, com a propensão à melancolia temperada por um senso de humor irônico e um espírito generoso. Compartiam a paixão pela natureza e pela literatura, os hábitos frugais e o descuido com a saúde e a aparência, e raramente eram vistos sem cigarros pendendo dos lábios. Ambos tinham princípios inabaláveis e a coragem de agir de acordo com eles. O que os diferenciava era a ambição. Formada em Oxford, Eileen era extremamente inteligente e benquista por todos, mas subordinou as suas aspirações às de Orwell, abandonando um curso de mestrado em psicologia educacional para viver com ele numa modesta sobreloja no vilarejo de Wallington, em Hertfordshire. Como disse um amigo, "ela contraiu os sonhos de Orwell como se pegasse sarampo".[55]

Em abril, por fim, Orwell teve o seu batismo de fogo, quando os milicianos investiram contra as posições fascistas. E demonstrou um genuíno valor, enfrentando o fogo inimigo e gritando: "Agora vocês vão ver, seus canalhas!", ao que um dos seus companheiros respondeu: "Pelo amor de Deus, Eric, abaixe a cabeça!".[56] Durante as longas semanas de impasse, contudo, o seu lado excêntrico emergiu. Era alguém que se recusou a disparar contra um fascista em fuga porque o fulano segurava as calças com a mão depois de uma visita à latrina e era, portanto, "claramente alguém como a gente, e não dá para atirar nele".[57] Por outro lado, também ficou tão assustado diante de uma ratazana que a fulminou com uma bala, alertando assim o inimigo e desencadeando um feroz tiroteio que acabou destruindo a cozinha e dois ônibus dos milicianos.[58] "Se tem algo que odeio mais do que qualquer outra coisa é um rato passando sobre mim na escuridão", escreveu ele, uma dúzia de anos antes de os roedores vencerem a resistência de Winston Smith.[59] Com apenas uma exceção, em todos os nove livros de Orwell há menção a ratos.

Apesar de toda a camaradagem, Orwell ainda não chegara a aderir plenamente às posições do Poum. Isso se devia em parte ao seu contrarianismo: "O aspecto político da guerra me entediava e naturalmente reagi contra o ponto de vista que mais ouvia".[60] Mas ele também achava que os comunistas estavam fazendo uma diferença maior. A sua afeição romântica pelos oprimidos foi superada pelo desejo pragmático de ver as coisas realizadas. Mesmo anos depois, continuava convencido de que fora equivocada a insistência do Poum de que apenas o êxito da revolução teria levado à vitória.

Como teria alguns dias de licença com Eileen em Barcelona no final de abril, Orwell planejava assim abandonar a milícia e se juntar às Brigadas Internacionais em Madri, onde os combates eram mais intensos. Os companheiros milicianos lhe disseram que era um tolo e que os comunistas iriam matá-lo, mas Orwell se mostrou irredutível. Só mais tarde ele se daria conta da sorte que teve, ao lhe permitirem que desafiasse a linha partidária sem que fosse denunciado ou ameaçado. Ele não fazia ideia de quão perigosa Barcelona se tornara para gente como ele. Mas estava prestes a descobrir.

Pouco antes de Orwell voltar a Barcelona, Richard Rees passou pela cidade a caminho de Madri, onde serviria como motorista de ambulância para o exército republicano. Quando se encontrou com Eileen no escritório do Poum, no começo Rees interpretou o seu jeito confuso e distraído como sendo preocupação pelo marido, mas então percebeu o que de fato a transtornava: "Ela foi a primeira pessoa em que notei os efeitos de viver sob o terror político".[61]

Franz Borkenau retornou a Barcelona em janeiro e encontrou uma cidade muito diferente da que conhecera em setembro. Enquanto antes conseguira viajar pela Espanha republicana sem ser incomodado, agora qualquer dúvida ou crítica era tabu. "Há uma atmosfera de desconfiança e denúncia", escreveu, "cujo desconforto é difícil de descrever para alguém que não passou por isso."[62] O Poum, "apreciado por ninguém",[63] fora tachado de "trotskista", um rótulo que os julgamentos promovidos por Stálin haviam transformado em sentença de morte. O fato de o próprio Trótski ter desabonado o Poum, notou Borkenau, era irrelevante: "Um trotskista, no vocabulário comunista, é sinônimo de alguém que merece a morte".[64] Em fevereiro, Yan Berzin, o principal assessor militar russo na República espanhola, enviou a Moscou um relatório sobre o Poum. "Nem cabe ressaltar", escreveu, "que é impossível ganhar a guerra contra os rebeldes se essa ralé no interior do campo republicano não for liquidada."[65]

Orwell notou de imediato "um sentimento inequívoco e horrível de rivalidade e ódio político" na cidade.[66] A solidariedade revolucionária havia desaparecido, com alguns tendo de fazer filas para conseguir alimentos, enquanto outros frequentavam restaurantes e clubes noturnos abastecidos no mercado negro. Todos aqueles com quem conversava estavam certos de que a violência era inevitável. Certa manhã, no saguão do Hotel Continental, Orwell se apresentou ao célebre romancista americano John Dos Passos, que viera à Espanha para rodar um documentário de propaganda com Ernest Hemingway, e agora estava atrás de notícias sobre o seu tradutor, José Robles, que havia desaparecido. Dos Passos observou que Barcelona tinha "uma aparência furtiva e esvaziada, as lojas fechadas, as pessoas olhando de soslaio enquanto caminhavam".[67] Bebendo vermute em cadeiras de palha, os dois trocaram impressões sobre a introdução do stalinismo na Espanha. Dos Passos ficou aliviado, por fim, "de conversar com um homem honesto".[68] Não era fácil encontrar gente assim.

"O fósforo que ateou fogo a uma bomba já existente",[69] nas palavras de Orwell, foi aceso no dia 3 de maio, quando a Guarda de Assalto da cidade, sob ordens dos comunistas, invadiu a Central Telefônica controlada pelos anarquistas e desencadeou cinco dias e noites de combates nas ruas num confronto que viria a ser conhecido como Jornadas de Maio. Orwell passou três desses dias no posto de observação no telhado do cinema Poliorama, agarrado a um fuzil para ajudar na defesa da sede do Poum no outro lado da rua. Desse posto elevado, ele podia ver que os comunistas controlavam as ruas a leste das Ramblas, e os anarquistas a oeste. Estandartes rivais tremulavam em hotéis, cafés e escritórios que, da noite para o dia, foram transformados em baluartes armados.

Como apenas o Hotel Continental, no topo das Ramblas, era tido como terreno neutro, ali se reuniu uma comunidade surreal de combatentes, repórteres, agentes estrangeiros e alguns caminhoneiros franceses surpreendidos pelos combates, todos em busca de abrigo e comida. Foi lá que Orwell avistou um russo corpulento, conhecido apenas como "Charlie Chan". Esse suposto agente da NKVD, a polícia secreta de Stálin,* dizia a todos que lhe dessem ouvidos que aquela violência era um golpe anarquista, visando solapar a República e ajudar Franco. "Foi a primeira vez que conheci alguém cujo ofício era espalhar mentiras", escreveu Orwell, "a menos que se incluam também os jornalistas."[70]

Quando amainou a violência, após centenas de mortos, aquelas mentiras foram coladas nos muros sob a forma de cartazes que diziam "Arranque a máscara".[71] Eles mostravam uma máscara, com o martelo e a foice estampados, sendo afastada para revelar um maníaco rosnando e tatuado com uma suástica: essa era supostamente a verdadeira face do Poum. Em *Dias na Birmânia*, o inocente dr. Veraswami é convertido num Trótski (ou numa versão inicial do arqui-herege Emmanuel Goldstein, em *1984*) pelo juiz corrupto U Po Kyin: "Ouvindo o que se dizia dele, qualquer um teria imaginado o doutor como uma combinação de Maquiavel, Sweeney Todd e o marquês de Sade".[72] Este agora era o destino dos "trotskistas-fascistas" do Poum, cuja Radio Verdad tinha um lema incisivo: "O único serviço de notícias que prefere a realidade ao faz de conta".[73] Mas o faz de conta estava vencendo.

Orwell não foi pego de surpresa quando a tensão entre as facções desembocou em luta armada. O que não previu, nem podia relevar, foram as mentiras subsequentes. Os comunistas ale-

* No decorrer do último século, a polícia secreta russa recebeu diversos nomes, dentre os quais Tcheka, OGPU, NKVD, KGB e FSB. A mentalidade da organização, porém, manteve-se extraordinariamente consistente ao longo dessas mudanças.

garam ter descoberto uma vasta rede de traidores que se comunicavam com os fascistas por meio de equipamentos de rádio sigilosos e de mensagens com tinta invisível, e conspiravam para assassinar os líderes republicanos — mentiras tão acintosas que as pessoas acharam que seriam verdadeiras, pois ninguém teria a ousadia de inventá-las. Franco, que se beneficiava da ideia de que a República estava repleta de espiões a seu serviço, confirmou a alegação. Um Tribunal Especial para Espionagem e Alta Traição foi instituído. Os jornais foram censurados. Milhares de anarquistas e sindicalistas foram detidos. As ruas foram tomadas pelo medo e pela desconfiança.

Para desalento de Orwell, jornais comunistas em outros países, como o britânico *Daily Worker*, estavam de acordo com Charlie Chan. "Uma das consequências mais deprimentes dessa guerra foi me ensinar que a imprensa de esquerda é tão espúria e desonesta quanto a de direita", escreveu, reconhecendo uma exceção honrosa no jornal *The Manchester Guardian*.[74] Seria necessário um livro para sanar os equívocos, e ele escreveu a Gollancz para lhe dizer isso: "Espero ter a oportunidade de escrever a verdade sobre o que vi. O que está saindo nos jornais ingleses não passa, quase tudo, das mais estarrecedoras mentiras".[75] Era ainda pior no território franquista, onde a imprensa dizia que as milícias republicanas estavam violentando freiras, lançando os prisioneiros para serem devorados pelos animais dos zoológicos e deixando pilhas de cadáveres apodrecendo nas sarjetas. Um jornalista americano comentou que a escala da falsidade em Salamanca, a capital dos nacionalistas, chegava a ser "quase uma doença mental".[76] Para Stephen Spender, cujo idealismo evaporou com tanta rapidez que abandonou o Partido Comunista em questão de semanas, a guerra trouxe uma revelação fundamental sobre a natureza humana: "Trata-se simplesmente de que quase todos os seres humanos têm uma compreensão muito precária da realidade.

Apenas algumas coisas, que ilustram seus próprios interesses e ideias, são reais para eles; outras coisas, na verdade igualmente reais, nada mais são do que abstrações".[77] O próprio Spender não se excluía disso. "Pouco a pouco, fui sendo tomado por um certo horror diante do modo como funcionava a minha mente."[78]

Após o confronto das Jornadas de Maio, não havia como Orwell abandonar o Poum, e por isso ele voltou direto para a frente de Aragão. Não ficou muito tempo por lá. Orwell era tão mais alto do que o espanhol médio que a sua cabeça se projetava acima da borda da trincheira. Ele gostava de toda manhã fumar de pé o primeiro cigarro do dia. Um dia, quando o miliciano americano Harry Milton lhe perguntou se não se preocupava com *snipers*, Orwell fez pouco-caso: "Não conseguiriam acertar nem um touro numa viela".[79] No alvorecer do dia 20 de maio, um desses atiradores de longa distância mostrou que ele estava errado, com uma bala certeira que lhe atingiu a garganta, abaixo da laringe. Orwell achou que estava agonizando. Um milímetro de diferença e estaria morto, mas a bala passou ao lado da carótida e apenas paralisou temporariamente o nervo que controla as cordas vocais.* Deitado na trincheira, com o sangue escorrendo da garganta, o primeiro pensamento de Orwell foi para Eileen; o segundo, "um violento ressentimento por ter de deixar este mundo que, no fim das contas, me convém demais [...]. Aquele contratempo estúpido me deixou furioso. A falta de sentido daquilo!".[80]

Orwell passou três semanas no hospital. Era óbvio que a guerra havia acabado para ele, mas ainda precisava obter o docu-

* É até bem possível que lhe tenha salvado a vida, afastando-o da frente antes do ataque republicano a Huesca poucas semanas depois, um fiasco sangrento que levou à morte cerca de 9 mil anarquistas e membros do Poum.

mento de alta assinado por um médico na frente de combate. Quando voltou a Barcelona, em 20 de junho, os dados já haviam sido lançados. Assim que pôs os pés no Hotel Continental, Eileen o tomou pelo braço e sussurrou: "Suma daqui".[81]

A crise das Jornadas de Maio levara à queda do primeiro-ministro Largo Caballero e, com isso, do último obstáculo para uma repressão total contra o Poum. O partido não era mais legal, como logo ficava sabendo todo miliciano que chegava da frente. O comandante do batalhão de Orwell, Georges Kopp, foi detido. Um jovem membro do ILP, Bob Smillie ("o melhor do bando", comentou Orwell),[82] morreu na prisão, na capital republicana de Valência. James McNair e Stafford Cottman, do ILP, estavam escondidos. Andrés Nin havia sumido, e seu destino logo daria origem a outra mentira. Ele foi brutalmente torturado por agentes russos da NKVD ("o rosto dele era só uma massa disforme", segundo um relatório)[83] e depois assassinado, mas alguns membros alemães das Brigadas Internacionais, vestidos de agentes da Gestapo, encenaram um "resgate", de modo que os comunistas podiam alegar que Nin ainda estava vivo, sob o abrigo de seus verdadeiros senhores em Salamanca ou Berlim — tal como Bola de Neve, em *A revolução dos bichos*, em torno do qual circulam rumores de que está vivendo com o sr. Frederick, na granja Pinchfield.

Em Barcelona, na época da repressão, foi a primeira e única vez em que Orwell viveu a "atmosfera de pesadelo"[84] que tanto iria marcar *1984*. Naquele caldo tóxico de rumores, difamações e paranoia, "por menos que você estivesse conspirando, a atmosfera o obrigava a se sentir como um conspirador".[85] Mesmo quando nada de ruim estava acontecendo, a ameaça de que *algo* estava acontecendo continuava a martelar os nervos. O quarto de hotel ocupado por Orwell e Eileen foi vasculhado, e um mandado para que ambos fossem detidos foi emitido. Relatórios de agentes da

NKVD e de seus colegas espanhóis, descobertos na década de 1980, descreviam falsamente o casal como "claramente trotskista" e em conluio com dissidentes em Moscou.[86]

Depois de três dias e noites apavorantes, durante os quais vagaram pelas ruas tentando ao máximo passar despercebidos e dormindo ao relento, ele, Eileen, McNair e Cottman conseguiram obter os documentos de viagem no consulado britânico e tomar o trem da manhã para Paris e a liberdade. "Foi um negócio estranho", escreveu Orwell ao amigo Rayner Heppenstall. "Começamos sendo heroicos defensores da democracia e acabamos nos esgueirando pela fronteira com a polícia resfolegando em nosso pescoço. Eileen foi maravilhosa e, na verdade, parecia estar gostando daquilo."[87] Fenner Brockway, que viajava em sentido inverso para tentar relaxar a prisão de membros do ILP, cruzou com Orwell em Perpignan, logo depois da fronteira francesa. "Essa foi a única vez que o vi furioso de verdade", recordou Brockway.[88]

Orwell fora levado à Espanha por seu ódio ao fascismo, mas saiu de lá seis meses depois com outro inimigo. Os fascistas tinham se comportado tão horrivelmente quanto imaginara, mas a crueldade e a desonestidade dos comunistas o haviam chocado. Segundo Jack Branthwaite, um companheiro do ILP, "ele dizia que costumava considerar o que se dizia do comunismo como propaganda capitalista, mas me disse: 'Sabe, Jack, é tudo verdade'".[89]

"Quase todo jornalista enviado à Espanha", escreveu o repórter americano Frank Hanighen, "tornou-se uma pessoa diferente em algum momento depois de cruzar os Pireneus."[90] Isso certamente ocorreu com Orwell. Em vários momentos, ele considerou a estada na Espanha emocionante, entediante, inspiradora, aterrorizante e, em última análise, esclarecedora. "A Guerra Civil Espanhola e outros acontecimentos de 1936-7 pesaram na balança, e a partir de então eu soube me situar", escreveu uma década depois, pouco antes de começar a trabalhar em *1984*. "Cada linha de trabalho sério que escrevi desde 1936 foi escrita, direta ou indiretamente, *contra* o totalitarismo e *a favor* do socialismo democrata, tal como eu o entendo."[91]

O derradeiro ato de ingenuidade de Orwell foi achar que os antigos companheiros iriam publicar as suas conclusões. Em vez disso, Gollancz recusou o livro, e Kingsley Martin, o editor de *New Stateman & Society*, rejeitou não só o ensaio de Orwell sobre a guerra, mas também uma resenha do livro *The Spanish Cockpit* [A rinha espanhola], de Borkenau, na qual tentou contrabandear o ponto principal daquele ensaio. Quando afinal teve a oportunidade de contar a sua história, no semanário *The New English Weekly*, editado por Philip Mairet, Orwell escolheu o título apropriado de "Spilling the Spanish Beans" ["Revelando a verdade sobre a Espanha"]. "Está havendo uma conspiração bem deliberada [...] para impedir que se entenda a situação espanhola", escreveu. "Aqueles que deveriam ter mais discernimento se prestaram a um embuste com o fundamento de que, se você disser a verdade sobre a Espanha, isso será usado como propaganda fascista."[92]

Não era tanto o crime o que o deixava irado — a guerra gera mentiras tanto quanto produz piolhos e cadáveres —, mas o encobrimento. No vocabulário de Orwell, *fraude*, *trapaça* e *burla* eram os termos mais detestáveis. A realpolitik de Gollancz e Martin lhe pareceu um precedente calamitoso. Suprimir a verdade em prol de um ganho de curto prazo é algo similar a declarar um estado de emergência: uma suspensão temporária da liberdade com muita facilidade se torna permanente. Relatar a realidade confusa da guerra dentro de uma guerra era um teste, no qual a esquerda pró-comunista da Grã-Bretanha havia falhado ao reciclar lealmente a propaganda totalitária. Ele esperava mais.

Para Orwell, a verdade importava mesmo, ou talvez *sobretu-*

do, quando era inconveniente. Em obras anteriores de não ficção, ele burilara anedotas e omitira fatos incômodos por motivos literários, mas *Lutando na Espanha* foi escrito a partir de um novo comprometimento com a exatidão como virtude moral. Sem uma realidade consensual, defendia, "não pode haver argumentação; não há como alcançar o mínimo necessário para o acordo".[93] Orwell era arguto o bastante para saber que nem sempre dá para alcançar a verdade objetiva, mas que, se não fosse possível ao menos aceitar a existência de tal coisa, então não havia jogo possível. "Eu me vi tomado pelo forte sentimento de que uma história verdadeira dessa guerra nunca seria ou não poderia ser escrita", comentaria anos mais tarde. "Números precisos, relatos objetivos do que estava ocorrendo, simplesmente não existiam."[94] Isso é o que queria dizer com "a história se interrompeu", uma frase que reaparece em *1984*. Quando o único árbitro da realidade era o poder, o vitorioso poderia fazer com que a mentira se tornasse, para todos os fins e propósitos, a verdade.

Até certo ponto, porém. A impostura promovida pelo regime Socing, em *1984*, parece indestrutível. Na realidade, contudo, as mentiras tendem a ser tiros pela culatra. Borkenau notou que, na Espanha, os comunistas que começaram a mentir para enganar os outros muitas vezes acabavam eles próprios enganados. A paranoia gera a transferência de culpa, os expurgos e o declínio do moral, ao passo que os exageros da propaganda comunista levavam a erros militares. Na Rússia, os mentirosos logo se tornavam alvos de mentiras. A maioria dos principais oficiais russos na Espanha foi executada ou enviada para os campos de internamento. Berzin, o assessor militar que recomendara a "liquidação" do Poum, acabou sendo acusado de espionagem e fuzilado na prisão Lubyanka, em Moscou.

Graças a Fenner Brockway, Orwell acabou achando um meio de publicar *Lutando na Espanha*: pela Secker & Warburg, uma editora novata com reputação de antistalinista e de mentalidade aberta. "O meu objetivo era encontrar e apoiar aqueles escritores dispostos a apresentar um programa para a utopia e delinear o caminho até ela", escreveu o codiretor Fredric Warburg em seu livro de memórias. "Mas quanto ao programa e ao caminho que levavam à terra prometida, estava longe de ter alguma certeza, e isso deve ser creditado a meu favor."[95]

Lutando na Espanha é a mais bem-acabada obra de não ficção de Orwell. Publicada em 25 de abril de 1938, apenas um ano após *O caminho para Wigan Pier*, é mais sábia, mais calma, mais modesta e mais generosa. "Ele nos mostra o coração da inocência que pulsa na revolução; e também o miasma da mentira que, bem mais do que a crueldade, destrói esse coração", escreveu Philip Mairet.[96] A posteridade transformou o livro num documento essencial da Guerra Civil Espanhola, mas na época era apenas mais um relato entre tantos, e vendeu cerca de metade de uma tiragem de 1500 exemplares. Os críticos britânicos comunistas descartaram o livro como sendo, na melhor das hipóteses, confuso, e, na pior, um traiçoeiro presente para Franco. Orwell manteve a fleuma diante das resenhas desfavoráveis, considerando até as mais virulentas como boa publicidade, e não negava a parcialidade do livro. "Alerto a todos para o meu viés, e alerto a todos para os meus erros", escreveu. "Mesmo assim", acrescentou, "esforcei-me ao máximo para ser honesto."[97] Como estava convencido de que a distinção entre verdade e mentira era real e valia a pena ser preservada, enviou cartas reclamando das resenhas que difamavam os antigos camaradas. Se no livro exagerou a sua simpatia pelo Poum, isso se devia apenas ao fato de que ninguém mais se apresentara em defesa daqueles falsamente acusados. "Se não tivesse me enfurecido com isso", diria mais tarde, "nunca teria escrito o livro."[98]

Um apoio de grande significado foi uma carta de Borkenau,

que na época morava na Inglaterra: "Para mim, o seu livro é uma confirmação adicional da minha convicção de que é possível alguém ser perfeitamente honesto com os fatos a despeito de suas convicções políticas".[99] O respeito era mútuo. Orwell elogiou *The Spanish Cockpit* com uma metáfora tipicamente tecnofóbica ("É das coisas mais encorajadoras ouvir uma voz humana quando 50 mil gramofones estão tocando a mesma música"), e mais tarde diria de *The Communist International* [A Internacional Comunista], de Borkenau, que era "um livro que me ensinou mais do que qualquer outro sobre o curso geral da Revolução".[100] Borkenau havia se desligado do Partido Comunista Alemão em 1929 por se opor a Stálin, organizado ajuda para um partido antinazista e elaborado uma teoria pioneira do totalitarismo. "A civilização está a ponto de perecer", escreveu Borkenau, "não apenas por certas restrições à expressão livre do pensamento [...] mas pela generalizada submissão do pensamento aos ditames de um núcleo partidário."[101]

Apenas uma pessoa sugeriu que Orwell aprovou o comunismo. Enquanto vivia como pobre na Paris do final da década de 1920, Orwell às vezes desfrutava da hospitalidade de sua tia, Nellie Limouzin, e do companheiro dela, Eugene Adam. Este e o seu amigo Louis Bannier eram ex-comunistas e divulgadores do esperanto, uma idealista língua internacional que conseguiu atrair a ira tanto de Hitler como de Stálin. Mais tarde, Bannier diria ter a recordação de uma acalorada discussão entre Adam e o jovem Orwell, o qual "insistia em proclamar que o sistema soviético era o socialismo definitivo".[102] Essa é uma historieta curiosa, que não combina com nada que Orwell escreveu, mas, verdadeira ou não, o tio dele provavelmente foi quem o introduziu ao fervor do antigo comunista.

Muitos dos escritores prediletos de Orwell nos anos seguintes à Espanha eram ex-comunistas: os austríacos Borkenau e Koestler; o italiano Ignazio Silone; os americanos Max Eastman e Eugene Lyons; o belga Victor Serge; os franceses André Gide, Boris Souvarine e André Malraux. Todos haviam conhecido o comunismo da mesma forma que ele entendeu o imperialismo: desde o ventre da besta. Testemunhos como os livros *De volta da URSS*, de Gide, e *Cauchemar en URSS* [Pesadelo na URSS], de Souvarine, proporcionaram a Orwell os primeiros vislumbres do funcionamento do regime de Stálin. Muitos dos detalhes e casos que ele descobriu ali foram reaproveitados em *1984*: o culto da personalidade; a reescritura da história; a supressão da liberdade de expressão; o desprezo pela verdade objetiva; os ecos da Inquisição espanhola; as detenções arbitrárias, denúncias e confissões forçadas; e, acima de tudo, o clima sufocante de desconfiança, de autocensura e de medo.

Para citar apenas um exemplo, em *1984*, Winston Smith descobre uma foto que comprova que os supostos traidores Jones, Aaronson e Rutherford se encontravam de fato em Nova York na data em que confessaram estar na Eurásia. Orwell havia lido sobre casos similares, nos quais confissões preparadas eram desmentidas por indícios concretos. Um suposto conspirador foi fotografado numa conferência em Bruxelas bem no dia em que havia "confessado" estar conspirando em Moscou. Outro teria supostamente entrado em contato com Trótski num hotel em Copenhague que, soube-se depois, havia sido demolido quinze anos antes.

Orwell não respeitava esses escritores apenas pelas informações que forneciam. Os ataques deles a Stálin eram alimentados pela vergonha pessoal e por uma necessidade visceral de exorcizar a credulidade e a cumplicidade por meio do que Orwell chamou de "literatura da desilusão".[103] Nessa apavorante e empolgante onda inicial de heresia, os antigos comunistas se expressavam com uma urgência arrebatadora. Para Orwell, igualmente heroica era a solidão deles. Muitos se viram abandonados por velhos amigos e ignorados pelos editores. Silone, escreveu Orwell com aprovação, "é desses homens denunciados como comunistas pelos fascistas, e como fascistas pelos comunistas, um bando ainda pequeno mas cada vez maior".[104]

Por que Orwell criticava o comunismo com mais vigor do que o fascismo? Porque o tinha conhecido de perto, e porque o apelo do comunismo era mais traiçoeiro. Ambas as ideologias visavam o mesmo destino totalitário, mas o comunismo começou com metas mais nobres e, por isso, requeria mais mentiras para se sustentar. O comunismo se tornou "uma forma de socialismo que impossibilita a honestidade intelectual",[105] e sua literatura, "um mecanismo para justificar os equívocos".[106] Orwell não conhecia pessoalmente nenhum fascista, e desprezava os que se destacavam em público, como o poeta Ezra Pound e Oswald Mosley, o líder da União Britânica de Fascistas, a quem ouvira discursar em Barnsley, em 1936: "Embora tenha exibido excelente técnica de palco, o seu discurso era a mais impronunciável bobagem".[107]* Mas ele conhecia muitos comunistas. Nos círculos da intelligentsia literária, o fascismo era um vício nojento, ao passo que o comunismo "exercia um fascínio quase irresistível em todos os escritores com menos de quarenta anos".[108] Ele continuava furioso com a hipocrisia deles mesmo anos depois, quando escreveu em *1984* que as atrocidades da década de 1930 foram "toleradas e até mesmo defendidas por gente que se considerava esclarecida e progressista".[109]

Os ex-comunistas haviam rompido o silogismo que unia

* Isso não significava que considerasse Mosley inofensivo: "Mosley precisa ser vigiado, pois a experiência mostra (vide as trajetórias de Hitler, de Napoleão III) que, para um carreirista político, por vezes convém não ser levado muito a sério no início de sua carreira" (Orwell, *CW V*, p. 197).

grande parte da esquerda a Stálin: acredito no socialismo; a União Soviética é o único Estado socialista; portanto, acredito na União Soviética. A refutação de Orwell era dupla: primeiro, nenhum fim, por mais utópico que seja, pode ser justificado por meios tão grotescos; segundo, a Rússia stalinista não era verdadeiramente socialista, pois negava a liberdade e a justiça. Por outro lado, ele nunca contribuíra pessoalmente, em termos intelectuais, emocionais e sociais, com o experimento soviético. Já aqueles que haviam contribuído se viram mergulhados numa crise existencial.

Um deles era Eugene Lyons, um imigrante russo judeu que crescera nos apinhados cortiços do Lower East Side em Nova York e se tornara um jornalista militante que colaborava com publicações socialistas. Em 1922, virou comunista e se afastou dos amigos mais moderados. Entre 1928 e 1934, foi o correspondente da United Press em Moscou, explicando a União Soviética para os leitores americanos. No começo, um resoluto defensor de Stálin, e o primeiro jornalista ocidental a entrevistá-lo, Lyons acabou se horrorizando com a propaganda, as perseguições e a desonestidade em escala industrial de que havia participado. Orwell resenhou o épico mea-culpa de Lyons em junho de 1938, e não é despropositado supor que tenha prestado muita atenção neste relato dos esforços de Stálin para concluir o primeiro Plano Quinquenal em apenas quatro anos:

> De imediato, a fórmula 2 + 2 = 5 chamou a minha atenção. Pareceu ao mesmo tempo ousada e grotesca — o atrevimento e o paradoxo e o trágico absurdo da situação soviética, o simplismo místico, o desprezo pela lógica, tudo reduzido a uma ofensiva operação aritmética [...] 2 + 2 = 5: em lâmpadas elétricas nas fachadas de Moscou, em algarismos descomunais nos cartazes, ela anunciava o erro planejado, a hipérbole, o otimismo perverso; era algo de uma teimosia infantil e de uma imaginação instigante.[110]

Poucos meses depois, Orwell recorreu ele próprio à equação absurda. Numa resenha em geral favorável do livro *O poder: Uma nova análise social*, de Bertrand Russell, ele contestou a suposição de que o senso comum iria preponderar: "O horror peculiar do momento atual é que não podemos ter certeza disso. É bem provável que estejamos decaindo numa época em que dois mais dois são cinco quando assim estipula o Líder [...]. Basta imaginar as sinistras possibilidades da educação pelo rádio, controlada pelo Estado, e coisas similares, para nos darmos conta de que 'a verdade é maior e vai prevalecer' é antes uma prece do que um axioma".[111]

Orwell também deve ter apreciado a descrição, feita por Lyons, do custo pessoal da apostasia. Quando retornou a Nova York, Lyons se debatia quanto a dizer a verdade sobre o que testemunhara. Contar a verdade era, ao mesmo tempo, uma obrigação moral e um suicídio social. Ao fazer a sua escolha, Lyons logo se viu excomungado e caluniado por antigos camaradas. Para os crentes irredutíveis, a denúncia que ele fez dos crimes de Stálin chegava a ser uma afronta espiritual e era, portanto, imperdoável. "Virei culpado da ofensa mais abominável: a de arruinar nobres ilusões", escreveu ele.[112] Os portões da mítica Rússia deles tinham de ser defendidos a todo custo da realidade bárbara. "Tantos americanos saturados, entediados ou apavorados haviam se instalado espiritualmente nesses aposentos maravilhosos que qualquer um que ameaçasse sacudir os seus alicerces era tratado como um vândalo desavergonhado. E talvez fosse mesmo."[113]

Amargamente irônico, o título do livro de Lyons era *Correspondente na utopia*.

2. Febre de utopia

Orwell e os otimistas

> *Que divertido deve ter sido, naqueles esperançosos dias na década de 1880, empenhar-se pelas melhores causas possíveis — e havia tantas causas para escolher. Quem teria antevisto como tudo isso ia acabar?*
>
> George Orwell, *The Adelphi*, maio de 1940[1]

"Um mapa-múndi que não inclua a Utopia não é digno de consulta", escreveu Oscar Wilde num ensaio de 1891 intitulado "A alma do homem sob o socialismo". "O progresso é a concretização de utopias."[2] A resposta de Orwell foi, na prática, "Sem dúvida, mas…". Ele apreciava a noção de utopia como um inspirador antídoto ao pessimismo e à cautela, mas achava tediosa toda tentativa de descrevê-la e sinistro todo esforço para torná-la realidade. Na edição do Natal de 1943 do *Tribune*, sob o pseudônimo de John Freeman, Orwell publicou um ensaio intitulado "Socialistas podem ser felizes?", que contrastava o júbilo palpável no final de *Um conto de Natal*, de Dickens, com a pouco convincente "felicidade perene" das utopias.[3] O motivo pelo qual as pessoas discutiam, brigavam e morriam pelo socialismo, argumentava ele, era a ideia de fraternidade, e não "algum Paraíso com aquecimento central, ar-condicionado e luzes de néon".[4] Claro que era possível, e necessário, melhorar o mundo, mas nunca até a perfeição consumada. "Todo aquele que tenta imaginar a perfeição simplesmente revela a sua própria vacuidade."[5]

Historicamente, a utopia precedeu a distopia tal como o céu veio antes do inferno. Talvez seja um crédito para a humanidade o fato de as pessoas começarem a conceber uma sociedade ideal muito antes de imaginarem o oposto. O mais antigo plano está na *República*, de Platão, um diálogo socrático que foi reconhecido como precursor do livro *Utopia*, de Thomas More, publicado em 1516. O neologismo de More derivava do grego, *ou* (não) e *topos* (lugar): a utopia é um lugar que não existe. Mas *ou* era facilmente confundido com outro termo grego, *eu* (bom), e, tenha ou não More escolhido essa palavra como um trocadilho intencional, a utopia acabou por adquirir um significado mais específico, o de um paraíso terreno. Na política, esta última conotação se impôs, mas na literatura permaneceu a ambiguidade, é por isso que Orwell descreveria o seu *1984* como "uma utopia". Ele fazia uma distinção entre utopias "favoráveis" e "pessimistas", pois não lhe teria ocorrido chamar estas últimas de "distopias". Ainda que o termo *distopia* (literalmente, "o lugar não bom") tenha sido empregado por John Stuart Mill em 1868, ele permaneceu dormente por quase um século, eclipsado pela *cacotopia* ("o lugar ruim"), de Jeremy Bentham, ou pela *antiutopia*, até por fim se tornar corrente na década de 1960. O romance de Orwell virou sinônimo de uma palavra que ele nunca usou.

Orwell estava bem familiarizado com a literatura utópica. Mais de uma vez ele mencionou a sátira *Erewhon* (1872) de Samuel Butler, a fantasia socialista *Notícias de lugar nenhum* (1890) de William Morris e as várias contribuições de H. G. Wells, mas raramente se mostrou convencido de que as ideias utópicas resultassem em obras de ficção satisfatórias. "É notória a dificuldade de descrever a felicidade", escreveu num ensaio sobre as *Viagens de Gulliver*, "e as representações de uma sociedade justa e bem-ordenada dificilmente são atraentes ou convincentes".[6] Já em *Na pior em Paris e Londres*, ele considerava a promessa de "uma deprimente utopia marxista" um obstáculo ao socialismo.[7] No fundo, as utopias lhe pareciam tediosas e tristes, não acreditando que as pessoas de fato as desejassem. "De modo geral, os seres humanos querem ser bons", escreveu em 1941 no ensaio "The Art of Donald McGill", "mas não bons demais, e tampouco o tempo todo."[8]

Considerando os interesses de Orwell, a lacuna mais intrigante em seus escritos é a ausência de qualquer menção ao livro que fez da prática de conceber uma sociedade ideal um fenômeno cultural que tomou conta dos derradeiros anos do século XIX. Em nenhum lugar em suas obras completas há qualquer referência a Edward Bellamy.

Em agosto de 1887, Edward Bellamy era um jornalista e autor pouco conhecido de Massachusetts. Empenhado e sensível, então com 37 anos de idade, com um semblante melancólico e um imenso bigode, o que mais o caracterizava era um fervoroso sentimento de convicção moral. A sufragista Frances Willard o descreveu como "calado mas atento, modesto mas perfeitamente centrado, com tons contidos e suaves, mas de personalidade forte e vibrante de propósitos".[9] Ao olhar em torno para os Estados Unidos da chamada era dourada, Bellamy via uma "nação nervosa, dispéptica e biliosa",[10] dilacerada por uma desigualdade grotesca. Dinastias milionárias controlavam o setor industrial, enquanto as classes trabalhadoras se esfalfavam sessenta horas por semana em troca de ínfimos salários em fábricas e oficinas insalubres, morando em cortiços imundos. A marcha da tecnologia produzia milagres — a lâmpada elétrica, o fonógrafo, o telefone —, mas também empesteava os rios e enegrecia o céu com fuligem. A economia cambaleava sob ondas de pânico e de recessões. Uma epidemia de greves varria o país de uma extremidade a outra.

Para Bellamy, o statu quo não era apenas injusto, mas insustentável. Estava convencido de que vivia numa época crítica e que uma grande mudança era certa e iminente, para o bem ou para o mal. E o destino dos Estados Unidos iria decidir o destino do mundo. "Temos de estar conscientes de que, se isto for um fracasso, vai ser um fracasso definitivo", escreveu. "Não restam mais mundos novos a serem descobertos, não há outros continentes que ofereçam campos virgens para novos empreendimentos."[11]

Nesse mês de agosto, Bellamy terminou um romance no qual reapresentava a turbulência da década de 1880 como uma etapa precursora, dolorosa mas necessária, de uma utopia socialista pacífica. "Estou especialmente ansioso para que isso venha à luz o quanto antes", comentou com seu editor. "Agora é o momento propício, na minha opinião, para que uma publicação tratando de questões sociais e industriais alcance o seu público."[12]

Daqui a cem anos: Revendo o futuro certamente conseguiu a sua audiência. Publicado em 1888, tornou-se o romance mais lido nos Estados Unidos desde *A cabana do pai Tomás*, e o mais imitado desde *Jane Eyre*. Tal como muitos campeões de vendas inesperados, o livro de Bellamy oferecia uma síntese de tendências existentes — aproveitando a popularidade de visões utópicas como a de *A Crystal Age* [Uma era de cristal], de W. H. Hudson, e de panfletos radicais, como o extraordinariamente bem-sucedido *Progress and Poverty* [Progresso e pobreza], de Henry George — ao mesclar os dois formatos. Nos Estados Unidos, de acordo com o jornalista Henry Demarest Lloyd, o livro de Bellamy era "discutido por todo mundo, até pelos engraxates nas calçadas".[13] E, na Grã-Bretanha, virou um tema de conversa tão corriqueiro que, nos círculos intelectuais, era tido como uma omissão não ter lido o livro. "Suponho que tenha visto ou lido, ou tentado ler, *Daqui a cem anos*", o escritor e designer socialista William Morris escreveu para um amigo, em 1889.[14] Na Rússia, onde as vendas foram excelentes, foi elogiado por Tchékhov, Górki e Tolstói, que o considerou "um livro extremamente notável".[15] Entre os admiradores americanos estavam Jack London, Upton Sinclair, Elizabeth Gurley Flynn e dois futuros líderes do Partido Socialista. Mark Twain o chamou de "a mais recente e a melhor de todas as Bíblias".[16]

Tal como a Bíblia, *Daqui a cem anos* atraiu apóstolos, compelidos a difundir a boa nova sobre a modalidade de socialismo — de classe média, respeitável e distintamente americana — que Bellamy propunha e chamava de "nacionalismo". "Bellamy é o Moisés da atualidade", anunciou um dos convertidos. "Ele nos mostrou que a Terra Prometida existe."[17] Em 1888, os admiradores de Bellamy fundaram em Boston o primeiro Clube Nacionalista; três anos depois, contavam-se mais de 160 dessas agremiações por todo o país, reunindo jornalistas, artistas, advogados, médicos, empresários e reformadores, dentre os quais o procurador e ativista Clarence Darrow e a feminista Charlotte Perkins Gilman. Nas áreas rurais, caixeiros-viajantes vendiam o livro de porta em porta. O recém-criado Partido Populista, que conquistou cinco estados na eleição presidencial de 1892, baseou grande parte de sua plataforma progressista nas ideias de Bellamy. Os moradores da região central de Los Angeles ainda podem ver com os próprios olhos a força transfiguradora e vital do livro *Daqui a cem anos*. O arquiteto George Wyman, ao projetar o edifício Bradbury — mais tarde usado como locação na cena final do filme *Blade Runner: O caçador de androides*, de Ridley Scott —, inspirou-se nas descrições que Bellamy fez das lojas de departamento do futuro.

Bem na época em que Orwell iniciava uma carreira jornalística, a Crise de 1929 reanimou o interesse nas profecias confortadoras de Bellamy. O presidente Roosevelt leu e discutiu as ideias de Bellamy, e do seu governo, marcado pelo New Deal, fazia parte o biógrafo do autor, Arthur E. Morgan. Em 1935, a revista *The*

Atlantic Monthly classificou *Daqui a cem anos* como o segundo livro mais importante dos cinquenta anos anteriores, alegando que apenas *O capital* contribuíra mais para mudar o mundo. O líder trabalhista britânico Clement Attlee admitiu que o seu entusiasmo por uma "comunidade cooperativa" vinha de *Daqui a cem anos*, e contou ao filho do escritor, Paul, que o seu governo no pós-guerra era "filho do ideal de Bellamy".[18] Em 1949, o livro ainda era tão conhecido nos Estados Unidos que Harry Scherman, presidente do Book-of-the-Month Club [Clube do Livro do Mês], descreveu *1984* como "*Daqui a cem anos* de Bellamy ao contrário".[19]

Talvez pareça estranho que um dos livros mais influentes em termos culturais na história da literatura seja hoje tão pouco conhecido — até você se dar ao trabalho de lê-lo. As narrativas perduram; os manifestos mal disfarçados de romances viram cativos do seu momento histórico.

Julian West é um aristocrata fútil que vive acomodado em meio ao luxo em Boston em 1887, e está prestes a se casar com a noiva beata. Para se curar da insônia, ele é hipnotizado por um médico charlatão e mergulha em transe numa câmara subterrânea à prova de som. Como Rip Van Winkle, desperta somente um século depois, na casa de um tal dr. Leete, que passa a lhe explicar como a sociedade havia alcançado a perfeição com base na "solidariedade racial e na fraternidade humana".[20] Narrado por Julian, o romance é pouco mais do que uma série de conversas de natureza política. Mais tarde, Bellamy admitiu que acrescentou um enredo romântico "com um pouco de impaciência, na expectativa de induzir mais gente a pelo menos tentar ler o livro".[21] Considerando que as únicas mulheres que Julian conhece são a esposa do dr. Leete e a filha Edith, há muito pouco ali para fisgar o leitor.

Embora tenha previsto, de passagem, inovações como o cartão de débito e o rádio-relógio, Bellamy estava longe de ser um Júlio Verne. A fim de tornar atraente a sua utopia para "a massa sóbria e moralmente inclinada da população americana",[22] era preciso tornar a obra bem acessível. Tal como *L'An 2440: Rêve s'il en fut jamais* [O ano 2440: Um sonho como nenhum outro], de Louis-Sébastien Mercier, uma sensação literária na França pré-revolucionária, a utopia de Bellamy era datada e localizada.* Originalmente, ele pretendia descrever "um palácio nas nuvens para uma humanidade ideal", mas "tropeçou na fatídica pedra angular da nova ordem social".[23] Num posfácio à segunda edição, afirmava que a obra fora "concebida, com toda a seriedade, como um prognóstico".[24]

O dr. Leete é uma incansável máquina de explicações. Em cada capítulo, Julian, assumindo o lugar do leitor do século XIX, indaga como havia ocorrido esse ou aquele desenvolvimento, e Leete afavelmente responde que nada podia ser mais simples: tudo era "a consequência lógica da operação da natureza humana sob condições racionais".[25] Essa era uma concepção comum entre os socialistas na década de 1880. Num ensaio de 1946, "O que é o socialismo?", Orwell escreveu que, até a Revolução Russa, "todo pensamento socialista era, em certo sentido, utópico", pois ainda não fora testado no mundo real. "Bastaria que a injustiça econômica fosse eliminada e todas as outras formas de tirania também iriam desaparecer. A era da fraternidade humana teria início, e a guerra, a criminalidade, as doenças, a pobreza e o trabalho excessivo ficariam relegados ao passado."[26]

* Em 1863, Júlio Verne escreveu uma história parecida, *Paris no século XX*, mas foi recusada pelo editor, com a justificativa de que o escritor "tentou uma tarefa impossível" (apud Adam Roberts, *The History of Science Fiction*. Londres: Palgrave Macmillan, 2006, p. 132).

No mundo do dr. Leete, a igualdade é uma chave mestra que abre todas as portas. O novo sistema, que arregimenta todos os cidadãos num "exército industrial", acaba com a necessidade de advogados, legisladores, soldados, clérigos, cobradores de impostos e carcereiros. As mulheres são iguais, ainda que segregadas num exército industrial separado. O ar é limpo, o trabalho, agradável, a mentira, quase obsoleta, e a expectativa de vida supera os 85 anos. As pessoas são mais saudáveis, bondosas, felizes e melhores em todos os aspectos. Eis todas as características padronizadas de que Orwell zombou ao resenhar a utopia delineada por Herbert Samuel no livro *An Unknown Land* [Uma terra desconhecida], publicado em 1942: "A higiene, os dispositivos para poupar trabalho, as máquinas fantásticas, a ênfase na ciência, a sensatez generalizada e temperada por uma religiosidade um tanto aguada [...]. Não há guerra, nem crimes, nem doenças, nem pobreza, nem distinções de classe etc. etc.".[27] *Daqui a cem anos* é o tipo de livro que inclui todos esses et cetera.

A visão de Bellamy padece de uma omissão extraordinária. Logo depois de Julian despertar, o dr. Leete o leva ao telhado de sua casa a fim de lhe mostrar a cidade. Julian avista quilômetros de bulevares, edifícios, árvores, parques e fontes, dispostos em requintada harmonia, mas não vê nenhuma pessoa. É como a maquete de um arquiteto antes de serem incluídas as figurinhas humanas. Quando afinal aparecem as massas, a prosa sofre convulsões de horror. Bellamy aclimata tão bem o leitor à plácida eficiência da sociedade do ano 2000 que, quando Julian desperta de novo e se vê de volta à Boston de 1887, o tumulto fuliginoso é um choque para os sentidos. Concebido para desfamiliarizar o presente e levar o leitor à ação política, o trecho também revela o quanto Bellamy era o tipo de socialista paternalista que apreciava o trabalhador na teoria, mas tinha dificuldade para lidar com ele na prática. Antes de acordar mais uma vez e descobrir que 1887 é um pesadelo e 2000, a realidade, Julian recua enojado diante da "massa pestilenta de miséria humana". Notando com tristeza os "semblantes abrutalhados", ele diz: "Eles estavam todos bem mortos".[28] Se resta alguma esperança, ela não está nos proletários.

"A única forma segura de ler uma utopia", anotou William Morris em sua cautelosa resenha de *Daqui a cem anos*, "é considerá-la como expressão do temperamento do autor."[29]

Ironicamente para um reformador, Bellamy confessou ter uma "arraigada aversão à mudança".[30] Um dos quatro filhos de um ministro batista popular, e ele próprio um calvinista puritano, Bellamy passou quase a vida inteira em Chicopee Falls, Massachusetts, uma pequena cidade antes idílica que virara um centro industrial. Das janelas do sobrado à beira do rio Connecticut, o jovem Edward tinha tudo ao alcance da vista: as usinas e fundições fumarentas, os cortiços miseráveis lotados de trabalhadores imigrantes e as imponentes mansões dos donos das fábricas, que lhe recordavam os barões feudais. Aos catorze anos, ele teve uma epifania religiosa e passou a "ver o mundo com novos olhos".[31]

Enquanto estudante precoce no Union College, em Schenectady, Nova York, Bellamy teve o primeiro contato com o socialismo utópico dos falecidos pensadores franceses Henri de Saint-Simon e Auguste Comte. Em 1868, passou um ano na Alemanha com o primo, William Packer. Ali se tornou dolorosamente consciente "do inferno da pobreza sob a nossa civilização"[32] e passou longas horas com William seriamente empenhado em conceber "um plano para a equalização das condições humanas".[33] De volta a Chicopee Falls, Edward se formou em direito mas logo abandonou a profissão, depois de ser contratado para despejar uma viúva que deixara de pagar o aluguel, voltando-se para o jornalismo. Passou o ano de 1872 denunciando as precárias condições de moradia e as chicanas políticas para o *Evening Post* em Nova York, uma cidade dura e fervilhante sob o controle do rico e influente William Magear Tweed, o "Boss" Tweed, e de sua escandalosamente corrupta máquina política no Partido Democrata, conhecida como Tammany Hall. "Difícil viver assim", escreveu Bellamy em seu caderno de notas. "Diante de muito sofrimento, torna-se um nacionalista."[34]

A visão de tanta pobreza em seu país e no exterior abalou a fé de Bellamy em Deus, e reforçou a determinação de resolver para si mesmo o "mistério" da vida, por meio de uma teoria universal que unisse política, economia, sociedade, arte e religião. Em 1873, Bellamy expôs essa versão mística do socialismo no ensaio "Religião da solidariedade", no qual cada ser humano é uma manifestação do "não eu" infinito, e a verdadeira felicidade só é alcançável quando os interesses da comunidade são postos acima dos desejos individuais. O objetivo dele era fazer com que os outros vissem o mundo com novos olhos.

A publicação do ensaio de Bellamy coincidiu com o pânico financeiro de 1873. Neste que foi o primeiro episódio de depressão do capitalismo industrial, faliram dez estados americanos, centenas de bancos, milhares de empresas e mais de uma centena de ferrovias. A Grande Greve Ferroviária de 1877 foi o primeiro conflito trabalhista de âmbito nacional nos Estados Unidos, suprimido apenas depois de 45 dias de protestos e derramamento de sangue. Houve confrontos nas ruas de Chicago e de Baltimore, um massacre em Pittsburgh, imposição da lei marcial em Scranton. Mesmo após a recuperação da economia em 1879, o capitalismo americano revelava uma debilidade temerosa. No capítulo inicial de *Daqui a cem anos*, Julian comenta que alguns de seus contemporâneos abastados temem "um iminente cataclismo social".[35] Essa ansiedade, que ecoava por todo o mundo ocidental, inspirou uma moda de romances pós-apocalípticos, como *After London*

[Depois de Londres], de Richard Jefferies, e *The Destruction of Gotham* [A destruição de Gotham], de Joaquin Miller — o equivalente na década de 1880 aos atuais filmes de catástrofes.

Durante a depressão, Bellamy escreveu artigos abstrusos para um jornal de Massachusetts, *The Springfield Union*, e vários contos e novelas baseados mais em ideias do que em personagens convincentes. Em 1880, Edward e o irmão, Charles, lançaram o *Daily News*, "o jornal do povo", que cobria assiduamente as disputas trabalhistas. Edward tinha simpatia pela difícil situação dos grevistas, mas achava os sindicatos pouco ambiciosos. Deveriam almejar um sistema todo renovado, e não apenas uma negociação favorável a determinados grupos de interesse. O casamento e o nascimento dos filhos estimularam Edward a imaginar um mundo melhor em que, esperava, seus filhos poderiam viver. "Quando passei a considerar o que se poderia fazer, de forma radical, pela reorganização social", confidenciou em suas anotações, "foi de grande ajuda todo o desgosto anterior com vários esquemas socialistas."[36]

Bellamy começou a escrever *Daqui a cem anos* bem no meio da primeira onda de Ameaça Vermelha que assolou o país. No dia 4 de maio de 1886, uma explosão de dinamite matou sete policiais durante uma manifestação operária em Haymarket Square, em Chicago. Quase toda a violência dessa época era cometida pelo Estado ou por capangas armados dos proprietários — a polícia matou a tiros vários manifestantes em Haymarket —, mas a prisão, com base em indícios patentemente frágeis, de oito anarquistas abriu o caminho para a repressão contra anarquistas, socialistas e sindicalistas. Qualquer proposta de socialismo teria, portanto, de soar o menos ameaçadora possível.

Para Bellamy, assim como para Orwell meio século depois, o socialismo era um excelente produto com péssimos divulgadores. "Na radicalidade das opiniões que expressei pode parecer que eu seja mais socialista do que os socialistas", escreveu ao amigo e também utopista William Dean Howells, "mas o termo socialista está entre aqueles que nunca digeri bem. Para começar, é uma palavra estrangeira em si mesma e igualmente estrangeira em todas as suas sugestões. Para o americano médio, ela cheira a petróleo, sugere a bandeira vermelha, todo tipo de novidades sexuais, e um tom abusivo em relação a Deus e à religião."[37] (Orwell também se queixou do "cheiro" do socialismo.) Em *Daqui a cem anos*, o dr. Leete explica que "os adeptos da bandeira vermelha", na década de 1880, "tanto aborreceram as pessoas que despojaram de audiência os projetos mais bem concebidos de reforma social".[38] Na verdade, revela o doutor, eles eram secretamente financiados pelos monopólios capitalistas a fim de desacreditar as ideias radicais por meio de uma retórica violenta, levando Julian a sugerir a popular teoria conspiratória de que o verdadeiro lançador da bomba em Haymarket era um lacaio capitalista.

Nesse clima de tensão, Bellamy propunha a evolução em vez da revolução. Tal como nos artigos jornalísticos ele aconselhava os reformadores a serem claros, diretos e polidos, no romance ele embelezava e suavizava o socialismo de modo que não parecesse mais, nem de longe, ameaçador. Ele tranquilizava os leitores mais ricos para que não se sentissem alarmados ou culpados, pois também eram vítimas inocentes de "um equívoco tremendo, medonho, um engano colossal toldando o mundo", ou seja, do capitalismo.[39] Uma vez removido este, sem o derramamento de uma gota de sangue em *Daqui a cem anos*, também desapareceria para sempre toda tensão entre as classes sociais, os sexos, as raças e as regiões. Esse tipo de alegação utópica deixava perplexo Orwell, para quem uma das grandes falácias da esquerda era "a crença de que a verdade prevalece e a perseguição derrota a si mesma, ou de que o homem é naturalmente bom e só é corrompido pelo ambiente".[40]

A exata dramatização dessa crença por Bellamy é o que faz de *Daqui a cem anos* um argumento político sedutor num romance medíocre. Diante da turbulência dos Estados Unidos em 1888, deve ter parecido muito atraente um futuro no qual tudo o que o herói tem a fazer é sentar-se numa casa confortável enquanto o dr. Leete lhe explica tudo. O paraíso é um lugar onde nunca acontece nada.

A publicação de *Daqui a cem anos* converteu o jornalista provinciano num dos mais célebres pensadores do mundo. Os Clubes Nacionalistas lançaram dúzias de jornais, dois dos quais editados pelo próprio Bellamy, e proporcionaram ao recém-organizado Partido Populista um quadro de referência intelectual, embora Bellamy desaprovasse a retórica furibunda deste. No preâmbulo ao manifesto dos populistas na eleição de 1892, Ignatius Donnelly fulminou: "Uma vasta conspiração contra a humanidade foi organizada em dois continentes, e está rapidamente avançando pelo mundo. Se não for contida e derrubada de imediato, ela pressagia convulsões sociais terríveis, a destruição da civilização ou o estabelecimento de um despotismo absoluto".[41]

Donnelly, um congressista de Minnesota chamado tanto de "Tribuno do Povo" como de "Príncipe dos Dementes", foi um dos responsáveis por colocar as teorias conspiratórias em circulação na política americana. Ele também escreveu um romance utópico, sensacionalista e arrepiante, *Caesar's Column* [A coluna de César], no qual o paraíso é estabelecido numa Uganda sob controle da Suíça, enquanto o capitalismo americano acaba em sangue e fogo; a coluna mencionada no título consiste em 250 mil cadáveres, amontoados na Union Square em Nova York e recobertos de cimento. Na eleição de 1896, os populistas apoiaram o candidato democrata William Jennings Bryan, cujo estilo de agitação da massa era forte demais para o gosto de Bellamy. Com a clara derrota de Bryan, esgotou-se também o fôlego dos nacionalistas.

A influência de Bellamy, contudo, sobreviveu ao movimento. Entre os socialistas americanos, ele era mais lido do que Marx. Para Eugene Debs, um dos fundadores do Partido Socialista dos Estados Unidos, Bellamy "não só despertou as pessoas, mas também encaminhou muitas ao movimento revolucionário".[42] Na Grã-Bretanha, a recém-criada Sociedade Fabiana — na qual Beatrice Webb considerava a possibilidade de escrever a sua própria utopia bellamyana, *Looking Forward* [Divisando o futuro] — pediu a Bellamy que se incumbisse da introdução à edição americana dos *Fabian Essays in Socialism* [Ensaios fabianos sobre o socialismo]. Também havia adeptas de Bellamy no movimento das mulheres. Frances Willard brincou que talvez Edward fosse, na verdade, "Edwardina": "uma mulher de coração grande e cérebro grande".[43]

Bellamy morreu de tuberculose em 1898, aos 48 anos. O seu canto do cisne fora publicado no ano anterior: o romance *Equality* [Igualdade], um diligente exercício para preencher as lacunas de *Daqui a cem anos* e responder aos críticos. Bellamy se empenhou em mostrar respeito pela liberdade individual, em dar poder às mulheres e em enfatizar os valores fundamentais dos Estados Unidos, alegando que a igualdade econômica era "o compromisso óbvio, necessário e o único apropriado a estes três direitos de nascença — à vida, à liberdade e à felicidade".[44] Para muitos dos admiradores posteriores de Bellamy, *Igualdade* era ainda mais relevante do que *Daqui a cem anos*. O seu capítulo mais bem resolvido, "A parábola do tanque de água", foi republicado como um panfleto, do qual centenas de milhares de exemplares foram vendidos na Rússia. Piotr Kropotkin, o anarquista mais famoso do mundo, exclamou: "Pena que Bellamy não tenha vivido mais!".[45]

Em termos literários, a influência de *Daqui a cem anos* foi como a de um dente-de-leão, cada semente dispersada produzindo uma floração. O gabarito utópico popularizado por Bellamy se mostrou muito atraente para romancistas iniciantes, ao eliminar a necessidade de personagens psicologicamente complexos ou narrativas dinâmicas. Tudo o que os escritores tinham a fazer era transportar um observador curioso para outra terra, graças a balões ou a um naufrágio, em sonho ou em transe, encontrar um guia atencioso com muito tempo livre, e descrever a sociedade que colocava em cena as suas crenças políticas. E surgiram muitos desses escritores: pensadores sérios e excêntricos obcecados, pragmatistas duros e profetas de olhos esbugalhados, sonhadores e malucos, tratando de quase toda obsessão *fin de siècle* imaginável, desde o vegetarianismo e a iluminação elétrica até a eugenia e o imperialismo. Somente nos Estados Unidos foram lançados mais de 150 livros em resposta a Bellamy, muitos dos quais eram homenagens ou réplicas diretas, com títulos como *Looking Forward*, *Looking Ahead* [Olhando adiante], *Looking Further Backward* [Olhando de volta a um passado mais longínquo] ou *Mr. East's Experiences in Mr. Bellamy's World* [As experiências de Mr. East no mundo de Mr. Bellamy]. Outros eram basicamente obras de fãs, que reaproveitavam Julian West para os seus próprios fins. Até mesmo o Mágico de Oz tinha algo de Bellamy, a julgar pela descrição de uma sociedade igualitária incluída por L. Frank Baum em *The Emerald City of Oz* [A cidade esmeralda de Oz].

Já em 1890, um colaborador da revista de crítica *The Literary World* se queixava de que "as obras sobre o século XX ou XXI estão proliferando de tal forma que toda essa temática logo mais vai provocar um tédio mortal",[46] e a moda estava apenas começando. À medida que os Estados Unidos avançavam febricitantes rumo ao novo século, as suas turbulências continuavam a alimentar as imaginações desenfreadas. O Pânico de 1893 desestabilizou a economia por mais quatro anos. Em tom mais animador, naquele mesmo ano a Feira Mundial em Chicago apresentou a milhões de americanos novidades futuristas como o lavador de pratos, a esteira rolante, o zíper e a roda-gigante. Foi nessa feira que o pastor batista Francis Bellamy — primo de Edward — promoveu o lançamento nacional do Juramento à Bandeira, e que Frederick Jackson Turner, o historiador do Oeste americano, declarou: "A fronteira acabou, e com isso chegou ao fim o período inicial da história dos Estados Unidos".[47] Novas fronteiras — sociais, políticas, espirituais, tecnológicas — eram necessárias.

Dúzias de escritores acabaram inspirados a delinear um futuro promissor que refletia as suas próprias prioridades políticas. William Morris comentou com um amigo que a sua utopia *Notícias de lugar nenhum* fora concebida como "uma réplica contundente"[48] ao "paraíso *cockney*"[49] de *Daqui a cem anos*. Situada em 2012, a sociedade ideal de Morris é agrária em vez de urbana, anárquica em vez de centralizada, e motivada pelo prazer, não pelo dever. O livro se tornou um campeão de vendas internacional e inspirou Ebenezer Howard a lançar o movimento das cidades-jardins, mas os muitos fãs da obra de Morris não incluíam Orwell, que a considerou uma "espécie de versão boazinha da utopia wellsiana".[50] "Todo mundo é bondoso e sensato, todos os tecidos dos móveis vêm da Liberty's, mas a impressão que fica é a de uma espécie de melancolia aguada."

Tal como *Freeland* [Terra livre], do economista austro-húngaro Theodor Hertzka, e a trilogia do amigo de Bellamy, William Dean Howells, sobre a utopia pastoral de Altruria, *Notícias de lugar nenhum* atraiu uma quantidade substancial de seguidores, mas a maioria dos romances pós-Bellamy tivera apenas um impacto restrito.

Em *The Human Drift* [A deriva humana], King Camp Gillette, o magnata das lâminas de barbear, realocava todos os habitantes dos Estados Unidos numa única cidade gigantesca, Metropolis, abastecida com a energia das cataratas do Niágara; com otimismo, todo exemplar do livro incluía um certificado de associação ao Partido do Povo Unido, uma organização que existia efetivamente, mas da qual nada mais se ouviu. O empresário Bradford C. Peck, do Maine, usou o livro *The World a Department Store* [O mundo uma loja de departamentos], para promover o movimento cooperativo. Para J. McCullough, autor de *Golf in the Year 2000, or, What We Are Coming To* [Golfe no ano 2000, ou, Para onde vamos], a utopia traria partidas ininterruptas de golfe. Sutton E. Griggs, um ministro batista e filho de ex-escravo, publicou por conta própria a primeira utopia negra, *Imperium in Imperio*, sobre um governo secreto e oculto de afro-americanos em Waco, no Texas. Nas utopias feministas — como *New Amazonia: A Foretaste of the Future* [Nova Amazônia: Um antegosto do futuro], de Elizabeth Corbett, e o mais bem-sucedido romance *Herland* [Terradela] (1915), de Charlotte Perkins Gilman —, os homens estavam ausentes e, portanto, não havia violência. Tais utopias faziam os leitores acreditarem na possibilidade de mudanças fundamentais, por mais desesperançados que se sentissem na vida real.

Claro que a utopia de um podia ser a antiutopia de outro. Como disse Clement Attlee, "a maioria de nós seria muito infeliz nos paraísos alheios".[51] Para o advogado nova-iorquino Arthur Dudley Vinton, o futuro imaginado por Bellamy mais parecia o inferno do que o céu. Na continuação ferozmente intolerante que escreveu, intitulada *Looking Further Backward* [Olhando de volta ao passado mais longínquo], o nacionalismo e o feminismo haviam reduzido os Estados Unidos a um país decadente, frívolo e emasculado, que é facilmente invadido pela China, e um Julian desiludido se vê obrigado a recorrer à sua sagacidade da Era Dourada para combater o perigo amarelo. Uma réplica mais engraçada veio do britânico Jerome K. Jerome, autor de *Três homens e uma canoa*, e cujo conto "The New Utopia" [A nova utopia] é uma divertida caricatura tanto das ideias como da prosa de Bellamy. "Será que conseguiram acertar as coisas dessa vez?", pergunta o impassível narrador de Jerome ao despertar mil anos depois. "Agora todo mundo é igual, e o pecado e o sofrimento e esse tipo de coisa foram abolidos?" "Ah, claro", responde o guia inspirado no dr. Leete. "Você vai encontrar tudo em ordem agora [...]. Ninguém tem permissão para fazer nada errado ou bobo."[52] Jerome deu aos cidadãos do seu mundo tediosamente homogêneo ("uma língua, uma lei, uma vida")[53] números em vez de nomes: uma piada que iria virar um clichê da ficção científica. No romance de Orwell, Winston Smith também é conhecido como "6079 Smith W.".

As utopias conservadoras sonhavam com menos regulamentação, sindicatos mais fracos, forças militares e policiais mais fortes, e mais imperialismo: o destino manifesto anabolizado. John Jacob Astor, um dos indivíduos mais ricos do mundo, situou o seu livro *A Journey to Other Worlds: A Romance of the Future* [Uma viagem a outros mundos: Um romance do futuro] no ano 2000, quando os Estados Unidos, após terem conquistado metade do planeta, partem para a colonização do sistema solar, com Júpiter sendo rebatizado como Kentucky. Em *Sub-Coelum: A Sky-Built Human World* [Subcéu: Um mundo humano erguido no céu], de Addison Peale, os "incapazes" são esterilizados, ao passo que as mulheres "dissolutas" são encarceradas por crimes como tomar bebidas alcoólicas, assobiar e cometer erros gramaticais. No livro *A.D. 2050: Electrical Development at Atlantis* [2050 d.C.: Desenvolvimento elétrico na Atlântida], de John Bachelder, refugiados da fracassada sociedade nacionalista de Bellamy fogem para a Atlântida, que transformam num Estado policial proto-orwelliano sob constante vigilância. William Harben concebeu um cenário similar, mas a partir de uma perspectiva de esquerda, em *The Land of the Changing Sun* [A terra do sol mutável]: na sociedade subaquática de Alpha, um governo de eugenistas usa dispositivos televisivos de escaneamento para identificar dissidentes, e torturas psicológicas para dominá-los.

Houve até uma sugestão da Oceânia de Orwell na própria obra de Bellamy. Na novela *Dr. Heidenhoff's Process*, de 1880, um cientista do mesmo nome descobre um meio de apagar lembranças dolorosas e sentimentos de culpa: "A memória é o princípio da degeneração moral. O pecado relembrado é a influência mais completamente diabólica no universo".[54] A feliz raça de leitores da mente no conto "To Whom This May Come" [A quem isso possa chegar], de 1889, cuja capacidade telepática acabou com os crimes e os enganos ao "rasgar o véu do eu, e não deixar nenhum recanto obscuro na mente onde as mentiras possam se esconder",[55] faz com que a Polícia das Ideias de Orwell pareça um tanto amadora.

Uma marca da inabalável crença de Bellamy na natureza humana e no senso comum é o fato de não se ter dado conta das implicações distópicas da obediência unânime a um Estado de partido único que dura para sempre, nem tampouco da possibilidade de que o seu *não eu* aboliria o que Orwell chamava de *vidaprópria*. O idealista do final do século XIX tinha uma mente inteiramente pré-totalitária. Orwell iria trespassar a ingenuidade daquela geração na voz de O'Brien, em *1984*: "Você começa a se dar conta, então, do tipo de mundo que estamos criando? Ele é o exato oposto das utopias estúpidas e hedonistas imaginadas pelos velhos reformadores".[56]

Em várias ocasiões, Orwell criticou e zombou dos textos utópicos. No final da década de 1940, porém, havia criado uma afeição compassiva pelas visões de um mundo melhor propostas no século XIX, por mais insípidas ou ingênuas que fossem. Em 1948, ao escrever sobre "A alma do homem sob o socialismo", constatou que as róseas previsões de Wilde — nas quais o populacho é libertado pela tecnologia e pela abolição da propriedade privada para desfrutar uma vida de realização individual sob o olhar benevolente de um Estado mínimo — eram de "leitura especialmente penosa".[57] Wilde estava, parecia-lhe, extraordinariamente equivocado. E no entanto Orwell também reconhecia o quão valioso era ser lembrado de que o socialismo não tinha de significar apenas campos de trabalho forçado, filas para obter comida e polícia secreta. As utopias do século XIX, escreveu, "podem exigir o impossível, e podem — uma vez que a utopia reflete as concepções estéticas de sua época — às vezes parecer 'datadas' e ridículas; mas ao menos elas [...] relembram ao movimento socialista o seu objetivo original e meio esquecido, o da fraternidade humana".[58]

Orwell havia testemunhado coisas demais para ser um idealista, mas não estava acima de sentir ternura, e talvez um pouco de inveja, por aqueles sonhadores que haviam vivido em tempos mais esperançosos.

3. O mundo em que estamos caindo

Orwell 1938-40

O futuro, de qualquer modo o futuro imediato, não é dos indivíduos "sensíveis". O futuro é dos fanáticos.

George Orwell, *Time and Tide*, 8 jun. 1940[1]

No dia 22 de maio de 1938, em carta ao amigo Jack Common, Orwell contou que estava pensando em iniciar o seu quarto romance, ainda que as circunstâncias históricas estivessem longe de ser ideais. "Do modo como vão as coisas, se começar em agosto meu temor é que tenha de concluir o livro no campo de concentração", brincou com humor ácido.[2]*

Estava escrevendo de Preston Hall, um sanatório em Aylesford, em Kent, porque dois meses antes começara a tossir sangue. O estimado irmão mais velho de Eileen, Laurence O'Shaughnessy, ou "Eric", um dos principais especialistas em tuberculose na Grã-Bretanha, diagnosticou uma lesão no pulmão esquerdo e recomendou o sanatório, onde O'Shaughnessy era cirurgião especializado. Durante a estada de três meses, Orwell recebeu visitantes de todos os segmentos da sua vida incomum e socialmente variada. Num dia, as enfermeiras podiam ouvir as vozes aflautadas de

* Orwell se referia a um *campo de concentração* na acepção original de "campo de internamento", nesse caso um campo britânico.

amigos escritores, como Richard Rees e Cyril Connolly, e, no outro, os sotaques da classe trabalhadora dos companheiros do ILP que ele havia conhecido na Espanha. Henry Miller lhe enviou uma carta amistosa, aconselhando-o "a parar de pensar e de se preocupar com o padrão externo",[3] o que era o mesmo que Orwell dizer a Miller que deixasse de pensar em si mesmo.

A cada duas semanas, Eileen vinha de Wallington, onde moravam com um poodle cinzento. "Nós o chamamos de Marx para nos lembrar de que nunca tínhamos lido Marx", contou ela a um amigo, com o humor tipicamente seco, "mas agora que lemos um pouco, ficamos com uma antipatia pessoal tão acentuada que nem sequer conseguimos olhar nos olhos do cão quando nos dirigimos a ele."[4] O casal acabava sabendo muito sobre um visitante se este achasse que o animal recebera esse nome por causa de Karl, Groucho ou da loja de departamentos Marks & Spencer.

Os médicos de Preston Hall aconselharam Orwell a passar o inverno num clima mais ameno. Graças a uma doação anônima de trezentas libras, feita pelo romancista L. H. Myers, o casal decidiu ir ao Marrocos, chegando em Marrakech no dia 11 de setembro. Embora tenha se dedicado a manter um diário, com observações tipicamente precisas sobre os costumes locais, Orwell achou o país "um tanto enfadonho".[5] Era, portanto, um bom local para escrever um romance.

Durante cerca de dois anos, entre lutar numa guerra e tentar lutar em outra, Orwell foi um pacifista. A versão do antifascismo da classe dirigente britânica lhe parecia "um disfarce transparente para um imperialismo militarista".[6] Além do mais, estava convencido de que a guerra teria um efeito "fascistizante"[7] na população: "reduções de salários, fim da liberdade de expressão, brutalidades nas colônias etc."*. Nessa época, uma das suas citações prediletas era o argumento de Nietzsche, segundo o qual aqueles que lutam contra dragões correm o risco de virar o mesmo.[8] "Afinal o fascismo nada mais é do que um desenvolvimento do capitalismo, e a democracia mais conciliatória, por assim dizer, corre o risco de se voltar para o fascismo na hora do aperto", escreveu ao amigo Geoffrey Gorer em 1937.[9] Ele se expressou de forma mais contundente ao responder à carta de um leitor: "O fascismo e a dita democracia são como Tweedledum e Tweedledee".[10] Por isso, firmou um manifesto contra a guerra no jornal *New Leader*, inscreveu-se formalmente no ILP e continuou a escrever ferozes ensaios contra a guerra até julho de 1939. E também planejou organizar protestos ilegais.[11] Em 1938, disse a Richard Rees e ao seu agente Leonard Moore que estava escrevendo um panfleto antibélico intitulado "Socialismo e guerra", que nunca chegou a ser publicado, e assim a expressão pública mais clara do pacifismo de Orwell, e as razões deste, foi o romance que escreveu no Marrocos.

Um pouco de ar, por favor! trata exatamente daquilo que Orwell achava que poderia impedi-lo de terminar o romance. O Acordo de Munique foi assinado logo após a sua chegada ao Marrocos, mas era algo que apenas adiava o inevitável. Mais tarde, Orwell alegaria que, desde 1931, sabia que "o futuro deve ser catastrófico"[12] e, desde 1936, que a Inglaterra iria à guerra com a Alemanha. Também mais tarde, recordou "o sentimento de futilidade e impermanência, de ficar numa sala com correntes de ar à espera de que os canhões começassem a disparar".[13] Achando graça no pessimismo dele, Eileen escreveu à irmã de Orwell, Marjorie,

* Não era uma crença incomum na época. Para o romancista E. M. Forster, "se o fascismo vencer estamos acabados, e precisamos virar fascistas para vencer" (ver E. M. Forster, *Two Cheers for Democracy*. San Diego: Harcourt, Brace & Co., 1951, p. 23).

sobre a intenção do marido em construir um abrigo antibombas na casa em Wallington quando voltassem do Marrocos. "Mas em geral a casamata não passa de um divertimento leve; ele prefere mesmo é pensar nos campos de concentração & na fome."[14]

Alguns dos amigos de Orwell depois atribuíram o desalento de *1984* ao agravamento do seu estado de saúde, mas a sensação horrível de impotência individual sempre esteve presente em todos os seus romances. Orwell era tão impiedoso na ficção quanto compassivo nos artigos jornalísticos. O seu protagonista típico é um indivíduo comum e medíocre que se dá conta de que não aguenta mais o seu papel na sociedade, tenta resistir ou escapar, e termina por voltar ao ponto de partida, despojado da esperança de que uma vida melhor é possível. Todos os seus enredos exibem essa circularidade fatídica. Em *Dias na Birmânia*, *A filha do reverendo*, *A flor da Inglaterra* e *Um pouco de ar, por favor!*, os personagens se veem não apenas derrotados, mas destruídos e isolados, por forças menos extremas do que os choques elétricos e o Quarto 101.

Em *Dias na Birmânia*, de 1934, por exemplo, o mercador de teca John Flory é um imperialista atormentado, que vive "num mundo sufocante, embrutecedor [...], no qual toda palavra e todo pensamento são censurados [...]. A liberdade de expressão é inconcebível".[15] As mentiras com as quais os colonizadores se enganam, dizendo a si mesmos que o papel deles é melhorar as condições da Birmânia e não espoliá-la, acabam por envenená-los, ao passo que a dissensão oculta de Flory o condena a uma vida solitária e estéril: "É algo corruptor viver a nossa vida real em segredo".[16] Em *A flor da Inglaterra*, tudo é deprimente, insípido e cinzento, exceto quando é chocante e infernal. O poema do protagonista Gordon Comstock (que Orwell já havia publicado em *The Adelphi*) faz da Londres da década de 1930 um esboço da Pista de Pouso Um, com os cartazes rasgados tremulando ao vento inclemente, e a autoridade maligna "Que espia com atenção invejosa e detida,/ Nossas ideias, nossos sonhos, nossos modos secretos/ Que escolhe nossas palavras e corta nossas roupas,/ E mapeia o padrão dos nossos dias".[17] Esse tirano é o "deus-dinheiro", seu "sacerdócio-dinheiro"[18] é o Partido, e seus "bilhões de escravos"[19] são os proletários. Enquanto Winston, em *1984*, é oprimido por cartazes de propaganda, Comstock é atormentado por painéis publicitários: o Grande Irmão dele é Roland Butta, o personagem que promove uma bebida quente chamada Bovex. O nome da agência de publicidade onde Comstock "embala um mundo de mentiras numa centena de palavras"[20] até mesmo soa como um movimento fascista: Nova Albion.

Como ficcionista, Orwell tinha uma imaginação limitada e uma propensão de acumulador. Os quatro primeiros romances eram lojas de saldos repletas até o teto de preocupações disparatadas para as quais não conseguia dar um destino mais adequado. Em 1946, o escritor Julian Symons comentou com Orwell que, ainda que se salvasse como autobiografia velada, *Um pouco de ar, por favor!* mal podia ser considerado um romance. Orwell não protestou. "Claro que você está perfeitamente certo quanto ao meu próprio caráter se intrometer constantemente no do narrador", respondeu. "De qualquer modo, não sou mesmo um romancista."[21] Para ele, *A filha do reverendo* e *A flor da Inglaterra* não passavam de "bobagens comerciais que, para começo de conversa, nem deveria ter publicado".[22] Contudo, a leitura de seus primeiros romances ainda vale a pena, não pelos enredos ou personagens, mas pelo tom de voz: o animado fluxo de opiniões, observações, historietas e piadas; a expressão persuasiva de uma visão de mundo; a impressão de um escritor pondo para fora algo que o incomodava.

Um pouco de ar, por favor! é, em partes iguais, nostalgia e pavor, cada emoção aguçando a intensidade da outra. O narrador é George Bowling, um suburbano corpulento, convencional, com família e um emprego sólido no setor de seguros. Um dia, andando por Londres, Bowling é acossado por premonições de guerra tão intensas que decide visitar Lower Binfield, o idílico lar onde passou a infância, no vale do Tâmisa, a fim de pescar. As longas e rapsódicas reminiscências de um paraíso rural ao mesmo tempo antecipam a Terra Dourada de Winston Smith e constituem uma liquidação do estoque de lembranças infantis do escritor, reforçando a observação aguçada de Cyril Connolly de que Orwell era "um revolucionário apaixonado por 1910".[23] Mas a nostalgia, não necessariamente reacionária, ali parece justificada. Se houve uma época na qual se poderia afirmar com razão que o passado parecia melhor do que o futuro, então sem dúvida isso se aplica ao ano de 1938. E a memória importa; em *1984*, ela é ao mesmo tempo uma espada e um escudo. Bowling admite que a sociedade era mais dura e mais desigual em sua juventude, mas "as pessoas tinham algo que hoje não temos. O quê? Simplesmente, não pensavam no futuro como algo apavorante".[24]

Bowling não apenas teme o que está por vir; ele consegue de fato vislumbrar como vai ser esse mundo. Passeando por Londres, "como se tivesse raios X nos olhos",[25] tem visões alarmantes de filas de esfomeados, cartazes de propaganda e metralhadoras disparando das janelas dos quartos. Pior, ele antevê o "pós-guerra":

> O mundo em que estamos caindo, o tipo de mundo odioso, o mundo dos slogans. As camisas coloridas. O arame farpado. Os porretes de borracha. As células secretas onde a luz elétrica permanece acessa dia e noite, e os detetives o observam enquanto você dorme. E as manifestações e os cartazes com rostos enormes, e as multidões de um milhão de pessoas saudando o líder até se ensurdecerem na convicção de que de fato o adoram, e o tempo todo, no fundo, elas o odeiam tanto que sentem vontade de vomitar.[26]

Essa horrenda premonição da Pista de Pouso Um é realçada pelo mesmo alerta que ressoa em *1984*: "Tudo aquilo que você diz a si mesmo que não passa de um pesadelo ou que só ocorre em países remotos" pode acontecer aqui.[27]

Bowling até mesmo acompanha uma prévia dos Dois Minutos de Ódio ao ir a uma reunião do Left Book Club [Clube do Livro de Esquerda] e ouvir um antifascista falando em slogans mecânicos. "É algo medonho, na verdade, ficar ao lado de um realejo humano despejando propaganda sobre você o tempo todo. Repetindo sem parar a mesma coisa, mais uma vez, e outra, e outra. Ódio, ódio, ódio. Vamos todos nos juntar e expressar um bom ódio."[28] Não é a política que enoja Orwell — também ele era um antifascista —, mas a linguagem e o tom. Mesmo após ter rejeitado o pacifismo, nunca deixou de desconfiar da retórica brutalizante. Em *1984*, o leitor tem uma surpresa desagradável quando O'Brien, um funcionário do Núcleo do Partido, posando de membro da Confraria clandestina, pergunta a Winston e à amante deste, Julia, se estão preparados para assassinar, sabotar, colocar bombas e até "jogar ácido sulfúrico no rosto de uma criança"[29] em prol da causa pela derrubada do regime Socing do Grande Irmão. Claro, respondem sem hesitar. Claro que sim. Mais adiante, O'Brien lembra Winston desse momento ao defender a ideia de que os fins justificam os meios. O fato de a oposição ao Grande Irmão ser chamada de Confraria sugere que eles e O'Brien não são assim tão diferentes quanto Winston gostaria de acreditar.

A estada de Bowling em Lower Binfield é uma decepção. O antigo paraíso infantil agora está todo tomado pelo ruído e pelo concreto. Aos olhos de Bowling, a modernidade é um flagelo, e a sua linguagem transpõe o hiato entre democracia e totalitarismo. O "novo tipo de homem originário do Leste Europeu [...], que pensa em slogans e cospe balas ao falar",[30] é "aerodinâmico", mas por outro lado assim é a Grã-Bretanha moderna.* No léxico de Orwell da década de 1930, *aerodinâmico* é um termo tão pernicioso quanto *higiênico*, *estéril* e *reluzente*. Esse é o capitalismo como distopia: "Celuloide, borracha, aço cromado por todos os lados, lâmpadas de arco voltaico cintilando sobre as nossas cabeças, rádios tocando todos a mesma música, nenhum resquício de vegetação, tudo recoberto de cimento [...]".[31] Isso lembra muito a lista de tudo o que irritava Orwell em *Twentieth Century Authors*: "Não suporto cidades grandes, barulho, carros, rádio, comida enlatada, aquecimento central e mobília 'moderna'".[32] As suas predileções frugais e antiquadas implicavam que, mesmo ao valorizar o homem comum, Orwell desdenhava de muito daquilo que apreciava esse mesmo homem comum na década de 1930.

Portanto, há coisas que Bowling não se importaria de ver destruídas pelas bombas. Do mesmo modo, Comstock, em *A flor da Inglaterra*, ao mesmo tempo teme e deseja a guerra, como uma terrível purgação que varreria para longe os aspectos mais espalhafatosos da existência moderna: "Somente um pouco antes de chegarem os aeroplanos. Zoom — bang! Umas poucas toneladas de TNT para mandar a nossa civilização de volta ao inferno que lhe cabe".[33] Esse é o mesmo instinto apocalíptico arrogante que levou H. G. Wells a fantasiar um devastador ataque marciano à cidade de Woking, ou John Betjeman a clamar por uma tempestade de bombas sobre Slough: melhor arrasar tudo e começar do zero. Todos os quatro primeiros romances de Orwell, a despeito de diferenças relevantes, partilham um pungente sentimento de claustrofobia, corrupção e morte em vida. Acima de tudo, há cheiro de ozônio do medo.

"Estamos mergulhados nele", diz Bowling. "É o nosso ele-

* Ver a ex-esposa de Winston, Katherine: "A cabeça dela era incapaz de formular um só pensamento que não fosse um slogan" (Orwell, *CW IX*, p. 69).

mento. Todos os que não têm pavor de perder o emprego morrem de medo da guerra, ou do fascismo, ou do comunismo, ou de outra coisa."[34]

Às oito da noite, pelo horário da Costa Leste, em 30 de outubro de 1938, a Rádio CBS inadvertidamente conduziu um estudo, de âmbito nacional, sobre a psicologia do medo. O episódio de Halloween do *The Mercury Theatre on the Air* era a adaptação de um romance, publicado por H. G. Wells em 1898 e chamado *A guerra dos mundos*, por um prodígio de 23 anos, Orson Welles, e o escritor Howard Koch. Welles não tinha a intenção de enganar ninguém. "O que nos ocorreu foi que talvez as pessoas pudessem ficar entediadas ou chateadas ao ouvir uma história tão improvável", comentou mais tarde.[35] Como se a perspectiva da chegada de máquinas marcianas mortíferas a Nova Jersey não fosse suficientemente implausível, Welles iniciava e concluía cada metade do programa de uma hora com um anúncio ressaltando que tudo aquilo não passava de ficção. No entanto, a primeira metade do programa foi apresentada de forma muito persuasiva como uma sequência de boletins noticiosos urgentes e, logo após o Acordo de Munique, os nervos de todos estavam à flor da pele.

Alguns ouvintes sintonizaram os rádios em *A Guerra dos Mundos* exatamente no momento errado, acreditaram que aquilo estava mesmo acontecendo e entraram em pânico. Repórteres atormentaram um Welles assustado com rumores desatinados a respeito de correrias e suicídios. Jornais, estações de rádio e delegacias de polícia ficaram sobrecarregados com ligações telefônicas de gente atrás de informações. Um radialista em Cleveland foi acusado de "encobrir a verdade" ao dizer aos ouvintes que não havia nenhuma invasão.[36] Essas reações foram tão extremas e inesperadas que o assunto foi tratado em mais de 12 mil artigos jornalísticos nas três semanas seguintes. Até Howard Koch foi afetado. Ao caminhar por Manhattan na manhã seguinte, ele entreouviu algo sobre uma invasão e achou que a Alemanha havia declarado guerra.

Num livro publicado em 1940, *The Invasion from Mars: A Study in the Psychology of Panic* [A invasão marciana: Um estudo da psicologia do pânico], o psicólogo Hadley Cantril, da Universidade Princeton, superestimou enormemente a quantidade de pessoas afetadas, mas as suas intenções eram sinceras e ele reuniu estudos de caso reveladores. A sua equipe constatou que as pessoas mais propensas a acreditar na transmissão radiofônica, sem buscar confirmações por outros meios, eram aquelas muito religiosas e as ansiosas e inseguras em termos econômicos, pois o programa confirmava os temores e a sensação de impotência que já experimentavam. Segundo Cantril, "a complexidade das finanças e dos governos modernos, as discrepâncias evidenciadas nas propostas econômicas e políticas de vários 'especialistas', as ameaças percebidas do fascismo e do comunismo, o prolongado desemprego de milhões de americanos — tudo isso, bem como mil e uma outras características da vida moderna — criaram um ambiente que o indivíduo médio é totalmente incapaz de interpretar".[37] Um dos entrevistados comentou que as notícias reais tornavam mais fácil acreditar em coisas incríveis, porque "muito do que ouvimos é mesmo inacreditável".[38]

No entender de Orwell, o livro de Cantril era útil para esclarecer os métodos totalitários. Para começar, o incidente todo comprovava o poder do rádio para manipular a opinião pública, mesmo quando não havia essa intenção. Os jornais, escreveu ele, "não conseguem propagar mentiras maiores do que certa magnitude".[39] A publicação especializada *Editor & Publisher* lançou um alerta: "A nação como um todo continua a se defrontar com o perigo de notícias incompletas e mal compreendidas, difundidas por um meio que ainda tem de se mostrar competente para cumprir a tarefa de noticiar".[40]

A pesquisa de Cantril também lançou luz sobre a irracionalidade da audiência e o fracasso na verificação dos fatos. "A conexão óbvia entre infelicidade pessoal e prontidão para aceitar o inacreditável é a sua descoberta mais interessante", comentou Orwell. "É uma disposição mental similar àquela que levou nações inteiras a se lançar nos braços de um Redentor."[41] É irônico, então, que Hitler, o mestre da Grande Mentira, tenha aproveitado o episódio da *Guerra dos Mundos* como um exemplo da decadência da democracia. Para a colunista Dorothy Thompson, o incidente era "a demonstração cabal de que o perigo não vem de Marte, mas do demagogo teatral".[42]

Se Welles podia enganar tanta gente mesmo sem querer, o que um mentiroso deliberado conseguiria fazer à mente humana? Esse é o tema da peça *Gas Light* [Luz de lampião], de Patrick Hamilton, que estreou no Richmond Theatre, em Londres, em 5 de dezembro de 1938. Nesse melodrama de sucesso, situado na época vitoriana, o marido intimidador, chamado Manningham, tenta convencer a esposa, Bella, de que ela está enlouquecendo, a fim de encerrá-la num hospício, por meio de evidências fabricadas e do esforço para convencê-la a desacreditar de seus próprios sentidos. "A senhora não está perdendo a razão, Mrs. Manningham, a senhora está sendo *alijada* de sua razão — lenta, metódica e sistematicamente", diz a Bella um investigador policial.[43] Orwell muitas vezes comparou os efeitos da mentira deliberada à enfermidade mental: durante o expurgo comunista, Barcelona era "um asilo de lunáticos".[44] Em *1984*, Winston luta para afirmar a própria sanidade diante da insistência de O'Brien de que ele está "mentalmente perturbado". Em *The Woman Who Could Not Die* [A mulher que não conseguia morrer], um livro de memórias sobre dois anos passados nas mãos da polícia secreta de Stálin, que

Orwell não resenhou mas conhecia, a escritora russa Iulia de Beausobre, esposa de um diplomata, resumiu assim o efeito psicológico do cativeiro num regime totalitário: "Estou mesmo louca? Estão todos eles loucos? Está o mundo todo louco?".[45] A desintegração mental era, evidentemente, o efeito buscado.

Mais tarde, o termo *gaslighting* acabou incorporado à literatura médica e, depois, ao discurso político. Tarde demais para descrever Hitler e Stálin, que conseguiram enganar seus países.

Orwell e Eileen retornaram a Londres em 30 de março de 1939, dois dias antes de os republicanos espanhóis se renderem a Franco. Deixaram o manuscrito de *Um pouco de ar, por favor!* com Victor Gollancz, passaram três semanas com Laurence O'Shaughnessy em Greenwich e visitaram o pai enfermo de Orwell em Southwold, uma cidadezinha perto do rio Orwell, em Suffolk. Em junho, Richard Blair morreu de câncer, aos 82 anos. Horas antes de ele falecer, Avril, a irmã de Orwell, leu uma resenha favorável de *Um pouco de ar, por favor!* para o pai, que morreu sabendo que o filho afinal havia obtido algum reconhecimento. O casal se mudou de volta para Wallington, na expectativa da guerra iminente, que Orwell via como uma imensa catástrofe e também como uma afronta pessoal. Havia coisas que pretendia fazer, em especial uma saga familiar em três partes, intitulada *The Quick and the Dead* [Os vivos e os mortos], e "a ideia de que vou ter de abandoná-las e ou ser eliminado ou ser enviado a um campo de concentração simplesmente me deixa furioso", disse a Jack Common. "Eileen e eu decidimos que, se a guerra vier mesmo, o melhor será apenas continuarmos vivos, e assim aumentar o número de pessoas sensatas."[46]

Lendo o que Orwell escreveu na época, fica a impressão de um homem que tenta urgentemente esclarecer a relação entre fascismo, comunismo e capitalismo. Claro que preferia uma quarta opção — o socialismo democrático —, mas este não parecia viável. Pouco antes de seguir para a Espanha, ele desdenhara "a mentira vulgar, agora tão corrente, de que 'comunismo e fascismo são a mesma coisa'".[47] Mas ao ler *Assignment in Utopia* [Correspondente na utopia], ele se deu conta de que o stalinismo, tal como descrito por Lyons, "não parece assim tão diferente do fascismo".[48]

Apenas uma palavra podia explicar a confusa afinidade entre os dois inimigos aparentes. O conceito de totalitarismo foi elaborado por seus proponentes na Itália durante a década de 1920 — Mussolini o definiu como "tudo no Estado, nada fora do Estado, nada contra o Estado"[49] —, mas traduzido em inglês o termo tinha apenas conotações estritamente negativas. Em *The Totalitarian Enemy* [O inimigo totalitário], de 1940, Franz Borkenau apresentava o nazismo e o stalinismo como as duas faces do mesmo monstro: o "bolchevismo pardo" e o "fascismo vermelho".[50] Isso contradizia radicalmente a teoria anterior, difundida pelo livro *The Coming Struggle for Power* [A iminente luta pelo poder], de 1932, no qual John Strachey argumentava que o fascismo "não passa de um cassetete da classe capitalista", contra o qual a única defesa era o comunismo.[51] "Os dois regimes, tendo partido de extremos opostos, estão rapidamente evoluindo para o mesmo sistema — uma forma de coletivismo oligárquico", escreveu Orwell ao resenhar o livro de Borkenau, antecipando o título da obra fictícia de Emmanuel Goldstein, em *1984*: *Teoria e prática do coletivismo oligárquico*.[52] "O pecado de quase todos os esquerdistas de 1933 em diante", diria mais tarde, "é o de terem preferido ser antifascistas, sem ser antitotalitários."[53]

A história não podia explicar o que estava acontecendo; tratava-se de algo inteiramente novo. "Esse livro tem como subtítulo 'De volta à Idade Média", o que é injusto com o período medieval", notou Orwell na resenha de um livro sobre Franco. "Não havia metralhadoras naquela época, e a Inquisição era um empreendimento muito amador. Afinal, até mesmo Torquemada só queimou 2 mil pessoas em dez anos. Na Rússia ou na Alemanha modernas, diriam que ele não se empenhou nada."[54]

Às 11h15 da manhã, no dia 3 de setembro de 1938, o primeiro-ministro Neville Chamberlain anunciou que o Reino Unido declarava guerra à Alemanha. O primeiro exercício de contra-ataques aéreos ocorreu minutos depois. Logo teve início a evacuação das crianças para as áreas rurais. Máscaras antigás foram distribuídas. O céu sobre Londres se encheu de barragens de balões, e os sacos de areia se amontoavam nas calçadas. Não havia mais iluminação noturna. "Tateando pelas ruas escuras", notou o jornalista Malcolm Muggeridge, "insinuava-se o sentimento de que malograva todo um modo de vida, a sua confortável familiaridade se esvaindo para jamais retornar [...]. Difícil era projetar o que quer que fosse no futuro, difícil imaginar que iria perdurar."[55]

Orwell abandonara o pacifismo. Algumas semanas depois da declaração de guerra, a romancista Ethel Mannin, que continuava pacifista, escreveu a Orwell elogiando a mensagem antibélica de *Um pouco de ar, por favor!*. Ela ficou "inconformada, passada e perplexa" quando ele respondeu que agora estava ansioso para se alistar e dar a sua contribuição. "Pensei que você achava tudo isso uma loucura, essa coisa de arrebentar a cara dos nazistas", protestou Mannin.[56]

Foi o choque provocado pelo Pacto Nazi-Soviético que o fez mudar de ideia. Em 23 de agosto, o ministro das Relações Exteriores nazista, Joachim von Ribbentrop, foi recebido em Moscou por uma suástica tremulante e pela Banda do Exército Vermelho tocando a canção "Horst Wessel". Para Orwell, até mesmo uma Inglaterra imperialista era melhor do que uma aliança totalitária.

De modo pouco usual para um homem tão racional, ele não atribuiu sua epifania à assinatura do Pacto, mas a um sonho que tivera na noite anterior à divulgação da notícia: "Isso me ensinou duas coisas: primeiro, que deveria simplesmente me sentir aliviado quando eclodiu a tão temida guerra, e, segundo, que tinha o patriotismo no coração, não iria sabotar ou agir contra o meu próprio lado, iria apoiar a guerra, e nela lutar se possível".[57] Imediatamente desvinculou-se do ILP e passou a considerar o pacifismo uma forma de acomodação — e até "objetivamente pró-fascista"[58] (uma afirmação que, depois, descreveria como "desonesta"[59]). "Os intelectuais que no presente ressaltam que a democracia e o fascismo são a mesma coisa etc. me deixam terrivelmente deprimido", contou a Gollancz.[60] Agora, Tweedledum e Tweedledee haviam ficado no passado.

O governo britânico havia traçado planos para abrir sepulturas coletivas e produzir caixões de papelão diante da previsão de até 20 mil vítimas fatais em consequência de ataques aéreos maciços. Mas os bombardeiros não chegaram. Em vez disso, o dia 3 de setembro assinalou o início dos oito meses da chamada "guerra de mentira", que Orwell descreveu, numa expressão que voltaria mais tarde a empregar com maior repercussão, como uma "guerra fria".[61] Ela o lembrava demais dos intermináveis e tediosos meses na frente de Aragão; Orwell odiava a sensação de que nada estava acontecendo. Seis meses depois, ao ler um relatório do órgão de pesquisa social Mass-Observation, ele constatou que, em sua maioria, os britânicos estavam "entediados, perplexos e um tanto irritados, mas ao mesmo tempo embalados pela ideia completamente falsa de que a vitória na guerra seria algo fácil".[62]

Não demorou para Eileen arrumar um emprego no departamento de censura do Ministério da Informação e mudar para Londres, enquanto Orwell permanecia em Wallington, sentindo-se inútil. Embora quisesse lutar "nessa merda de guerra",[63] os problemas pulmonares o impediam. Em grande parte desconectado da voga corrente do jornalismo autônomo, ele passou a guerra de mentira observando de longe enquanto o mundo tombava no abismo.

Não é fácil distinguir a dimensão exata do pessimismo de Orwell devido a sua predileção por hipérboles negativas. "Acho que tudo que é escandalosamente estranho em geral acaba por me fascinar mesmo quando me parece abominável", escreveu em *O caminho para Wigan Pier*.[64] Desde *Na pior em Paris e Londres* até *1984*, a prosa de Orwell se revigora sempre que dá uma guinada para a catástrofe. Não admira, portanto, que tenha apreciado o "brilhante e deprimente" livro *The Thirties* [Os anos 30], de Malcolm Muggeridge.[65] Ex-correspondente em Moscou do jornal *The Manchester Guardian*, Muggeridge era um frasista exuberante, e *The Thirties* proporcionava um relato incisivamente severo e espirituoso de uma década vergonhosa. "Ele se volta para os aspectos sombrios, mas é de duvidar que houvesse algum aspecto luminoso a ressaltar", escreveu Orwell na resenha. "Que década essa! Um tumulto de desatino pavoroso que de repente vira um pesadelo, uma ferrovia pitoresca que leva a uma câmara de tortura."[66]

De todas as intuições aguçadas de Muggeridge, a que mais se destaca hoje tem a ver com as consequências não intencionais da nova obsessão naquela década pela acumulação de dados, sob a forma de documentários, estudos e levantamentos. "Com essa ânsia por fatos, supridos em abundância, veio também, irônica ou talvez inevitavelmente, uma ânsia por fantasias, supridas em abundância [...]. Nunca até então, cabe supor, houve tão grande demanda por estatísticas, e nunca antes foram elas tão extravagantemente falsificadas."[67] O fetiche cultural por dados estimula a manufatura de informações falsas e com isso, longe de consolidar a verdade, acaba produzindo mentiras mais tenazes. Isso ocorreu na Rússia e na Alemanha, e também na Oceânia de *1984*, onde Winston Smith passa os dias reescrevendo exemplares antigos do jornal *The Times* para o Departamento de Documentação. Na realidade, os fatos pouco importam para o Ministério da Verdade, mas é preciso que sejam *vistos* como importantes, pois a memória vaporosa e pouco confiável não é páreo para as "evidências".

O que caberia a um escritor fazer em tempos tão horrendos? Qual é a reação decente à obscena calamidade da guerra? Durante esses meses solitários em Wallington, Orwell se empenhou em encontrar respostas. No texto que dá título a *Dentro da baleia*, a sua primeira coletânea de ensaios, ele não conseguiu convencer a si mesmo, muito menos ao leitor, que o ensimesmamento politicamente indiferente de Henry Miller era admirável (mais tarde ele o descartaria como sendo um "quietismo niilista"),[68] mas apenas que preferia a rude humanidade e a ausência de impostura do escritor americano aos "rótulos, palavras de ordem e evasivas" da intelligentsia pró-comunista. "Bons romances não são escritos por farejadores de ortodoxia, nem por aqueles com dores de consciência em relação à sua própria heterodoxia. Bons romances são escritos por pessoas *destemidas*."[69] O fundamento do ensaio era o desespero e uma tentativa de, ao menos, resgatar a integridade em meio ao naufrágio da década de 1930. Quando todas as opções são ruins, quando o mundo está "entrando numa época [...] na qual a liberdade de pensamento será primeiro um pecado mortal e, depois, uma abstração desprovida de sentido", resta ao menos escolher ser honesto.[70]

Nenhuma citação de "Dentro da baleia" deveria vir desacompanhada da observação de que Orwell o escreveu num período de aflição emocional e busca intelectual. Por exemplo, "a história literária dos anos 1930 parece justificar a opinião de que um escritor faz bem em se manter distante da política" é uma opinião que ignorou pelo resto de sua vida.[71] O segundo ensaio da coletânea era dedicado a um escritor que se recusou a ficar escondido no interior da baleia. Charles Dickens, escreveu, "sempre esteve ao lado dos despossuídos, ao lado dos fracos contra os fortes", e "sempre pregando um sermão [...]. Pois você só pode criar quando *se importa*".[72] A empatia de Orwell com o tema era tão forte que o ensaio equivalia a uma onda de autoanálise. Como crítico literário, Orwell estava menos interessado numa análise textual detalhada do que nos indivíduos e nas ideias: que tipo de pessoa eram Dickens, Shakespeare, Miller e outros, e como eles viam o mundo? O ensaio termina com a famosa descrição do rosto de Dickens, ou pelo menos do rosto imaginado por Orwell: "Esse é o rosto de um homem que está sempre lutando contra algo, mas que luta às claras e não tem medo, o rosto de um homem *generosamente irado* — em outras palavras, de um liberal do século XIX, uma inteligência livre, um tipo odiado com o mesmo ódio por todas as pequenas ortodoxias malcheirosas que hoje estão batalhando por nossas almas".[73] É o rosto do homem, e do escritor, que Orwell almejava ser — em muitos aspectos, um homem deslocado de sua época.

Não havia como Orwell saber que os seus comentários sobre a onipresença póstuma de Dickens seriam um dia aplicáveis a ele próprio: "Cabe duvidar de que qualquer um que tenha de fato lido Dickens consiga passar uma semana sem se lembrar dele num ou noutro contexto. Quer você o aprove ou não, ele *continua lá*, como a coluna de Nelson".[74] (A coluna tinha uma importância simbólica para Orwell: em *1984*, a estátua do almirante Nelson fora substituída pela do Grande Irmão.) Numa palestra na associação The Dickens Fellowship, em maio de 1940, Orwell foi mais longe. Segundo a ata do evento, "para ser um apreciador de Dickens, considera ele, não era preciso conhecer perfeitamente a sua obra, uma vez que se tratava de um dos raros escritores que tem uma tradição que se estende para além dos domínios da literatura".[75] Orwell também mencionou o período que passou em Kent, em 1931, quando trabalhou na colheita de lúpulo juntamente com apanhadores que conheciam tudo de *Oliver Twist* sem ter lido o romance, e sabiam que Dickens estava do lado deles. Todos aqueles que empregam de segunda mão os termos "duplipensamento" ou Grande Irmão são parceiros daqueles apanhadores de lúpulo.

Orwell por fim se juntou a Eileen em Londres em maio, o mês no qual Winston Churchill assumiu o posto de primeiro-ministro no lugar de Chamberlain. O casal alugou um apartamento no último andar em 18 Dorset Chambers, na Chagford Street, perto do Regent's Park. Diante da necessidade de uma renda regular, ele aceitou com relutância ser o crítico de teatro da revista *Time and Tide*, e o sentimento de impotência e irrelevância logo o assediou na noite do dia 29 de maio. Estava assistindo à peça *Portrait of Helen* [Retrato de Helen], de Audrey Lucas, no Torch Theatre, quando, durante o intervalo, um lanterninha anunciou que a Força Expedicionária Britânica estava sendo evacuada de Dunquerque. O irmão de Eileen estava nessa praia, cuidando dos feridos. Orwell passou o dia 1º de junho nas estações ferroviárias de Victoria e Waterloo para ver se O'Shaughnessy estava entre os que voltavam do litoral, mas em vão. Logo o casal ficou sabendo, ele havia sido fatalmente atingido por fragmentos de obus na costa francesa, poucas horas antes da evacuação. Eileen, que adorava o irmão, começou a emagrecer e a definhar. Nos quatro anos seguintes, como contou à amiga Lettice Cooper, ela deixou de se importar com a possibilidade de viver ou morrer.[76]

Em 10 de junho, a Itália entrou na guerra ao lado da Alemanha, e rumores começaram a circular de que os alemães estavam prestes a invadir a Grã-Bretanha. Em Berlim, o ss-Oberführer Walter Schellenberg começou a compilar a *Sonderfahndungsliste*

GB, uma relação de quase 3 mil britânicos e refugiados europeus que deveriam ser detidos logo após uma ocupação bem-sucedida. A lista, recuperada por soldados britânicos em 1945 e apelidada de "Livro Negro", incluía H. G. Wells, Aldous Huxley, Franz Borkenau, Kingsley Martin e Victor Gollancz, mas não Orwell. Era uma espécie de afronta o fato de que os nazistas ainda não consideravam que valia pena prendê-lo.

"Tudo está se desintegrando", anotou Orwell no diário. "Fico agoniado por estar escrevendo resenhas de livros etc. numa época assim, e até furioso que essa perda de tempo ainda seja tolerada [...]. Agora estou me sentindo como em 1936, quando os fascistas estavam fechando o cerco a Madri, só que muito pior."[77]

Pelo menos agora ele tinha uma oportunidade de empunhar armas, por assim dizer. Sob pressão da imprensa e do público, o governo havia recentemente chamado os homens que não podiam combater para que se alistassem na força dos Voluntários de Defesa Local [LDV, na sigla em inglês], mais tarde rebatizada como Guarda Nacional, e preparassem medidas contra uma invasão. Orwell se alistou no dia 20 de junho. Agora sargento Blair, ele recrutou Fredric Warburg para o seu destacamento, que incluía vários refugiados europeus. Como exemplo de que uma crise nacional conseguia unir diferentes tribos políticas, o seu oficial comandante era um ex-membro dos camisas-negras de Oswald Mosley.

Longe de temer a invasão, Orwell esperava que isso ocorresse, apostando irresponsavelmente na capacidade britânica de rechaçar o inimigo: "De qualquer modo, vamos nos livrar de uma vez por todas da gangue que nos colocou nessa confusão".[78] Quixotescamente, ele entrevia a possibilidade de a Guarda Nacional se tornar uma milícia eficiente, e chegou a mandar uma carta à *Time and Tide* com dicas de combate urbano que observara em Barcelona, sugerindo que os cidadãos fossem equipados com granadas de mão e aparelhos de rádio. Deve ter sido uma surpresa e tanto para os leitores ver o seu crítico de teatro clamando "ARMEM A POPULAÇÃO" na mesma edição em que escrevia sobre a peça *Boys in Brown* [Garotos de marrom], de Reginald Beckwith.[79] Caminhando pelas ruas de Londres, Orwell se viu examinando as janelas e se perguntando quais seriam as mais adequadas para instalar metralhadoras. Tal como George Bowling e sua visão de raios X, Orwell conseguia distinguir o crânio por trás da face de Londres à espera de ser desvendada. Warburg o via como "um guerreiro puritano, austero, corajoso, implacavelmente determinado a destruir, sem temor ou misericórdia, os inimigos que lhe caíssem nas mãos".[80] Evidentemente, porém, isso nunca aconteceu.

No dia 20 de agosto, o catalão Ramón Mercader, um agente da NKVD disfarçado de trotskista francês, conseguiu entrar no escritório de Trótski na Cidade do México, tirou um picador de gelo que ocultava sob a capa de chuva e o enterrou na cabeça de Trótski. No dia seguinte, o herege máximo morreu no hospital. A manchete do *Daily Worker* foi "Fim de um gângster contrarrevolucionário".[81]

"Como o Estado russo vai se virar sem Trótski?", cismou Orwell. "Ou os comunistas de outras partes? Provavelmente vão ter de inventar um substituto."[82]

Naquele verão, Orwell esboçou um cânone da literatura utópica num breve artigo para o semanário de esquerda *Tribune*. Elegeu quatro romances publicados entre 1899 e 1932 — *O dorminhoco*, de H. G. Wells; *The Secret of the League* [O segredo da liga], de Ernest Bramah; *O tacão de ferro*, de Jack London; e *Admirável mundo novo*, de Aldous Huxley — e confrontou suas previsões com a realidade do fascismo, concluindo em favor de Jack London. Dois leitores escreveram sugerindo que esses romances eram, na verdade, "projetos culturais" que proporcionavam ideias perigosas a Hitler e Mussolini.[83] Orwell não pensava assim: "Não creio que ninguém deve temer que, ao colocar no papel, por exemplo, uma antevisão de um Estado fascista na Grã-Bretanha, ele esteja 'colocando ideias' na cabeça de algum Hitler local. As ideias chegam lá por conta própria, enquanto a luta de classes for uma realidade".[84]

Cabe notar que *Admirável mundo novo* foi o único romance recente considerado por Orwell. Como um romancista ambicioso mas sem sucesso, Orwell tendia a caricaturar os colegas como irrelevantes ou tediosamente doutrinários. Ao agir assim, deixou de notar diversas obras de ficção especulativa originárias da esquerda britânica. Romances escritos no início da década de 1930, como *Between Two Men* [Entre dois homens], de Frederick Le Gros Clark, e *Purple Plague* [Peste púrpura], de Fenner Brockway, o líder do ILP, tinham um viés anticapitalista. (Vale notar que *To Tell the Truth* [Para dizer a verdade], uma espirituosa sátira de mão dupla escrita por Amabel William-Ellis, a irmã de John Strachey, tinha dois personagens secundários chamados Grande Irmão e Julia.) À medida que a década se tornava mais sombria, o foco desses livros se voltou para as variedades autóctones de fascismo, como em, entre outros, *London's Burning: A Novel for the Decline and Fall of the Liberal Age* [Londres em chamas: Um romance sobre a decadência e o fim da era liberal], de Barbara Wootton; *Minimum Man: or, Time to Be Gone* [Homem mínimo: Ou tempo de partir], de Andrew Marvell; e *In the Second Year* [No segundo ano], de Margaret Storm Jameson.* "Dava para imaginar

* H. G. Wells estava à frente do seu tempo com *The Autocracy of Mr. Parham* [A autocracia do sr. Parham], de 1930, uma sátira irregular de um acadêmico de direita que adormece durante uma sessão espírita e sonha ter se transformado

um fascismo inglês", explicou esta última, "a brutalidade semivelada e embusteira com traços de virtude metodista." Quando o livro dela foi tachado de derrotista, a *Left Review* saiu em sua defesa: "O romance não se propõe a ser uma profecia, mas *um alerta para os liberais*".[85]

Nenhuma dessas obras era tão absorvente ou persuasiva quanto a visão do fascismo americano exposta por Sinclair Lewis em *Não vai acontecer aqui*, mas havia uma quantidade suficiente delas para tornar surpreendente o silêncio de Orwell. Ele nunca escreveu sobre o exemplo mais notável, o livro *Swastika Night* [Noite da suástica], de Murray Constantine, mas é improvável que não o conhecesse, uma vez que foi publicado por Gollancz em 1937 e relançado três anos depois na seleção do Left Book Club. Ao resenhar *Mein Kampf* naquele ano, Orwell expõe uma visão do nazismo em 2040 — "um medonho império descerebrado no qual, em essência, nunca acontece nada além do adestramento de jovens para a guerra e da incessante reprodução de gente nova para servir de bucha de canhão"[86] —, que é quase um resumo da obra de Constantine.

No "ano 720 depois de Hitler", o mundo está dividido entre os impérios alemão e japonês.[87] O Império Alemão é rigidamente estratificado, com os "Cavaleiros" desempenhando o papel do Núcleo do Partido, e os nazistas, do Partido Externo. Abaixo deles vêm as mulheres, e no estrato mais inferior, os selvagens que persistem na prática do cristianismo. A verdade sobre Hitler e o "Conflito dos Vinte Anos" foi extirpada após uma guerra contra

---

num ditador que conquista o mundo. "Desde então a realidade superou a ficção", escreveu ele em 1934, "e Mosley fazendo disparates no Albert Hall com os seus camisas-negras faz com que a grande reunião onírica ali promovida por Parham pareça absurdamente sadia e sensata" (H. G. Wells, *Experiment in Autobiography*. Londres: Gollancz, 1934, p. 501).

a memória. De acordo com a bíblia de Hitler — o único livro, além de manuais técnicos, cuja leitura é permitida —, Hitler era um deus loiro, à semelhança de Thor, com mais de dois metros de altura, e o nazismo era a sua religião.

Décadas depois, a crítica Daphne Patai descobriu que Murray Constantine era o pseudônimo da romancista feminista Katharine Burdekin. Lendo *Swastika Night* hoje, isso parece óbvio, pois a sua teocracia misoginista faz com que Gilead, em *O conto da aia*, pareça morna. Consideradas sub-humanas, as mulheres ali servem apenas para a reprodução e podem ser impunemente violentadas. Mas o Império Alemão acabou se estagnando pois os homens estão se suicidando e, por algum motivo misterioso, deixaram de nascer meninas. Incapazes de derrotar uns aos outros, os alemães e os japoneses estão presos a uma paz paralisante que se revela tóxica para sociedades baseadas na glória militar: o inverso dos superestados em permanente conflito de *1984*. "Não podemos criar nada", queixa-se o Cavaleiro Friedrich von Hess, "não podemos inventar nada — não temos o que fazer com a criatividade, não precisamos inventar nada. Somos alemães. Somos sagrados. Somos perfeitos, e estamos mortos."[88] Em *1984*, Orwell coloca na boca de Winston diversos argumentos contra a resistência das ditaduras para que sejam contestados por O'Brien, e um deles é basicamente o de Von Hess. Uma sociedade baseada no medo, no ódio e na crueldade, diz Winston, "não teria nenhuma vitalidade. Ela iria se desintegrar. Acabaria se suicidando".[89]

O motor da trama também aponta para *1984*. Von Hess conta ao herói de Burdekin, um engenheiro aeronáutico inglês chamado Alfred, um segredo familiar explosivo. Um livro proibido, no qual um de seus antepassados registrou a verdadeira história do nazismo, é tão desestabilizador quanto o livro de Goldstein. E assim como Winston fica abalado ao topar com a foto de Jones, Aaronson e Rutherford, Alfred fica chocado com uma foto que mostra Hitler não como uma divindade ariana, mas como "um sujeitinho moreno, gorducho e sorridente",[90] e pela constatação de que no passado as mulheres eram confiantes, atraentes e plenamente humanas. "Não há hiato tão grande quanto o do Império entre a falsificação da história e a sua destruição", comenta Von Hess.[91] E o movimento clandestino de resistência de Burdekin, tal como o de Orwell, é chamado de Confraria.

Não sabemos o que Orwell achou de *Swastika Night*, mas ele reagiu a pelo menos um relato sobre o fascismo na Inglaterra. No dia 24 de agosto de 1940, assistiu a *Take Back Your Freedom* [Retome a sua liberdade], uma peça recém-estreada que lhe pareceu "notável por sua perspicácia".[92] Winifred Holtby, uma escritora feminista filiada ao ILP, começou a escrever a peça (sob o título de *Ditador*) em 1934, mas morreu de uma doença renal antes de fazer as modificações solicitadas pelo produtor, as quais acabaram sendo concluídas pelo dramaturgo Norman Ginsbury. Tanto Holtby como Ginsbury demonstraram uma aguçada compreensão do apelo dos demagogos populistas. O protagonista da peça, Arnold Clayton, é um ministro jovem, inteligente e carismático, que se demite do gabinete e funda o Partido do Planejamento Britânico, com a plataforma de "Ação. Isolamento. Ordem".[93] Orwell o viu como "um Hitler mais cavalheiresco ou um Mosley mais inteligente".[94] Clayton consegue uma vitória inesperada ao mobilizar os impulsos irracionais do público que despreza. "Precisamos de mais emoção", diz ele a sua mãe. "A razão divide os homens em mil partidos, mas a paixão os une."[95] Como disse Muggeridge a respeito de Hitler, "muitos daqueles que supunham pensar com o intelecto estavam prontos para segui-lo pensando com o sangue".[96] Uma vez eleito, Clayton se torna um tirano que arregimenta os homens, proíbe as mulheres de trabalhar, expurga os rivais e aprisiona os oponentes em campos de concentração.

Orwell admirou a peça por retratar Clayton como um "prisioneiro do poder",[97] que vai aos poucos sacrificando sua integridade em favor do Planejamento, depois este em favor do Partido, o Partido em favor dos amigos, e os amigos em favor de si mesmo. E talvez tenha apreciado o diálogo mais orwelliano da peça. Durante a campanha eleitoral, quatro dos Guardas Cinzentos (que lembram a Gestapo) matam um manifestante judeu, e Clayton abafa o escândalo alegando que os assassinos eram *agents provocateurs* a soldo dos inimigos. A mãe de Clayton, a princípio solidária mas cada vez mais horrorizada, tem as suas dúvidas.

> Mrs. Clayton: "É verdade isso — sobre os *agents provocateurs*?"
> Clayton: "A senhora ouviu o que eu disse."
> Mrs. Clayton: "Você não me respondeu — é verdade?"
> Clayton: "É necessário. Portanto deve ser verdade."[98]

Orwell não gostava de Londres nas melhores épocas, mas reatava com a cidade em seus piores momentos. A Blitz teve início no dia 7 de setembro de 1940, e não há como negar que Orwell a considerou estimulante. O puritano que havia nele apreciava a dificuldade; já o socialista saboreava a solidariedade compulsória; e o homem de ação se emocionava com o trovejar das bombas, o céu conflagrado, a barragem de balões rosados refletindo o brilho das chamas, o ritmo curiosamente acalentador dos disparos das armas antiaéreas. Cyril Connolly desconfiava de que Orwell "se sentia imensamente em casa durante a Blitz, entre as bombas, os atos de bravura, os escombros, os cortes de eletricidade, os desabrigados, os sinais de crescente disposição revolucionária".[99]

Durante a evacuação de Dunquerque, Orwell e Connolly haviam saído para caminhar num parque e viram os londrinos jogando críquete e empurrando carrinhos de bebê como se tudo estivesse normal. "Vão se comportar assim até começarem a cair as bombas, e aí vão entrar em pânico", previu Connolly. Porém, como notou Orwell mais tarde, não foi o que aconteceu: "Eles mantiveram o padrão rotineiro de suas vidas numa medida surpreendente".[100] Houve momentos em que Orwell podia andar por Londres e observar uma persistente normalidade, e outros em que sentia como se a vida tivesse sido despedaçada e remontada como um mosaico absurdo. Uma Oxford Street deserta brilhando com vidro quebrado. Manequins de lojas de departamento amontoados que, de longe, lembravam uma pilha de cadáveres. O zoológico de Londres vendendo os animais porque não tinha mais como alimentá-los. Duas jovens aturdidas, com os rostos cobertos de terra, perguntando a Orwell: "Por favor, pode nos dizer onde estamos?".[101] Uma cidade de fragmentos. Certa manhã, uma amiga próxima, Inez Holden, parou para contemplar uma árvore no Regent's Park coberta de meias, pedaços de seda e um chapéu-coco novo —resquícios variados de um hotel bombardeado na noite anterior. Ela cruzou com um amigo que era pintor surrealista. "Claro que estávamos pintando esse tipo de coisa anos atrás", comentou ele, "mas levou algum tempo para chegar aqui."[102]

Para Orwell, a Grã-Bretanha precisava de uma transformação radical de outra espécie. A visão de anúncios publicitários berrantes no metrô logo após Dunquerque desencadeou um jorro de repugnância apocalíptica à maneira de Comstock: "Quanto lixo essa guerra vai levar embora, se apenas pudéssemos aguentar até o final do verão".[103] Após experimentar o pacifismo e fazer uma conflituosa defesa do quietismo, Orwell agora se apoiava no patriotismo revolucionário. Em "Meu país à direita ou à esquerda", publicado nesse outono, ele traçava um quadro melancólico com combates de rua e milícias socialistas no Hotel Ritz. Em seu diário, mostrava-se cada vez mais enojado com o egoísmo dos ricos, que comparou à aristocracia russa em 1916: "Aparentemente nada jamais vai fazer essa gente entender que os outros 99% da população também existem".[104] Em duas contribuições para *The*

Betrayal of the Left [A traição da esquerda], a coletânea de ensaios reunidos por Victor Gollancz para articular a sua angústia diante do Pacto Nazi-Soviético, Orwell ecoou a velha posição do Poum: "Não podemos derrotar Hitler sem passar pela revolução, tampouco consolidar a revolução sem derrotar Hitler".[105]

Orwell se estendeu mais nessa ideia no notável panfleto *O leão e o unicórnio: O socialismo e o gênio inglês*. Em janeiro, Warburg havia apresentado Orwell a Tosco Fyvel, um escritor sionista de origem alemã, a fim de discutir os objetivos de guerra da Grã-Bretanha. Fyvel propôs que encomendassem uma série de panfletos "escritos em linguagem fácil, sem o jargão político formal do passado", que seriam publicados com o nome de Searchlight Books.[106] Stephen Spender, o colunista do *Daily Mirror* William Connor (conhecido como "Cassandra") e o escritor socialista de ficção científica Olaf Stapledon estavam entre os colaboradores. Depois de alguma hesitação, Orwell também aceitou participar. *O leão e o unicórnio* é, sem dúvida, o produto de um ano muito peculiar, mas também um dos seus melhores textos sobre a Inglaterra ("uma terra de esnobismo e privilégio, governada sobretudo pelos velhos e pelos imbecis",[107] porém "unida por um vínculo invisível"[108]), bem como sua argumentação mais incisiva em prol do socialismo, na qual propunha a nacionalização da indústria, impostos progressivos, o fim da educação privada e a independência da Índia. Prefigurando o horror do Estado de vigilância da Pista de Pouso Um, Orwell celebrava "a *privacidade* da vida inglesa [...]. O mais odioso de todos os nomes para um ouvido inglês é enxerido".[109] Fyvel o considerou "o único livro de fato positivo e otimista que ele escreveu".[110] A avaliação de Eileen foi tipicamente bem-humorada e irreverente. "George escreveu um livreto, explicando como ser socialista e continuar conservador", comentou ela com uma amiga.[111]

Orwell estava convencido de que o colapso da França mudara tudo ao expor, para além de qualquer dúvida, a fragilidade do capitalismo. Pela primeira vez, uma modalidade inglesa de socialismo — sem manifestações, sem uniformes, sem derramamento de sangue — não só era possível como necessária. Como afirmou num artigo para o *Tribune*, no qual incitava os leitores a se alistarem na Guarda Nacional, "estamos num período estranho da história, no qual um revolucionário tem de ser patriota, e um patriota tem de ser revolucionário".[112] Ele havia se afastado da teoria "fascistizante" por trás de *Um pouco de ar, por favor!* e agora zombava dos "intelectuais molengas" que afirmavam que "se não lutarmos contra os nazistas vamos acabar nós mesmos 'nos nazificando'", como se ele nunca tivesse também dito isso.[113] O Orwell pacifista de 1938 agora deixara de existir, era uma despessoa.

Publicado em fevereiro de 1941, *O leão e o unicórnio* logo vendeu mais de 12 mil exemplares. "Ali estava alguém que jamais fora acusado de ser superpatriota ou pró-imperialismo de repente argumentando de forma muito persuasiva e efetiva que aquela era uma guerra a ser apoiada", lembrou-se o amigo Jon Kimche, que se desligou do ILP por influência do panfleto. "Foi um ponto de virada para muita gente como eu."[114] Enquanto isso, Warburg achava que a visão proposta por Orwell de um radicalismo de senso comum preparou o terreno para a vitória eleitoral dos trabalhistas em 1945. Portanto, no fim das contas, Orwell estava certo em considerar a guerra um agente de transformação social. Evidentemente, ele se equivocou ao predizer que a vitória seria inviável sem a revolução, mas não foi o único autor a farejar no ar mudanças radicais. Depois de Dunquerque, H. G. Wells, o colosso idoso da literatura eduardiana, chegou a declarar que "já começou a revolução na Inglaterra".[115]

Enquanto tentavam colocar de pé a Searchlight Books, Orwell, Fyvel e Warburg fizeram uma peregrinação à casa de Wells em Hanover Terrace, junto ao Regent's Park. Com 74 anos,

Wells era um leão alquebrado, mas em seu ápice representara mais do que ninguém a habilidade de converter o êxito literário em influência política, e portanto parecia ser a pessoa certa para se buscar conselho. Infelizmente, porém, o trio da Searchlight foi introduzido a "um homem queixoso e muito adoentado", relatou Fyvel. "Para Orwell e para mim, foi como se tivéssemos perdido um herói da infância."[116]

4. Mundo-Wells

Orwell e H. G.

> *No início do século XX, a visão de uma sociedade futura inacreditavelmente rica, ociosa, organizada e eficiente — um mundo antisséptico, cintilante, de vidro e aço e concreto branquíssimo — fazia parte da consciência de praticamente toda pessoa culta.*
>
> George Orwell, *1984*[1]

H. G. Wells pairou sobre a infância de Orwell como um planeta — assombroso, opressivo, impossível de ser ignorado —, e Orwell nunca superou isso. "Duvido que algum outro escritor entre 1900 e 1920, ao menos em língua inglesa, tenha influenciado tanto os jovens", escreveu no ensaio "Wells, Hitler e o Estado mundial", de 1941. "Sem Wells, as mentes de todos nós, e portanto o mundo físico, seriam perceptivelmente diferentes."[2]

Em Eton, Orwell havia compartilhado um exemplar muito manuseado da coletânea de Wells, *The Country of the Blind and Other Stories* [O país dos cegos e outras histórias], com Cyril Connolly, que se recordava de Orwell ter apreciado os "aspectos apavorantes, morais, mórbidos" dos contos.[3] Nas férias de verão que passou com a família Buddicom em Oxfordshire, ele foi um entusiástico leitor de *A Modern Utopia* [Uma utopia moderna]; Jacintha Buddicom se lembrava dele dizendo que "talvez ele mesmo iria escrever um livro daquele tipo".[4] Na verdade, o primeiro conto que Orwell publicou, ainda em Eton, foi "A Peep Into the Future" ["Uma espiada no futuro"], uma história wellsiana de um levante contra uma espécie de teocracia científica.[5] Ele quase conheceu pessoalmente o grande escritor graças a sua bem relacionada tia Nellie, que fazia parte da Sociedade Fabiana, mas o encontro acabou não acontecendo. Buddicom recordava que Orwell ficou "tão decepcionado que me perguntei se algum dia voltaria a sorrir de novo".[6]

Para um jovem ambicioso e questionador como Orwell, os livros de Wells eram a dinamite intelectual que explodia as portas e lhe permitia escapar do tedioso conformismo, "conheça o seu lugar", de uma infância eduardiana respeitável. No espírito de Wells, que transcendeu origens bem mais modestas que as de Orwell, nada havia que um escritor não pudesse alcançar com trabalho duro e força de vontade. Wells era um grafômano que publicou durante a vida mais de uma centena de obras de ficção, não ficção e mesclas indefinidas de ambas, como se pudesse mover o eixo do mundo apenas com a quantidade de suas palavras. "Tenho de me sobrecarregar de trabalho, com todas as penalidades que isso acarreta em termos de elegância e acabamento, a fim de realizar a minha obra", escreveu.[7] E a sua obra nunca foi concluída. Conhecido como o "Inventor do Amanhã", Wells previu as viagens espaciais, os tanques de guerra, os trens eletrificados, o aproveitamento energético do vento e da água, as cédulas de identidade, o gás tóxico, o túnel sob o Canal da Mancha e as bombas atômicas e, em sua ficção, popularizou temas como a viagem no tempo, as invasões marcianas, a invisibilidade e a engenharia genética. Ele foi o autor mais fascinante e irritante de sua época, ocupando as mentes até mesmo daqueles que o achavam insuportável. Não há exagero em afirmar que o gênero da ficção distópica evoluiu tal como o conhecemos porque muita gente queria provar que H. G. Wells estava errado.

Como Orwell parece ter lido tudo o que Wells escreveu, havia um matiz edipiano no empenho irresistível para derrubar "esse homem maravilhoso" que fora tão importante em sua juventude.[8] Até se perguntou se os seus ataques não seriam "uma espécie de parricídio".[9] A partir de *O caminho para Wigan Pier*, ele transformou Wells num espantalho: o profeta errante cujos pretensiosos esquemas para o aperfeiçoamento humano, impelidos pela máquina todo-poderosa, eram, na melhor das hipóteses, equivocados e, na pior, repugnantes. "O mundo socialista deve ser, acima de tudo, um mundo *ordenado*, um mundo *eficiente*", escreveu Orwell com desdém. "Mas é precisamente dessa visão do futuro como uma espécie de mundo-Wells deslumbrante que se afastam as mentes sensíveis."[10] Seja como for, este foi o caso de Orwell, e esta é exatamente a visão ridicularizada no livro de Goldstein. Em "Dentro da baleia", Orwell se mostrou mais dolorosamente pessoal, zombando dos "'progressistas', os afirmativos, o tipo Shaw-Wells, sempre dando um salto à frente para abraçar as projeções do ego que se confundem com o futuro".[11]

Não admira que Wells tenha conhecido pessoalmente Orwell, pois Wells se encontrou com todo mundo: vários primeiros-ministros britânicos, quatro presidentes americanos, dois premiês soviéticos, Henry Ford, Charlie Chaplin, Orson Welles e quase todos os escritores admirados por Orwell. A ânsia de viver de Wells era exasperantemente insaciável. Se alcançava a riqueza e o reconhecimento, ele queria ainda mais. Se tinha o amor de uma mulher, precisava de (pelo menos) mais uma. Se fazia uma amizade, quase sempre acabava por levá-la até o limite do rompimento. Ao aderir a um grupo ou aliança política, não demorava muito para ficar aflito e se afastar. Em qualquer ponto que se encontrasse na vida, em termos geográficos, intelectuais ou emocionais, Wells ansiava por estar em outra parte, e daí vinha o seu entusiasmo pelas utopias. O valor da forma, escreveu ele, "está naquela atenção para a liberdade humana, no imperecível interesse do poder humano para escapar de si, o poder de resistir à causalidade do passado, e se evadir, iniciar, empreender e superar".[12] Essa era a história da vida de Wells.

Herbert George Wells, ou "Bertie", foi uma criança petulante e imperiosa e, de certo modo, assim permaneceu até morrer aos 79 anos. Mas o egoísmo colossal era temperado por uma enorme perspicácia, ainda que em geral retrospectiva, de seus próprios equívocos e deficiências.

Ele nasceu em 21 de setembro de 1866, em Bromley, um dos subúrbios londrinos que se alastravam com rapidez, filho de um casal de empregados domésticos que haviam se tornado pequenos comerciantes. Ele viria a considerar o pai um fracassado, a mãe, uma fanática religiosa, e tratava os irmãos mais velhos com um "ressentimento vingativo e clamorosa agressividade".[13] Quando menino, fantasiava sobre grandes batalhas nos campos de Kent, no qual desempenhava o papel de um ditador benévolo, capaz de conduzir as massas de volta ao caminho certo graças à sua incomparável sabedoria e força. Em 1934, surpreendentemente, ele descreveu Hitler como "nada mais do que a concretização dos devaneios que me ocupavam aos catorze anos de idade".[14] Rejeitando os caminhos que lhe haviam sido preparados — o conformismo religioso e o comércio de tecidos —, ele obteve, em 1884, uma bolsa para frequentar a Normal School of Science, em South Kensington. Essa foi a sua primeira façanha para escapar de si mesmo.

O estudo sob orientação do biólogo evolucionista Thomas Henry Huxley reforçou a crença de Wells tanto no potencial da ciência para sanar os males da humanidade como em sua precariedade. A leitura de *Progress and Poverty* [Progresso e pobreza], de Henry George, despertou-lhe a curiosidade sobre o socialismo. Em uma ou outra combinação, esses dois interesses iriam guiar o seu pensamento até o final da vida. Com maneiras encantadoras, espirituosidade, energia e uma revigorante intolerância da ortodoxia e do embuste, Wells tornou-se um astro da Debating Society [Sociedade de Debates]. Na palestra "The Past and Present of the Future Race" ["O passado e o presente da raça futura"], já explorava ideias que iria retomar nos romances. Na época, começou também a escrever contos sobre o futuro. Mas entre os seus pontos fortes não estava a obtenção de bons resultados nos exames, e após três anos teve de deixar a escola em South Kensington carregando um esmagador sentimento de rejeição e de pânico. "Tinha feito praticamente tudo o que precisava para assegurar o meu fracasso e desligamento, mas quando estes ocorreram eu me vi atônito e sem planos."[15]

Wells passou a dar aulas. Em 1891, aventurou-se no jornalismo com o ensaio "The Rediscovery of the Unique" ["A redescoberta do único"], no qual descrevia a ciência como "um fósforo que o homem acabou de acender"[16] — que, em vez de iluminar uma sala repleta de maravilhas, dirige a atenção para a vasta escuridão além de sua minúscula chama. A primeira Era da Ansiedade afligiu tanto a Grã-Bretanha como os Estados Unidos. Nos últimos anos do século, muitos autores foram consumidos pela ideia da decadência e do declínio. Antes de virar um apóstolo do progresso, Wells recorreu ao pendor apocalíptico de sua imaginação, e alcançou um êxito espetacular.

Em 1895, *The New Review* começou a publicar em capítulos o primeiro romance de Wells, *A máquina do tempo*, e a repercussão foi imediata. *The Review of Reviews* declarou que "H. G. Wells é um homem de gênio".[17] Por mais de um século, os escritores haviam levado os personagens ao futuro por meio de um sono prolongado. Coube a Wells inventar a máquina do tempo e, portanto, o conceito de *viagem* no tempo. Segundo James Gleick, em *Time Travel: A History* [Viagem no tempo: Uma história], "ao imaginar, em seu quarto iluminado por lamparina, uma máquina do tempo, Wells também inventou uma nova modalidade de pensamento".[18] Igualmente inovador era o seu pessimismo. Para o crítico Mark Hillegas, *A máquina do tempo* é "a primeira representação bem-acabada e imaginativamente coerente de um futuro pior do que o presente".[19] O termo "wellsiano" acabaria por designar a crença numa utopia ordenadamente científica, mas as quatro obras cruciais de ficção científica que ele publicaria entre 1895 e 1898 — *A máquina do tempo*, *A ilha do dr. Moreau*, *O homem invisível* e *A guerra dos mundos* —, para não falar de contos como "A Story of the Days to Come" ["Um relato dos dias vindouros"], são todas narrativas que servem de alerta sobre progressos frustrados, abusos da ciência e vaidades punidas. Nessa altura, Wells ainda não era wellsiano.

Mas a carreira de escritor havia sido lançada. "É bastante agradável ver a si mesmo chegar a algum lugar, depois de tantos anos de tentativas e decepções", disse ele à mãe.[20] Não demorou para que fizesse amizades com escritores, muitos dos quais também sofriam da irrequieta insegurança de quem vem de fora, e um grupo deles adentrou o novo século numa festa espetacular em Sussex, organizada pelo romancista americano Stephen Crane, na companhia de Henry James, Joseph Conrad, George Gissing, H. Rider Haggard e Ford Madox Ford. "Não foi preciso muito para nos darmos conta de que ali estava um gênio", escreveu Ford. "Um gênio autêntico e genuíno [...], e Londres toda se prostrou aos seus pés."[21]

Muitas vezes, Wells foi considerado a resposta inglesa a Júlio Verne, mas ambos os autores rejeitaram tal comparação. "Eu me baseio na física", comentou Verne. "Ele inventa."[22] Entre outras coisas, o francês, bem mais idoso, representava uma geração mais otimista. Já Wells falava para uma época em que todos percebiam uma enorme mudança em curso, mas ninguém sabia se caminhavam para o céu ou para o inferno. A ciência podia criar milagres celestiais ou monstruosidades indescritíveis. Grandes indivíduos podiam ser super-homens benevolentes ou maníacos alucinados pelo poder. O futuro deve nos reservar, graças à entropia, o vazio negro e gélido, mas talvez, antes disso, pode nos levar ao paraíso. Wells enchia a cabeça do leitor com maravilhas: viajantes espaciais, homens-animais e indivíduos invisíveis; máquinas do tempo, máquinas voadoras e máquinas mortíferas; um "mundo de estrelas cada vez mais frias e de dinossauros em luta", na frase de Orwell.[23]

Wells assimilava novas informações com uma rapidez estonteante. Ele tomava uma nova teoria ou invenção, que vinculava a uma das mais recentes tendências literárias — mundos perdidos, identidades duplas, invasões de extraterrestres, cientistas enlouquecidos — e a enraizava na realidade recorrendo a algum dispositivo — uma máquina, um portal, um experimento científico — para deslocar o protagonista desde a Inglaterra vitoriana até outra época ou local. "Cheguei à conclusão de que quanto mais impossível a história que tinha para contar, mais corriqueiro devia ser o cenário", afirmou. Ele concebeu *A guerra dos mundos* enquanto pedalava a sua bicicleta por Woking, fazendo com que as naves marcianas pousassem no interior rural de Surrey, e tendo enorme prazer ao "escolher [o bairro londrino de] South Kensington para episódios particularmente atrozes".[24]

As suas obras iniciais de ficção científica são divertidas porque fervilham de ideias, em vez de mensagens. A imaginação de Wells era ampla e conflituosa demais para se restringir ao didatismo. Ao resenhar o livro de outro escritor, ele ofereceu alguns conselhos sensatos que mais tarde iria esquecer: "O filósofo que se faz passar por romancista, violando as condições da arte a fim de que seu evangelho alcance notoriedade, acaba lançando em descrédito tanto a si mesmo como a sua mensagem".[25] Embora *A guerra dos mundos* possa conter uma crítica implícita do imperialismo, isso não afeta em nada o divertimento do leitor, e o único personagem com um plano para o futuro é o Artilheiro, um fanfarrão protofascista que pretende construir uma nova sociedade de "indivíduos de corpo são e mente limpa".[26] Se as esperanças de Wells eram desmesuradas, o mesmo ocorria com os temores, e a sua obra inicial é um esforço para reconciliar a sua razão e os seus pesadelos.

Essa dissonância se acentuou com especial intensidade no romance *O dorminhoco*, de 1899, no qual pela primeira vez em sua ficção a política se sobrepõe à ciência. Ele próprio admitiria mais tarde, o livro ficava muito aquém de suas outras obras como narrativa empolgante. Esgotado de tanto trabalho, ele se apressou para concluir a tarefa e só corrigiu alguns dos problemas estruturais quando o reescreveu em 1910. Mesmo assim o livro se tornou uma das antiutopias de influência mais duradoura. "Todos aqueles que o leram lembram de *O dorminhoco*", comentou Orwell. "É a visão de um mundo cintilante e sinistro, no qual a sociedade se enrijeceu num sistema de castas, e os trabalhadores estão permanentemente escravizados."[27] De novo, o termo *cintilante*. Em *1984*, ele é empregado para descrever tanto o Ministério da Verdade como o Ministério do Amor.

Wells se inspirou descaradamente em Edward Bellamy, a ponto de fazer com que o personagem que dorme, Graham, admita que *Daqui a cem anos* "antecipou curiosamente essa experiência atual". Porém, ao despertar de um transe que dura 203 anos, Graham não se vê num paraíso socialista. Em vez disso, Londres se tornou uma megalópole com 33 milhões de habitantes: uma "gigantesca colmeia de vidro",[28] onde os privilegiados definham em decadentes "Cidades do Prazer", enquanto, muito abaixo deles, as massas se esfalfam em condições sórdidas. Para Wells, era "o nosso mundo contemporâneo num estado de expansão altamente inflamado".[29]

A genealogia de *1984*, e na verdade de todas as obras de ficção distópicas, tem aí a sua origem. O papel da tecnologia é assegurar o controle. As massas cativas vestem uniformes azuis, como o Partido Externo de Orwell, e são mantidas na linha pela Polícia do Trabalho. As crianças são criadas em creches estatais. Os livros são queimados, prolifera a pornografia, e a língua inglesa é reduzida a uma forma grosseira, com os textos impressos sendo substituídos por fonógrafos e "cinetelefotos", a versão de Wells da teletela de *1984*. Em todas as ruas, Máquinas Tagarelas emitem propagandas, anúncios publicitários e "gírias idiotas",[30] enquanto hipnotizadores se oferecem para "gravar na mente lembranças permanentes [...] de modo inverso, lembranças podem ser apagadas, hábitos eliminados e desejos extirpados — uma espécie de cirurgia psíquica que era, na verdade, uma prática corriqueira".[31] O problema com o "pesadelo do capitalismo triunfante"[32] de Wells é que não se trata plenamente de um pesadelo. "Ele sofre de imensas contradições", escreveu Orwell, "devido ao fato de Wells, como sumo sacerdote do 'progresso', ser incapaz de escrever de forma convincente *contra* o 'progresso'."[33]

Enquanto Graham está adormecido, os juros compostos fazem dele "Senhor da Terra", inconcebivelmente rico e quase divino, com o mundo sendo governado por seus representantes, reunidos no Conselho Branco. O despertar do personagem não é um acontecimento casual, mas um plano para facilitar um golpe organizado por Ostrog, um brutal potentado nietzschiano que despreza o socialismo e a democracia como "sonhos exauridos do século XIX".[34] Antes de se convencer a lutar contra Ostrog, Graham tem de superar a sua admiração pelos governantes cruelmente eficientes e suas máquinas maravilhosas, bem como evocar algum sentimento fraterno pelas "multidões monstruosas".[35] Wells parece tão decepcionado quanto Graham ao descobrir que esse Estado altamente tecnológico é incompatível com a liberdade, descrevendo a revolta do herói confuso como "o impulso da inadequação passional contra coisas inevitáveis".[36] Quanto a Ostrog, o autor lhe proporciona um monólogo deslumbrantemente malévolo:

> A esperança da humanidade — a que se resume? Que um dia venha o Sobre-Homem, que algum dia o inferior, o débil e o bestial possa ser submetido ou eliminado [...]. O mundo não é lugar para os maus, os estúpidos, os enervados. O dever deles — e não há dever mais excelente! — é morrer. A morte do fracasso! Esse é o caminho pelo qual o animal se ergueu até a humanidade, pelo qual o homem ascende a planos mais altos.[37]

Ainda assim, Ostrog é uma versão sinistra do tipo de elitista competente e antidemocrático que Wells iria valorizar pelo resto da vida. O nome do personagem alude a Moisey Ostrogorsky, um cientista político russo cujas obras eram admiradas por Wells. Portanto, o escritor não conseguia decidir se Ostrog era apenas um tirano brutal ou um visionário com alguma razão.

Com a aproximação do novo século, Wells vislumbrou um nicho no mercado para alguém capaz de descrever o que viria pela frente. "A partir deste ano", comunicou ao seu agente em 1899, "vou ser o homem do futuro."[38] O mundo estava entrando na era do carro a motor, do cinema e do aeroplano, do socialismo, do feminismo e do amor livre (uma causa na qual tinha um vigoroso interesse pessoal); das convulsões em todos os aspectos da vida. "A velha ordem local se rompeu ou está sendo rompida em todo o planeta", escreveu em *Uma utopia moderna*, em 1905, "e por todo lado as sociedades estão se dissolvendo, por todo lado os homens estão boiando em meio aos destroços das suas convenções submersas."[39] Assim como havia articulado os temores da década de 1890, agora ele procurava expressar as grandes esperanças da década inicial do século xx, e a ficção já não lhe bastava.

Wells considerava *Anticipations of the Reaction of Mechanical and Scientific Progress Upon Human Life and Thought* [Antecipações da reação do progresso mecânico e científico sobre a vida e o pensamento humanos] "a pedra angular do arco principal da minha obra".[40] À diferença dos romances científicos, esta deveria ser uma obra sem precedentes de "predição ponderada"[41] a partir de tendências contemporâneas, configurando uma disciplina intitulada "Ecologia Humana". As previsões tecnológicas eram apenas uma isca, disse a um amigo; as *Anticipations* "visavam solapar e destruir o monarca, a monogamia, a fé em Deus & na respeitabilidade — & o Império Britânico, tudo sob o disfarce de uma especulação sobre carros a motor & aquecimento elétrico".[42]

Wells estava firmemente convencido de que o avanço científico era incompatível com as estruturas sociais e políticas existentes. O melhor que a humanidade podia esperar, portanto, era um Estado Mundial único, governado por uma elite meritocrática. Em *Anticipations*, esse grupo exclusivo dominante era conhecido como A Nova República, à maneira de Platão; mais tarde, ele o chamou de "os Samurais" e, depois, de "Conspiração Aberta". Porém, enquanto a ideia básica permanecia a mesma, Wells continuou indeciso em relação a quem deveria participar dessa elite, como esta iria reorganizar a sociedade, e se era confiável o bastante para não abusar do poder. Joseph Conrad logo notou a debilidade fatal de Wells: "Em geral, o problema decisivo que vejo em você é o fato de não atribuir a devida importância à imbecilidade humana, que é dissimulada e pérfida".[43] Embora Wells não ignorasse a irracionalidade, ele acreditava no poder dos grandes homens para conquistá-la e, em última análise, extingui-la.

A visão de Wells era impressionante — ao prever a existência de três "coalizões" multinacionais por volta do ano 2000, ele antecipou a Oceânia, a Eurásia e a Lestásia de Orwell — mas a convicção de que o maior obstáculo ao progresso era a superpopulação o conduziu a um grave equívoco no capítulo final, que parece o resultado estarrecedor de uma colaboração entre Malthus, Ostrog e o Artilheiro. A solução que apresenta para o problema das populações "inferiores", a quem chamou de "o povo do abismo", é prosaicamente genocida: "Bem, o mundo é o mundo, não uma instituição de caridade, e me parece que eles vão ter de sumir".[44] A ideia de que a Nova República contaria "com um ideal que faria valer a pena a matança" foi alvo de críticas incisivas dos leitores, entre os quais G. K. Chesterton e Arthur Conan Doyle, o que levou Wells a fazer um grande esforço para se corrigir em seus planos posteriores para o futuro. Mesmo assim, para Wells, a humanidade era sempre uma confusão que precisava ser arrumada.

A despeito da conclusão perturbadora, *Anticipations* obteve um êxito extraordinário ao ser publicado em 1901. De repente, a Grã-Bretanha tinha o intelecto de H. G. Wells em tão alta conta quanto ele próprio. Quando o romancista e crítico Arnold Bennett, um dos seus amigos mais próximos, escreveu-lhe para dizer que devia ser "ou um dos mais notáveis homens vivos" ou um rematado embusteiro, Wells respondeu: "Não há nenhum ilusionismo. Eu *sou* extraordinário".[45] Graças ao livro, ele se transformou de romancista popular em respeitado intelectual público, com acesso aos círculos influentes. Virou membro da Sociedade Fabiana e dos Coefficients [Coeficientes], um grupo informal de aconselhamento que reunia políticos e filósofos. Para Beatrice Webb, notável participante de ambos os grupos, o recém-chegado pareceu ao mesmo tempo exasperante e estimulante em seu empenho para deixar de lado o pensamento ortodoxo e ser o "explorador de um novo mundo".[46]

Ainda que tenha consolidado a reputação de Wells como profeta, *Anticipations* o prejudicou como escritor de romances científicos. Encarregando-se de ser o propagandista de um mundo melhor, ele perdeu a pungente ambivalência que tornara tão atraentes os primeiros relatos, ficando cada vez mais didático e carente de emoção. Na década e meia seguinte, Wells explorou várias rotas fantásticas para a utopia — em *O alimento dos deuses*, *Os dias do cometa*, *A guerra no ar* e *O mundo libertado* —, prevendo as bombas atômicas 32 anos antes da primeira explosão. "Que os céus nos poupem de suas utopias!", exclamou o resenhista de *The Nation*. "Mas bem que gostamos de suas explosões."[47]

Wells tinha especial orgulho de *Uma utopia moderna*, no qual dois homens, ao escalar os Alpes, topam por acaso com um universo paralelo onde a Terra é governada pelos Samurais, uma casta puritana de "nobres voluntários".[48] Em certo nível, o livro era uma discussão sucessiva com todos os utopistas, de More a Bacon e de Bellamy a Morris, zombando de suas "leis imaginárias que se adequavam a pessoas inverossímeis".[49] O que Wells buscava era reintroduzir a liberdade, a individualidade, a privacidade e a diversão num gênero marcado pela perfeição "estranha e desumana",[50] e substituir a serenidade entediante pela mudança dinâmica: uma utopia "cinética", e não "estática". O livro era também um avanço em relação às *Anticipations*, introduzindo a igualdade dos sexos e das raças, e formas mais brandas de controle demográfico. A Terra paralela concebida por Wells, agradavelmente eficiente — "como um motor bem lubrificado ao lado de um monte de sucata" —, não é um mundo perfeito, apenas um mundo melhor.[51] "Vai haver muitas utopias", concluía ele. "Cada geração terá a sua versão nova da utopia, um pouco mais certa e completa e real."[52]

Quando adolescente, Orwell era fascinado por *Uma utopia moderna*, mas ninguém se daria conta disso ao ler o que ele escreveu mais tarde sobre Wells. "Todos nós queremos abolir as coisas que Wells queria abolir", escreveu em 1943. "Mas existe alguém que de fato gostaria de viver numa utopia wellsiana? Pelo contrário, não viver num mundo como esse, não acordar num subúrbio-jardim higiênico infestado de professorinhas nuas, tornou-se na verdade uma deliberada motivação política."[53] Hitler, na opinião dele, era prova disso. Em vez de paz e prazer, o Führer prometeu aos alemães "luta, perigo e morte", e eles aceitaram tudo.[54]

Alguns dos contemporâneos de Wells também acabaram frustrados com as suas utopias. Joseph Conrad se afastou dele por volta dessa época, dizendo: "A diferença entre nós, Wells, é fundamental. Você pouco se importa com a humanidade, mas acha que ela deve ser melhorada. Eu amo a humanidade, mas sei que não há como melhorá-la!".[55] Clement Attlee considerava Wells o arquetípico reformador científico cujo "pecado que o assedia [...] é o fracasso em admitir as idiossincrasias do indivíduo".[56]

E. M. Forster, por outro lado, viu-se impelido a responder por meio de um conto. Em 1909, entre *Uma janela para o amor* e *A mansão*, Forster publicou "A máquina parou", uma definitiva e brilhante "réplica fulminante a um dos céus de H. G. Wells".[57] O século XX lhe causava pavor, anotou em seu diário: "A ciência, em vez de libertar o homem, [...] está escravizando-o às máquinas [...]. Santo Deus, que perspectiva! As casas pequenas a que estou acostumado vão ser demolidas, os campos vão feder a petróleo, e os zepelins vão acabar com as estrelas".[58]

Um completo novato em ficção científica, Forster surrupiou quase todas as suas ideias futuristas de livros como *Uma utopia moderna*, *O dorminhoco* e *Os primeiros homens na Lua*, virando a imaginação de Wells contra este. Os cidadãos do futuro Estado subterrâneo de Forster vivem num casulo de alta tecnologia onde tudo de que necessitam — luz, ar, alimento, água, música, companhia — é proporcionado pela Máquina sagrada. Reduzidos pela inatividade a massas débeis e informes, podem fazer palestras e conversar com "vários milhares" de amigos ao redor do mundo por meio de vídeo: uma premonição do YouTube, do Skype e do Facebook.[59] Alguns zepelins continuam em operação, mas poucos se dão ao trabalho de usá-los, pois a Máquina homogeneizou todos os lugares: "Qual o interesse em ir a Pequim se lá é exatamente igual a Shrewsbury?".[60] Quanto mais poderosa a Máquina se torna, mais as pessoas dependem dela; e quanto mais estas ficam dependentes, mais poderosa aquela fica. A tecnologia em si é o tirano. "O progresso passou a significar o progresso da Máquina."[61]

Por fim, por algum motivo desconhecido, a Máquina começa a falhar, mas as pessoas estão por demais escravizadas para protestar. Elas toleram a água malcheirosa no banho e o apodrecimento das frutas artificiais até chegar o dia derradeiro em que desmorona a civilização. A fábula de Forster sobre a dependência em relação à tecnologia inclui uma notável ideia proto-orwelliana. Numa sociedade em que os "fatos terrestres" são amaldiçoados, a história é constantemente reescrita até se alcançar a perfeição pela geração "absolutamente incolor" que "vai ver a Revolução Francesa não como esta ocorreu, nem como gostariam que tivesse ocorrido, mas como teria ocorrido durante a era da Máquina".[62]

Tal réplica tão meticulosa refletia o impacto cultural de Wells. O êxito de *Uma utopia moderna* lhe proporcionou confiança suficiente para tentar um golpe a fim de transformar a Sociedade Fabiana, até então marcada pelo gradualismo, numa ordem revolucionária de Samurais: uma "campanha confusa, tediosa, mal concebida e ineficaz" que ele viria a considerar o episódio mais constrangedor de sua carreira.[63] Atuar em conjunto com outras pessoas era uma habilidade que Wells nunca dominou. Nas palavras de Beatrice Webb, "ele não tinha a paciência nem as boas maneiras necessárias para qualquer esforço cooperativo — e neste momento a sua vaidade é possivelmente incapacitante".[64] Como Bellamy e Orwell, Wells não aceitava a versão predominante do socialismo (considerava o marxismo "uma debilitante epidemia mental de rancor") e, por isso, tinha de conceber o seu próprio "plano para a reconstrução da vida humana, a substituição de uma desordem pela ordem, e a construção de um Estado no qual toda a humanidade viva de forma mais audaz e bela do que hoje podemos imaginar".[65]

A arrogância e a impaciência de Wells o imunizaram contra os vírus gêmeos do fascismo e do comunismo, que infectaram tantos dos seus contemporâneos no período entreguerras. A ideologia de mais ninguém estava à altura dos planos maravilhosos que fervilhavam em sua cabeça.

É um lugar-comum nos perguntarmos qual seria hoje a reputação de Orwell caso tivesse vivido mais do que 47 anos, mas igualmente interessante é indagar o que teria ocorrido caso Wells *não* tivesse vivido tanto. "Muitos autores, talvez quase todos, deveriam parar de escrever ao chegar à meia-idade", disse Orwell. "Lamentavelmente a nossa sociedade não lhes permite isso."[66] Para ele, até mesmo os melhores escritores desfrutavam no máximo de quinze anos de apogeu, e apresentava como exemplo a trajetória de Wells. Entre *A máquina do tempo*, de 1895, e *O dorminhoco*, Wells publicou todas as suas obras de ficção mais duradouras: os romances científicos, as utopias mais convincentes, os romances cômicos sobre a frustração da classe média, como *Kipps** e *The History of Mr. Polly*, bem como o livro que ele via como a sua obra

* *Kipps* era o tipo de romance visado por Orwell ao se referir a *Um pouco de ar, por favor!* como "um Wells diluído. Tenho enorme admiração por Wells, como escritor, e foi grande a sua influência no meu começo". "Como escritor", cabe notar, não como pensador (Carta de Orwell a Julian Symons, *CW XIX*, 3397, p. 336).

magistral, *Tono-Bungay*. Tivesse vivido o mesmo que Orwell, Wells teria morrido em 19 de abril de 1913, com uma reputação inexpugnável. Em vez disso, teve mais 33 anos para se equivocar.

Wells havia prognosticado guerras de âmbito mundial, uma das quais iniciada pela Alemanha, tanto em *A guerra no ar* como em *O mundo libertado*. Quando se alistou no Exército e chegou à Frente Ocidental, Ford Madox Ford fora de tal modo alertado por Wells que se sentiu curiosamente pouco impressionado. Porém, num nível fundamental, Wells não acreditava que os governos fossem estúpidos o bastante para permitir que a situação chegasse a tal ponto. Quando isso ocorreu, ele não podia aceitar que esse desastre não levasse a humanidade a recobrar o bom senso. Na noite de 4 de agosto de 1914, o dia em que a Grã-Bretanha declarou guerra à Alemanha, ele se sentou para escrever um ensaio com o título lamentavelmente memorável de "A guerra que vai acabar com as guerras".

O conflito desestruturou Wells, tanto no plano físico (o seu cabelo começou a cair) como no mental. "O retorno à sanidade plena levou a maior parte de dois anos", escreveu.[67] Ele se tornou um militarista tão feroz que alguns dos seus amigos pacifistas jamais o perdoaram. Em seguida, escandalizou os admiradores secularistas ao passar por uma bizarra e breve conversão religiosa. Ele se vangloriava de ter inventado o tanque de guerra num conto de 1903, "O encouraçado terrestre" (até ser processado pelo verdadeiro inventor), e ficou melindrado quando o Exército se recusou a fazer pleno uso de sua inteligência. Somente em 1918, Lord Northcliffe, o proprietário do *Daily Mail* e o novo diretor do departamento de propaganda, atrairia Wells para o esforço de guerra, contratando-o para escrever notícias falsas em jornais a serem lançados sobre os soldados alemães, com o objetivo de minar o moral deles. Wells permaneceu apenas algumas semanas na função.

Wells era capaz de antever máquinas, mas não o modo como

elas iriam interagir com a natureza humana. Ele achava que a guerra aérea, por exemplo, ao eliminar a distinção entre combatentes e civis, seria tão horrível que ninguém ousaria recorrer a isso. Na verdade, porém, as nações não demonstraram o menor desconforto em massacrar inocentes a partir de grandes altitudes. Wells também estava convencido de que uma guerra tão cataclísmica sem dúvida provocaria "uma onda de sanidade",[68] que varreria para longe o militarismo, o imperialismo e a aristocracia, resultando numa confederação mundial de Estados socialistas. Por isso, empenhou-se no movimento para a criação de uma Liga das Nações no pós-guerra, mas previsivelmente acabou se impacientando com a sua pobreza de visão. Mais uma vez, sentia-se como um gigante rodeado de pigmeus, e agora podia sentir o declínio de sua influência e reputação. Num devastador ensaio intitulado "The Late Mr. Wells" [O finado sr. Wells], o crítico H. L. Mencken concluiu que "ele sofre de delírio messiânico — e a partir do momento que alguém começa a sofrer desse delírio, os seus dias como artista sério estão encerrados".[69]

A guerra mudou tudo. Em 1918, Orwell recordou mais tarde, "havia, entre os jovens, um curioso culto de ódio aos 'velhos'. O domínio dos 'velhos' era tido como a causa de todos os males que afligiam a humanidade".[70] Com 52 anos, Wells podia ser incluído entre os "velhos". "Meu ápice passou", confessou a Arnold Bennett. "Tive o meu momento. Agora sou o passado."[71]

No entanto, como sempre acreditou que era capaz de recomeçar, Wells tirou a si mesmo desse pavor do pós-guerra escrevendo uma obra que tratava nada menos que da história inteira da raça humana. O épico *História universal*, de 1920, não se destacava pelo rigor histórico, e sim pelo estilo vigoroso, impelindo o leitor, como disse Winston Churchill, "desde as nebulosas até a Terceira Internacional".[72] Para Wells, a história seguia um ritmo, um ciclo. As nações se erguiam graças à energia criativa de uma casta, como a dos Samurais, estagnavam-se sob o controle de uma burocracia opressiva e, por fim, sucumbiam aos bárbaros. Na opinião dele, o mundo estava atualmente no fundo da segunda fase e requeria uma nova geração de Samurais para recomeçar.

A *História universal* vendeu 2 milhões de exemplares somente na Grã-Bretanha e nos Estados Unidos. Com a conta bancária e o ego agora recuperados e inflados, Wells estava pronto para enfrentar de novo o mundo. Aceitando um convite do escritor russo Maksim Górki, a quem conhecera em Nova York em 1906, Wells visitou a Rússia pós-revolucionária, numa viagem que incluiu até um encontro com o próprio Lênin. Para sua surpresa, achou Lênin um "homenzinho assombroso", cujo pragmatismo era "muito revigorante" — para um marxista.[73] Segundo Trótski, o líder russo só resmungou: "Que pequeno-burguês tacanho! Argh! Que ignorantão!".[74]

Nem mesmo o êxito de *História universal* conseguiu livrar Wells da sensação debilitante de que estava desperdiçando tempo e talento. A tentativa de retorno à política, ao se filiar ao Partido Trabalhista e por duas vezes tentar (em vão) se eleger deputado no Parlamento, não o ajudara nada a aliviar a insatisfação. Ao mesmo tempo, a sua vida amorosa se tornara insustentável, pois era incapaz de escolher entre a esposa resignada, Jane, e a amante de longa data, Rebecca West, o que levou Wells a romper com esta em 1923. Numa viagem a Genebra, Wells se apaixonou pela escritora Odette Keun e começou a passar temporadas com ela na Riviera francesa, mesmo quando, mais tarde, Jane estava agonizando com câncer. O tédio, o seu arqui-inimigo, saíra vencedor mais uma vez.

O mesmo tédio, contudo, era um problema cada vez maior para os leitores, à medida que Wells se tornava obcecado pela mais recente encarnação de sua elite heroica, a Conspiração Aberta. Em *Men Like Gods* [Homens iguais a deuses], um jornalista ansioso e sobrecarregado passa por um rejuvenescimento ao cair num universo paralelo com uma Terra perfeita, onde o Estado acabou definhando. Ao retornar à década de 1920, decide "nunca desistir nem descansar até que a velha Terra seja uma única cidade e nela se instale a utopia".[75] Em *The Dream* [O sonho], um cientista do ano 4000 sonha a vida inteira de um indivíduo comum no "mundo assombrado pelo medo" que existia no princípio do século XX. Wells continuou tentando explicitar os seus sonhos — sempre um esforço arriscado —, mas os leitores preferiam os seus pesadelos.

Orwell expressou seu descontentamento com *The Dream* e *Men Like Gods* em *O caminho para Wigan Pier*. Ele achava que as utopias confortáveis e infalíveis de Wells, ao excluírem todo sofrimento e todo perigo, acabariam por reduzir muitas das qualidades humanas admiradas por Wells. Para este, se as máquinas serviriam para libertar ou escravizar, exaltar ou destruir, era uma questão de liderança. Tal como Forster, Orwell achava que Wells não conseguia aceitar que a própria máquina poderia ser o problema: "Um enorme veículo reluzente nos arremessando a um destino do qual nada sabemos, mas provavelmente na direção do mundo-Wells acolchoado e o cérebro numa cuba".[76] No mesmo capítulo, Orwell elogia *Admirável mundo novo*, de Aldous Huxley, como sendo "um memorável ataque contra o tipo mais pançudo de perfeccionismo. Descontando os exageros caricaturais, ele provavelmente expressa o que a maioria das pessoas pensantes acha da civilização-máquina".[77]

Wells tinha um relacionamento complicado com a família Huxley. Thomas havia mudado a sua vida; o neto de Thomas, Julian, o ajudara em 1929 a escrever o manual de biologia *A ciência da vida*; e, agora, Aldous, irmão de Julian, estava fazendo pouco de suas utopias. Décadas depois, Huxley diria à revista *Paris Review* que *Admirável mundo novo* "começara como uma paródia de *Men Like Gods*, de H. G. Wells, mas aos poucos foi tomando vida própria e virou algo muito diferente do que era a minha intenção original".[78]

Admirável mundo novo e *1984* são gêmeos literários desconfortáveis. A maioria dos leitores os descobre mais ou menos com a mesma idade, numa espécie de programa duplo de distopias clássicas, e por isso os vê como profecias rivais, como se ambos os autores tivessem, no mesmo momento do tempo, recebido a mesma incumbência de prever o futuro, e agora nos caberia escolher a mais precisa. Prazer ou punição? Sexo ou morte? Uma dose de soma ou uma bota na cara? Quem, afinal, acertou?

Huxley, mais tarde, procurou reposicionar *Admirável mundo novo* como uma profecia séria, tomando a precaução de informar a Orwell: "Creio que o pesadelo de *1984* está fadado a se ajustar ao pesadelo de um mundo mais parecido ao que imaginei em *Admirável mundo novo*".[79] Na verdade, porém, Huxley o concebeu mais como uma sátira, à maneira de Swift. No verão de 1931, enquanto trabalhava no livro na França, revelou numa carta: "Estou escrevendo um romance sobre o futuro — sobre o horror da utopia wellsiana e uma revolta contra ela. Muito difícil. Mal tenho imaginação suficiente para lidar com esse tema".[80] Por isso recorreu à imaginação de outra pessoa. *Admirável mundo novo* está recheado de ideias de Wells, reapresentadas de forma ridícula ou sinistra. Antes, Huxley zombara dos esquemas de Wells em *Férias em Crome* e *Contraponto*, descrevendo-o reservadamente como "um sujeitinho vulgar e detestável",[81] e havia escrito um punhado de ensaios alarmados com o progresso tecnológico. "As pessoas não mais se divertem de forma criativa, mas ficam sentadas, entretendo-se passivamente com dispositivos mecânicos", queixou-se em "Spinoza's Worm" ["O verme de Spinoza"].[82] A epígrafe de *Admirável mundo novo* é uma citação do filósofo russo Nikolai Berdiaev: "As utopias parecem muito mais realizáveis do que havíamos suposto. E agora nos defrontamos com uma questão muito angustiante em outro sentido: como evitar a realização definitiva dessas utopias?".[83]

Ao escrever o romance, Huxley vivia num mundo diverso daquele de Orwell. Embora Mussolini e Stálin estivessem no poder, a era totalitária ainda engatinhava. E Huxley não estava de fato pensando na Europa. Em 1926, havia viajado por mar da Ásia até a Califórnia, e passara semanas alimentando a fornalha de seu esnobismo com a exploração dos Estados Unidos no ápice da Era do Jazz. No barco ele topou com um exemplar do livro *Minha vida e minha obra*, de Henry Ford, o qual serviu de base para a religião mecanizada de *Admirável mundo novo*, o fordismo. Ele pretendia voltar aos Estados Unidos um dia, "só para ver o pior, como se deve fazer de tempos em tempos".[84]

No Estado Mundial de Huxley (usando uma expressão que é uma óbvia referência sarcástica a Wells), a manutenção da ordem não depende de porretes e açoites, mas de drogas, hipnotismo, entretenimento e de um sistema de castas geneticamente modificadas, abrangendo desde a elite Alfa-plus até os trabalhadores Épsilon-minus. Com os arranha-céus, zíperes, chicletes, "sexofones" e uma versão tátil do cinema falado, o romance era baseado sobretudo em suas andanças pelos Estados Unidos, onde chamou Los Angeles de "Cidade da Medonha Alegria".[85] Huxley acabaria passando os últimos 26 anos de sua vida na Califórnia, mas a impressão inicial foi negativa: "Só movimento e ruído, como a água gorgolhando pelo ralo de uma banheira — até o esgoto".[86] A sátira de Huxley não se restringiu aos Estados Unidos. Também fazia troça de Freud, Keynes e, por meio da imaginária "Reserva Selvagem", do primitivismo romântico do falecido amigo D. H. Lawrence. Ao evocar notórios industriais, marxistas, ateístas, cientistas, psiquiatras e políticos nos nomes dos personagens, Huxley deixava implícito que todos os grandes homens e todos os grandes movimentos estavam caminhando na mesma direção terrível.

Outra complicação do livro advinha do fato de Huxley estar atraído por algumas das ideias que parodiava. Tal como o irmão Julian, estava fascinado pela eugenia, e a crise econômica que arruinava a Grã-Bretanha na época em que escrevia o romance o levou a pensar que a perda da liberdade poderia ser um preço razoável para preservar a ordem diante do caos. Como diz Mustapha Mond, o Superintendente Mundial Residente para a Europa Ocidental, de maneira bastante sedutora: "De que vale a verdade ou a beleza ou o conhecimento quando as bombas de antraz estão caindo por todos os lados ao nosso redor?".[87]

Orwell apreciava *Admirável mundo novo* até certo ponto. Ainda guardava boas lembranças de Huxley como professor em Eton, em 1918; um colega de classe dizia que Huxley instilara em Orwell um "gosto pelas palavras e pelo seu emprego preciso e apropriado".[88] Por outro lado, como alguém que temia a dor e desconfiava do prazer, não estava convencido da tirania da gratificação proposta em *Admirável mundo novo*. "Não há sede de poder, nem sadismo, nem dificuldade de qualquer tipo", queixou-se em 1946. "Aqueles no topo não têm nenhum motivo para permanecer ali, e ainda que todos sejam felizes de uma forma ociosa, a vida se torna tão desprovida de sentido que é difícil crer que uma sociedade assim possa perdurar."[89] Na distopia de Orwell não há liberdade nem felicidade. Não há nada resplandecente. Por isso, ambos os escritores viram como implausível a versão do outro para um futuro incolor. As similaridades são insignificantes, as diferenças são acentuadas, mas os dois romances se sobrepõem numa área: a condição dos proletários.

A descrição feita por Orwell dos proletários é o aspecto menos convincente de *1984*. É muito difícil crer que um regime tão preocupado com o controle absoluto permitisse que 85% da população ficasse fora do alcance da Polícia das Ideias e das teletelas, ou que os proletários fossem imunes ao duplipensamento. Como ficou demonstrado na Rússia e na Alemanha, não há totalitarismo sem as massas. O que Orwell faz é satirizar dois sistemas políticos incompatíveis. Enquanto a atuação do Partido representa o totalitarismo, o mundo dos proletários é uma caricatura do capitalismo que funciona, ainda que de forma mais miserável, um tanto como a sociedade em *Admirável mundo novo*.

Em *O caminho para Wigan Pier*, Orwell descartou a teoria do "pão e circo", segundo a qual o governo britânico estava deliberadamente anestesiando as massas com comida, entretenimento e bens de consumo baratos. Isso ocorria, segundo ele, devido à "interação bastante natural entre a necessidade de um mercado para os industriais e a necessidade de paliativos baratos para as pessoas depauperadas".[90] Em *1984*, contudo, trata-se de uma tática deliberada e, ao mesmo tempo, muito eficaz. Os proletários são embalados num estado de apatia por uma dieta constante de filmes, ficção barata, pornografia, horóscopo, futebol, cerveja, jogos de azar e canções sentimentais. Essa dieta é o soma deles.

O êxito dessa estratégia torna os proletários impotentes, mas não desprezíveis. Orwell não sofria do mesmo esnobismo acentuado de Huxley. Winston termina por se convencer de que os proletários são, na verdade, superiores aos membros do Partido — não pelo fato, como imagina no início, de formarem um potencial exército revolucionário, mas simplesmente porque eles "haviam permanecido humanos. Não estavam enrijecidos por dentro".[91] Eles não estão mortos. Quando Winston vê uma mulher estendendo roupa no varal, ela pode estar cantarolando um refrão banal expelido por um versificador, mas ela o impregna de humanidade e de uma pureza de tordo. "Os passarinhos cantavam, os proletas cantavam, o Partido não cantava."[92] E do que trata essa canção supostamente sem sentido? Amor, sonhos e lembranças que não se apagam. Com esse simples ato humano, a mulher inadvertidamente valida a crença de Winston: "Se há esperança, está nos proletas".[93]

Admirável mundo novo foi a primeira antiutopia de grande sucesso comercial, e o título shakespeariano se tornou tão famoso que virou referência corrente. O deputado trabalhista Hugh Dalton jocosamente chamou de "vago mundo novo" um discurso decepcionante pronunciado por Clement Attlee em 1939.[94] No ano seguinte, Malcolm Muggeridge descreveu o embate entre nazismo e comunismo como "um Admirável Mundo Novo e um Admirável Mundo Velho se defrontando e brandindo ameaçadoramente as mesmas armas".[95] Em *A flor da Inglaterra*, Comstock imagina a sociedade socialista como "uma espécie de *Admirável mundo novo* de Aldous Huxley, só que menos divertido".[96] O êxito do romance provocou uma nova onda de sátiras futuristas. Até mesmo Cyril Connolly se arriscou com o bem-humorado conto "Year Nine" ["Nono ano"], sobre um Estado totalitário no qual o rosto do Nosso Líder assoma de signos de néon, e censores militares patrulham as ruas, eliminando a "arte degenerada" (como os romances de "Mortowells") que restara do antigo regime.[97]

E o que Wells achou de *Admirável mundo novo*? Huxley jantou com ele no Riviera logo após o livro ser publicado e escreveu sobre o escritor mais velho, "temo que não tenha ficado muito satisfeito".[98] E de fato não ficou. Mais tarde, Wells diria do romance que foi "uma grande decepção para mim. Um escritor da estatura de Aldous Huxley não tem o direito de trair o futuro como fez nesse livro".[99]

Wells replicou numa obra de ficção, *The New World Order*

[A nova ordem mundial], na qual descrevia *Admirável mundo novo* como uma "bíblia do esnobe impotente",[100] e o seu autor, como "um dos mais brilhantes escritores reacionários",[101] em *The Shape of Things to Come* [A forma das coisas vindouras], o último livro que escreveu antes de sua extravagantemente divertida autobiografia. Wells apresentou a sua mais recente história do futuro como um manual originário de 2106, lido num sonho por um diplomata de 1933. A "Era da Frustração", ficamos sabendo, degringolou em outra guerra mundial, colapso econômico e peste virulenta que deixaram prostrada a civilização. O mundo foi salvo do caos por uma elite de aviadores, que instauraram uma "Tirania Puritana". O camarada Ogilvy, o herói de guerra inventado por Winston Smith, lembra muito um dos aviadores de Wells: celibatário, abstinente, obsessivamente atlético, completamente desprovido de alegria. Depois de um século desse mal necessário, a Ditadura do Ar foi suavemente substituída por uma utopia pacífica de intelectuais de classe média — todos eles Alfas.

Na década de 1920, Wells havia mentalmente convocado banqueiros e industriais para desempenharem papéis em sua Conspiração Aberta, mas a crise de 1929 e a subsequente depressão deixaram evidente a calamitosa insuficiência deles. Agora Wells se via como "um revolucionário da ultraesquerda" e, em 1934, decidiu visitar dois dos possíveis arquitetos de um Estado mundial socialista.[102] Em Washington, DC, encontrou-se com o presidente Franklin Delano Roosevelt e o considerou "o instrumento transmissor mais eficaz possível para a instauração da nova ordem mundial".[103] Em Moscou, tentou durante três horas convencer Stálin de que o marxismo não passava de uma baboseira, e, na verdade, o que ele estava construindo era uma versão do capitalismo estatal como o New Deal. Wells é justamente criticado por sua convicção de que "nunca antes encontrara um homem tão sincero, justo e honesto",[104] mas o fato é que não se deixou enganar tão completamente quanto Beatrice e Sidney Webb* ou George Bernard Shaw. Ele escreveu que a Rússia soviética não era a Cosmópolis com que tinha sonhado, e ficou cansado de ouvir lhe dizerem: "Venha nos visitar daqui a dez anos".[105] Eles também haviam dito isso em 1920. No final, concluiu, a "Rússia me decepcionou".[106] A escolha das palavras exemplifica o sentimento de Wells, de que a humanidade o havia decepcionado pessoalmente, apesar de todos os seus esforços para iluminar o caminho a seguir. Um amigo o comparou, quando estava nesse modo exasperado, a "um inspetor-geral do universo irritado".[107]

Enquanto viajava, Wells estava escrevendo o roteiro de *The Shape of Things to Come* (abreviado para *Things to Come* [no Brasil, o filme recebeu o título *Daqui a cem anos*]) para o produtor de cinema Alexander Korda. Ele gostava da possibilidade de usar o cinema como veículo para suas ideias. Os filmes de ficção científica ainda estavam nos primórdios, e até então o grande exemplo era *Metrópolis*, de Fritz Lang.** Embora este fosse baseado num romance wellsiano de Thea von Harbou, a esposa de Lang, Wells não ficou lisonjeado com a homenagem. Na resenha que escreveu para o *New York Times*, ele tratou *Metrópolis* como os marcianos fizeram com Woking: o filme "nos proporciona em concentração turbulenta quase todas as tolices, clichês, platitudes e mixórdias possíveis sobre o progresso mecânico e o progresso em geral, tudo isso servido com um molho de sentimentalismo bem peculiar".[108] Reconhecendo "fragmentos dilapidados" de *O dorminhoco*, con-

* Malcolm Muggeridge disse a Orwell que os Webb, tios de sua esposa, tinham excluído fatos inconvenientes sobre a União Soviética do livro *Soviet Communism: A New Civilization?* [URSS: Uma nova civilização?], num encobrimento vergonhoso.

** A expressão "ficção científica" começou a substituir a anterior "cientificção" em 1929.

siderava absurdamente obsoleta a concepção, adotada por Lang, de uma cidade vertical baseada na escravidão.[109]

No entanto, o filme *Things to Come*, lançado em 1936, revelou-se inferior a *Metrópolis*, destacando-se mais pelos cenários (incluindo a imagem profética de bombardeiros sobrevoando Londres) do que pelas ideias, que conseguiram desagradar igualmente comunistas, fascistas, liberais e cristãos. Jogando a culpa em Korda, Wells o considerou "uma porcaria de filme".[110] Como Orwell atacou Wells pela primeira vez no mesmo ano em que saiu o filme, a inamistosa autocaricatura de *Things to Come* era provavelmente o que tinha em mente ao se queixar do reluzente Mundo-Wells.

Orwell nunca considerou tecnologia e progresso equivalentes. Pelo contrário, como afirmou durante a guerra, "todo avanço científico acelera a tendência para o nacionalismo e a ditadura".[111] Foi numa resenha do roteiro de Wells para *Things to Come* que ele zombou do que chamou de falsa antítese entre o cientista benigno e o reacionário belicoso. "Jamais ocorreu ao sr. Wells que as suas categorias poderiam ter se confundido, que talvez coubesse ao reacionário fazer pleno uso da máquina, e que o cientista poderia usar o seu cérebro sobretudo em teorias raciais e gases venenosos."[112] Isso não era nem um pouco justo. Ao criador do Homem Invisível e do dr. Moreau não era nada estranha a perversão da ciência. Mas o filme certamente não contribuiu para melhorar a sua reputação.

A julgar por *O caminho para Wigan Pier*, se Orwell tivesse escrito uma distopia na década de 1930, provavelmente teria sido uma sátira contra a máquina, na linha de *Admirável mundo novo*, atacando o que, numa carta de 1933, vislumbrava como "a trustificação e fordificação generalizadas, com toda a população reduzida a dóceis cativos assalariados", implacavelmente explorados "em nome do progresso".[113] Porém, a despeito de elementos futuristas, como o desmesurado Ministério da Verdade, a sórdida e exaurida Pista de Pouso Um está muito distante do Mundo-Wells. Em *1984*, cientistas de jalecos brancos projetam teletelas e helicópteros-espiões, inventam novas armas, desfolhantes e dispositivos de tortura, realizam cirurgias plásticas radicais e tentam abolir o orgasmo, ao mesmo tempo que nada fazem para melhorar a qualidade de vida. Em sua maior parte, a ciência, tal como a história, parou. Isso, escreve Goldstein, se deve "em parte ao fato de que o progresso técnico e científico dependia da prática empírica do pensamento, que não pode sobreviver numa sociedade estritamente regrada. O mundo, como um todo, é hoje mais primitivo do que há cinquenta anos".[114]

Orwell vinha acompanhando com atenção a corrupção da ciência sob Stálin, e sobretudo sob Trofim Lysenko, o agrônomo soviético cuja teoria marxista pseudocientífica da herança genética acarretou surtos de fome desnecessários, bem como o danoso expurgo de cientistas dissidentes. Um dos últimos livros lidos por Orwell foi *Soviet Genetics and World Science* [A genética soviética e a ciência mundial], uma demolição da pseudociência de Lysenko por Julian Huxley. Na Oceânia, a ciência deve mais a Lysenko do que a Wells, que mais uma vez subestimara a estupidez humana.

Estamos agora chegando ao Wells que discutiu com Orwell em Hanover Terrace: reescrevendo ideias antigas; buscando cada vez mais desesperadamente candidatos para liderar a nova ordem mundial; afligido por problemas de saúde, pensamentos suicidas e um sentimento de derrota final. Kingsley Martin, editor do *New Statesman*, especulou que ele "tomou como um fracasso pessoal o fracasso da humanidade na Segunda Guerra Mundial".[115] Durante uma malsucedida série de palestras nos Estados Unidos em 1940, com o objetivo de promover a sua última grande ideia, uma "Declaração dos Direitos do Homem", Wells se encontrou com o escritor Somerset Maugham, que o achou "envelhecido, abatido e encarquilhado", sobrepujado pelos acontecimentos: "O rio seguiu correndo e o largou sozinho à margem".[116] A declaração de Wells, por ele reformulada várias vezes entre 1939 e 1944, seria considerada uma contribuição pioneira para o campo dos direitos humanos, mas apenas após a sua morte. Por enquanto, era só um ex-profeta, pontificando no vazio.

"Não tenho bando, não tenho partido", escrevera Wells a um amigo pouco antes da guerra. "Meu epitáfio vai ser 'Foi inteligente, mas não o bastante...'. Escrevo livros, mas é como jogar tijolos de ouro na lama."[117] Mas os livros dele não eram de ouro; nem mesmo eram tijolos. Quase todas as últimas obras não passavam de volumes finos e apressados que só acabavam entre capas duras graças ao que lhe restava de prestígio. Ele vinha escrevendo fazia muito tempo. Wells estampou o seu pessimismo numa parede do apartamento em Hanover Terrace, sob a forma de um mural representando a evolução. Junto ao Homem, ele pintou três palavras fulminantes: "Hora de Partir".[118]

5. Rádio Orwell

Orwell 1941-3

Toda propaganda é mentira, mesmo quando diz a verdade. Não me parece que isso importe quando a pessoa sabe o que faz, e por quê.

George Orwell, anotação no diário, 14 mar. 1942[1]

Em agosto de 1941, Orwell e Eileen convidaram H. G. Wells para jantar. Vários meses antes, uma amiga de Orwell, Inez Holden, tivera a casa destruída pela Luftwaffe, e Wells lhe propusera que ficasse em sua edícula. Aristocrata renegada e boêmia, Holden se destacara, de forma deslumbrante, como parte do grupo conhecido como Coisas Jovens e Brilhantes na década de 1920. Anthony Powell, que a apresentou a Orwell uma noite no Café Royal em Londres, a descreveu como "excelente companhia", fervilhando com opiniões, fofocas e imitações espirituosas.[2] Agora com 37 anos, era uma cronista perspicaz da Grã-Bretanha em guerra em seus romances e diários, e foi uma amiga leal de Orwell durante toda a década de 1940. Holden estava contente por promover um encontro apropriado entre os dois homens que apreciava e admirava. Dois dias antes do jantar, contudo, Wells soube que Orwell publicara um ensaio sobre ele na revista de Cyril Connolly, *Horizon*, e se apressou em conseguir um exemplar. Intitulado "Wells, Hitler e o Estado mundial", o ensaio não lhe agradou nada.

Orwell e Eileen moravam no quinto andar da Langford Court,

um prédio da década de 1930 com oito andares, na Abbey Road, em St. John's Wood, noroeste de Londres, que provavelmente serviu de inspiração para as Mansões Victory de *1984*. Quase todas as noites, a cama de campanha no aposento da frente era usada por um ou outro amigo desalojado pelas bombas. Para o jantar, foram convidados Wells, Holden e o jovem e celebrado crítico William Empson. Wells se conteve durante o jantar e esperou que terminassem de comer. Quando os pratos estavam sendo recolhidos, ele sacou do bolso do casaco um exemplar de *Horizon* com um floreio ameaçador. Orwell reagiu tomando o seu próprio exemplar e lançando-o sobre a mesa. Os dois começaram então a se digladiar enquanto Empson, que conhecera Orwell um dia antes, mantinha-se calado, afogando o constrangimento com uísque.

Orwell fazia uma distinção entre dois tipos de escritores politicamente empenhados: aqueles que entendiam a verdadeira natureza do totalitarismo (nenhum dos quais era britânico) e aqueles que não a entendiam. No ensaio ofensivo, ele alegava que a mente de Wells — racional, científica, imune ao apelo do sangue e do solo — era incapaz de levar Hitler ("esse pequeno deficiente ululante em Berlim") a sério.[3] "Wells é sadio demais para entender o mundo moderno", e concluía com uma mescla peculiar de elogio e condenação, "desde 1920 ele desperdiça o seu talento lutando contra dragões de papel. Mas, afinal, é melhor ter talento para desperdiçar."[4]

Orwell tinha orgulho de sua "brutalidade intelectual".[5] Muitas vezes fazia amizade com gente que antes havia insultado na imprensa, dentre os quais Stephen Spender, o autor de romances policiais Julian Symons e o escritor anarquista canadense George Woodcock, que o considerava "um desses seres excepcionais que se tornam mais próximos graças ao desacordo".[6] Orwell comentou com Spender que, assim que conhecia uma pessoa, ela virava "um ser humano & não uma espécie de caricatura que personificava certas ideias",[7] mas a liberdade de se exprimir sem desculpas na página era tão fundamental que não lhe ocorria que alguns podiam se ressentir de serem ridicularizados e até mesmo expressar tal ressentimento pessoalmente. Derrubem os seus ídolos, sem dúvida, mas que isso não seja um impedimento para convidá-los a jantar.

A discussão em Langford Court continuou por algum tempo até a raiva de Wells amainar.[8] A caminho de casa, comentou com Holden que havia sido "uma noitada divertida".[9] Sete meses depois, contudo, Wells leu outro ensaio de Orwell, "The Rediscovery of Europe: Literature Between the Wars" ["A redescoberta da Europa: A literatura entre as guerras"], e ficou furioso com a afirmação de que ele, Wells, acreditava que a ciência poderia "resolver todos os males de que a humanidade é herdeira".[10] Em carta ao editor, ele contestou as "generalizações tolas" de Orwell.[11] Numa carta particular foi ainda mais direto: "Nunca disse nada disso. Leia as minhas primeiras obras, seu merda".[12] E assim terminou o relacionamento entre os dois.

O ensaio injurioso era uma versão impressa de um dos programas de rádio feitos por Orwell na Seção Indiana do Serviço Oriental da BBC, onde trabalhou de agosto de 1941 a novembro de 1943. Tal como Wells em 1918, Orwell agora era um relutante escritor a serviço do Estado. Mais tarde, ele descreveria esse período como "dois anos desperdiçados", mas não há por que acreditar nele.[13] No dia a dia, o trabalho o introduziu na mecânica da propaganda, burocracia, censura e meios de comunicação de massa — o que iria se refletir nas tarefas executadas por Winston Smith no Ministério da Verdade. Além do mais, o trabalho na BBC incluía horas de ruminações sobre a guerra, a política, o totalitarismo e a literatura, que prepararam o terreno para as suas duas grandes obras de ficção e os seus melhores ensaios. Para um intelecto tão diligente quanto o de Orwell, era inconcebível algo como um ano desperdiçado.

* * *

Durante a primeira metade de 1941, Orwell havia vagado sem propósito pelo "estranho e tedioso pesadelo" da Londres dos tempos de guerra.[14] O ano começou com uma nova onda de rumores sobre uma invasão alemã da Grã-Bretanha, o que levou o Ministério da Informação a encomendar um panfleto que apresentasse de forma dramática as consequências. *I, James Blunt* [Eu, James Blunt], de autoria do escritor de relatos de viagem H. V. Morton, descreve a ocupação alemã pelos olhos de um homem comum e idoso num vilarejo inglês. Depois de explicar como o regime nazista de censura, vigilância, doutrinação e perseguição fora implantado na Inglaterra, o negociante aposentado James Blunt descobre que um ex-funcionário amargurado havia se alistado na Gestapo e o denunciara por antigos comentários antifascistas. Morton dedicou o seu conto impactante a "todos os otimistas complacentes e àqueles que confundem desejo e realidade".[15] Em 1943, afastada a ameaça de invasão, o advogado e soldado Robin Maugham recorreu ao modelo adotado por Morton — um diário que se encerra pouco antes de os agentes da polícia secreta baterem à porta — para escrever *The 1946 MS* [O manuscrito de 1946], no qual um herói de guerra britânico toma o poder em meio às turbulências do pós-guerra e instala um Estado fascista. Publicado pela editora War Facts Press, vinculada ao Ministério da Informação, o posfácio de Maugham era tão explícito quanto o de Morton: "Lord Murdoch e o general Pointer não existem. Esta história foi escrita a fim de que jamais venham a existir, e para que os britânicos jamais sejam escravizados".[16]

Orwell resenhou *I, James Blunt* ("bom e arrepiante")[17] e tinha um exemplar de *The 1946 MS* em sua volumosa coleção de panfletos, de modo que estava familiarizado com a literatura didática do tipo "Isso pode acontecer aqui", mas se sentia incapaz de produzir ele mesmo uma obra de ficção. "Apenas os mentalmente mortos são capazes de sentar e escrever romances enquanto prossegue esse pesadelo", escreveu em abril de 1941.[18] De acordo com Cyril Connolly, esse tipo de paralisia era corriqueiro: "Cabe lembrar que a existência atual de muitos de nós é hostil à apreciação da literatura; estamos vivendo a história, ou seja, vivendo da mão para a boca, e lendo incontáveis edições vespertinas dos jornais".[19]

Essa era uma boa notícia, ao menos, para os colaboradores avulsos dos jornais, que assim conseguiam pagar as contas, como era o caso de Orwell. Ele aproveitou as resenhas de livros como uma oportunidade de explorar a mecânica do totalitarismo a partir de todos os ângulos possíveis. No livro *An Epic of the Gestapo* [Uma epopeia da Gestapo], sir Paul Dukes faz um relato vívido de sua investigação sobre um desaparecimento na Tchecoslováquia ocupada pelos nazistas, descrevendo uma sociedade na qual, nota Orwell, "a prática da mentira se tornou tão corriqueira que é quase impossível acreditar que qualquer outro possa estar dizendo a verdade".[20] Os retratos da vida sob Hitler em *The Lights Go Down* [As luzes se apagam], de Erika Mann, o levaram a se perguntar como um regime que parecia "tão inimaginável que nenhuma pessoa equilibrada e decente poderia aceitá-lo" mesmo assim conseguia atrair tanto apoio popular.[21] *Never Come Back* [Não volte mais], um emocionante e cínico romance sobre conspirações, de autoria de John Mair, chamou a atenção de Orwell como indício de que "a medonha selva política, com suas reuniões clandestinas, torturas, senhas, denúncias, passaportes falsificados, mensagens cifradas etc., está ficando suficientemente bem conhecida para ser um tema adequado para a literatura 'ligeira'".[22] O segredo, o engano e a traição eram elementos cruciais tanto da realidade totalitária como da ficção de apelo popular, como iria se comprovar com *1984*. As cenas nas quais Winston acredita estar conspirando com O'Brien e a Confraria contra o Partido mais parecem episódios extraídos de um romance de espionagem.

Entre outubro de 1940 e agosto de 1941, além de livros, Orwell também resenhou dezenas de filmes para a *Time and Tide*, embora fosse generoso demais considerá-lo um crítico de cinema. Ele não tinha interesse na técnica cinematográfica ou na atuação dos atores, e tampouco levava a sério uma tarefa na qual se esperava "que vendesse a sua honra em troca de uma taça de xerez vagabundo".[23] Na verdade, manifestava uma clara ojeriza pelo cinema americano: em seu catálogo de flagelos contemporâneos, em "Dentro da baleia", os filmes de Hollywood ficam entre a aspirina e os assassinatos políticos. Anthony Powell disse que Orwell "se entediava com facilidade. Se numa conversa surgisse um assunto que não lhe interessava, não fazia o menor esforço para participar".[24] E o cinema claramente o aborrecia: ao escrever sobre vários grandes filmes, quando não manifestava um desprezo franco, fazia apenas elogios pífios. Hoje considerado um clássico do cinema noir, *Seu último refúgio* lhe pareceu apenas uma celebração do "sadismo" e um "elogio de valentões".[25]

A curiosidade de Orwell só era despertada por filmes que diziam algo sobre o totalitarismo. Ele se entusiasmou, por exemplo, por trechos de um filme de guerra hollywoodiano medíocre, intitulado *Fuga*, porque capturava "a atmosfera de pesadelo num país totalitário, a total impotência do indivíduo comum, o completo desaparecimento dos conceitos de justiça e verdade objetiva"[26] — em outras palavras, os trechos que poderíamos descrever como "orwellianos". Assim que o herói e a heroína conseguem escapar, o filme lhe pareceu uma bobagem. Ele tinha comentários mais calorosos a fazer sobre *O grande ditador*, de Charles Chaplin. A despeito de ferrenho defensor da União Soviética em sua vida privada, na tela Chaplin representava, na opinião de Orwell, "uma espécie de essência concentrada do homem comum, da crença inerradicável na decência que há no coração das pessoas comuns".[27] Saboreando a ironia da semelhança física entre Chaplin e Hitler, Orwell achava que o governo britânico faria bem em subsidiar e distribuir o filme como propaganda antifascista, devido ao seu "poder de reafirmar o fato, sufocado pelo fascismo e, ironicamente, pelo socialismo [soviético], de que vox populi é vox Dei, e de que os gigantes não passam de pragas".[28]

Em 1941, contudo, a vox populi não estava em seus melhores momentos. A janela de oportunidade revolucionária que, na estimativa de Orwell, se abrira com a humilhação de Dunquerque agora estava firmemente fechada. Os ricos reforçavam os seus privilégios com iguarias do mercado negro, enquanto o restante da população ia tocando a vida como podia. Para um amigo, Orwell brincou que, dali a um ano, iriam ver "sopa de rato" nos cardápios dos restaurantes; e um ano depois, seria a vez da "imitação de sopa de rato".[29] No diário que manteve durante a guerra, e na "Carta de Londres" bimensal para a *Partisan Review* — uma revista de esquerda antistalinista de Nova York, dirigida por Philip Rahv e William Phillips —, Orwell registrou o cotidiano na época da guerra com imperturbável rigor. Os ataques aéreos, informou aos leitores da *Partisan Review*, eram "menos apavorantes e mais uma chateação do que se poderia imaginar".[30] Não era a perspectiva de uma bomba caindo pelo telhado que o incomodava, mas antes o tipo de aborrecimento mencionado no primeiro capítulo de *1984*: os cortes de eletricidade, o fechamento das lojas, os telefones mudos, a escassez de ônibus, os montes de entulho, o preço da cerveja. A vida se resumia "a um esforço constante para recuperar o tempo perdido".[31] Era tudo muito exasperante. Orwell alimentava a lareira com jornais velhos de um ano, de antes de Dunquerque, "vislumbrando manchetes otimistas à medida que se transformavam em fumaça".[32]

A Blitz durou oito meses, mas Orwell só seria afetado diretamente por ela em suas derradeiras horas. Na noite de 10 de maio, a Luftwaffe despejou oitocentas toneladas de bombas sobre a capital britânica; ele e Eileen por pouco não estiveram entre as centenas de vítimas. Às duas da madrugada, foram despertados por um estrondo monumental. O prédio de Langford Court fora atingido, com os corredores sendo tomados pelo fedor de borracha queimada e por uma fumaça espessa e ofuscante. Com os rostos enegrecidos pela fuligem, eles agarraram alguns pertences e foram se abrigar na casa de um amigo, onde se recuperaram com chá e chocolate. Em *1984*, o chocolate é um produto simbólico: quando Julia arruma um pouco para Winston, é um ato de amor; quando Winston o surrupia de sua irmã, é uma deslealdade lamentável.

Mesmo que Londres tenha suportado o assédio alemão, as notícias do continente eram desalentadoras. "Em meados de 1941", escreveria Orwell depois, "a população britânica sabia o que teria de enfrentar."[33] A Wehrmacht invadiu a Grécia e a Iugoslávia, enquanto, sob o comando de Rommel, o Afrika Korps fazia os Aliados recuarem no Norte da África. Nas primeiras horas de 22 de junho, Hitler rompeu o Pacto Nazi-Soviético e três milhões de soldados alemães cruzaram a fronteira russa, obrigando os comunistas contrários à guerra a dar uma meia-volta abrupta e cômica. Orwell gostava de repetir uma história que ouvira sobre um membro do partido que estava no banheiro de uma cafeteria em Nova York e, ao voltar para a mesa dos amigos, soube que a linha partidária havia mudado: uma possível inspiração para o orador do Núcleo do Partido, em *1984*, que "mudou de uma posição a outra literalmente no meio de uma frase".[34]

Os acontecimentos do verão fizeram Orwell mergulhar no desalento: "Em dois anos ou vamos ser conquistados ou vamos virar uma república socialista lutando para sobreviver, com uma força policial secreta e metade da população passando fome".[35]

* * *

Acima de tudo, Orwell queria algo mais do que frequentar as reuniões da Guarda Nacional duas vezes por semana, mas o que poderia fazer? A sua saúde era precária demais para servir como combatente, ou mesmo como correspondente de guerra, e a sua requisição para trabalhar com o diretor de relações públicas do Ministério da Aeronáutica fora rejeitada. A situação teria de piorar muito para que o governo britânico o empregasse em qualquer função, sobretudo em razão das suas posições políticas. Em 1937, a Secretaria da Índia examinara as suas obras e identificara nelas "o perfil não só de um esquerdista obstinado, mas provavelmente de um extremista".[36]

Em 1941, porém, a BBC necessitava do talento de Orwell mais do que temia as suas ideias. "O governo britânico iniciou a guerra atual", escreveria ele mais tarde, "com a intenção mais ou menos explícita de manter fora dela a intelligentsia literária; no entanto, após três anos de guerra, quase todos os escritores, por mais impalatáveis que fossem as suas trajetórias ou opiniões políticas, haviam sido absorvidos nos vários ministérios ou na BBC."[37] O risco político de contratar Orwell era ínfimo, pois toda transmissão passava por uma dupla censura, segundo critérios tanto de segurança como de programação. Z. A. Bokhari, o responsável pela Seção Indiana, já o testara ao lhe encomendar quatro palestras sobre crítica literária. Em "Literatura e totalitarismo", transmitida no mês de maio, Orwell argumentava que a literatura depende da verdade emocional e, portanto, não tem como sobreviver sob um sistema que recorre à mutilação da verdade.

> A peculiaridade do Estado totalitário é que, ainda que controle o pensamento, não o imobiliza. Ele estabelece dogmas inquestionáveis, e os modifica de um dia para outro. Ele precisa dos dogmas,

> pois precisa da obediência absoluta dos indivíduos, mas não pode evitar as mudanças, que são ditadas pelas necessidades da política do poder. Ele se declara infalível e, ao mesmo tempo, ataca o próprio conceito de verdade objetiva.[38]

Em 18 de agosto, Orwell se incorporou à Seção Indiana como assistente de programação, com um generoso salário inicial de 640 libras por ano, bem mais do que ganhava como jornalista autônomo. Durante duas semanas, frequentou um curso introdutório, no Bedford College em Regent's Park, ao lado de outros novos recrutas, entre os quais William Empson, que batizou o treinamento de "escola dos mentirosos".[39] Nesse período, Orwell interrompeu provisoriamente o diário de guerra, jurando que não o retomaria até que ocorresse algo importante: "Não se vislumbra a vitória por enquanto. Estamos presos a uma guerra prolongada, soturna e exaustiva, com todos empobrecendo sem parar".[40] No dia 23 de setembro, chegou a Portland Place, a sede da BBC no centro de Londres, a fim de trabalhar para Bokhari, sob o controle geral do diretor de programação, Guy Burgess. Para um indivíduo autônomo como Orwell, trabalhar para uma enorme burocracia em tempo de guerra foi um inestimável aprendizado sobre a maquinaria do Estado.

Nos últimos anos, a BBC explorou a sua conexão com Orwell de maneiras que talvez tivessem divertido o escritor. Para comemorar o centenário de Orwell em 2003, encomendou à artista Rachel Whiteread que construísse uma réplica em gesso do Quarto 101 em sua sede, 55 Portland Place, revelando apenas o quão inexpressivo e irrelevante ele era para o romance. Em 2017, a BBC instalou uma estátua de bronze de Orwell diante de sua sede na Broadcasting House, ao lado de uma frase entalhada e extraída do prefácio inédito de *A revolução dos bichos* — "Se a liberdade significa algo, é o direito de dizer às pessoas o que não querem ouvir"[41] —, o que é uma boa descrição do que *não era* o trabalho de Orwell na Seção Indiana.

Empson descreveu os capítulos iniciais de *1984* como sendo praticamente uma "farsa" a respeito da BBC. Esse é um exagero grave, ainda que Orwell tenha aproveitado imagens, palavras, sons e cheiros de sua época ali para conferir uma pungente autenticidade ao local de trabalho de Winston. Em junho de 1942, a Seção Indiana foi transferida de Portland Place para uma loja de departamentos requisitada para uso do governo no número 200 da Oxford Street, onde os funcionários trabalhavam em cubículos semelhantes aos do Departamento de Documentação do Ministério da Verdade. A cantina dos funcionários no subsolo, com o odor característico de repolho cozido, reaparece no romance, assim como os faxineiros que cantarolam toda manhã enquanto varrem os corredores. O edifício do Ministério da Verdade — "uma enorme estrutura piramidal de concreto branco reluzente"[42] — era um exagero wellsiano do quartel-general do Ministério da Informação na Senate House, da Universidade de Londres, onde Eileen trabalhava. Embora com um quinto do tamanho do ministério fictício, essa torre art déco com 64 metros de altura era na época o segundo prédio mais alto de Londres — os Orwell podiam avistá-lo das janelas do apartamento em Langford Court. Outras conexões são mais tênues. O Quarto 101 era apenas um dos aposentos onde se realizavam as reuniões do Serviço Oriental, e nada tinha de especialmente desagradável. Brendan Bracken, o temido ministro da Informação de Churchill, era um entusiástico adepto do Inglês Básico proposto por C. K. Ogden, um vocabulário muito simplificado, com apenas 850 palavras, que H. G. Wells transformou na linguagem universal do século XXI em seu livro *The Shape of Things to Come*. Com frequência, o Inglês Básico tem sido considerado o modelo do léxico ainda mais restrito da Novafala ("a fim de *reduzir* o âmbito do pensamento"),[43] mas a ideia de um inglês mais puro e claro não parecia a Orwell necessariamente maligna. Em 1944, ele defendeu o Inglês Básico de uma miríade de críticos porque, nas palavras de Ogden, "não há como fazer uma declaração desprovida de sentido sem que fique evidente a sua falta de sentido".[44] Ainda em 1947, Orwell afirmou que "existem áreas onde uma *lingua franca* de algum tipo é indispensável, e as perversões hoje adotadas nos fazem ver o quanto se pode dizer em favor do Inglês Básico".[45]

Portanto, o Ministério da Verdade não era, de maneira nenhuma, a BBC disfarçada. Esta era simplesmente o único ambiente corporativo que Orwell chegou a conhecer por dentro. E ali aprendeu que a Grã-Bretanha ainda estava muito distante do totalitarismo. "Quanto maior é a máquina de governo, mais ela contém pontas soltas e cantos esquecidos", escreveu pouco antes de deixar a BBC.[46] O seu próprio emprego era prova disso. Se tivesse vivido para saber a verdade sobre o seu chefe, Orwell teria ficado ainda mais atônito com a permeabilidade do Estado britânico. Em 1951, Guy Burgess desertou e reapareceu em Moscou, tendo sido um espião soviético desde a década de 1930.

Antes de saber que iria trabalhar na BBC, Orwell escreveu, na "Carta de Londres" de abril de 1941, que "creio que a BBC, apesar da estupidez de sua propaganda para o exterior e das insuportáveis vozes dos locutores, é bastante fiel à realidade".[47] Logo ele se viu associado a essas duas deficiências. Seja como for que se defina uma boa voz para o rádio, é seguro afirmar que não era esse o caso de Orwell. Não restou nenhuma gravação, mas, segundo todos os relatos, a voz dele era fina, monocórdica e, graças à bala espanhola, baixa demais para ser ouvida em meio ao alarido de um restaurante cheio. Stephen Spender comparou uma conversa com Orwell a "uma caminhada através do fog londrino".[48] Muito do que escreveu para a BBC foi ao ar pela voz de locutores profissionais. Depois de ouvir um dos programas lidos pelo próprio Orwell, J. B. Clark, o superintendente dos Serviços para o Exterior, queixou-se num memorando que a voz dele poderia até afastar os ouvintes e constranger a BBC, "por ignorar de forma tão patente os requisitos essenciais do microfone e da audiência a ponto de fazer uma elocução completamente inadequada".[49] Tampouco Orwell tinha muito apreço pelo rádio. Ele o considerava, tal como existia na década de 1940, "inerentemente totalitário".[50]

A despeito disso, Orwell tinha de fato um *cérebro* fantástico para o rádio. Solicitado por Bokhari a "dar tratos à bola",[51] produziu uma torrente de ideias que explorava previamente com colegas em meio a copos de cerveja nos pubs próximos a Portland Place, ou com veteranos da Guerra Civil espanhola, bebendo vinho da Rioja e comendo paella no restaurante Barcelona em Soho, sempre aureolado por uma nuvem pestilenta de fumo negro Nosegay, antes de colocar essas ideias no papel com "uma pressa aflitiva".

Com enorme vigor, eficiência e bom humor, Orwell criou, para a Seção Indiana, uma "universidade do ar" sem precedentes.[52] Consciente de que a audiência de indianos escolarizados iria rejeitar toda propaganda britânica arrogante, e de que era preciso uma celebração mais implícita da democracia, Orwell se aventurou em formatos que o fizeram reconsiderar a hostilidade em relação às transmissões radiofônicas. "Poucos são capazes de imaginar o rádio sendo usado para a difusão de outra coisa que não bobagens", escreveu em "A poesia e o microfone". Porém, "não podemos confundir a capacidade de um instrumento com o uso que dele se faz na realidade".[53]

Orwell convidou T.S. Eliot, Dylan Thomas e E. M. Forster para que fizessem leituras; iniciou um conto experimental com cinco escritores, entre os quais Forster e Inez Holden; adaptou histórias de Wells, Ignazio Silone, Anatole France e Hans Christian Andersen; escreveu ensaios sobre Shakespeare, Wilde, Shaw e Jack London; e apresentou um programa de poesia, *Voice*, para o qual foram convidados, entre outros, Stephen Spender, Stevie Smith e Herbert Read. Alguns dos formatos que introduziu iriam se tornar esteios do rádio, mas ele era franco quanto à sua utilidade restrita. A introdução que fez no episódio inaugural de *Voice* era mais uma desculpa do que um convite: "Suponho que em todos os segundos que estivermos sentados aqui pelo menos um ser humano vai morrer de forma violenta".[54] Mesmo assim, que o programa continue. Desfrutem de Wordsworth.

Duas de suas ideias para o rádio anteciparam a futurologia de *1984*: uma série intitulada "Vislumbres do futuro", e outra, "2000 d.C.", na qual cientistas faziam prognósticos sobre a Índia no alvorecer do século seguinte. Uma terceira série celebrava o tipo de texto que Orwell logo passaria a escrever: "Livros que mudaram o mundo".

No dia 14 de março de 1942, Orwell retomou o seu diário de guerra, após um intervalo de sete meses, voltando a justapor pensamentos sobre o progresso do conflito a reclamações mundanas sobre o preço do tabaco e a escassez de lâminas de barbear — algo que também incomodava muito Winston Smith. No dia seguinte, ouviu a primeira sirene de alerta de contra-ataques aéreos desde o fim da Blitz. Embora fizesse de conta que não se importava, ficou aterrorizado. Os prazeres eram pequenos e preciosos: "As íris floresceram. A gente parece vislumbrá-las vagamente através da névoa das notícias da guerra".[55]

Outro tema recorrente era a frustração com a BBC: "A atmosfera tem um tanto de internato de meninas e outro de asilo de lunáticos, e tudo o que estamos fazendo agora é inútil, ou ainda pior que inútil".[56] *Isso* não é exibido numa placa ao lado de sua estátua. Em seguida, em junho: "O que mais choca na BBC [...] não é tanto a esqualidez moral e a futilidade absoluta de tudo o que fazemos, mas o sentimento de frustração, a impossibilidade de conseguir realizar *qualquer coisa*, mesmo uma bem-sucedida canalhice".[57] Mesmo assim, se tivesse concluído que não passava de um escrevinhador hipócrita que não fazia nada, ele teria pedido demissão bem antes. Embora confiasse as dúvidas ao diário privado, se alguém de fora dissesse algo parecido, ele defenderia vigorosamente a sua posição. Segundo Lettice Cooper, que fora editor de Orwell na *Time and Tide* e era um dos amigos mais próximos de Eileen, "ele jamais teve plena certeza de que, ao trabalhar na BBC, não estava pondo em risco a sua integridade. Acho que, para ele, era uma questão de defender o ruim contra o pior".[58]

Um crítico era o anarquista George Woodcock que, antes de virar amigo de Orwell, desferiu-lhe um golpe baixo durante um debate, promovido pela *Partisan Review*, sobre o pacifismo: "E agora o camarada Orwell retoma os seus antigos vínculos imperialistas e trabalha na BBC, conduzindo a propaganda britânica para enganar as massas indianas!".[59] Irritado, Orwell replicou que não alimentava ilusões, mas acreditava ter "mantido a nossa propaganda um pouco menos repugnante do que poderia ter sido".[60] Somente depois de ficar exposto diariamente às outras variedades, continuou, é possível "perceber o quanto de muco & sujeira em geral está circulando pelo ar". Para o colega Desmond Hawkins, o que determinou o papel da propaganda em *1984* não foi a BBC, mas as emissões radiofônicas nazistas que os seus funcionários eram obrigados a acompanhar: "Ficávamos ouvindo o 'Chamado da Alemanha', e todo tipo de distorção da verdade e 'duplipensamento'. Estávamos vendo como os novos meios de comunicação podiam ser usados, e cabe lembrar que tanto Orwell quanto eu havíamos nascido num mundo em que não existia o rádio".[61] David Astor, o aristocrático editor do *Observer* que foi apresentado a Orwell por Cyril Connolly, lembrava-se dele brincando com a ideia de reeditar fragmentos dos discursos de Churchill de modo a que soassem como se estivesse propondo a paz, apenas para mostrar quão fácil era manipular as gravações. "Acho que ele estava convencido de que era possível usar as máquinas de propaganda para inventar tudo e fazer com que as pessoas pronunciassem discursos que nunca haviam feito", prosseguiu Astor.[62]

Orwell ficou bem mais exasperado quando Alex Comfort, o médico e pacifista que alcançaria a fama na década de 1950 como autor de *Os prazeres do sexo*, publicou, sob pseudônimo, um longo poema no *Tribune* atacando os escritores que participavam do esforço de guerra. Orwell revidou com outro poema, no qual deixava transparecer a ambivalência quanto ao papel que desempenhava na BBC:

Não fazem falta dois olhos de espias
Para divisar Portland Place e ver as vadias,
Mas há homens (nem sempre ouvidos, admito)
Com o dobro dos dons e o triplo da sua coragem
Que fazem o necessário trabalho sujo;
Não às cegas, mas por razões que podem ajustar,
Eles gastam os assentos e arrasam os seus talentos.[63]

Essa confiança em público mascarava um tanto de angústia privada sobre o efeito da guerra nos padrões da língua. "Atualmente", anotou no diário, "seja o que for que se diga ou se faça, buscamos de imediato motivos ocultos e supomos que as palavras nada significam além do que aparentam significar [...]. Quando converso com alguém ou leio os textos de quem tem uma posição a defender, sinto que a honestidade intelectual e o juízo equilibrado simplesmente desapareceram da face da Terra [...]. Todo o poder está nas mãos de paranoicos."[64]

Esse foi um verão maçante e úmido. A mãe de Orwell, Ida, e sua irmã Avril se mudaram para Londres, arrumando empregos na loja Selfridge's e numa metalúrgica, respectivamente, até a morte de Ida em março do ano seguinte. Eileen foi transferida para o Ministério da Alimentação, compilando receitas para o melhor aproveitamento da comida para o Serviço Nacional da BBC. O casal deixou Langford Court e foi para um apartamento grande e cheio de correntes de ar em Mortimer Crescent, na vizinhança de Maida Vale. "Se George e eu não fumássemos tanto", comentou Eileen com uma amiga, "teríamos como pagar um apartamento melhor."[65]

As críticas literárias que Orwell fazia para o Serviço Indiano escassearam, devido a restrições de tempo e a certa monomania, enfocada em livros que ele já conhecia de cabo a rabo e que tinham alguma conexão com o totalitarismo. *Macbeth*, por exemplo, agora era "a figura típica do tirano aterrorizado, odiado e temido por todos, rodeado de espiões, assassinos e bajuladores, e vivendo sob o medo constante de traição e da rebelião [...], uma espécie de versão medieval primitiva do moderno ditador fascista".[66]

Outro tema eram as *Viagens de Gulliver*, um de seus livros favoritos da infância que constituía "provavelmente um dos ataques mais devastadores já escritos contra a sociedade humana".[67] Orwell considerava a série de utopias satíricas escritas por Jonathan Swift em 1726 extremamente relevante para a era moderna. Num ensaio posterior, descreveu a Parte III do livro como "uma previsão extraordinariamente lúcida do Estado Policial assombrado por espiões, com intermináveis caças a hereges e julgamentos por traição".[68] A máquina de escrita na Academia de Lagado remete diretamente para o trabalho de Julia como operadora das máquinas no Departamento de Ficção do Ministério da Verdade.

O texto mais excêntrico de Orwell para a BBC foi uma conversa imaginária com o fantasma de Swift, no qual Orwell desempenhava o papel de um otimista cauteloso diante da feroz misantropia de Swift. Este, na versão orwelliana, não mostrava surpresa diante de Hitler e Stálin, ou da Blitz, pois o progresso é um embuste e a ciência apenas produz máquinas mortíferas mais eficientes. Talvez Orwell estivesse usando Swift para personificar os próprios impulsos mais soturnos, de modo que pudesse montar um processo contra eles. Por mais pessimista que tenha ficado, ele não achava que os seres humanos eram criaturas imundas, imprestáveis e por si mesmas condenadas ao fracasso. "Ele não conseguia ver o que a pessoa mais simplória vê", concluía Orwell assim que caía a ligação telefônica sobrenatural com Swift, "que a vida vale a pena, e que os seres humanos, mesmo quando sujos e ridículos, quase sempre são decentes. Mas afinal, se pudesse ver isso, suponho que não teria escrito *As aventuras de Gulliver*."[69] Como disse Arthur Koestler, "Orwell jamais perdeu por completo a fé nos abrutalhados yahoos com dentes estragados".[70]

Somente ao tentar imaginar uma sociedade ideal na Parte IV de *Gulliver* a imaginação lhe faltou, segundo Orwell, ao conceber os impecavelmente nobres e, por isso, "notavelmente enfadonhos" Houyhnhnms.[71] Como vimos, Orwell considerava as utopias positivas insuportavelmente tediosas. Em 1942, ao resenhar *An Unknown Land* [Uma terra desconhecida], de Herbert Samuel, não conseguiu resistir a dar outra estocada em Wells: "Uma certa fatuidade e uma tendência ao autoelogio são defeitos comuns entre os habitantes das utopias, como fica evidente ao estudarmos a obra de H. G. Wells".[72]

Orwell também preparou um programa sobre Jack London — uma das meia dúzia de vezes em que tratou do autor americano. Depois das obras de Swift e Wells, nenhum outro livro atraiu tanto a atenção de Orwell quanto o romance *O tacão de ferro* de London, "uma notável profecia da ascensão do fascismo" que encontrou um novo público europeu na década de 1930.[73] Exibindo a costumeira tendência de menosprezar os livros que mais o fascinavam, Orwell o chamou de "um livro muito fraco" sob muitos aspectos, mas do qual não conseguia se esquecer.[74]

Jack London, escreveu Orwell, era "um socialista com instintos de bucaneiro e a formação de um materialista do século XIX".[75] Ainda que tivesse ingressado no Partido Trabalhista Socialista dos Estados Unidos em 1896, London era um racista e imperialista fervoroso, guiado mais pela "sobrevivência do mais apto" de Herbert Spencer do que por Marx. Certa vez, ele provocou uma comoção numa reunião do partido ao gritar: "Sou antes de tudo um homem branco, e só depois um socialista!".[76] Antes de sua conversão política, o autor de *O chamado da natureza* e *Caninos brancos* via a si mesmo como "uma das bestas-feras loiras de Nietzsche, vagando voluptuosamente e prevalecendo por mera superioridade e força".[77] London redirecionou esse instinto, mas jamais o perdeu. No outono de 1905, organizou um circuito de palestras sobre a inevitabilidade do socialismo, e numa delas o público, formado por nova-iorquinos ricos, reagiu irado a frases como: "Os senhores administraram mal o mundo e por isso não têm mais direito a ele!".[78] A fúria da audiência, o fracasso da revolução bolchevique na Rússia e uma leitura de *O dorminhoco* levaram London a conceber um pesadelo sobre a brutal supressão do socialismo nos Estados Unidos.

Entre os admiradores posteriores de *O tacão de ferro* estavam Eugene Debs, o líder do Partido Socialista dos Estados Unidos; Aneurin Bevan, o político trabalhista britânico; e também Trótski — mas, tal como Orwell, nenhum deles considerou o romance literatura de primeira. A leitura do livro evoca, alterando uma citação de Philip Larkin, primeiro o tédio e, depois, o medo. A parte enfadonha descreve Ernest Everhard, um viril super-homem socialista que é claramente baseado no autor, até mesmo com citações diretas de suas palestras. Narrado pela amante de Everhard, Avis, as esfuziantes descrições de seu "corpo de gladiador e espírito de águia" nada mais são do que um esforço de autoadoração por parte de London.[79] Para Earl Labor, o biógrafo do autor, o livro era como "se *1984* tivesse sido composto por Elizabeth Barrett Browning".[80]

Contudo, se a primeira metade de *O tacão de ferro* não passa de uma preleção, a segunda parte é um banho de sangue. Quando Everhard e a sua facção socialista vencem as eleições para o Congresso, a Oligarquia capitalista reage desarticulando ou cooptando os sindicatos, subjugando os meios de comunicação e a oposição política, esmagando a classe média, arregimentando milícias e recorrendo a *agents provocateurs* para simular levantes e atentados terroristas e, com isso, justificar a abolição da democracia. Como escreveu Trótski em 1937, "ao ler o livro, mal conseguimos crer em nossos olhos: é o retrato exato do fascismo, de sua economia, de sua técnica de governo, de sua psicologia política!".[81] Ele admirava a determinação de London de "sacudir aqueles embalados pela rotina, forçando-os a abrir os olhos e ver o que está se passando e o que vem a seguir". O romance termina de modo abrupto com a execução nos bastidores de Everhard e o triunfo da Oligarquia, agora chamada de Tacão de Ferro. Para Orwell, o relato feito por London da desumanidade da Oligarquia e de sua crença quase religiosa na própria virtude era "um dos melhores relatos já escritos sobre o perfil que deve ter uma classe dominante para sobreviver". Para resumir: "Poder. Não Deus, não o Dinheiro, mas Poder".[82]

Para Orwell, era impossível afirmar aonde teria levado a trajetória política de London caso não tivesse morrido em 1916, com quarenta anos. Poderia muito bem ter se tornado um comunista, um trotskista, um anarquista ou um nazista. "Intelectualmente ele sabia [...] que o socialismo devia significar que os mansos iam herdar a terra, mas não era isso o que demandava o seu temperamento."[83] Pelo menos, prosseguia Orwell, ele jamais teria cometido o erro de não levar Hitler a sério. Devido ao "traço de brutalidade"[84] e "compreensão do primitivo",[85] London era "um profeta melhor do que muitos pensadores mais bem informados e mais lógicos",[86] como Wells. Tal perspicácia a respeito da violência e do poder somente era possível para alguém que preservava uma conexão com a besta-fera loira. "Daria para dizer", escreveu Orwell, "que ele conseguia entender o fascismo porque ele mesmo tinha algo de fascista."[87] Talvez Orwell nem sequer pudesse imaginar o Ministério do Amor a menos que, também ele, contivesse um traço de brutalidade.

O tacão de ferro pode ter inspirado, em *1984*, a hierarquia de oligarcas e proletários, assim como a imagem definidora de uma bota pisando para sempre num rosto humano. A primeira vez que Orwell usou "a visão de uma bota pisoteando um rosto" foi em *O leão e o unicórnio* e, depois, a bota como sinédoque da violência do Estado aparece quase vinte vezes em *1984*.[88] O maior presente de Jack London para Orwell, contudo, talvez tenha sido estrutural. Tanto as *Viagens de Gulliver* como *Daqui a cem anos* trazem prefácios de editores fictícios, a fim de que sejam lidos como livros de memórias e não como romances, mas London foi ainda mais longe. Ele enquadrou o relato de Avis como "O Manuscrito Everhard", um documento apresentado e anotado por Anthony Meredith, um historiador que vive numa utopia socialista no século XXVII, e considera o texto "um alerta a todos esses precipitados teóricos políticos de hoje que falam com convicção dos progressos sociais".[89] As notas de rodapé do romance são, em grande parte, um recurso para introduzir o contexto político na narrativa, mas também explicam que o Tacão de Ferro foi afinal derrubado depois de três séculos e substituído pela Fraternidade Humana. O conhecimento disso confere à conclusão soturna do livro uma réstia de esperança. O fim não é, na verdade, o fim.

E isso nos leva ao que vou chamar de Teoria do Apêndice.

A derradeira palavra de *1984* não é "FIM". A palavra que de fato encerra o romance é "2050", na conclusão do apêndice "Os princípios da Novafala". Esse apêndice tem duas características notáveis: ele é escrito em inglês do século XX, conhecido como Velhafala, e com os verbos *no tempo passado*. Isso, portanto, levanta algumas questões prementes: quem o escreveu, quando e para quem?

Há duas explicações possíveis. A primeira é que se trata de um erro óbvio de um autor que, de outro modo, parece ter o domínio completo do material e poderia muito bem ter acrescentado uma análise da Novafala no livro de Goldstein. Segundo outra explicação, a da Teoria do Apêndice, a história de Winston Smith é um texto no interior do mundo do romance, de um autor anônimo — daí a nota de rodapé solitária, no capítulo inicial, que remete os leitores ao apêndice.

Logicamente, isso significa que todos os fatos foram rememorados com exatidão, que a língua inglesa não foi eliminada em 2050 e, portanto, que o Socing não durou "para sempre". Winston devia ter se enganado ao pensar que "o diário seria reduzido a cinzas e ele mesmo nada mais seria do que vapor",[90] pois o autor do apêndice conhece a história toda. Cifrada no relato moderado e ensaístico da Novafala que consta do apêndice está uma espécie de final feliz — uma brecha no desespero monumental. Winston não consegue antever mudanças "em nossas próprias vidas",[91] mas pode imaginar a possibilidade de "deixar atrás alguns registros, de modo que a próxima geração possa retomar do ponto em que paramos".[92] Na introdução à versão para o palco de 2013, a primeira adaptação a incorporar o apêndice, Robert Icke e Duncan Macmillan comentaram que este "ousadamente desvela o mecanismo do romance e remete as suas questões centrais de volta ao leitor. São confiáveis as evidências? Como saber de algum modo o que de fato é verdade? E em que momento e lugar está você, o leitor, bem agora?".[93]

A mais conhecida adepta da Teoria do Apêndice é Margaret Atwood. "Orwell é muito mais otimista do que as pessoas acham", afirmou a escritora em 1986.[94] Numa entrevista posterior, ela acrescentou que muitos romances distópicos "têm um recurso de enquadramento do tipo 'era uma vez no passado em que todas essas coisas horríveis aconteceram', mas agora estamos contemplando tais coisas a partir do futuro". O apêndice de "Notas históricas" que Atwood incluiu em *O conto da aia* é o mesmo tipo de recurso que permite a visão retrospectiva de uma tirania intolerável a partir do porto seguro que é o ano 2195. "O otimismo é relativo", disse Atwood na mesma entrevista. "Vislumbres são bons. 'Felizes para sempre' já não dá para acreditar, mas podemos sobreviver com vislumbres."[95]

Essa é, assim, a Teoria do Apêndice.

Um dos derradeiros textos escritos por Orwell para o Serviço Indiano foi uma versão dramática do conto "A Slip Under the Microscope" ["Uma lâmina sob o microscópio"], publicado por H. G. Wells em 1896, uma sombria historieta sobre preconceito de classe, burocracia implacável e destino cruel, baseada na experiência do escritor na Normal School of Science.

Depois daquele turbulento jantar em Langford Court, William Empson comentou com Inez Holden que achava que Wells estava zangado porque Orwell tinha sido grosseiro; Holden replicou que o motivo era que Wells achava que Orwell havia se equivocado. E Orwell *estava* equivocado, ou pelo menos havia simplificado demais, ao caricaturar o escritor mais velho como uma *éminence grise* complacente e sem a menor ideia do que a democracia estava enfrentando. Na verdade, Wells era um homem idoso, deprimido e, vez por outra, propenso ao suicídio. As suas visões utópicas haviam de fato sido alertas, tanto quanto profecias: a humanidade podia seguir o caminho do progresso (tal como prescrito por Wells) ou retroceder e cair no abismo. "Somos, como povo, uma coleção de cretinos incapazes de aprender, em guerra com um lunático infeccioso & suas vítimas", Wells escreveu a George Bernard Shaw em 1941.[96]

Não surpreende nada, portanto, que Wells explodisse toda vez que lhe parecia que alguém deturpara o sentido da obra de sua vida. Uma reputação é algo frágil e precioso, e precisa ser defendida. Toda a carreira dele representava, em suas próprias palavras, "a insistência mais clara sobre a insegurança do progresso e a possibilidade da degeneração e extinção humanas [...]. Creio que o homem está em desvantagem, mas que ainda vale a pena lutar contra isso".[97] Como, pensou, alguém tão inteligente como Orwell podia ter deixado passar esse ponto crucial? Até o final da década, Orwell iria descobrir por si mesmo como alguém se sente quando a sua concepção fundamental do mundo é mal compreendida.

Leia os meus primeiros livros, seu merda.

Quando "A Slip Under the Microscope" foi ao ar, em outubro de 1943, Orwell já entregara à BBC sua carta de demissão. "Em algum momento de 1944, é possível que eu volte a ser quase humano e consiga escrever algo de valor", escreveu ele a Rayner Heppenstall, um velho amigo agora empregado em outro departamento da BBC. "Por enquanto, não passo de uma laranja pisoteada por uma bota muito suja."[98] Eileen ficou encantada com a decisão dele de se demitir. "Acho que um trabalho de lixeiro na prefeitura é mais digno e conveniente para o seu futuro como escritor", diria mais tarde a Orwell.[99]

Na carta de demissão, Orwell ressaltou que fora bem tratado e que lhe haviam assegurado uma boa margem de liberdade: "Em nenhuma ocasião fui obrigado a dizer no ar algo que não teria dito como um indivíduo privado". Isso era um exagero cortês — pouco antes ele fora repreendido por deixar passar uma crítica a Stálin num programa noticioso —, mas o seu principal motivo para sair era a renitente convicção de que o trabalho era um desperdício tanto do seu tempo como do dinheiro dos contribuintes. Havia apenas 121 mil aparelhos de rádio na Índia, um país povoado por 300 milhões de pessoas, e aqueles que ouviam os programas não tinham o hábito de enviar à emissora comentários por escrito. Quando a BBC encomendou uma pesquisa de audiência, a taxa de satisfação com os programas de Orwell mal chegava a 16%. Apenas após a guerra ele ficaria sabendo que o seu trabalho contava com admiradores na Índia. Ele nunca viu o efusivo relatório interno preparado por Rushbrook Williams, diretor do Serviço Indiano, que elogiava o seu talento, empenho no trabalho e integridade: "Ele é honesto de modo transparente, incapaz de subterfúgios, e no começo teria sido canonizado — ou queimado na fogueira! Ele teria aceitado qualquer um desses destinos com coragem e estoicismo".[100] Em seu último dia na BBC, os colegas organizaram uma festa surpresa para ele, pois desconfiavam que, se soubesse de antemão, nem teria aparecido.[101]

Ao menos Orwell teve a oportunidade de conhecer a máquina da propaganda em ação, através do seu trabalho e do trabalho realizado por Eileen — e isso o deixou obcecado pela produção de mentiras em massa. Assim como desempenhar uma função imperialista o ensinou a odiar o imperialismo, conviver com vagabundos e mineiros lhe conferiu um sentimento visceral da injustiça econômica, e lutar na Espanha reforçou a sua oposição tanto ao fascismo como ao comunismo, também o trabalho como propagandista, ainda que em condições relativamente benignas, proporcionou-lhe a autoridade moral para criticar a propaganda nos termos mais incisivos. No longo ensaio "Looking Back on the Spanish War" ["A Guerra Civil Espanhola em retrospecto"], escrito em 1942, Orwell entendeu melhor o que vira se desenrolar na Espanha: "Pela primeira vez, vi relatos jornalísticos que não tinham nenhuma relação com os fatos, nem mesmo o relacionamento pressuposto por uma mentira ordinária [...]. Na verdade, vi a história sendo escrita não em termos do que ocorreu, e sim do que deveria ter ocorrido de acordo com as várias 'diretrizes partidárias'".[102]

Isso era uma novidade, na sua opinião. No passado, as pessoas eram culpadas de engano deliberado ou viés inconsciente, mas pelo menos elas acreditavam na existência dos fatos e na distinção entre o verdadeiro e o falso. Os regimes totalitários, porém, mentiam em escala tão colossal que levavam Orwell a achar que "o próprio conceito de verdade objetiva está desaparecendo do mundo".[103] O que era apenas uma suspeita em 1937 acabou se firmando como uma convicção que iria servir de fundamento ao Ministério da Verdade e de verdadeira fonte de poder para o Socing: o "controle não apenas do futuro mas *do passado*. Se o Líder diz desse ou daquele evento que 'isso nunca ocorreu' — então isso nunca ocorreu. Se ele diz que dois mais dois são cinco — bem, dois mais dois são cinco. Essa perspectiva me assusta bem mais do que as bombas — e, depois do que vivemos nos últimos anos, não se trata de uma preocupação frívola".[104]

Aí, sem a menor dúvida, estão os fundamentos moral e intelectual de *1984*. A guerra do totalitarismo contra a realidade era mais perigosa do que a polícia secreta, a vigilância permanente ou a bota espezinhando o rosto, pois "nesse mutável mundo fantasmagórico, no qual o preto pode ser branco amanhã, e o clima de ontem pode ser alterado por decreto",[105] não resta nenhum terreno firme a partir do qual organizar uma rebelião — nenhum recanto mental que não tenha sido infectado e deformado pelo Estado. É o poder que elimina a possibilidade de contestar o poder. Por esse motivo não basta que O'Brien obrigue Winston a dizer que dois mais dois são cinco. Ele somente alcança a vitória completa quando fizer Winston *acreditar* que dois mais dois são cinco.

No período em que Orwell estava na BBC, a maré da guerra havia mudado. Quando se apresentou pela primeira vez na "escola dos mentirosos", em agosto de 1941, a Alemanha dominava a Europa e avançava rumo a Moscou; o Japão estava prestes a dominar todo o Sudeste Asiático; e os Estados Unidos ainda se mantinham fora do conflito. Em novembro de 1943, contudo, as forças de Hitler haviam sido expulsas do Norte da África e de grande parte da União Soviética, a Itália se rendera aos Aliados, e o imperador Hirohito descrevia a situação do Japão como "genuinamente grave".[106] Dali a poucos dias, Churchill, Roosevelt e Stálin iriam se encontrar em Teerã para discutir as "esferas de influência" do pós-guerra — uma reunião de cúpula que Orwell descreveu como uma das inspirações iniciais de *1984*. Era apenas questão de tempo para que a Alemanha e o Japão se rendessem. A mente de Orwell já se voltava para o futuro do totalitarismo, agora que o fascismo havia sido extirpado, mas com o stalinismo ainda desfrutando de prestígio.

Em algum momento, ele esboçou o plano de *1984*, então chamado de *The Last Man in Europe* [O último homem na Europa]. (Um resquício do título original sobrevive nas palavras provocadoras de O'Brien: "Se você é um homem, Winston, você é o último homem. A sua raça está extinta; nós somos os herdeiros".)[107]

O caderno de Orwell não está datado, e o conteúdo foi claramente copiado de um ou mais rascunhos anteriores, mas os estudiosos tendem a situar o esboço por volta do final de 1943 ou início de 1944. Alguns elementos cruciais do romance não aparecem nesse esboço, mas o básico está todo lá, incluindo o Socing, a Novafala e o duplipensamento, bem como o efeito que estava buscando: "O sentimento de pesadelo causado pelo desaparecimento da verdade objetiva".[108] De novo essa frase. No mínimo, a passagem pela BBC proporcionara a essas ideias obsessivas o tempo para evoluírem e virarem conceitos refinados.

"Looking Back on the Spanish War" foi publicado em *New Road*, em junho de 1943, sem os trechos cruciais relativos à propaganda e ao abuso da história. A versão completa sairia à luz somente em 1953, o que é lamentável, pois esses trechos não só explicavam as ideias por trás de *1984* como constituíam uma defesa antecipada do livro contra qualquer acusação de ser um melodrama histérico. "Há, talvez, algo de infantil ou mórbido em ficar aterrorizado com visões de um futuro totalitário?", perguntava Orwell. "Antes de descartar o mundo totalitário como um pesadelo impossível de existir, lembre-se de que, em 1925, o mundo atual teria parecido um pesadelo impossível de existir."[109]

6. O herege

Orwell e Zamiátin

Sei que tenho o hábito muito inconveniente de falar o que considero ser a verdade em vez de dizer o que talvez seja mais vantajoso no momento.

Ievguêni Zamiátin, carta a Stálin, 1929[1]

Em janeiro de 1944, Gleb Struve, um professor de literatura de origem russa, alertou Orwell para a existência do romance antiutópico *Nós*, escrito por Ievguêni Zamiátin em 1920-1. "Tenho interesse nesse tipo de obra", respondeu Orwell, "e até fico tomando notas para mim mesmo que, cedo ou tarde, podem virar um livro."[2]

No mesmo verão, Orwell arrumou um exemplar da tradução francesa, *Nous Autres*, de 1929, e acabou escrevendo um artigo sobre a obra no *Tribune*, em janeiro de 1946, sob o título "Freedom and Happiness" ["Liberdade e felicidade"]. Orwell não o achou "um livro de primeira linha, mas certamente é um livro inusitado", e sugeriu que *Admirável mundo novo* "deve, ao menos em parte, ter se inspirado nele".[3] Em seguida, em carta a Fredric Warburg, atualizou essa opinião para "em parte ter sido plagiado dele".[4] Não se tratava de uma afirmação despropositada — mais tarde Kurt Vonnegut diria algo parecido —, mas Huxley sempre negou ter lido o livro, e Zamiátin acreditou nele, dizendo que a semelhança "prova que essas ideias estão no ar turbulento que respiramos".[5]

O carma recaiu sobre Orwell quando vários críticos acusaram *ele* de plagiar *Nós*. O primeiro foi o historiador Isaac Deutscher, que o acusou de tomar emprestados de *Nós* "a ideia de *1984*, o enredo, os protagonistas, os símbolos e todo o clima do romance".[6] Há três problemas nessa afirmação. Primeiro, Deutscher exagera demais as similaridades entre os romances. Segundo, como vimos, Orwell completara o arcabouço do livro meses antes de ler *Nós*. E, terceiro, Orwell fez diversas tentativas para que o romance de Zamiátin fosse publicado em inglês, mais de uma vez incentivando os leitores a "conseguir esse livro"[7] — o que, certamente, não é o tipo de coisa que plagiadores costumam fazer.

A originalidade é uma questão espinhosa em obras de ficção de gênero. Ninguém acusaria o autor de um relato cujo protagonista é um detetive brilhante e excêntrico de ter saqueado Arthur Conan Doyle. A ficção utópica também é um gênero, com um conjunto de tropos e temas recorrentes. Edward Bellamy influenciou William Morris; ambos influenciaram H. G. Wells; este, por sua vez, influenciou Huxley, Orwell e Zamiátin; e cada um desses escritores acrescentou uma nova ideia, técnica ou tom importantes. Como disse Morris, cada utopia é "a expressão do temperamento de seu autor". Mesmo assim, é impossível ler o romance bizarro e visionário de Zamiátin sem lembrar muito de relatos posteriores, incluindo os de Orwell.

Zamiátin considerava *Nós* "a minha obra mais jocosa e mais séria".[8] O romance, que começou a ser escrito em Petrogrado em 1920, quando o autor tinha 36 anos, é situado séculos adiante no futuro, sob o despotismo ultrarracional do Estado Único, uma expressão hiperbólica da convicção do autor de que a vida urbana "rouba a individualidade das pessoas, tornando-as iguais umas às outras e parecidas com máquinas".[9] Zamiátin aprimora e desenvolve ideias de Wells e Dostoiévski, criando um robusto gabarito para numerosos relatos nos quais se opõem individualismo e homogeneidade. Na figura do Benfeitor, Zamiátin nos introduz ao misterioso ditador inominado que se apresenta como protetor. Também nos introduz às "nulidades" uniformizadas, identificadas por números em vez de nomes, e a um Estado que representa "a vitória dos muitos sobre o único".[10] A privacidade é eliminada com as "nulidades", que são alojadas em casas de vidro, sob constante vigilância da polícia secreta ("os Guardiões"), exceto durante a "hora do sexo" compulsória, que, num mundo sem amor, é organizada por meio de um sistema de tíquetes. Ele lhes proporciona comida sintética, clima controlado e música padronizada gerada por máquinas (os musicômetros de Zamiátin antecipam os versificadores de Orwell), e os submete a um ritual diário, a Tábua das Horas, que faz troça da doutrina da eficiência do especialista em administração Frederick Winslow Taylor. Constrói ainda uma cidade de vidro retilínea, baseada na geometria de Petrogrado, e, além da Muralha Verde, uma área selvagem e indomada representando os impulsos atávicos da humanidade. Zamiátin também recorre ao arquétipo de um tímido dente na engrenagem que se vê impelido à rebelião por uma cativante mulher herética.

Apesar de sua importância, *Nós* não veio a ser conhecido mais amplamente porque não é de leitura fácil. A prosa densa e impressionista de Zamiátin se assemelha aos quadros dos contemporâneos Malevich e El Lissitzky — tudo são cores e formas. As aves em bando, por exemplo, são "triângulos agudos, negros, perfurando, tombando";[11] uma risada é como "fogos vermelhos, azuis e dourados festivos";[12] a anatomia se converte em geometria. Zamiátin buscava uma linguagem apropriada a um mundo em aceleração. "Quando nos movemos com rapidez", escreveu em 1923, "o canônico e o costumeiro se esquivam do nosso olhar; daí o vocabulário e o simbolismo inusitado e por vezes chocante. A imagem é nítida, sintética, com um único traço saliente — o mesmo que vislumbramos num carro a toda velocidade."[13] Ele também queria articular a configuração mental do narrador, identificado como D-530. Autores como Bellamy e Wells usaram um protagonista contemporâneo como substituto do leitor, mas Zamiátin, mergulhando diretamente no futuro, precisava de uma nova linguagem para animar o novo mundo. Mais tarde comparou os seus escritos ao cinema: "Eu nunca *expliquei*; sempre *mostrei* e *sugeri*."[14]

D-530 é um matemático que trabalha na *Integral*, uma nave espacial cuja missão é levar o Estado Único a outros mundos, e mantém um diário que vai explicar o sistema aos leitores que, acredita ele, se assemelham aos seus ancestrais bárbaros. O seu relato presunçoso e condescendente da "felicidade matematicamente infalível"[15] é uma paródia do tom adotado por outros guias da utopia, como o dr. Leete de Bellamy: "É divertido para mim — e ao mesmo tempo muito trabalhoso explicar tudo isso". Zamiátin apreciava o conto "The New Utopia" ["A nova utopia"], de Jerome K. Jerome, e são cômicas as explanações sinceramente orgulhosas de D-530, assim como o título de uma famosa tragédia encenada no Estado Único: *He Who Was Late for Work* [Aquele que se atrasou para o trabalho].* No entanto, em vez disso, o que ele acaba registrando é um desatino progressivo, quando a equação perfeita de sua vida é transtornada por um X desconhecido e o impossível V-1. À medida que falham as suas funções mentais, "como uma máquina impelida a rotações excessivas",[16] sua escrita é tomada por lembranças falhas, elisões, paradoxos, dúvidas e

* O humorista inglês era muito popular na Rússia. De acordo com o historiador Brian Moynahan, "toda banca de livros, nas estações ferroviárias de Moscou até Harbin, exibia um exemplar de *Três homens numa canoa*, de Jerome K. Jerome" (Brian Moynahan, *Comrades 1917: Russia in Revolution*. Londres: Little, Brown, 1992, p. 5).

sonhos: a "antiga enfermidade"[17] que contraíra de I-330, uma revolucionária eroticamente liberada. E a história que está contando lhe escapa das mãos.

Na opinião de Orwell, *Nós* "tinha um enredo um tanto fraco e episódico, complicado demais para ser resumido".[18] Em poucas palavras, o livro trata de um grupo de revolucionários, os Melphi, que tentam sequestrar a nave *Integral*, explodir a Muralha Verde e derrubar o Estado Único, tudo isso com a ambivalente participação de D-530. O Benfeitor reage lançando a Grande Operação, um procedimento similar à lobotomia que elimina a imaginação e torna os cidadãos "iguais a máquinas. Com isso fica aberto o caminho para os cem por cento de felicidade".[19] Resolvida a questão da sociedade perfeita, agora são necessários cérebros perfeitos. O livro termina com I-330 sendo torturada até a morte enquanto um sorridente e pacificado D-530 insiste que o Estado Único vai vencer: "Porque a razão deve se impor".[20]

O conflito do próprio Zamiátin com o Estado também não acabou bem. Para esse homem extraordinário, cujos princípios sempre se sobrepuseram ao instinto de autopreservação, *Nós* foi sobretudo o romance que lhe destruiu a vida. Por esse motivo é que Orwell o descreveu como "uma das curiosidades literárias desta época de queima de livros".[21]

"Talvez as histórias mais interessantes e mais sérias", afirmou certa vez Zamiátin, "não foram as que escrevi, mas as que me aconteceram."[22]

Ievguêni Zamiátin fez de tudo para tornar a vida difícil para si mesmo. Nascido na pequena cidade provinciana de Lebedyan, em 1º de fevereiro de 1884, teve uma infância solitária, sempre com um livro na mão. "Gogol era um amigo", escreveu, como se não precisasse de outros.[23] Ao se formar na escola em Voronezh, em 1902, recebeu uma medalha de ouro por suas conquistas acadêmicas — e também uma advertência. O inspetor escolar lhe mostrou um panfleto escrito por um aluno de Voronezh que fora detido por atividades revolucionárias três anos antes: "Ele também recebeu uma medalha de ouro ao se formar, e o que foi escrever? Claro que acabou na prisão. Tenho um conselho para você: não escreva nada. Não siga por esse caminho". Ao contar essa anedota, Zamiátin comentou secamente: "Esse conselho não me serviu para nada".[24]

Pelo menos assim é que contou a história, num dos três esboços autobiográficos que escreveu para publicações russas na década de 1920. Pouco importa se a conversa ocorreu ou não dessa maneira. Essa é a história que queria contar: a de um homem que nadava contra a corrente, por maiores que fossem as consequências. Struve o chamou de "um eterno rebelde contra a ordem estabelecida".[25]

Em seguida, Zamiátin estudou engenharia naval no Instituto Politécnico de São Petersburgo, conhecendo uma cidade agitada por reuniões e demonstrações radicais. "Naqueles anos, ser um bolchevique significava seguir a linha de maior resistência", escreveu ele, "e nessa altura eu era bolchevique."[26] No decorrer da década seguinte, foi por três vezes detido pela polícia tsarista. Durante um exílio compulsório da cidade, começou a se dedicar à ficção. "Se ocupo algum lugar na literatura russa, devo isso inteiramente ao Departamento da Polícia Secreta de São Petersburgo", gracejou mais tarde.[27]

Durante a Primeira Guerra Mundial, Zamiátin era tanto um dissidente conhecido como um cidadão valioso com habilidades que o país não podia se dar ao luxo de dispensar. Em março de 1916, foi enviado à Grã-Bretanha para projetar e construir navios quebra-gelo para a Marinha russa. Ele se adaptou muito bem. Um homem aprumado, bonito e elegante, que apreciava vestir ternos de tweed e fumar cachimbo, ele tinha a reticência emocional de um inglês, na opinião dos amigos. Lá escreveu *The Islanders* [Os ilhéus], uma sátira afiada da conformidade de classe média. E voltou a Petrogrado poucas semanas antes da Revolução de Outubro.* Para Zamiátin, que deixara de ser bolchevique, aquilo lhe pareceu como se uma bomba tivesse caído em fevereiro e girado em círculos por oito meses até por fim explodir. "Quando a fumaça dessa tremenda explosão afinal se dissipou", escreveu, "tudo apareceu de cabeça para baixo — a história, a literatura, os homens, as reputações."[28]

Zamiátin adotava uma concepção dialética da história. "Ontem, a tese; hoje, a antítese; e amanhã, a síntese", escreveu no ensaio "Tomorrow" ["Amanhã"], em 1919.[29] Para ele, a síntese política da Rússia, capaz de assegurar a justiça social e a liberdade individual, ainda estava por vir. A isso acrescentava a ideia, do físico alemão Julius Robert von Mayer, de um embate cósmico entre a Revolução, a força vital, e a Entropia, que tende à imobilidade e à morte. O dogmatismo, para Zamiátin, era a entropia política. "A insatisfação eterna é a única garantia do eterno movimento para a frente, da eterna criação", declarou. "O mundo se mantém vivo só graças aos hereges: o Cristo herético, o Copérnico herético, o Tolstói herético."[30]

Zamiátin se juntou a um grupo de escritores, liderados pelo crítico Razumnik Ivanov-Razumnik, que se autodenominava os Citas, em alusão a um povo nômade que vagara pelas estepes russas dois milênios antes. Mas não demorou para que seguissem por caminhos distintos, pois, para Zamiátin, considerar a Revolução de Outubro a resposta final, e transformar o bolchevismo numa nova religião, era algo fundamentalmente alheio aos Citas. Um

* São Petersburgo se tornou Petrogrado em 1914, e Leningrado em 1924, recuperando o nome original em 1991.

Cita genuíno, insistia ele, era um perpétuo rebelde que "trabalha *apenas* em prol do futuro remoto, nunca do futuro próximo, e jamais do presente".[31] As suas palavras eram ao mesmo tempo inebriantes e exaustivas. Em meio a uma longa e sangrenta guerra civil para garantir o êxito da revolução, quase ninguém queria viver e morrer em prol de um futuro remoto. Zamiátin praticamente assegurou que a polícia secreta do novo regime bolchevique, a Tcheka, desconfiasse dele tanto quanto os seus predecessores tsaristas. As revistas que se arriscavam a publicar os seus artigos polêmicos e contos satíricos foram fechadas. Em fevereiro de 1919, Zamiátin foi detido, mas conseguiu convencer a polícia a libertá-lo e encontrou um patrono solidário no escritor Maksim Górki.

Como os dois haviam se conhecido quando Zamiátin retornara a Petrogrado durante o caótico mês de setembro de 1917, ele sempre associou Górki ao som dos tiroteios. Com bigode amarelado pelo tabaco e tosse rascante, Górki, então com 49 anos, era o titã da literatura russa, famoso pelo realismo social de sua obra marcante de 1902, a peça *O submundo*, e também por ter apoiado desde o início os bolcheviques, o que lhe valera uma temporada na prisão e no exílio. Górki se desentendeu com o velho amigo Lênin em 1917, mas reatou o contato no ano seguinte, e usava a sua influência para apoiar escritores em situação bem mais precária.

Durante a guerra civil, quando a população mal conseguia comprar pão e combustível, para não falar de livros, apenas os escritores empenhados nos esforços de propaganda conseguiam sobreviver. A solução de Górki foi se tornar, nas palavras de Zamiátin, "uma espécie de ministro da cultura oficioso, organizando projetos públicos para a intelligentsia desencaminhada e esfaimada".[32] Como intermediário entre os artistas e os burocratas, Górki fundou várias organizações, dentre as quais a Casa das Artes, um palácio convertido em residência para escritores, e a Literatura

Mundial, uma editora que publicava obras clássicas traduzidas com novas introduções por autores russos. Ele estava assoberbado por pedidos de ajuda da parte de parentes daqueles detidos pela Tcheka e com frequência ia pessoalmente ao Kremlin pedir a Lênin que os libertasse.

Em 1920, Zamiátin foi um dos fundadores da União Pan-Russa de Escritores (VSP), dirigindo a sua sede em Petrogrado. "O escritor que não demonstra agilidade tem de se arrastar para um escritório com uma pasta caso queira continuar vivo", escreveu.[33] Os ágeis eram os autores ideologicamente flexíveis que seguiam as diretrizes do Partido. "Você tem na verdade de ser um acrobata", comentou Aleksei Tolstói, um aristocrata que se reinventou facilmente como um ágil adulador.[34] Para Zamiátin, isso era um suicídio artístico: "A verdadeira literatura só existe quando é criada, não por funcionários diligentes e confiáveis, mas por loucos, ermitões, hereges, sonhadores, rebeldes e céticos".[35] Ele era um homem popular — "de trato ameno, espirituoso, esforçado, bonachão",[36] comentou um colega — e uma inspiração para o grupo de jovens escritores experimentais conhecido como os "Irmãos de Serapião". Também era um *popúttchik*, ou "companheiro de viagem", uma expressão cunhada por Trótski para designar um intelectual que, embora apoiasse os objetivos da revolução, não era membro do Partido Comunista. Os companheiros de viagem não eram apreciados, mas apenas tolerados — por enquanto.

Como membro do conselho editorial da Literatura Mundial, Zamiátin editou e escreveu introduções para diversos volumes de H. G. Wells, cujos "contos de fadas mecânicos e químicos"[37] para uma época de aeroplanos e asfalto ele adorava. Quando Wells visitou Petrogrado em 1920, Zamiátin fez um discurso no banquete em homenagem ao autor inglês. No ensaio "H. G. Wells", que publicou em 1922, Zamiátin entendeu, ao contrário de Orwell, que os majestosos esquemas de Wells eram apenas uma ponte precária e suspensa sobre um abismo de caos e violência. "Quase todas as suas fantasias sociais trazem o sinal de menos, não o sinal de mais", escreveu Zamiátin. "Os romances sociofantásticos são quase só instrumentos para expor as deficiências da ordem social existente, mais do que o quadro de um paraíso futuro." Por isso, Wells usava "as cores sombrias de Goya", e não (com exceção de *Men Like Gods*) "os tons rosados e edulcorados de uma utopia".[38]

O ensaio também revela um conhecimento enciclopédico de utopias e de ficção científica, desde Bacon e Swift até obras mais recentes, influenciadas por Wells, como as do tcheco Karel Čapek (cuja peça teatral distópica *R.U.R.*, admirada por Orwell, nos deu o termo "robô"), do polonês Jerzy Żuławski e do russo Aleksei Tolstói. Zamiátin fez apenas a mais breve alusão a um livro que os leitores não conheciam porque ainda não fora (e nunca seria) aprovado pelos censores soviéticos: "*Nós*, pelo autor deste ensaio".[39]

Não há como saber se Orwell aproveitou ideias diretamente de Zamiátin ou simplesmente estava pensando em linhas similares. A descrição de D-530 como "uma pobre criatura convencional, uma espécie de Billy Brown de London Town [personagem de quadrinhos] utópico" podia se aplicar a Winston Smith, mas também a Flory, Comstock e Bowling.[40] E se a Polícia das Ideias se assemelha aos Guardiões, não se deve ao fato de que ambos são versões extremas da polícia secreta russa? Numa época em que Stálin era apelidado de "Uncle Joe" ["Tio Zé"], havia necessidade do Benfeitor para criar o Grande Irmão? No entanto, a "estranha e irritante" I-330,[41] que fuma, bebe, aprecia o sexo e promove encontros clandestinos, de fato parece uma antecessora de Julia. E S-4711, o misterioso corcunda que parece ler a mente de D-530, desempenha papel similar ao de O'Brien. A submissão final de D-530 tem o mesmo impacto do amor de Winston pelo Grande Irmão. Cabe lembrar aqui que Orwell esboçou o seu roteiro antes de ler *Nós*, mas Julia, O'Brien, o Grande Irmão e a Polícia das Ideias surgiram todos depois de sua leitura.

No entanto, mesmo que Orwell tenha se inspirado em Zamiátin para compor partes de sua estrutura ficcional, o impulso filosófico era de outra ordem. Quando o Benfeitor diz que as pessoas sempre "quiseram que alguém, qualquer um, lhes dissesse de uma vez por todas o que é a felicidade — e então se prendem a essa felicidade com uma corrente",[42] ele soa mais como Mustapha Mond, em *Admirável mundo novo*, e como o Grande Inquisidor em *Os irmãos Karamázov*, de Dostoiévski, famoso pelo argumento de que a perda da liberdade é o preço que as pessoas pagam pela felicidade. Orwell rejeitava tal ideia. Quando Winston imagina que O'Brien vai justificar a regra férrea do Partido com o argumento do Inquisidor, de que à "humanidade cabe escolher entre a liberdade e a felicidade",[43] ele é punido por sua estupidez. Os cidadãos de Oceânia não eram livres nem felizes. A igualdade e o progresso social, tão importantes em *Nós*, não têm lugar na ditadura estática e hierárquica de Orwell; por outro lado, o engano organizado, tão fundamental em *1984*, não era uma preocupação de Zamiátin.

De outro romance de Dostoiévski, *Memórias do subsolo*, Zamiátin tirou a equação 2 x 2 = 4 para representar a "muralha de pedra" da racionalidade.[44] O narrador de Dostoiévski insiste na liberdade para dizer outra coisa: "Depois que dois e dois são quatro, claro que não resta mais nada, não apenas por fazer, mas mesmo por descobrir".[45] De novo, Orwell disse o oposto. Diante do misticismo e da insanidade premeditada, "a liberdade é a liberdade de dizer que dois mais dois são quatro. Todo o resto vem de aceitar isso".[46] Para Zamiátin e Dostoiévski, a mais simples das somas era uma prisão; para Orwell, era uma âncora. São duas concepções de mundo que simplesmente não se alinham. É revelador que Orwell tenha destacado uma nota de crueldade atávica breve e dissonante: a Máquina do Benfeitor, que reduz os inimigos do Estado a uma poça de líquido numa "Celebração da Justiça" pública. Nesse ritual, Orwell detectou um pouco do que tanto o intrigava em Jack London: "É essa compreensão intuitiva do aspecto irracional do totalitarismo — o sacrifício humano, a crueldade como fim em si mesmo, a adoração de um líder com atributos divinos — tudo isso torna o livro de Zamiátin superior ao de Huxley".[47]

A Friedric Warburg, Orwell disse que *Nós* "me parece um elo interessante na cadeia das obras utópicas".[48] Cabe aqui uma pausa para seguir essa cadeia.

Há críticos que insistem que Ayn Rand poderia ter escrito a novela *Anthem* [Hino], de 1938, sem jamais ter lido *Nós*, e boa sorte a eles. Talvez seja uma coincidência que ela tenha inventado o personagem Equality 7-2521, que mantém um diário secreto; a reluzente Cidade uniforme; a rígida regulamentação do tempo; os hinos estatais; a felicidade compulsória; o duro e anguloso interesse amoroso; a fuga para a Floresta Inexplorada; e a tensão entre o *eu* e o *nós*: "O monstro que assoma como nuvem negra sobre a terra e oculta o sol do homem".[49] Talvez seja simplesmente má sorte que *Anthem* pareça uma versão tosca de uma canção estranha e bela.

Aos vinte anos, em 1926, Rand fugiu da Rússia, levando consigo para os Estados Unidos um fervoroso e vitalício ódio ao comunismo. Ela escreveu *Anthem* em três semanas no verão de 1937, alegando que a primeira vez que imaginou "um mundo futuro onde há a palavra 'eu'" ainda estava na escola na Rússia.[50] Rejeitada nos Estados Unidos, a novela foi publicada primeiro na Grã-Bretanha, onde Malcolm Muggeridge, no *The Daily Telegraph*, a chamou de "uma pavorosa antecipação do futuro [...] um *cri de coeur* sob a forma de um excesso de intolerância doutrinária".[51]

Numa carta ao seu editor, Rand escreveu que o livro "é tão pessoalmente meu que chega a ser, de certo modo, meu manifesto, minha profissão de fé. A essência de toda a minha filosofia".[52] Em decorrência do anticomunismo militante de Rand, a sua opressiva sociedade coletivista não podia ser tão tecnologicamente avançada quanto a de Zamiátin; tinha de ser uma tirania de papel, primitiva e inepta, facilmente sobrepujada pela astúcia de Equality 7-2521. Escapando da Floresta Inexplorada, ele se renomeia como Prometeu e entoa o "hino" do título: uma arenga bombástica sobre a própria excepcionalidade e o plano de erguer uma cidade ainda maior do que aquela que deixou para trás. Trata-se de um *Nós* reescrito como mito de criação capitalista, com o paraíso como um canteiro de obras. "Para ser livre, um homem precisa se libertar de seus irmãos", conclui ele. "Isso é liberdade. Isso e nada além disso."[53] O título provisório do livro era *Ego*.

Rand acabou vendendo milhões de exemplares de seus romances, fundando uma escola de pensamento político denominada "objetivismo" e moldando a ideologia de políticos mais do que qualquer outro romancista do século XX, portanto é bem provável que mais pessoas tenham aproveitado elementos do enredo do seu livro do que do romance de Zamiátin. No filme de estreia de George Lucas, *THX 1138*, de 1971, um engenheiro de nome alfanumérico escapa de uma sociedade subterrânea impecavelmente organizada ("Trabalhe duro, aumente a produção, previna acidentes e seja feliz")[54] e emerge sozinho à luz de um sol desconhecido. A intenção de Lucas de representar "o modo como vejo Los Angeles neste presente exato; talvez com um pouco exagero"[55] resultou numa deturpação satírica do Estado ineficiente de Rand:

os robôs policiais abandonam o encargo de prender THX ao ultrapassarem o orçamento disponível. "É a ideia de que todos estamos vivendo em gaiolas e as portas estão bem abertas e tudo o que temos a fazer é sair", explicou Lucas.[56]

No caso do grupo de rock canadense Rush, não há ambiguidade quanto à origem da ideia do álbum conceitual *2112*, de 1976: ele foi lançado pela gravadora Anthem Records e dedicado ao "gênio de Ayn Rand".[57] O letrista Neil Peart o chamou de um ataque contra "toda mentalidade coletivista".[58] Na longa faixa que dá o título ao disco, um cidadão da despótica Federação Solar descobre uma antiga guitarra e, assim, a arte perdida do rock 'n' roll. A mesma ideia ressurgiu em 2002 no musical de sucesso *We Will Rock You*, um kitsch distópico do grupo Queen com libreto de Ben Elton: uma banda de rebeldes do rock, os Boêmios, empunham os seus instrumentos contra a Globalsoft Corporation, que anestesia a população da Terra (também conhecida como iPlanet) com uma cultura comercial homogeneizada que inclui música gerada por computadores, tal como a papa manufaturada pela Fábrica de Música de Zamiátin. O calcanhar de aquiles da Globalsoft, ficamos sabendo, é a música do Queen.

O capitalismo também é — de modo um tanto irônico para um filme baseado numa marca de brinquedos — satirizado em *Uma aventura Lego*. A sequência de abertura, na qual os habitantes da sociedade automatizada de Bricksburg iniciam um dia típico, é uma versão da Tábua das Horas de Zamiátin ("Todas as manhãs, com exatamente seis rodas, precisamente na mesma hora, precisamente no mesmo minuto, nós, os milhões, despertamos como um só. Exatamente na mesma hora, unimilhões, começamos a trabalhar e, na mesma hora, unimilhões, terminamos o trabalho"),[59] mas no filme a rotina inclui a visita a uma rede de cafeterias parecida com a Starbucks. O equivalente em Bricksburg do "Hino do Estado Único" é a música fanaticamente animada "Everything

Is Awesome" ["Tudo é maravilhoso"]. Assim como em *Nós*, o filme conta com um técnico obediente que por acaso se rebela (Emmet Brickowski), uma mulher revolucionária (Wyldstyle), um ditador (o Presidente Negócios) e a construção de uma superarma (o Kragle), num enredo que valoriza a imaginação individual em detrimento da falsa felicidade do conformismo — a Revolução se sobrepondo à Entropia — por meio de tijolinhos de plástico.

Essa sinuosa trajetória de Lênin ao Lego ilustra o quanto as narrativas antiutópicas têm a flexibilidade e a portabilidade dos mitos. Nem sempre está claro quem lê o quê e quando, e as modificações em geral contam mais do que as semelhanças. Um exemplo é o filme *THX 1138*. Lucas parece ter tomado a estrutura narrativa de Zamiátin ou de Rand, as drogas de controle mental de Huxley, e as teletelas e o misterioso e quase divino governante de Orwell, para não mencionar ideias extraídas de *Metrópolis*, *Daqui a cem anos* e do filme noir de ficção científica *Alphaville*, de Jean-Luc Godard, e em seguida peneirado esse caldo de influências através da cultura americana da década de 1970 e de sua vigorosa imaginação visual, a fim de produzir uma distopia com o seu próprio sabor característico. As nulidades de uniforme azul, os Guardiões onipresentes e a violenta rebelião numa cidade de vidro tinham todos precedentes em Wells, sobretudo em *O dorminhoco* e "A Story of the Days to Come". Outra surpresa: ao mesmo tempo que negava ter lido *Nós*, Rand sugeriu que *ela* é que havia sido plagiada por Orwell. Ao revisar *Anthem* para a edição de capa dura nos Estados Unidos, em 1953, ela minimizou os horrores do Estado coletivista, temendo "dar aos leitores a impressão de que *Anthem* não passa de outra sórdida narrativa na linha de *1984* de Orwell (o qual, diga-se de passagem, foi escrito muitos anos depois de *Anthem* ter sido publicado na Inglaterra)".[60]

Portanto, em vez de considerar as ideias distópicas como o resultado de gênios individuais, poderíamos compará-las às canções folclóricas, que vão sendo modificadas à medida que passam de um indivíduo a outro, e de um contexto político a outro. "Veja todas essas coisas construídas pelas pessoas", diz Emmet ao Presidente Negócio em *Uma aventura Lego*. "Talvez para você pareça uma confusão... Mas eu vejo pessoas se inspirando umas nas outras, e também em você. Pessoas que partem do que você construiu, e criam algo novo."[61]

Para irritação de Ayn Rand, trata-se de um esforço coletivo.

Vamos retornar a Zamiátin, sentado à sua escrivaninha em Petrogrado, em 1920. O que estava tentando dizer? Em "Liberdade e felicidade", Orwell sugeriu que Zamiátin, escrevendo antes da ascensão de Stálin, devia estar satirizando a máquina, e não o bolchevismo. Gleb Struve, contudo, insistiu que o escritor estava especulando sobre o potencial totalitário da Rússia bolchevique, já então uma ditadura de partido único, dotada de uma vigorosa polícia secreta e de uma formidável máquina de propaganda: "[O livro] é importante exatamente por ser mais *profético* do que atual".[62] Numa entrevista de 1932, Zamiátin indicou que ambos estavam corretos: "Esse romance é um alerta contra o perigo duplo que ameaça a humanidade: o poder hipertrofiado das máquinas e o poder hipertrofiado do Estado".[63]

A paranoia e a perseguição que Orwell associava a Stálin já haviam tomado conta da Rússia na época em que *Nós* foi escrito. Numa peça teatral de 1922, *As fogueiras de são Domingos*, Zamiátin usava a Inquisição espanhola para satirizar o Terror Vermelho, colocando na boca de um dos inquisidores uma fala de tom orwelliano: "Se a Igreja disser que tenho apenas um olho, eu aceitaria e acreditaria piamente nisso, porque, embora saiba que tenho dois olhos, sei mais ainda que a Igreja jamais comete erros".[64] De acordo com o exilado russo Marc Slonim, "Zamiátin simplesmente não podia chamar de revolução o que via ao redor: a doutrina formando uma crosta sobre a lava da rebelião, as execuções sangrentas, a arregimentação estúpida, a criação de uma ideocracia em vez de uma autocracia".[65]

Para os censores bolcheviques não restava dúvida: a mensagem de *Nós* era inaceitável. O livro só seria publicado na terra natal de Zamiátin em 1988, meio século após a sua morte. O título provocador do romance zombava do princípio evocado pelo poeta proletário Alexander Ilyich Bezymensky: "O *Nós* coletivo expulsou o *Eu* pessoal".[66] Pior ainda, Zamiátin questionava a revolução. Num trecho desafiador, I-330 explica por que sempre há a possibilidade de uma outra revolução, ao pedir a D-530, como matemático, que lhe dissesse o número final.

"Mas, I-330, isso é ridículo. A quantidade de números é infinita; que número final é esse que você quer?"

"Ora, e que revolução definitiva é essa que você quer? Não existe uma revolução final. As revoluções são infinitas."[67]

Aí está Zamiátin como Cita galopando o seu cavalo, com o incessante "E agora? O que vem em seguida?". Em 1923, ele colocou esse diálogo como epígrafe de "On Literature, Revolution, Entropy, and Other Matters" [Sobre literatura, revolução, entropia e outras questões], um brilhante ensaio no qual aplicava a teoria das revoluções infinitas na matemática, na física, na arte e na política. Essa ideia maravilhosamente potente era anátema para os guardiões da revolução bolchevique. Até mesmo Górki denunciou *Nós* como "algo irremediavelmente falho e completamente estéril. A sua raiva é fria e seca, a raiva de uma solteirona".[68]

Até fim da década de 1920, Zamiátin viveu com uma espada de Dâmocles pendurada num fio sobre sua cabeça. Os inúmeros críticos linha-dura que o consideravam um contrarrevolucionário burguês, "culpado de ridicularizar e humilhar o povo de Outubro",[69] estavam prontos para cortar o fio. Em 1922, Zamiátin e mais dezenas de intelectuais foram detidos por atividades indesejáveis e ele acabou numa cela na mesma ala da prisão em que fora encarcerado em 1905. Ficou tão decepcionado quando os amigos intervieram para evitar a sua deportação que, em seguida, *solicitou* formalmente que fosse deportado, mas em vão. Ele sabia o que teria de enfrentar. Nos anos seguintes, cumpriu com os encargos oficiais como tradutor, editor e palestrante. Também se empenhou, sem êxito, na escrita de roteiros para o setor de cinema, deu início a um romance épico que jamais concluiria e escreveu uma peça teatral, *Átila*, cuja encenação foi vetada. As suas cartas eram censuradas, e os artigos recusados pelas revistas literárias. O odor da heresia não o abandonou mais.

O horizonte da literatura russa estava se estreitando com rapidez. Após a morte de Lênin em 1924, e a sua substituição por Stálin, e não por Trótski, os companheiros de viagem passaram a ser alvo de uma desconfiança cada vez maior. Górki viveu grande parte da década no exterior, incapaz de evitar os golpes. Em 1925, um grupo linha-dura, liderado pelo crítico marxista Leopold Averbakh, formou a Associação Russa de Escritores Proletários (RAPP, na sigla em russo), cujos escribas de terceira categoria prosperavam graças à denúncia daqueles politicamente pouco confiáveis e à produção de escória propagandística, como fazia o porco Mínimo em *A revolução dos bichos*. Como disse Orwell, "certos temas não podem ser celebrados em palavras e a tirania é um deles. Ninguém jamais escreveu um livro bom elogiando a Inquisição".[70] Dessa mentalidade Zamiátin já havia zombado em 1921, no ensaio "Paraíso": "Todos se confundem no mesmo cinzento monofônico [...]. E, na verdade, como seria de outro modo? Afinal, rejeitar a banalidade implica se destacar das fileiras ordenadas, transgredir a lei da igualdade universal. A originalidade é indiscutivelmente criminosa".[71] No verão de 1928, ele e Boris Pilniák, o romancista que dirigia a seção moscovita da VSP, estavam entre diversos escritores enviados a fazendas coletivas para que produzissem textos inspiradores sobre a necessidade de acelerar a colheita de cereais. A musa não se mostrou muito animada.

Em dezembro de 1928, o Comitê Central anunciou o equivalente a um Plano Quinquenal para o setor da literatura. Apenas os escritores que celebrassem a "construção do socialismo" seriam considerados verdadeiros autores soviéticos, e entre eles certamente não estava Zamiátin. "Tudo foi nivelado, equalizado", escreveu ele. "Tudo sumiu na fumaça da carnificina literária."[72] Em particular, Górki gracejou: "Nos velhos tempos, os escritores russos tinham de se preocupar apenas com o policial e o arcebispo; agora, o funcionário do Partido age como ambos ao mesmo tempo. Sempre pronto para colocar as patas imundas na alma alheia".[73] Um demagogo ardiloso cujo cunhado era Genrikh Yagoda, o futuro chefe da NKVD, Averbakh estava decidido a extirpar os companheiros de viagem da VSP, começando pelos principais expoentes. Em 1929, que Hannah Arendt chamou de "o primeiro ano de inequívoca ditadura totalitária na Rússia",[74] ele por fim vislumbrou a sua oportunidade.

Nós fora publicado em inglês, tcheco e francês, mas Zamiátin recusou todos os pedidos do exterior para o lançamento de uma edição em russo. Mesmo sem a permissão do autor, contudo, em 1927 um grupo de emigrados liberais em Praga publicara trechos originais em russo na revista *Volya Rossii* [A vontade da Rússia]. Zamiátin pediu aos editores que não fossem adiante, mas eles o ignoraram. Ninguém na Rússia pareceu se importar até agosto de 1929, quando essa publicação não oficial foi descoberta (ou providencialmente redescoberta) pela RAPP. Pilniák estava tão vulnerável quanto, pois o seu romance *Mogno* havia sido publicado por emigrados em Berlim. A RAPP acusou ambos de serem colaboracionistas, e a *Gazeta Literária* publicou páginas de telegramas que os chamavam de traiçoeiros contrarrevolucionários burgueses.

A seção moscovita da VSP imediatamente cedeu à pressão, expulsando Pilniák e censurando Zamiátin, que comentou secamente que, se quisessem atacar *Nós*, deveriam ter feito isso seis anos antes, quando ele próprio lera trechos do livro numa das noitadas literárias da associação. No dia 22 de setembro, a seção de Leningrado da VSP promoveu uma assembleia geral especial para investigar a publicação de *Nós*. A sala ficou tão lotada que muitos curiosos, que não eram membros mas estavam interessados no caso, acabaram ficando de fora. A explicação de Zamiátin, de que não tivera nada a ver com a publicação da *Volya Rossii*, lida na ausência do autor, convenceu diversos escritores, muitos dos quais antigos apreciadores e admiradores dele, mas, naquela atmosfera de medo, era muito mais fácil denunciá-lo mesmo assim. O revolucionário e antistalinista Victor Serge comentou, desdenhosamente, que "votaram tudo o que se pedia contra os dois camaradas, e logo depois os procuraram e pediram perdão em particular".[75] Embora inocentado de colaboracionismo ativo, a VSP condenou Zamiátin por não repudiar "as ideias expressas no romance e reconhecidas como antissoviéticas pela nossa opinião pública". Portanto, o caso *Volya Rossii* não passara de um pretexto; o crime era ter escrito *Nós*. Enojado, Zamiátin se desligou da VSP, pouco antes de toda a organização ser expurgada, rebatizada e, na prática, destruída. Na carta de desligamento, ele reiterava os detalhes do caso em termos que lembram Orwell: "Os fatos são obstinados, mais obstinados do que as resoluções. Todo fato pode ser confirmado por documentos ou por pessoas. Quero levar esses fatos ao conhecimento dos meus leitores".[76]

Impelido até a beira do suicídio, Pilniák renegou os supostos pecados de forma tão excessivamente servil e se humilhou tão completamente que se tornou um dos autores mais ricos da década de 1930 na Rússia. Zamiátin, contudo, se manteve firme. "O crime de Zamiátin foi o de preservar a independência intelectual e a integridade moral", escreveu o jornalista americano e antistalinista Max Eastman no livro *Artists in Uniform* [Artistas de uniforme]. "Como artista, recusou-se a receber ordens de uma burocracia política."[77]

E pagou um alto preço por isso. Os livros existentes de Zamiátin foram retirados dos catálogos e das estantes das livrarias, e as novas obras foram recusadas. A *Enciclopédia literária soviética* tachou *Nós* de "vil libelo contra o futuro socialista".[78] Um crítico da RAPP elencou os seus pecados: "Uma descrença total e imoderada na Revolução, um ceticismo exaustivo e persistente, um alheamento da realidade, um individualismo extremado, uma evidente hostilidade à concepção de mundo marxista-leninista, a justificativa de todas as 'heresias', de todo protesto em nome do protesto, [e] uma atitude refratária aos fatores da guerra de classes".

Em junho de 1931, ainda mais desalentado devido a uma colite crônica, Zamiátin entregou a Górki uma carta para ser encaminhada a Stálin, solicitando permissão para deixar a Rússia. Dada a fragilidade de sua posição, era uma carta extraordinariamente desafiadora. Nela, afirmava que retornaria à Rússia apenas quando "for possível em nosso país servir às grandes ideias na literatura sem o aviltamento diante de homens inferiores".[79] Em última análise, escreveu, o ostracismo que sofria era uma "sentença de morte":[80] se não podia escrever na Rússia, também não poderia viver ali.

Stálin era movido por caprichos e, por vezes, poupava certas pessoas, em especial artistas, por motivos que só ele conhecia. O pedido de Zamiátin foi concedido. Em novembro, deixou o país natal para nunca mais voltar.

Zamiátin pretendia ir para os Estados Unidos e escrever roteiros para Cecil B. DeMille, mas nunca chegou lá. Em vez disso, estabeleceu-se em Paris, onde ele e a esposa levaram uma existência solitária e sem recursos. Ele evitava os numerosos círculos de russos brancos emigrados e se recusou a virar um ex-comunista célebre. Como havia dito a Stálin, "sei que, embora aqui tenha sido tachado de direitista, devido ao hábito de escrever de acordo com a minha consciência e de não seguir diretrizes, mais cedo ou mais tarde vou ser considerado, no exterior, um bolchevique pela mesma razão".[81] Ele se dedicou, sem êxito, a escrever contos, romances, peças de teatro, ensaios e roteiros de filmes. Depois do fracasso de um projeto para filmar *Nós*, o único roteiro que conseguiu levar à tela foi, apropriadamente, uma premiada adaptação francesa de *O submundo*, de Górki, dirigida por Jean Renoir em 1936.

Górki nunca assistiu a esse filme. Morreu no dia 18 de junho de 1936, para decepção de muitos.* Ao reencontrá-lo em Moscou dois anos antes, Wells ficou desconsolado: "Não me agradou nada ver Górki se posicionar contra a liberdade. Isso me magoou".[82] Mas Zamiátin, num obituário bastante terno, insistiu que o velho escritor havia mantido um campo de força protetor ao redor de muitos autores vulneráveis, entre os quais se incluía: "Dezenas de pessoas devem a ele a vida e a liberdade".[83]

Na Rússia, os amigos e os inimigos de Zamiátin tombavam como peças de dominó. O velho camarada do grupo dos Citas, Ivanov-Razumnik, passou vários anos nos cárceres de Moscou.

A RAPP foi abolida em 1932. "Nada restou para lembrar o seu reinado", escreveu Eugene Lyons em *Assignment in Utopia* [Correspondente na utopia], "exceto uma mixórdia de proclamações e as cinzas dos artistas forçados ao suicídio e torturados durante a perseguição."[84] O perseguidor de Zamiátin, Leopold Averbakh, foi

* Correu amplamente um rumor de que Górki fora envenenado por ordem de Stálin, como preparativo para o processo que daria início ao Grande Terror em agosto daquele ano.

detido e executado em 1937, pouco antes de seu cunhado, Yagoda. Pilniák, que certa vez comentou com Victor Serge "não há um único adulto inteligente neste país que não achou que poderia ser fuzilado",[85] foi acusado de espionagem em favor do Japão e morto em 1938. Na Rússia stalinista, sempre havia alguém mais ágil do que você. A nova doutrina literária, o "realismo soviético", era essencialmente um tipo de ficção utópica. Tinha como propósito, notou o jornalista americano Louis Fischer, "abordar o presente como se ele não existisse, e o futuro como se já tivesse chegado".[86]

Aparentemente, Orwell conhecia muito pouco a respeito da vida de Zamiátin. Se soubesse mais, se tivesse lido *Nós* uma década antes, poderia até ter visitado o russo quando passou por Paris a caminho da Espanha. O encontro teria enriquecido o seu entendimento da Rússia e o seu interesse pelas antiutopias. Mas talvez, nessa altura, já fosse tarde demais. Zamiátin estava gravemente doente, sofrendo de angina do peito. Em 10 de março de 1937, logo ao amanhecer — quando a luz, como escreveu em *Nós*, era "sonante e borbulhante",[87] o seu coração parou. Estava com 53 anos. Um pequeno grupo de amigos o enterrou debaixo de chuva. Na Rússia, o seu falecimento mal foi notado.

Zamiátin deu aos cidadãos do Estado Único a possibilidade de escolher entre a liberdade dolorosa e caótica e a felicidade estúpida da obediência total. Para ele, como para Orwell, nunca houve de fato tal escolha. Ele era tão obstinado quanto um fato.

7. Fatos inconvenientes

Orwell 1944-5

Assim que o temor, o ódio, a inveja e a adoração do poder se manifestam, a percepção da realidade fica transtornada.

George Orwell, "Notas sobre o nacionalismo", 1945[1]

Orwell nunca gostou tanto de escrever um livro quanto *A revolução dos bichos*, durante o inverno úmido e nevoento de 1943-4. Toda noite, na cama, no apartamento 10A de Mortimer Crescent, ele lia para Eileen o que escrevera durante o dia e pedia a sua opinião. Na manhã seguinte, ela costumava citar os melhores trechos para os colegas no Ministério da Alimentação quando faziam uma pausa para o café na Selfridge's. Ela dizia, com justificado orgulho, que era a melhor coisa que ele havia escrito. O texto avançava como uma flecha de ponta envenenada. O verdadeiro esforço, bem sabia Orwell, ainda estava por vir. "Estou escrevendo uma pequena sátira que talvez vá diverti-lo quando sair", disse a Gleb Struve, "mas é tão inadequada politicamente que, por enquanto, não sei se alguém vai publicá-la. Talvez isto dê uma pista do tema para você."[2]

A revolução dos bichos foi viabilizada pela rotina de trabalho mais folgada de Orwell. Num breve período, ele deixou a BBC, desligou-se da Guarda Nacional e passou a colaborar com o *Tribune* na segunda-feira, dia 19 de novembro de 1943, trabalhando três dias por semana como editor de literatura e autor da coluna "As I Please" ["Como eu quiser"]. Fundado em 1937 pelo deputado trabalhista Stafford Cripps e por George Strauss, o *Tribune* a princípio apoiara Stálin, mas sob a editoria de Aneurin Bevan, conhecido como "Nye", que assumiu a função em 1942, a publicação se tornou o órgão da esquerda trabalhista não conformista, adotando a inusitada posição de criticar tanto Stálin quanto Churchill. Orwell o considerava o único semanário que fazia "um esforço genuíno [...] para combinar uma diretriz socialista radical com o respeito pela liberdade de expressão e uma atitude civilizada em relação à literatura e às artes".[3] Filho de um carvoeiro galês, Bevan, extremamente inteligente e combativo, era o único político que Orwell apreciava e admirava verdadeiramente, e o respeito era mútuo.

Orwell era compassivo demais para ser um bom editor de literatura. Encomendava artigos a escritores iniciantes sem dispor de espaço para publicá-los, e talvez sem mesmo ter essa intenção, pois sabia que a remuneração faria diferença na precária situação financeira dos autores. Com a gaveta transbordando de manuscritos inéditos e bem pagos, ele se defendia dizendo que isso é o que acontecia quando um escritor freelancer virava editor: "É como tirar um prisioneiro de sua cela e torná-lo diretor da prisão".[4]

Por outro lado, Orwell era excelente como colunista. Depois de anos contrabandeando as suas obsessões por resenhas e programas de rádio, finalmente podia publicar fosse o que fosse que lhe atraísse o interesse: desde racismo, propaganda e liberdade de expressão até cosméticos, observação de aves e preço dos relógios. Os temas mais soturnos apareciam ao lado de quebra-cabeças, piadas e trivialidades. Orwell tinha opinião sobre todas as coisas sob o sol, e sempre valia a pena conhecê-las, mesmo quando se discordava delas, o que faziam muitos leitores do *Tribune* de forma exaltada e frequente. Michael Foot, o futuro primeiro-ministro trabalhista, que fazia parte do conselho do *Tribune*, dizia que "As I Please" era "a única coluna na grande imprensa escrita por um indivíduo que ia à redação toda semana com o propósito deliberado de ofender o maior número possível de leitores".[5]

A coluna revelava um Orwell sem filtro, apresentando seus pensamentos na página impressa com uma fluidez confiante e informal. Ele costumava ensaiar suas ideias em conversas. Amigos como Tosco Fyvel, o seu antigo colega no selo editorial Searchlight Books, reconhecia no semanário algumas das mesmas frases que ouvira dias antes. Algumas delas foram retomadas em *1984*, o que faz da coluna também uma espécie de oficina do romance. Numa ocasião, descreveu o rádio como se fosse uma teletela: "Uma espécie de mundo totalitário próprio, zurrando propaganda dia e noite para gente que não pode ouvir nada além disso".[6] Em outra, lembra o encontro com um jovem pintor pacifista, na primeira noite da Blitz, que insistiu que iria enfrentar a ocupação alemã mantendo intacta a sua integridade. "A falácia é achar que, sob um governo ditatorial, você pode ser livre *por dentro* [...]. Lá fora, na rua, os alto-falantes berram, as bandeiras tremulam nos telhados, os policiais com metralhadoras patrulham de um lado para outro, o rosto do Líder, com um metro e pouco de largura, vigia em todos os cartazes; mas no sótão os inimigos secretos do regime podem registrar os seus pensamentos com total liberdade."[7] Uma falácia que iria refutar diretamente em *1984*, no qual o quarto sobre a loja do sr. Charrington é um santuário que se transforma numa armadilha. "É intolerável para nós a existência, em qualquer parte do mundo, de um pensamento incorreto", diz O'Brien, "por mais secreto e impotente que seja."[8]

A nova autoridade e a clareza exibidas pela prosa de Orwell a partir de 1943 também se tornaram patentes em ensaios e resenhas de livros. O seu intelecto contencioso era atraído para os escritores que considerava dignos de debate: H. G. Wells, Henry Miller e, agora, James Burnham.

Calmo e afável em pessoa, mas inflexível nos textos, Burnham era um professor de filosofia que fora um dos principais trotskistas americanos até que o Pacto Nazi-Soviético e um amargo confronto público com Trótski precipitaram o colapso definitivo de sua crença já periclitante no marxismo. O intelecto metódico de Burnham requeria um sistema abrangente que desse conta do mundo, por isso ele se viu obrigado a elaborar uma alternativa ao marxismo. Apesar de rejeitada por uma dúzia de editoras e malhada pelos críticos, a jeremiada afinal publicada por Burnham em 1941, *The Managerial Revolution: What Is Happening in the World* [A revolução gerencial: O que acontece no mundo], tornou-se um inesperado campeão de vendas, descrito pela revista *Forbes* como "de longe o livro mais discutido entre os lançados até agora neste ano".[9] Ele se baseava em dois pressupostos: a democracia capitalista não conseguiria sobreviver à guerra, nem daria lugar ao socialismo. Em vez disso, o futuro iria trazer um enorme Estado centralizado, dirigido por uma classe de "gerentes": técnicos, burocratas, executivos etc. Embora a tese de Burnham não fosse de todo original — Orwell a comparou a um livro polêmico e "muito presciente"[10] de 1912: *The Servile State* [O Estado servil], de Hilaire Belloc —, sem dúvida tocava num ponto sensível.

Burnham escrevia como se todas as outras análises estivessem toldadas pela emoção e somente ele conseguisse divisar com clareza a realidade. "A teoria da revolução gerencial não está apenas predizendo o que pode se passar num futuro hipotético", afirmou numa prosa pedante e um tanto exasperada. "Para começar, a teoria é uma interpretação do que já se passou e do que se passa agora."[11] Todos aqueles que achavam o contrário estavam "vivendo num mundo de sonhos fantásticos, não aqui na terra".[12] H. G. Wells alertou pessoalmente Burnham contra as profecias excessivamente confiantes (afinal, Wells era um especialista no assunto), mas Burnham não era o tipo de homem que aceitava conselhos.

Na altura em que Orwell escreveu pela primeira vez sobre Burnham, em janeiro de 1944, a previsão de curto prazo mais notável de *The Managerial Revolution* — a de que a Alemanha iria primeiro conquistar a Grã-Bretanha e, depois, esmagar a Rússia — já se esfacelara. Na opinião de Orwell, Burnham havia se equivocado por ter superestimado a durabilidade do totalitarismo, ao mesmo tempo que subestimara a força da democracia, devido ao seu "desprezo pelo homem comum":[13] se tivesse sido obrigado a ouvir a opinião pública, Hitler jamais teria invadido a Rússia. Orwell acusou Burnham de "tentar difundir a ideia de que o totalitarismo é *inevitável*, e que portanto não devemos fazer nada contra isso".[14] Burnham disparou um protesto arrogante para o *Tribune*, antecipando a defesa que o próprio Orwell faria de *1984*: "Tampouco afirmei alguma vez que 'o totalitarismo é inevitável'. O que disse, e no que acredito, é que o totalitarismo é, em todos os principais países, *provável*. Será que o sr. Orwell entende a diferença entre esses dois juízos?".[15] No entanto, ele estava sendo insincero, e Orwell tinha as citações que provavam isso. "Todos nós poderíamos ser profetas genuínos se nos fosse permitido alterar as nossas profecias depois do ocorrido", replicou Orwell com mordacidade.[16] O Grande Irmão pode ordenar que os seus discursos antigos sejam modificados "de modo a fazer com que preveja exatamente aquilo que ocorreu de fato",[17] mas Burnham não podia apagar os indícios de suas conclusões erradas.

Orwell continuou sendo uma pedra no sapato de Burnham durante os três anos seguintes, o que levou o americano a se queixar de que esse "negócio do Orwell virou uma espécie de flagelo internacional no que me concerne",[18] mas ele não teria se dado ao trabalho de escrever milhares de palavras sobre as ideias de Burnham — em *Tribune*, *Polemic*, *The New Leader* e *Manchester Evening News* — se não estivesse fascinado por elas. A única dificuldade era separar os elogios dos insultos. Segundo Orwell, *The Machiavellians: Defenders of Freedom* [Os maquiavélicos: Defensores da liberdade] não passava de um "uma travessura superficial";[19] o ensaio "Lenin's Heir" ["O herdeiro de Lênin"], publicado na *Partisan Review*, revelava "uma espécie de admiração fascinada por Stálin";[20] além disso, Burnham repetidas vezes se deixava levar pela adoração do poder. "Burnham nota a tendência e a supõe irresistível", escreveu Orwell em 1946, no ensaio "Second Thoughts on James Burnham" ["Segundas opiniões sobre James Burnham"], "tal como um coelho fascinado por uma jiboia poderia supor que a jiboia é o que há de mais poderoso no mundo."[21]

Todavia, as ideias de Burnham capturaram a imaginação de Orwell mesmo que intelectualmente as rejeitasse, e é por isso que ele associou *The Managerial Revolution* aos pesadelos ficcionais de *Nós*, *O dorminhoco*, *O tacão de ferro* e *Admirável mundo novo*. A visão de Burnham de um mundo tripolar ("três grandes superestados [...] que dividem entre eles o mundo, guerreando incessantemente uns com os outros, e mantendo a classe trabalhadora em permanente submissão", no resumo de Orwell)[22] é um modelo óbvio da Oceânia, da Eurásia e da Lestásia. Orwell pode ter achado que o "império escravista enorme, invencível e eterno"[23] de Burnham era uma quimera, assim como a alegação deste de que a política não passava de uma luta pelo poder, mas o mesmo se pode dizer da Oceânia. O "traidor original"[24] Goldstein pode ter sido inspirado em Trótski (cujo verdadeiro nome era Lev Bronstein), mas o seu "Capítulo III: Guerra é Paz" deve mais a Burnham do que à *Revolução traída* de Trótski. Entre os revolucionários, segundo Orwell, "o anseio por uma sociedade justa sempre esteve fatalmente mesclado à intenção de assegurar o poder para eles mesmos".[25] Porém, no mundo "E se?" de *1984*, o anseio por uma sociedade justa foi eliminado: "Não se estabelece uma ditadura para proteger uma revolução; esta se faz para instalar a ditadura".[26] Embora Orwell não concordasse com Burnham, ele se assegurou de que o mesmo não ocorresse com O'Brien. Há trechos em que o escritor ("Nenhuma teoria, nenhuma promessa, nenhuma boa vontade, nenhuma religião vai restringir o poder")[27] e o personagem ("Só nos interessa o poder em si. Nem riqueza, nem luxo, nem vida longa, nem felicidade: só o poder pelo poder, poder puro")[28] são quase intercambiáveis.

Orwell estabeleceu uma conexão crucial entre a hipótese do superestado de Burnham e a sua própria e arraigada obsessão pela mentira organizada. Que melhores condições existiam para reescrever a história do que num Estado fechado e estanque cujo único relacionamento com os vizinhos é de natureza bélica? Em *1984*, "cada um deles é, na realidade, um universo separado no interior do qual é seguro praticar quase todo tipo de perversão do pensamento". Em maio de 1944, Noel Willmett, um leitor do *Tribune*, escreveu a Orwell perguntando se ele achava que havia alguma possibilidade de um regime totalitário se instalar na Grã-Bretanha. Influenciada por Burnham, a resposta ponderada de Orwell era o *1984* em embrião: "Se vier o tipo de mundo que temo, um mundo com dois ou três grandes superestados, incapazes de prevalecer uns sobre os outros, dois mais dois podem ser cinco caso assim determine o Führer [...], embora, é claro, esse processo seja reversível". Daí a importância de descrever o pior cenário possível: "Se simplesmente proclamarmos que tudo está bem e não apontarmos os sintomas sinistros, estaremos apenas ajudando a tornar mais próximo o totalitarismo".[29] Não há aí muita diferença da carta furiosa enviada por Burnham ao *Tribune*: "Apenas com a clareza absoluta quanto à probabilidade do totalitarismo, e quanto à direção do seu avanço [...] vamos ser capazes, precisamente, de aproveitar uma chance de superá-lo ou evitá-lo".[30]

Em 1944, havia um mercado favorável para os alertas sinistros. "Somente se reconhecermos a tempo o perigo podemos ter a esperança de evitá-lo", escreveu o economista austríaco Friedrich Hayek em *O caminho da servidão*, outro sucesso inesperado que se tornaria um texto sagrado para os conservadores adeptos do livre mercado.[31] A diagnose do totalitarismo feita por Hayek era, por vezes, estranhamente similar à do próprio Orwell, mas este certamente não concordava com a alegação de Hayek de que a versão de planejamento central do Partido Trabalhista era "a fonte do perigo mortal para tudo o que mais valorizamos".[32]* Orwell resenhou *O caminho da servidão* juntamente com *The Mirror of the Past, Lest It Reflect the Future* [O espelho do passado, para que não reflita o futuro], do deputado trabalhista e pró-comunista Konni Zilliacus: "Cada um desses escritores está convencido de que a política do outro conduz diretamente à escravidão, e o mais alarmante é que ambos podem estar certos".[33] Os perigos do coletivismo haviam sido amplamente demonstrados, mas o fundamentalismo de livre mercado de Hayek, segundo Orwell, implicaria "uma tirania provavelmente pior, pois mais irresponsável, do que a do Estado".[34] Pior? Vindo do autor de *A revolução dos bichos* não era pouca coisa.

* Um exemplo é este trecho que lembra Orwell: "A própria palavra verdade deixa de ter o seu antigo sentido. Não mais descreve algo a ser encontrado, tendo como único guia a consciência individual; ela se torna algo a ser estabelecido por autoridade, algo em que se deve acreditar em prol da união do esforço organizado, e que pode ser alterada na medida em que isso for requerido por esse esforço organizado" (Hayek, *The Road to Serfdom*. Londres: Routledge & Sons, 1946, p. 76 [Ed. bras.: *O caminho da servidão*. São Paulo: LVM, 2010]).

* * *

Obrigado por contrato a oferecer os seus romances primeiro para Gollancz, Orwell o alertou de que *A revolução dos bichos* era, "de sua perspectiva, completamente inaceitável em termos políticos (pois antistalinista)".[35] Mesmo assim, Gollancz pediu para ler o romance antes de acatar tal colocação. Usando o nome de nascimento do autor com teimosia, o editor comentou com Leonard Moore, o agente de Orwell: "Sou extremamente crítico a muitos aspectos das políticas interna e externa soviéticas; mas não há a menor possibilidade de eu publicar (como previu Blair) um ataque geral dessa natureza".[36] A editora de Nicholson & Watson também considerou de mau gosto atacar um aliado. O editor Jonathan Cape adorou o livro, mas se sentiu compelido a verificar com um amigo que trabalhava no Ministério da Informação se a crítica incisiva a Stálin não iria prejudicar o esforço de guerra. O funcionário achou que, sem dúvida, este seria o caso, e Cape preferiu astutamente dar meia-volta. Ele não se dera conta, veja só, que *A revolução dos bichos* tratava especificamente da Rússia. E será que precisava mesmo que fossem porcos? "Parece-me que a escolha dos porcos como classe dominante irá sem dúvida ofender muita gente, e particularmente aqueles mais suscetíveis, como certamente são os russos."[37] Orwell achou ridícula a carta de recusa. E comentou com Inez Holden, "imagine o velho Joe [Stálin] (que não sabe nem uma palavra de qualquer língua europeia), sentado no Kremlin lendo *A revolução dos bichos* e dizendo 'não gosto nada disso'".[38]

O manuscrito já bastante manuseado foi enviado a seguir para T.S. Eliot, na Faber & Faber. Embora Eliot o tenha comparado favoravelmente às *Viagens de Gulliver*, tanto ele como Geoffrey Faber não achavam que "essa é a perspectiva adequada para criticar a atual situação política".[39] Em seguida, George Woodcock levou o livro aos companheiros anarquistas da editora Freedom Press, mas estes não tinham perdoado Orwell pelos ataques ao pacifismo. Nos Estados Unidos, o livro foi recusado por uma dúzia de editores, entre os quais o pró-comunista Angus Cameron, editor-chefe da Little, Brown. Em meio às diversas objeções políticas, a justificativa apresentada pela Dial Press foi surpreendentemente simplória: eles achavam que não havia mercado para histórias com animais.

Agora um tanto desmoralizado, Orwell considerou a possibilidade de publicar ele mesmo *A revolução dos bichos*, como um panfleto barato por intermédio da Whitman Press, uma editora artesanal anarquista dirigida por um amigo, o poeta Paul Potts. Até mesmo escreveu um incisivo prefácio, "A liberdade de imprensa", sobre o poder furtivo da censura não oficial: "As ideias impopulares podem ser silenciadas, os fatos inconvenientes podem ser mantidos na obscuridade, sem a necessidade de qualquer proibição oficial".[40] Mas o prefácio ficaria na gaveta até 1972, porque Fredric Warburg, que antes salvara *Lutando na Espanha*, decidiu afinal publicar o livro, oferecendo-lhe um adiantamento de cem libras, sob a condição de que se encarregasse de obter o papel para a impressão. Desconsiderando as objeções de sua esposa e de alguns colegas, a ousada decisão de Warburg convenceu Orwell a aceitar a proposta porque "eu sabia que quem se arriscasse com esse livro estaria arriscando tudo".[41]

Em seu livro de memórias, Warburg se pergunta melodramaticamente o que teria acontecido se não tivesse se arriscado. "Talvez o moral de Orwell teria sucumbido, no caso do fracasso de *A revolução dos bichos*. E depois? *Depois talvez nunca teria existido um romance chamado* 1984."[42]

O lançamento de *A revolução dos bichos* foi adiado por vários motivos, entre os quais um ataque aéreo que destruiu naquele verão as instalações da editora de Warburg. Em junho, a Luftwaffe iniciou os intensos ataques a Londres com os foguetes com asas V-1, conhecidos como "bombas voadoras", em retaliação aos bombardeios da RAF na Alemanha. H. G. Wells as chamava de "bombas robôs".[43] Inez Holden entreouviu uma mulher apavorada dizendo que as bombas voadoras eram os espíritos dos pilotos alemães mortos na Batalha da Inglaterra.[44] Uma bomba V-1 atingiu o apartamento dos Orwell numa hora em que estavam fora, obrigando-os a se mudarem para a casa vazia de Holden em Marylebone, antes de se estabelecerem em seu derradeiro endereço londrino, no número 27b da Canonbury Square, em Islington. Orwell conseguiu recuperar dezenas de livros e o manuscrito "bombardeado" de *A revolução dos bichos* em meio aos escombros.[45]

Pouco antes ele havia se tornado pai. Orwell acreditava ser estéril[46] (não se sabe com que fundamento) e procurou a cunhada de Eileen, Gwen O'Shaughnessy, que dirigia uma clínica em Newcastle, a fim de que arranjasse uma adoção. Formar uma família era mais importante para Orwell do que para Eileen, mas ambos se mostraram pais dedicados para Richard Horatio Blair (assim batizado em homenagem ao falecido pai de Orwell), então com três semanas de vida. Logo que acabasse a guerra, eles pretendiam mudar para o interior. "Odeio Londres", disse Orwell ao escritor de policiais Julian Symons.[47] "Gostaria muito de ir embora daqui, mas não dá para fazer isso enquanto ao redor as pessoas estão sendo destroçadas por bombas."

Com a guerra na etapa final, Orwell já se preocupava com o "pós-guerra", mas antes tinha de dar conta de seus erros: a sua última "Carta de Londres" era uma confissão, repleta de masoquismo, de sua incompetência como profeta. Após elencar uma dúzia de previsões falhas, ele explicava como estivera "grotescamente equivocado" a respeito da sobrevivência do Pacto Nazi-Soviético, da queda de Churchill e da probabilidade de o conflito levar a Grã-Bretanha para o fascismo ou para o socialismo.[48] Havia chegado à conclusão de que não se esforçara o bastante para identificar e superar os seus preconceitos, e prometia redobrar o empenho nesse sentido. "Acho muito importante a gente perceber que estava errado, e reconhecer isso. Atualmente a maioria das pessoas alega que tinha os seus motivos, e ajeita os fatos em seu favor [...]. Estou convencido de que é possível ser mais objetivo do que a maioria de nós, mas que isso requer um esforço *moral*. Não há como escapar dos próprios sentimentos subjetivos, mas pelo menos podemos saber quais são e levar isso em conta."[49]

No final de 1944, Londres era uma cidade abatida, rabugenta, esgarçada, castigada pela desesperada investida final de Hitler. Os novos mísseis balísticos V-2 — muito parecidos com as "bombas-foguetes" que caem na Pista de Pouso Um — eram suficientes para que os londrinos sentissem saudade do assobio maligno das bombas voadoras V-1 — ao menos este servia como uma espécie de alerta. "Toda vez que explode uma delas, ouço alguém se referir sombriamente à 'próxima vez'", escreveu Orwell em "As I Please". "Mas se perguntar quem vai lutar com quem quando eclodir essa guerra esperada por todos, você não recebe nenhuma resposta clara. É apenas a guerra em abstrato — aparentemente, a noção de que os seres humanos poderiam alguma vez se comportar com sensatez foi se apagando da lembrança de muita gente."[50]

Ele ficou impressionado com um relatório de 1943 do instituto de pesquisa Mass-Observation, segundo o qual 46% dos londrinos não tinham dúvidas de que haveria uma Terceira Guerra Mundial, enquanto outros 19% achavam bem provável tal conflito. E a maioria esperava que isso acontecesse no prazo de 25 anos.[51]

Em setembro de 1944, Orwell escreveu um brilhante ensaio para o *Tribune* sobre o amigo Arthur Koestler. Se James Burnham proporcionou a Orwell a superestrutura geopolítica de *1984*, então Koestler lhe forneceu a paisagem mental com a sua magistral obra *O zero e o infinito*, publicada em 1940.[52] Era um romance que se passava numa prisão, um ambiente bem conhecido de Koestler.

Nascido em Budapeste em 1905, Koestler era um intrépido aventureiro que foi encarcerado pela primeira vez em fevereiro de 1937, enquanto cobria a Guerra Civil Espanhola para o *News Chronicle*. Sem que os seus empregadores soubessem, ele fora membro do Partido Comunista Alemão durante sete anos, trabalhando para a rede de organizações de fachada montada por Willi Münzenberg, o encarregado da propaganda do Comintern. Em Sevilha, os fascistas mantiveram Koestler em confinamento solitário por 94 dias, durante os quais ele viveu sob a ameaça constante de ser executado. Tal proximidade da morte desencadeou uma epifania espiritual que trincou a sua fé no comunismo. Libertado em consequência de uma campanha internacional, Koestler se desligou do Partido Comunista no ano seguinte numa reunião em Paris, ocasião em que citou Thomas Mann: "Uma verdade danosa é melhor do que uma mentira útil".[53]* Mais tarde ele se comparou a um alcoólatra saindo de um "Farrapo Humano na Utopia".[54] Para entender a sua decepção, ele começou a escrever *O zero e o infinito* (originalmente intitulado *O círculo vicioso*), baseando as cenas na prisão em sua experiência em Sevilha, e na de sua amiga Eva Striker, que foi encarcerada em Moscou sob a acusação fictícia de conspirar para o assassinato de Stálin.[55] Mas Koestler ainda passaria por outras prisões.

* Comparar com o seu defensor do partido em *O zero e o infinito*: "Verdadeiro é o que é útil para a humanidade; falso, o que é prejudicial" (Koestler, *Darkness at Noon*. Londres: Vintage, 2005, p. 182).

Estabelecido em Paris quando eclodiu a guerra, Koestler foi classificado como estrangeiro indesejável e enviado ao campo de internamento de Le Vernet. Ao ser libertado, teve apenas o tempo suficiente para acabar de escrever o romance e enviar o manuscrito a Londres antes de ser detido de novo quando a Wehrmacht invadiu a França. Em novembro de 1940, conseguiu escapar e chegar à Inglaterra, onde logo foi preso outra vez como estrangeiro ilegal: no dia em que *O zero e o infinito* foi publicado, Koestler estava numa cela solitária na prisão londrina de Pentonville. Em 1931, Orwell havia deliberadamente se deixado prender por bebedeira a fim de ver como era a cela num distrito policial, mas logo foi liberado e a única lembrança que se revelou útil quando escrevia *1984* foi a do fedor de um vaso sanitário quebrado. Portanto, as descrições autênticas de encarceramento feitas por Koestler acabaram sendo uma fonte inestimável para as cenas no Ministério do Amor, assim como para as suas observações sobre a prisão mental do totalitarismo.

"Quem jamais esqueceria a primeira vez que leu *O zero e o infinito*?", escreveu Michael Foot. "Sobretudo para os socialistas, a experiência era indelével. Eu me lembro de que o li numa única noite, horrorizado, acabrunhado, fascinado."[56] Koestler oferecia uma possível solução para o enigma central dos processos espetaculares em Moscou: por que tantos membros do Partido Comunista assinaram confissões de crimes contra o Estado e, com isso, as próprias sentenças de morte? Ou todos eram culpados como se pretendia (o que era impossível), ou foram levados a tanto por torturas (o que era inadequado), ou ainda, como argumentava Koestler, os anos de lealdade incondicional haviam dissolvido a crença deles na verdade objetiva: se o Partido exigia deles que fossem culpados, então deviam ser culpados. Como se lamuria Parsons em *1984*, "claro que eu sou culpado! Você acha que o Partido iria prender um inocente?".[57] Na Oceânia, não existem leis, apenas crimes, e nenhuma distinção entre pensamentos e atos. Por isso, Winston pode admitir as acusações fabricadas de espionagem, desvio de recursos, sabotagem, assassinato, perversão sexual e assim por diante, ao mesmo tempo que, em algum nível, ele é de fato culpado. "Todas as confissões proferidas aqui são verdadeiras", diz O'Brien. "Fazemos com que sejam verdadeiras." Tal como ocorria na Rússia soviética. Sob Stálin, escreveu Orwell em 1941, ao resenhar *O zero e o infinito*, "o indivíduo é preso não pelo que *fez*, mas pelo que *é*, ou, melhor dizendo, pelo que se suspeita que seja".[58]

O protagonista do romance de Koestler, Rubashov, é um alto funcionário soviético que, ao ser detido durante um expurgo, se vê forçado a ajustar contas com a época em que diligentemente despachava para a morte membros inocentes do Partido. De um dia para o outro, ele é transformado de algoz em vítima ao capricho do Número Um, o enigmático e infalível substituto de Stálin cujo retrato adorna todas as paredes. Não bastava a Stálin que os inimigos fossem eliminados: também precisava da sua confissão e arrependimento, para destruí-los moralmente e, assim, confirmar a sua vitória sobre a realidade. "O horror que emanava do Número Um se devia sobretudo à possibilidade de que estivesse certo", escreve Koestler, "e isso tinha de ser reconhecido por todos aqueles a quem assassinava, mesmo com a bala na nuca, que era concebível que ele estivesse certo."[59] Um funcionário soviético, Gyorgy Pyatakov, executado em 1937, afirmou que o verdadeiro bolchevique "estava pronto para acreditar que preto era branco, e que branco era preto, se assim o exigisse o Partido [...], não restava dentro dele nenhuma partícula que não estivesse unida ao Partido, que não lhe pertencesse".[60]

Rubashov é mantido numa prisão onde as luzes ficam acesas dia e noite, e é incessantemente interrogado num procedimento conhecido na Rússia como "cadeia transmissora". Ele começa sendo questionado pelo velho amigo Ivanov, e depois pelo apparatchik Gletkin, mais jovem e mais fanático. Orwell chamou este último de "um espécime quase perfeito de gramofone humano",[61] desembaraçado de lembranças do mundo antigo. "Os Gletkins", escreve Koestler, "não têm nada para apagar; não precisam negar o seu passado, pois não têm nenhum passado."[62] Em *1984*, também, os cidadãos mais fanáticos são os jovens: "Chegava a ser natural que as pessoas com mais de trinta anos temessem os próprios filhos".[63] A filha de Parsons, que o denuncia à Polícia das Ideias, provavelmente foi baseada em Pavlik Morozov, o comunista de treze anos supostamente morto pela família em 1932 por ter denunciado o pai à polícia secreta, e em seguida canonizado como "menino herói" na propaganda soviética. Na Pista de Pouso Um, onde eles cantam "Sob a ramada da castanheira/ Vendi você, você a mim, após", a traição é promovida como uma virtude. Comparada ao Estado, a família não é nada.

O velho amigo de Zamiátin, Razumnik Ivanov-Razumnik, conheceu cerca de mil prisioneiros nos vários anos que amargou nas cadeias moscovitas e, de todos, apenas uma dúzia havia se recusado a confessar.[64] Diferente da maioria deles, Rubashov não sofre torturas físicas; o seu colapso é estritamente psicológico. Incomodado por dores no dente, falta de cigarros e a consciência pesada, aos poucos ele perde toda base moral e intelectual para resistir. Pela lógica do Partido, ele fora um servidor leal, não existe um *Eu*, apenas o *Nós* coletivo, que é o Partido, que representa a história e nunca se equivoca. "Como o cérebro imortal, coletivo podia estar errado?", pergunta Winston Smith. "Por meio de que critérios externos os seus julgamentos poderiam ser verificados?"[65] E se os erros são impossíveis, então o Partido precisa eliminar constantemente os indícios contrários, deixando apenas retângulos mais claros nas paredes e espaços vagos nas estantes das bibliotecas assinalando o vazio. "Rubashov comentou jocosamente com Arlova que a única coisa que restou a ser feita era publicar uma nova edição revisada dos exemplares passados de todos os jornais."[66] Orwell transformou a piada de Rubashov no trabalho de Winston Smith.

Claro que, no final, Rubashov confessa. Claro que é executado. No entanto ele não é completamente derrotado. O objetivo derradeiro do Partido é colonizar o cérebro e extirpar o que Orwell chamou de *pensamento-crime*. "Perseguimos as sementes do mal não só nos atos dos homens, mas em seus pensamentos", escreve Rubashov. "Não reconhecemos nenhuma esfera privada, nem mesmo dentro da cabeça de um homem."[67] Mas ele segue para a morte com a cabeça repleta de ideias heréticas sobre a decadência da revolução e o "sentimento oceânico" místico que a tudo transcende.[68] Koestler era mais compreensivo do que Orwell. Ele concedeu às vítimas de Stálin a possibilidade de que, a despeito de sua desintegração pública, elas não tivessem aceitado aquela derradeira submissão íntima. O'Brien parece estar descrevendo exatamente essa cena em *1984*: "Até a vítima dos expurgos russos tinha permissão para levar a rebelião armazenada em seu crânio enquanto avançava pelo corredor, à espera da bala". Não era o caso em Oceânia: "Nós tornamos o cérebro perfeito antes de destroçá-lo".[69]

No ensaio para o *Tribune*, como sempre, Orwell contrabalançou o elogio a *O zero e o infinito* com um tratamento duro do livro mais recente de Koestler, *Arrival and Departure* [Chegada e partida], um romance "raso" sobre um refugiado do fascismo.[70] Ele achava que Koestler combinara o cinismo mais negro sobre o progresso no curto prazo com uma "crença quase mística"[71] numa utopia remota, pois era hedonista demais (um terrível defeito de caráter aos olhos de Orwell) para aceitar a vida como a experiência dolorosa, confusa e comprometida que é na realidade. "Talvez certo grau de sofrimento seja inextirpável da existência humana", sugeriu Orwell, "talvez a escolha que se coloca ao homem seja sempre uma escolha entre males, talvez até o objetivo do socialismo não seja tornar o mundo perfeito mas apenas melhorá-lo. Todas as revoluções são fracassos, mas não são todas o mesmo fracasso."[72]

Orwell e seus contemporâneos formavam um bando rijo e lutador. Correlacionando a correspondência de Orwell com os nomes dos autores que resenhou, ou que resenharam os seus livros, seria o caso de esperar um confortável circuito de apoios mútuos. Na realidade, porém, eles se orgulhavam de sua integridade crítica e não usavam luvas de pelica uns com os outros. Se Orwell tivesse sido ignorado por todos que criticara pela imprensa, o seu círculo social literário teria se reduzido a uma cabeça de alfinete.

Mesmo assim, a sua honestidade brutal podia levar a momentos constrangedores. Em 1945, Koestler e a sua companheira, Mamaine Paget, convidaram Orwell para passar o Natal com eles no País de Gales. Na véspera da chegada de Orwell, Koestler leu uma edição recente do *Tribune* e ficou consternado ao ler o amigo descrever *Twilight Bar* [Bar crepuscular], a sua peça teatral de ficção científica, como "uma sátira indigna".[73] Ao buscar Orwell na estação de trem de Llandudno, Koestler estava furioso.

"Que resenha horrível você escreveu, hein?"

"É verdade", Orwell respondeu sem se abalar. "E que peça horrível você escreveu, hein?"[74]

Apenas no caminho de volta para Llandudno, uma semana depois, Orwell admitiu com calma que sim, talvez tivesse sido um pouco duro demais. Mas a questão não estragou as férias. Talvez, levando em conta o que Orwell passara naquele ano, Koestler não tenha se sentido à vontade para insistir.

Em fevereiro de 1945, Orwell afinal teve a oportunidade de ser um correspondente de guerra. Os jornais *The Observer* e *Manchester Evening News* o enviaram para a recém-liberada Paris, enquanto Eileen e Richard foram visitar Gwen O'Shaughnessy em Stockton-on-Tees, no condado de Durham.

Em *Thirteen O'Clock* [Treze horas], publicado por Thurston Clarke em 1984, um thriller de conspiração sobre a esposa de um deputado britânico que descobre os diários perdidos de Orwell, este passa um tempo na Europa atrás do coronel americano que traiu os seus camaradas espanhóis para a NKVD. A verdade é menos dramática mas está longe de ser insípida. No dia 15 de fevereiro, depois de se instalar no Hotel Scribe, o capitão Eric Blair encontrou na capital francesa tantos escritores quanto os que haviam estado na Espanha. Ele travou amizade com o filósofo A. J. Ayer; jantou com P. G. Wodehouse; encontrou-se com Malcolm Muggeridge, então a serviço do MI6; reencontrou o seu comandante espanhol, José Rovira; apresentou-se a André Malraux, agora conselheiro de Charles de Gaulle; e até, presumivelmente, cruzou com Hemingway.[75]* Orwell também combinou de se encontrar com Albert Camus no Café Les Deux Magots, mas no dia o escritor francês passou mal por causa da tuberculose, frustrando o que poderia ter sido um extraordinário encontro entre dois rebeldes naturais que colocavam os princípios antes da conveniência política e transformaram em arte os escritos políticos. Mais tarde,

* Os dois relatos desse encontro são muito divergentes. De acordo com Hemingway, um Orwell paranoico lhe pediu uma arma emprestada. Já o relato que o poeta e anarquista Paul Potts alegou ter ouvido de Orwell tinha a ver com uma estridente sessão de bebedeira, mas não com uma arma de fogo. O próprio Orwell nunca escreveu sobre o assunto. A memória é duplamente duvidosa quando surge a vontade de contar uma boa história.

Orwell enviou a Camus um exemplar da tradução francesa de *A revolução dos bichos*.

No final de março, Orwell acompanhou as forças dos Aliados que avançavam rumo a Colônia. "Após anos de guerra, é um sentimento muito estranho de por fim pisar em solo alemão", escreveu na única matéria que enviou antes de cair doente e ser internado.[76] Enquanto estava no hospital, ele não recebeu as cartas urgentes que Eileen estava enviando ao Hotel Scribe — as últimas que ela escreveria. Eileen iria passar por uma histerectomia de emergência em Newcastle, no dia 29 de março, por causa de vários tumores agressivos no útero. Nas cartas, ela se mostrava dolorosamente modesta em relação ao custo da operação ("realmente não acho que vale a pena gastar tanto comigo")[77] e sem um pingo de sentimentalismo quanto à possibilidade de morrer na sala de cirurgia, mas bastante convicta do que queria para o futuro. A Orwell disse que ele precisava abandonar o jornalismo, concentrar-se nos romances e que ambos deviam mudar para o campo o quanto antes. "Não acho que você faz ideia do pesadelo que é, para mim, a vida em Londres [...]. Todos esses anos me senti como se estivesse num tipo brando de campo de concentração."[78] Ao voltar a Paris, Orwell leu as cartas e enviou um telegrama a Eileen, mas já era tarde demais. No dia seguinte, um telegrama do *The Observer* o informava com pesar que a sua esposa, com quem estivera casado por nove anos, morrera aos 39 anos, ao sofrer uma parada cardíaca sob anestesia.

Orwell conseguiu uma carona num voo militar para Londres, onde bateu na porta de Inez Holden em estado de desespero, e depois seguiu viagem até Stockton-on-Tees para o funeral. A reticência entranhada nos ossos que herdara do pai confundiu alguns amigos, que o acharam estoicamente conformado com a perda, mas os sentimentos dele transpareciam nas cartas, nas quais estava menos preocupado com a própria dor do que com a injustiça desse roubo do futuro de Eileen. "Foi o mais horrível que podia acontecer, pois ela havia passado cinco anos absolutamente miseráveis com a saúde ruim e excesso de trabalho, e só agora as coisas estavam melhorando", escreveu a Anthony Powell.[79] Ele se sentia imensamente culpado por ter sido infiel sexualmente, egoísta, desatento à gravidade da enfermidade dela, e ausente quando ela mais precisava dele. O choque e a subsequente solidão o assombraram pelos quatro anos seguintes. "Não acho que tenha cuidado muito bem dela, mas ele a amava", comentou Lettice Cooper, amiga e colega de Eileen. "Acho que ele não sabia como cuidar de ninguém, nem de si mesmo."[80]

Como sempre, Orwell reagiu mergulhando completamente no trabalho. Poucos dias depois do funeral, estava de volta ao continente europeu. Em Paris, por ocasião da rendição da Alemanha, observou a multidão celebrando nas ruas durante dois dias, aos gritos de "*Avec nous!*" e cantando a "Marselhesa". Em seguida, visitou Stuttgart, Nuremberg e a Áustria para ver com os próprios olhos as consequências imediatas do colapso de uma ditadura. A devastação lhe despertou horror e piedade: "Caminhar pelas cidades arruinadas da Alemanha é ser tomado por uma dúvida genuína quanto à continuidade da civilização".[81]

Era fácil, para alguém que não vivera a ocupação nazista, dizer isso, mas quando Orwell viu oficiais da SS derrotados sendo espancados e humilhados num campo de prisioneiros, ele sentiu intensamente que "toda a ideia de vingança e punição é um devaneio infantil".[82] Uma de suas preocupações era que os julgamentos dos crimes de guerra e a divisão da Alemanha só tornariam mais difícil a recuperação da Europa, satisfazendo sobretudo a sede de sangue das pessoas. Se os criminosos de guerra fossem arrebanhados e levados para o estádio Wembley, para ali serem devorados por leões ou esmagados por elefantes, pensava ele, as arquibancadas ficariam lotadas.[83] Essa imagem lhe ocorreu em janeiro, ao visitar em Londres uma exposição intitulada Horrores do Campo de Concentração, da qual saiu com a sensação de ter visto um tipo de pornografia. Na Pista de Pouso Um, a igreja de St. Martin's-in--the-Fields virou um local de exibição de atrocidades, e o enforcamento público de criminosos de guerra é um programa apreciado por toda a família. Depois da guerra, ele considerou "bárbara" a volta dessas execuções em Nuremberg e Kharkov, e execrou a maneira como os britânicos, tal como Winston Smith, "participavam vicariamente ao assistir aos novos filmes".[84] Isso assinalava "outra volta na espiral descendente que estamos acompanhando desde 1933".[85]

Outra questão com a qual se preocupava Orwell em 1945 era a do preconceito. O antissemitismo está presente em *1984* de maneira apenas implícita, no personagem Emmanuel Goldstein, e o racismo não aparece de forma nenhuma. Na verdade, o livro de Goldstein insiste que não há discriminação racial em Oceânia porque a união do Partido se dá pela ideologia, e não pelo sangue. No entanto, Orwell chegou a considerar a possibilidade de o racismo ser uma das características do Socing. O seu esboço original incluía o antissemitismo e a "propaganda antijudaica".[86] Nos primeiros rascunhos, os refugiados em via de se afogar, que Winston vê num cinejornal, são visados por serem judeus, e há um relato horripilante de um linchamento televisionado na porção americana de Oceânia.[87]

Assim, seria um equívoco concluir que Orwell achava irrelevantes os preconceitos étnicos. Já em *O caminho para Wigan Pier*, ele considerava o preconceito racial "absolutamente espúrio" sob qualquer forma.[88] Na coluna "As I Please", execrou os insultos racistas e os maus-tratos contra soldados negros em Londres, e denunciou o modo como os afro-americanos eram privados de direitos civis, "excluídos dos empregos qualificados, segregados e insultados no Exército, atacados por policiais brancos e discriminados por juízes brancos".[89] Em "Antisemitism in Britain" [Antissemitismo na Grã-Bretanha], um ensaio que publicou em 1945 na revista *Contemporary Jewish Record*, escreveu que "de algo, de alguma vitamina psicológica, é deficiente a civilização moderna e, em consequência, todos somos mais ou menos vulneráveis a essa insensatez de acreditar que raças ou nações inteiras são misteriosamente boas ou más".[90]

Para Orwell, essa insensatez era o *nacionalismo*, um termo que abrangia toda espécie de partidarismo, do fascismo ao sionismo. Ele certamente não achava todo partidarismo igualmente ruim, mas todos resultavam dos mesmos hábitos mentais. O patriotismo, acreditava, era em grande parte subconsciente e benigno: um sentimento mais do que uma ideologia. Já o nacionalismo, como explicou em "Notas sobre o nacionalismo", escritas quando estava no continente, "é a fome de poder mesclada ao autoengano. Todo nacionalista é capaz da mais flagrante desonestidade, mas também — uma vez que tem consciência de estar a serviço de algo maior do que ele mesmo — está irredutivelmente convencido de estar certo".[91] Orwell relacionou dúzias de exemplos de pessoas que acreditavam em mentiras emocionalmente gratificantes, descartando as verdades inconvenientes, recorrendo a escandalosos critérios duplos e reescrevendo os acontecimentos. Esses são os elementos psicológicos necessários ao duplipensamento, ou "controle da realidade", definido em *1984* como "a capacidade de abrigar simultaneamente na cabeça duas crenças contraditórias e acreditar em ambas [...]. Dizer mentiras deliberadas e ao mesmo tempo acreditar genuinamente nelas; esquecer qualquer fato que tiver se tornado inconveniente e depois, quando ele se tornar de novo necessário, retirá-lo do esquecimento apenas pelo período exigido pelas circunstâncias;

negar a existência da realidade objetiva e ao mesmo tempo tomar conhecimento da realidade que negamos".[92]

O nacionalismo era, para Orwell, a teoria unificadora da psicologia política: uma chave mestra que destravava todos os tipos de preconceitos, falácias e fenômenos mentais perniciosos. Os padrões de pensamento que levaria ao extremo em *1984* brotavam por todos os lados, como ervas daninhas letais. O único herbicida era fazer o "esforço moral" para reconhecer o próprio viés e se submeter a um implacável exame de si mesmo.[93] Orwell argumentava que o antissemitismo, por exemplo, deveria ser investigado "por pessoas conscientes de que não são imunes a esse tipo de emoção".[94] Ele se incluía nesse grupo. Durante a década de 1930, sobretudo em *Na pior em Paris e Londres*, ele mesmo fizera comentários hostis de passagem sobre os judeus, típicos de sua geração e de sua classe, e só durante a guerra faria um esforço para examinar o seu preconceito, embora também tenha negligenciado reconsiderar a homofobia automática e o repúdio irrefletido do feminismo. Ele notou que o consenso de que o antissemitismo era inaceitável não forçava as pessoas, como era de esperar, a examinar os seus preconceitos. Em vez disso, ele as levava a recolocar a definição de maneira a se excluírem, ao mesmo tempo que buscavam exemplos de má conduta por parte dos judeus. "É óbvio que essas acusações só racionalizam preconceitos muito arraigados", escreveu. "De pouco adianta tentar lhes opor fatos e estatísticas e, às vezes, isso pode até ser contraproducente."[95] Na verdade, uma das características do antissemitismo era "uma capacidade de acreditar em relatos que não têm a menor possibilidade de serem verídicos".[96]

Orwell via o preconceito racial como um nervo que podia passar despercebido até ser tocado. Ideologias, como o nazismo, ativavam esse nervo para os seus fins, mas uma ditadura só podia funcionar se contasse com o apoio da massa da população, por malícia, apatia ou medo. A crença de Orwell na autocrítica, tanto no nível pessoal como no nacional, implicava o reconhecimento de que o totalitarismo não era uma enfermidade restrita à Alemanha e à Rússia, mas tinha o potencial de se difundir por qualquer sociedade no planeta. Todo mundo tende naturalmente a achar que está com a razão e a defender as suas posições com qualquer grau de hipocrisia e autoengano que seja necessário. Na Pista de Pouso Um, uma vez inoculado o vírus, pouco importa se o Grande Irmão existe de fato, ou se a Polícia das Ideias está vigiando em determinado momento, porque as mentiras mais poderosas são aquelas que as pessoas contam para si mesmas. Num artigo sobre panfletos, publicado em 1945, Orwell comenta que, em todo o espectro político, "ninguém está buscando a verdade, todos defendem uma 'posição', desconsiderando por completo a imparcialidade e a exatidão, com os fatos mais claramente óbvios sendo ignorados por aqueles que não têm interesse em levá-los em conta [...]. Admitir que um oponente possa ser honesto e inteligente é algo sentido como intolerável".[97]

Ao lermos hoje as "Notas sobre o nacionalismo", podemos acrescentar ao seu catálogo de vieses cognitivos rubricas que não existiam na época: viés confirmatório, filtros-bolha, *backfire effect*, pensamento de grupo.* Orwell estava menos interessado nas personalidades de Hitler e Stálin, sobre os quais escreveu surpreendentemente pouco, do que nos motivos que levaram tantas pessoas comuns a seguir esses líderes. Um desses motivos era a degradação da realidade consensual. Ele descreveu como

* "Pensamento de grupo" [*groupthink*], um termo cunhado pelo psicólogo Irving Janis em 1971 para descrever "uma deterioração da eficiência mental, das comprovações na realidade e dos juízos morais em consequência de pressões de grupos", é uma homenagem explícita à Novafala (Janis, "Groupthink", *Psychology Today*, nov. 1971).

os leitores de jornais, confrontados com uma confusão genuína e uma desonestidade rematada, rendiam-se à ideia de que não havia como determinar a verdade: "A incerteza generalizada quanto ao que de fato está ocorrendo torna mais fácil a adesão a crenças desatinadas".[98]

No dia 4 de junho de 1945, o primeiro programa de rádio feito por Winston Churchill na campanha para eleições gerais mais parecia uma obra de ficção distópica sobre um Estado policial monopartidário. "Não resta dúvida de que o socialismo está inextricavelmente entrelaçado ao totalitarismo e à adoração abjeta do Estado", vituperou ele. "Nenhum governo socialista à frente de toda a vida e a indústria do país poderia se dar ao luxo de permitir a expressão livre, incisiva ou exaltada e descontentamento público. Eles teriam de recorrer a alguma forma de Gestapo, sem dúvida inicialmente sob uma direção muito compassiva."[99]

O líder trabalhista Clement Attlee corretamente identificou o discurso de Churchill como uma "versão de segunda mão" do livro de Hayek, *O caminho da servidão*.[100] Já o público achou esse prognóstico histérico difícil de conciliar com o homem tímido, firme e incorruptivelmente honesto que passara cinco anos ao lado de Churchill na coalizão que governou o país durante a guerra. Embora Attlee tivesse, como notou Orwell, uma semelhança cranial com Lênin, a ninguém ocorreria associá-lo a um homem forte e ávido de poder, sobretudo com a sua voz seca e monótona e conduta circunspecta. A população britânica não estava necessariamente almejando o socialismo — numa pesquisa de 1943, este foi mencionado apenas por 3% das pessoas que esperavam "grandes mudanças" após a guerra[101] —, mas tinha interesse na sociedade mais justa que o Partido Trabalhista propunha no manifesto *Let Us Now Face the Future* [Vamos agora encarar o futuro].

Após voltar de Paris, ao cobrir as eleições para o *Observer*, o plano de Orwell era relatar as opiniões das pessoas comuns, mas elas não corresponderam às suas expectativas. Nos pubs e nos ônibus, as eleições despertavam pouco interesse. "Diante de perigos aterrorizantes e oportunidades políticas promissoras, as pessoas apenas continuam levando adiante as suas vidas, numa espécie de sono penumbroso", queixou-se.[102] Mal informado por políticos frustrados com a campanha e por pesquisas de opinião inadequadas, Orwell previu que o partido de Churchill seria vitorioso por uma pequena margem em 5 de julho. Em vez disso, os trabalhistas conquistaram 393 dos 640 assentos no Parlamento, com uma virada sem precedentes de 12%. "Eu estava equivocado em vários pontos", admitiu Orwell ao avaliar o resultado para a *Partisan Review*, mas "todo mundo, até onde sei, também se equivocou."[103] Assim como os vitoriosos. Na manhã seguinte à apuração dos votos, a embaixada americana em Londres enviou um telegrama a Washington dizendo que "ninguém estava mais surpreso do que os próprios líderes do Partido Trabalhista".[104] No final daquele "dia estranho, dramático e onírico", Mollie Panter-Downes, a correspondente londrina da revista *The New Yorker*, cobriu a celebração no Central Hall de Westminster, onde os trabalhistas cantaram "Jerusalém", e o presidente do partido, Harold Laski, apresentou-se numa brincadeira como "o chefe provisório da Gestapo socialista".[105]

Orwell pode ser desculpado por fracassar como comentarista eleitoral. Mais decepcionante foi o seu entusiasmo reticente por um governo que, a partir de então, fez mais para tornar realidade o socialismo democrático do que qualquer outra administração trabalhista no passado e no futuro. A versão do socialismo adotada por Attlee era patriótica, pragmática, ao mesmo tempo anti-imperialista e antistalinista, baseada nos "bons costumes fundamentais da vida",[106] e inspirada, em sua juventude, pelo utopianismo amistoso de William Morris e Edward Bellamy. A insistência de Attlee no sentido de que o socialismo precisava ser reconfigurado "de acordo com o gênio nativo do povo desse país"[107] era um eco de *O leão e o unicórnio*, e o programa do Partido Trabalhista apresentava uma considerável sobreposição com os seis pontos propostos nesse ensaio.

Orwell, no entanto, era próximo da esquerda do Partido Trabalhista e partilhava a visão desta, que desconfiava da capacidade de governar de Attlee. Recentemente, Bevan, agora ministro da Saúde, dissera que Attlee "traz para o feroz embate político o entusiasmo tépido de uma ociosa tarde estival numa partida de críquete".[108] O *Tribune*, num aceno a H. G. Wells, apelidou Attlee de "o homem invisível".[109] O próprio Orwell certa vez havia comparado o líder trabalhista a "um peixe recém-morto, ainda antes de enrijecer",[110] portanto estava sendo relativamente afável quando chamou Attlee de "incolor" e carente do "magnetismo hoje tão necessário num estadista".[111]* Porém, mesmo preocupado com a capacidade de o governo solucionar os imensos problemas internos e externos, ele achava que a surpreendente e avassaladora vitória do Partido era uma prova bem-vinda de que os britânicos não haviam perdido a cabeça. "Como sinal de vitalidade da democracia", escreveu Orwell na revista americana *Commentary*, "da força dos povos de língua inglesa para seguir adiante sem Führer, o resultado dessa eleição é algo a ser festejado, mesmo se os homens que ela levou ao poder fracassarem por completo."[112] Os cartazes eleitorais com o rosto de Churchill, notou ele, eram

* Apesar disso, Attlee se tornou fã de Orwell. Após a morte de Churchill em 1965, ele diria: "Alguns dos generais no campo de batalha achavam que ele era como o Grande Irmão no livro de Orwell, observando-os o tempo todo de cima do muro" (Lord Attlee, "The Man I Knew". *The Observer*, 31 jan. 1965).

tranquilizadoramente pequenos quando comparados aos cartazes de Stálin ou de De Gaulle.

Enquanto ainda estava no continente europeu, Orwell fez um pedido de última hora à editora Secker & Warburg, para que alterasse uma palavra em *A revolução dos bichos*, na descrição do autocrático porco Napoleão, a fim de refletir o fato de Stálin não ter saído de Moscou durante a invasão alemã. "Achei apenas que a alteração faria justiça a J. S. [Joseph Stálin]", escreveu.[113] "J. S." pode ter sido um tirano assassino, mas isso não era motivo para chamá-lo de covarde. "Para mim, essa única frase é tão esclarecedora sobre o caráter de Orwell quanto qualquer outra", comentou Warburg.[114]

Dois anos depois, Orwell alegou que o impulso por trás do livro remontava à sua estada na Espanha, quando se convenceu de que "a destruição do mito soviético é essencial se quisermos uma retomada do movimento socialista".[115] E vice-versa. Após testemunhar a destruição do idealismo revolucionário em Barcelona, parecia-lhe crucial a criação de uma alternativa viável ao stalinismo. E tal tarefa, em sua opinião, requeria um livro que pudesse ser universalmente entendido em qualquer língua.

A despeito de alguma licença artística no que se refere à cronologia, *A revolução dos bichos* é uma escrupulosa alegoria da história russa desde a revolução até a conferência de Teerã. Cada animal representa um indivíduo — Napoleão é Stálin, Bola de Neve é Trótski, o sr. Frederick é Hitler, e assim por diante — ou um tipo comum. Ao mesmo tempo, porém, e a despeito de sua graça abundante, o relato pode levar às lágrimas até mesmo um leitor que não conhece nada da Rússia. "É uma fábula triste", escreveu Graham Greene, "e uma indicação do requintado talento do sr. Orwell é que ela é de fato triste — e não um mero eco secundário das deficiências humanas."[116] Quando Sansão, o cavalo trabalhador e crédulo, é mandado para o carniceiro, o leitor sente pesar por Sansão, e não por um símbolo inteligente do proletariado russo.

Para Orwell, *A revolução dos bichos* era "uma espécie de conto de fadas, na verdade uma fábula com sentido político".[117] Ele adorava as fábulas, adaptou "A roupa nova do rei" e "Chapeuzinho Vermelho" para o rádio, e até pensou numa versão de "Cinderela", que achava "o máximo".[118] A tragédia no terreiro de uma granja é algo que uma criança pode sentir intensamente: esperanças frustradas, a bondade atraiçoada, as mentiras que ficam sem punição. Entre essas crianças estava Margaret Atwood aos nove anos de idade. "Dizer que fiquei horrorizada com esse livro seria pouco", recordou a escritora. "O destino dos animais da granja era tão sombrio, os porcos, tão maldosos e mentirosos e traiçoeiros, as ovelhas, tão estúpidas. As crianças têm um aguçado senso de injustiça, e isso foi o que mais me contrariou: os porcos eram tão *injustos*."[119]

A revolução dos bichos pode ser lido como uma etapa anterior do tema de *1984*: primeiro a revolução traída, depois o triunfo da tirania. Embora existam referências passageiras a uma revolução e a uma guerra civil em Oceânia, pouco depois de uma guerra nuclear limitada, não há nenhuma descrição clara de como o Socing tomou e consolidou o poder. Contudo, *A revolução dos bichos* sugere claramente como isso se deu, com Bola de Neve aparecendo como uma versão mais jovem do "mago sinistro" Goldstein, transfigurado pela paranoia numa "espécie de entidade invisível, impregnando o ar à sua volta e ameaçando-os com toda espécie de perigos".[120] Na verdade, um rascunho inicial de *1984* acenava à *Revolução dos bichos* ao fazer com que O'Brien comparasse a improbabilidade de um levante dos proletas com a "possibilidade teórica de que um dia os animais pudessem se revoltar contra a humanidade e conquistar a terra".[121]

Os dois livros também compartilham uma obsessão pela erosão e pela corrupção da memória. Em *1984*, o verbo *lembrar-se* aparece 110 vezes, *memória*, 47 vezes, e *esquecer* ou *esquecido*, 46. Enquanto em Oceânia a manipulação do passado é um sofisticado processo industrial, em *A revolução dos bichos* ele é descrito com uma ambiguidade sinistra, como se fosse uma fórmula mágica: "Todos se lembravam [...] ou pelo menos julgavam se lembrar".[122] Apenas o leitor consegue notar com clareza como as lembranças dos animais vão sendo pouco a pouco obliteradas.

Primeiro, por meio da falsificação das evidências. Os sete mandamentos da revolução são aos poucos emendados e acabam reduzidos a uma famosa frase paradoxal: "TODOS OS BICHOS SÃO IGUAIS, MAS ALGUNS BICHOS SÃO MAIS IGUAIS DO QUE OUTROS".[123] Diante do protesto dos outros animais, Garganta, o ajudante de Napoleão, pergunta: "Vocês estão certos de que não sonharam? Existe algum registro dessa resolução? Está escrita em algum lugar?".[124] Claro que não está, e portanto eles devem ter se enganado. E se Garganta tem estatísticas "comprovando" que a vida agora está melhor, então deve estar melhor mesmo. Winston Smith lembra que havia aeroplanos em sua infância, portanto eles não poderiam ter sido inventados pelo Partido, "só que era impossível provar o que quer que fosse. Nunca havia a menor prova de nada".[125]

Em segundo lugar, por meio da infalibilidade do líder. Quando Sansão jura que Bola de Neve foi um herói de guerra, e não um traidor desde o princípio, Garganta cita Napoleão como autoridade indiscutível. "Se é o que diz o Camarada Napoleão, deve estar certo", cede Sansão.[126] O poeta propagandista Mínimo o glorifica como uma figura onisciente e divina (ou como o Grande Irmão): "Zelas tu por nós na solidão, Camarada Napoleão!".[127]

Terceiro, por meio da língua. Apenas os porcos, os "trabalhadores intelectuais", sabem escrever, e por isso só eles controlam a narrativa. Quando abreviam o vocabulário ("Quatro pernas bom, duas pernas ruim" é uma proto-Novafala),[128] eles estreitam o âmbito do pensamento. Outras ideias são abafadas pelos slogans balidos pelas ovelhas, ou expressas de forma inarticulada. Maricota sabe que não foi isso pelo qual lutaram e se esfalfaram os animais, "embora não tivesse palavras para dizer isso".[129] Na Novafala, do mesmo modo, não há como articular a discordância, pois "não vai haver palavras para expressá-la".[130]

Por último, por meio do tempo. Os velhos revolucionários se afastam ou morrem, ao passo que novos animais nascem ou são adquiridos: uma geração de Gletkins quadrúpedes que nada têm a esquecer. Winston Smith reflete que, no prazo de vinte anos, "a imensa e simples questão, 'A vida era melhor antes da Revolução do que agora?', deixaria de uma vez por todas de ter uma resposta".[131] A guerra contra a memória estaria encerrada.

Em junho de 1945, Orwell disse a Warburg que havia escrito doze páginas de seu próximo romance e contratado uma empregada para ajudá-lo a cuidar de Richard. Susan Watson adorava o novo patrão, e ele apreciava o modo como a vivacidade dela trouxera luz para um lar empoeirado de tanto pesar. Ele também gostava do bolo de chocolate que ela preparava. "Uma vez o bolo ficou massudo", recordou ela, "mas ele gostava quando não assavam direito, sabe. Ele gostava de coisas que não davam muito certo."[132]

De fato ele era assim. Num nível fundamental, Orwell estava convencido de ser um fracasso, alguém acostumado à derrota. Warburg notou que ele "não gostava de ser associado a nada que fosse muito poderoso ou bem-sucedido".[133] Muitos dos amigos de Orwell, contudo, acreditavam que ele estava fadado à grandeza. Em setembro de 1941, Inez Holden fora a um almoço no congresso mundial do PEN a que estavam presentes Arthur Koestler, Cyril Connolly e Stevie Smith — e ali Koestler apostara cinco garrafas de borgonha que, antes de cinco anos, Orwell estaria entre os escritores mais vendidos.[134]

Koestler ganhou a aposta com a margem de um ano. Lançado no dia 17 de agosto, *A revolução dos bichos* rapidamente esgotou a tiragem inicial que a Secker & Warburg imprimira com o papel então disponível: quase 20 mil exemplares. Orwell sentiu orgulho ao poder, afinal, pagar a conta de um almoço com Warburg. Ele ficou agradavelmente chocado, dada a dificuldade para encontrar uma editora, pelo coro de elogios entoados pelos críticos, com a inevitável exceção dos jornais *The Daily Worker* e *The New Statesman*. As edições estrangeiras traduzidas granjearam ainda mais aplausos, mesmo se as únicas palavras que ele conseguia entender em algumas resenhas eram *Swift* e *Gulliver*.[135] "Fiquei surpreso com as reações negativas que ele *não* despertou", comentou com Philip Rahv, um dos fundadores da *Partisan Review*.[136] O único motivo de queixa para Orwell era o fato de algumas livrarias terem equivocadamente colocado o livro na seção infantil, e ele próprio se dava ao trabalho de mover os exemplares para estantes mais apropriadas.[137]

A revolução dos bichos também foi um sucesso entre pessoas que ele nunca tentara impressionar. O filho de Churchill, Randolph, pediu o livro emprestado; comentava-se que a rainha o lera; Lord Beaverbrook, o barão da imprensa acintosamente direitista, que Orwell de maneira memorável descrevera como "parecendo mais um macaco de bengala do que se imaginaria possível para alguém que não estivesse fazendo isso de propósito",[138] o convidou para um almoço. Não demorou para que Orwell se visse obrigado a lembrar aos admiradores que, na verdade, ele continuava sendo socialista. Quando a duquesa de Atholl o convidou para falar numa reunião da direitista League for European Freedom [Liga para a Liberdade Europeia], ele explicou que não podia respeitar uma organização que defendia a liberdade na Europa, mas não na Índia. "Pertenço à esquerda e é no âmbito dela que preciso atuar", respondeu à duquesa, "por mais que odeie o totalitarismo russo e sua influência tóxica neste país."[139]

Em Paris, Orwell comentara com A. J. Ayer que temia a possibilidade de comprazer os inimigos políticos.[140] William Empson expressou a mesma preocupação numa carta amistosa: "O perigo desse tipo de perfeição é que significa coisas muito diversas para cada leitor [...]. Achei que valia a pena alertá-lo [...] que você pode esperar ser 'mal-entendido' em grande escala com esse livro; ele tem uma forma que, por si mesma, significa mais do que o pretendido pelo autor, quando este a trata de maneira suficientemente boa".[141] O autor de *Seven Types of Ambiguity* [Sete tipos de ambiguidade] estava absoluta e duplamente certo, pois tudo o que disse de *A revolução dos bichos* valeria também para *1984*.

Os aplausos vindos da direita provocaram desconfianças na esquerda, em grande parte devido à incerteza quanto ao que Orwell estava dizendo da revolução.* Alguns amigos de Dwight Macdonald, que fora editor da *Partisan Review*, concluíram que a mensagem do livro era "ao diabo com isso e viva o statu quo".[142] Kingsley Martin, um velho adversário de Orwell, o acusou de "chegar ao esgotamento do idealismo e se aproximar da banalidade do cinismo",[143] e vislumbrou o autor em Benjamim, o burro velho e taciturno para quem a vida não passa de "fome, cansaço e decepção", seja quem for que esteja no comando.[144] Porém, Benjamim soa muito mais como um conservador pessimista do que como Orwell, que deixou evidente em seu ensaio sobre Koestler

* Ayn Rand de algum modo conseguiu ver no livro "a pregação mais piegas e sentimentaloide do comunismo [...] que já vi desde muito" (Robert Mayhew (org.), Essays on Ayn Rand's *Anthem*. Minneapolis: Lexington Books, 2005, p. 153).

que é possível rejeitar a possibilidade do paraíso terreno sem abandonar a ideia de que a vida pode ser melhorada.

É de notar que não há nenhum substituto de Lênin em *A revolução dos bichos*. Ao incorporar as melhores qualidades de Lênin no velho Major, um porco visionário, e as piores no porco Napoleão, Orwell deixou ambígua a conclusão, ainda que, logo após a publicação do livro, tenha afirmado que "todas as sementes do mal estavam presentes desde o princípio e [...] as coisas não teriam sido substancialmente diferentes caso Lênin ou Trótski tivesse permanecido no comando".[145] Todavia, quando se lê *A revolução dos bichos* simplesmente como um livro antirrevolucionário, a conclusão a que se chega é de que Orwell preferia o sr. Jones. A retórica do velho Major é verdadeiramente inspiradora, o entusiasmo pós-revolucionário dos animais é justificável. "O aspecto mais animador da atividade revolucionária é que, embora sempre fracasse, ela sempre continua", escreveu Orwell em 1948. "A visão de um mundo com seres humanos livres e iguais, convivendo num estado de fraternidade [...] nunca se concretiza, mas a crença nisso aparentemente nunca se extingue."[146]

Para Orwell, o ponto de inflexão da narrativa ocorre quando os outros animais permitem que os porcos monopolizem o leite e as maçãs, um episódio que representa o esmagamento da rebelião do Kronstadt em 1921, a derradeira manifestação do socialismo democrático na Rússia. "Se as pessoas acham que estou defendendo o statu quo", disse ele a Macdonald, "isso se deve, na minha opinião, porque elas se tornaram pessimistas e assumem que não há alternativa além da ditadura ou do capitalismo laissez-faire."[147] *A revolução dos bichos* não seria tão triste sem o conhecimento de que as coisas poderiam ter se passado de outro modo.

A revolução dos bichos foi publicado, por pouco, já no mundo do pós-guerra. Em abril, de Paris, Orwell escrevera a David Astor se oferecendo para viajar à Birmânia em novembro, a fim de documentar as derradeiras etapas da guerra contra o Japão para o *Observer*, mas o conflito chegou ao fim mais cedo do que ele previa. No dia 14 de agosto, três dias antes do lançamento de *A revolução dos bichos*, Orwell estava na Fleet Street, onde se concentravam os grandes jornais, quando correu a notícia de que o Japão estava prestes a se render. Os empregados dos escritórios picaram papéis e despejaram confetes nas pessoas que celebravam na rua. Previsivelmente, Orwell reagiu com irritação: "Na Inglaterra, não há como arrumar papel para imprimir livros, mas aparentemente não falta para esse tipo de coisa".[148]

A alegria durou pouco. O racionamento, a grave escassez de moradias e o encerramento abrupto do programa americano de ajuda provocaram uma sensação generalizada de anticlímax e desalento. Uma pesquisa do instituto Mass-Observation, realizada em junho, constatou que apenas um em cada sete londrinos estava "feliz ou animado" com o fim das hostilidades, e 40% deles estavam preocupados ou deprimidos.[149] "A atmosfera do país me parece menos revolucionária, menos utópica e até menos esperançosa do que em 1940 ou 1942", escreveu Orwell na mais recente "Carta de Londres".[150] Ele ficou constrangido ao levar um visitante da Itália, Ignazio Silone, para almoçar numa cidade tão suja, até que Silone comentou que, comparada a Roma, até que Londres estava bem melhor.

Na revista *The New Yorker*, Mollie Panter-Downes escreveu que os britânicos estavam se adaptando à realidade de uma "enorme blitz econômica": "Quase que a única coisa de que têm certeza absoluta agora é que na paz a sobrevivência vai ser tão difícil quanto foi na guerra". O gosto da vitória também se toldou com as implicações das duas bombas atômicas que os Estados Unidos haviam jogado sobre Hiroshima e Nagasaki. "Na Inglaterra, como em outros lugares", escreveu Panter-Downes, "a sombra da energia atômica, esse enorme e potencial monstro de Frankenstein, tomba obscuramente sobre as bandeiras e flâmulas da vitória, enregelando quase todos os corações."[151]

Na opinião de Orwell, essa evolução chocante tornava o novo romance de C. S. Lewis, *That Hideous Strength* [Essa força medonha], sobre um grupo de cientistas que conspiram para escravizar o mundo, "atual demais",[152] e fazia com que o derradeiro livro de H. G. Wells, o apocalipticamente desalentado *Mind at the End of Its Tether* [A mente no limite de suas forças], fosse mais crível do que teria sido em outras circunstâncias. "Este não é um momento no qual é possível simplesmente desconsiderar a afirmação de que a humanidade está condenada", escreveu Orwell na resenha. "É bem provável que esteja mesmo."[153]

Num presciente artigo para o *Tribune*, intitulado "You and the Atom Bomb" ["Você e a bomba atômica"], Orwell sugeria que essa era uma arma que talvez provasse afinal que Burnham estava certo, ao imobilizar os Estados Unidos e a União Soviética (assim que desenvolvesse a sua própria bomba) num prolongado e paranoico impasse. Agora ele podia visualizar "o tipo de visão de mundo, o tipo de crença e a estrutura social que provavelmente prevaleceriam num Estado que era ao mesmo tempo *invencível* e em permanente estado de 'guerra fria' com os vizinhos".[154] O pequeno confronto nuclear em segundo plano em *1984* é bem menos convincente do que a sugestão avançada por Orwell dois anos depois, de "que o medo inspirado pela bomba atômica e outras armas que vão surgir será tão grande que todos vão se abster de usá-las".[155] Depois de inventar a expressão "guerra fria", ele também já antecipava a chamada doutrina da destruição mútua assegurada.

Em meio ao mal-estar do pós-guerra, os amigos de Orwell tinham a impressão de que ele estava ainda mais emaciado e exaurido do que o normal. Ele precisava desesperadamente de uma mudança. Durante cinco anos Orwell sonhara em se entocar numa ilha das Hébridas. Bem conectado, David Astor lhe recomendou a ilha de Jura, nas Hébridas Interiores, onde tinha uma propriedade. Robin Fletcher, o *laird* [lorde] de Jura, e sua esposa, Margaret, eram donos de uma remota casa rural, Barnhill, e precisavam de um inquilino para evitar que virasse uma ruína. Orwell começara a fazer planos para se instalar lá quando Eileen ainda estava viva. No mês de setembro, ele afinal empreendeu sozinho a longa viagem ao norte e passou as suas primeiras duas semanas na casa em que iria escrever *1984*.

8. Todo livro é um fracasso

Orwell 1946-8

Marcar o papel era o ato decisivo.
George Orwell, *1984*[1]

Certa vez Orwell afirmou que *1984* "não teria ficado tão soturno se eu não estivesse tão doente".[2] Os indícios contam outra história. Nos últimos dias de 1945, os leitores do *Tribune* se viram diante de um desalentador artigo intitulado "O almanaque do velho George". O título fora concebido para dar um ar semicômico às previsões de Orwell para 1946, que incluíam crise econômica, ressurgimento do fascismo, "guerras civis, bombardeios, execuções públicas, surtos de fome e de epidemias, e renascenças religiosas". Feliz Ano-Novo! "Alguém poderia contestar que as minhas predições são sombrias demais", concluía. "Mas serão de fato? Acho que vão mostrar, pelo contrário, que fui otimista demais."[3] Nessa mesma época, saindo de um almoço com Orwell, o poeta e crítico Herbert Read, que nada tinha de Poliana, exclamou: "Santo Deus, Orwell *é* mesmo um tipo deprimido!".[4]

Essa historieta dá a impressão de que Orwell era o sujeito mais fatalista de Londres, mas a verdade é que não detinha o monopólio sobre o pessimismo. Na introdução à edição de 1946 de *Admirável mundo novo*, Aldous Huxley previu uma epidemia mundial de totalitarismo, que embalaria as populações cativas por meio de drogas, promiscuidade sexual e engenharia genética. E lhe parecia que os seiscentos anos de contagem regressiva até a distopia, tal como consta do romance, haviam resultado de um otimismo excessivo: "Hoje, parece bem possível que o horror venha a nos alcançar num único século. Isto é, se conseguirmos não explodir o mundo em pedacinhos até lá".[5] No mesmo ano, Albert Camus escreveu que "o século xx é o século do pavor".[6]

Ou seja, mais do que projetando no mundo algum excêntrico tormento privado, Orwell estava amplificando um sentimento de desconforto generalizado, ocasionado pela bomba atômica. Como afirmou numa "Carta de Londres" de 1946, "nenhuma pessoa ponderada que conheço traça um quadro esperançoso do futuro".[7] Apesar disso tudo, continuava sendo excelente companhia. Um de seus companheiros de almoço, Michael Meyer, o considerava "o comentarista de política mais bem informado e mais esclarecedor que conheci. A conversa dele era como a sua prosa, despretensiosa, lúcida, espirituosa e compassiva".[8] Outro escritor, Christopher Sykes, recordou que, sempre que se encontravam, "falávamos de assuntos melancólicos — e era muito prazeroso".[9]

Havia algo de frenético na atividade de Orwell após a guerra. Talvez fosse o derradeiro entusiasmo como jornalista em tempo integral e como londrino, ou talvez preenchesse todas as horas para que não restasse espaço para o sofrimento. Ele trabalhava como um operário padrão, à maneira de Stakhanov, e socializava como nunca: chá em Canonbury Square com velhos amigos como Fyvel e Potts, e almoços na Fleet Street com conhecidos do mundo literário, como Malcolm Muggeridge, Julian Symons e Anthony Powell — o primeiro grupo de amigos a conhecê-lo apenas como George, e nunca como Eric. Embora exaltasse o homem comum, passava a maior parte do tempo com indivíduos incomuns. Muggeridge se recordava de um almoço animado com Orwell, Symons e outro escritor: "Todos nós éramos anticomunistas, mas por motivos distintos, e era interessante ver como discordávamos a respeito da nossa concordância".[10]

A despeito da aversão a grupos e comitês, Orwell aceitou se tornar vice-presidente do Comitê de Defesa da Liberdade — organizado por George Woodcock e com apoiadores politicamente diversos, dentre os quais E. M. Forster, T.S. Eliot, Bertrand Russell e Victor Gollancz —, que defendia uma anistia para todos aqueles sentenciados sob a draconiana legislação da época de guerra, fossem eles anarquistas, comunistas ou fascistas. Um leitor do *Tribune* acusou Orwell de ter "uma atração irresistível por causas impopulares simplesmente por serem impopulares", mas havia anos que defendia que um ato é certo ou errado independentemente de quem o fizesse.[11] Quando se suprimem os direitos políticos dos adversários políticos, mais cedo ou mais tarde estes certamente vão agir da mesma forma. Ele tinha, portanto, imenso orgulho em dizer que, durante a guerra, defendera os direitos tanto de Oswald Mosley (uma vez que este deixara de ser perigoso) como do *Daily Worker*, apesar de seu intenso desapreço por ambos. Como disse a Woodcock, "ninguém deve ser perseguido por expressar suas opiniões, por mais antissociais, & nenhuma organização política suprimida, a menos que se comprove *uma ameaça substancial à estabilidade do Estado*".[12]*

* Orwell era menos rigoroso no caso de sanções não oficiais. Quando Ezra Pound foi execrado por seus programas de rádio virulentamente antissemitas e pró-fascistas durante a guerra, Orwell não acorreu em sua defesa: "O antissemitismo [...] simplesmente não é a doutrina de uma pessoa adulta. Aqueles que seguem por esse caminho têm de arcar com as consequências" (Orwell, "As I Please", *Tribune*, 28 jan. 1944, *CW XVI*, 2412, p. 81).

Orwell também tentou preencher o vazio emocional deixado pela morte de Eileen, por meio de uma série de propostas de casamento desesperadamente inaptas a mulheres mais jovens: Celia Paget, irmã gêmea da companheira de Koestler, Mamaine, e prima de Inez Holden; Sonia Brownell, protegida de Cyril Connolly na *Horizon* e famosa por ser atraente; e Anne Popham, a historiadora da arte que era a sua vizinha do andar de baixo. "É apenas porque às vezes me sinto desesperadamente sozinho", disse a Popham, se desculpando por tê-la colocado numa situação constrangedora. "Tenho centenas de amigos, mas nenhuma mulher que se interesse por mim e possa me estimular."[13] Isso parece um tanto desprovido de romantismo, mas ainda é muito melhor do que o pedido de casamento, sombriamente pragmático, na carta que enviou em seguida: "O que na verdade estou pedindo é se você aceitaria ser a viúva de um literato".[14] Obviamente, Popham não se mostrou muito entusiasmada.

Assim, restava o trabalho. Orwell estava escrevendo dois ou três artigos por semana, para mais de meia dúzia de publicações. Somente quando começou a tossir sangue, resultado de uma hemorragia tubercular não diagnosticada, ele se dispôs a tirar uma semana de folga em fevereiro. A maioria das suas cartas contém queixas sobre a quantidade de trabalho ("sufocado pelo jornalismo")[15] e votos de largar tudo para se dedicar apenas ao livro. "Provavelmente vai dar uma trabalheira infernal no início, mas acho que com seis meses inteiros consigo superar o mais difícil", disse a Popham.[16]

Quando se lê tudo o que Orwell produziu entre outubro de 1945 e maio de 1946, duas coisas se destacam. Uma é que o seu estilo amadureceu de tal modo que muito pouco do que escreveu revela sinais de tensão ou de precipitação. A outra é que quase tudo, em retrospecto, parece pertinente a *1984*, até mesmo no caso de frases e imagens específicas. Ele não tinha o menor problema em reutilizar uma frase bem torneada.

O livro havia então se instalado permanentemente em sua cabeça. "Em vários jantares e chás e almoços e drinques rápidos em bares, eu o ouvi expondo quase todas as ideias expressas em *1984*", lembrou George Woodcock, "embora nada soubesse do enredo até o livro ser publicado."[17]

Orwell não podia deixar de explorar as implicações sinistras de qualquer novo desenvolvimento. Ele se preocupava com o fato de que os conjuntos habitacionais muito necessários, que estavam sendo construídos por todo o país, podiam se tornar "colônias que poupam trabalho onde [as pessoas] vão perder muito de sua privacidade",[18] e descrevia os acampamentos de férias, como o de Butlin, como se pertencessem a Estados policiais, oferecendo o tipo de recreação comunitária compulsória e os exercícios regrados que afligem Winston na Pista de Pouso Um. Em "A prevenção contra a literatura", um brilhante resumo de suas ideias sobre arte, política e a necessidade fundamental das mentiras no totalitarismo, ele recorreu aos desenhos animados da Disney para ilustrar o "processo quase industrial"[19] por meio do qual o entretenimento massificado poderia ser produzido mecanicamente no futuro. Ainda que o exemplo possa ter sido injusto com os desenhistas de animação, isso o levou ao Departamento de Ficção no Ministério da Verdade.

Por outro lado, os elegantes e breves artigos sobre a xícara de chá perfeita, o pub ideal e o apelo meditativo de sapos se acasalando exprimiam valores que mereciam ser arrancados da boca da política: "As bombas atômicas estão se acumulando nas fábricas, a polícia patrulha as cidades, as mentiras continuam a ser despejadas de alto-falantes, mas a Terra continua a girar em torno do Sol, e nem os ditadores nem os burocratas, por mais que desaprovem o processo, conseguem impedi-lo".[20] A descrição que faz de uma arquetípica loja de objetos usados, numa coluna para o *Evening Standard*,[21] pode ser lida como uma prefiguração da loja de Mr. Charrington, incluindo o peso de papel de coral apreciado por Winston Smith, bem como uma caneta-tinteiro, o nome Shakespeare ou a canção "Sem casca nem semente", como provas conclusivas da vida antes do Socing.

Todos os fios estavam se juntando. "In Front of Your Nose" ["Debaixo do seu nariz"] mostra Orwell mapeando o processo do duplipensamento, ou "esquizofrenia política": "O poder de sustentar ao mesmo tempo duas crenças que se anulam. Estreitamente aliado a isso é o poder de ignorar fatos óbvios e inalteráveis, e que terão de ser enfrentados mais cedo ou mais tarde".[22] Mesmo quando confrontadas com os seus erros, notou ele, as pessoas tinham uma propensão a torcer os fatos, ou abandonar as opiniões anteriores, a fim de indicar que estavam certas desde o início. "Ver o que está debaixo do nosso nariz é um esforço constante."[23] Orwell estava estudando as formas pelas quais as pessoas mentiam para si mesmas, sem que fossem forçadas a tanto por um Estado totalitário. A tirania precisa de cúmplices.

Woodcock notou que outra das inquietações de Orwell era "a maneira pela qual a preocupação com a liberdade e a verdade havia se deteriorado na consciência pública". Em "A liberdade do parque", Orwell chamava a atenção dos leitores do *Tribune* para a detenção por obstrução de cinco pessoas que vendiam jornais pacifistas fora do Hyde Park — um incidente menor, mas um lembrete ameaçador de algo que os cidadãos de democracias maduras tendem a esquecer: "O problema é que a relativa liberdade de que desfrutamos depende da opinião pública. A lei não é nenhuma proteção".[24] O argumento de que as pessoas somente desfrutariam da liberdade de expressão, ou de qualquer outra liberdade, se tivessem suficiente apreço para exigi-las está por trás dos proletas em *1984*, que têm um enorme poder mas não fazem uso dele.

Se o direito de falar era crucial, igualmente importante era a qualidade do que se dizia. O ensaio "A política e a língua inglesa", que Orwell publicou em *Horizon*, foi usado para ensinar gerações de estudantes a escrever de forma clara. Para ser honesto, o ensaio é um tanto confuso, misturando exemplos incisivos das "falcatruas e perversões"[25] da prosa ruim com uma miscelânea peculiar daquilo que o irritava. Até a relação entre a degradação da política e a corrupção da linguagem não é tão simples quanto faz parecer: você pode enganar usando palavras monossilábicas (Guerra é Paz) e expor uma grande verdade por meio de um clichê. Mas o que muitas vezes faz falta é a humildade de Orwell. Ele admite que as suas "regras" — na verdade, aspirações — não são impositivas e, de qualquer modo, nesse mesmo ensaio ele transgride algumas delas. Ainda assim, poucos não concordariam que "a ortodoxia, de qualquer cor, parece exigir um estilo imitativo e sem vida",[26] tampouco que a ponderação cuidadosa das palavras que usamos ajuda a aprimorar as nossas ideias. Somente ao depurar a barafunda verbal é possível entender com clareza não apenas o que pensamos mas também como pensamos. O objetivo é escrever de tal modo que não seja possível mentir para si mesmo sem estar plenamente consciente de que é isso o que se está fazendo.

"Por que escrevo", encomendado por uma revista literária trimensal de breve existência intitulada *Gangrel*, ajudou Orwell a definir as suas prioridades enquanto se preparava para iniciar *1984*. No ensaio, ele afirma que quatro motivos principais lutam para se impor na mente de todo escritor — o ego, o entusiasmo estético, o impulso histórico e o objetivo político — e conclui que as suas melhores obras desde 1936 foram eletrizadas pelo último desses motivos. Ele escreve porque "existe uma mentira que pretendo expor, um fato para o qual pretendo chamar a atenção, e minha preocupação inicial é atingir um público".[27] Sem uma missão que dê um foco à sua pena, o que escreve não passa de uma bobagem desprovida de vida. E o seu romance seguinte, promete, tem uma missão. "Será fatalmente um fracasso, todo livro é um fracasso, porém tenho uma noção clara do tipo de livro que pretendo escrever."[28]

Os últimos artigos jornalísticos produzidos por Orwell, antes do intervalo que se impôs, revelavam uma vontade de mudança. Duas belas matérias sobre prestar mais atenção na natureza contrastavam com um comentário de humor negro sobre a rotina extenuante de escrever resenhas literárias. Na derradeira "Carta de Londres", observa que, a despeito da chegada da primavera, Londres continuava "tão cediça e imunda como sempre".[29] Era hora de partir.

A viagem de Orwell à ilha de Jura foi adiada pela morte inesperada de sua irmã mais velha, Marjorie, por uma enfermidade renal, em 3 de maio. Em pouco mais de três anos, ele perdera a mãe, a esposa e uma irmã. Acompanhado da irmã mais nova, Avril, Orwell afinal desembarcou na ilha no final do mês.

É na ilha de Jura que se consolida o mito em torno de *1984*: a imagem contundente de um homem triste e enfermo que se encerra num rochedo remoto no meio do gélido mar tremeluzente, tomado de um desespero aflitivo em relação ao seu futuro e ao do mundo, a fim de escrever um livro que o levou à morte. Entre outras coisas, esse clichê presta um desserviço a Jura, que tem um clima temperado (ainda que úmido) e uma beleza agreste e espantosa. Situada na extremidade norte de uma ilha com menos de trezentos habitantes, Barnhill certamente é um lugar remoto: fica a onze quilômetros do vilarejo mais próximo, Ardlussa, seguindo por uma estradinha ruim, e a 32 quilômetros da cidadezinha principal da ilha, Craighouse. Precária mas habitável, a casa de quatro quartos não tinha telefone nem era visitada pelo carteiro. O suprimento de água e de combustível era incerto. O hospital mais próximo ficava em Glasgow — um trajeto que requeria tomar um táxi, dois barcos, um ônibus e um trem —, o que faz de Jura uma escolha imprudente para alguém doente. A despeito disso, Orwell adorava o lugar, sobretudo depois de Susan Watson chegar lá com Richard. Para uma personalidade tão ascética, a adversidade sem dúvida contribuía para a atração do local. Jura proporcionava a vida que Eileen havia almejado nas últimas cartas: ar fresco, família e ficção.

Orwell não pretendia virar um ermitão, e logo convidou muitos dos seus amigos para visitá-lo. Entre os que empreenderam a longa viagem estavam o escritor indiano Mulk Raj Anand, que conhecera na BBC, e Inez Holden, recém-chegada de Nuremberg, onde cobrira os julgamentos dos criminosos de guerra. Ele também fez amizade com o proprietário da casa, Robin Fletcher, que lhe contou de sua experiência num campo de concentração japonês. Paul Potts, o poeta que fora seu companheiro regular nos pubs de Islington, ficou lá por alguns meses, antes de partir ofendido depois de Orwell usar o seu manuscrito mais recente para acender a lareira. Outro hóspede difícil foi o namorado de Watson, um jovem ex-soldado e comunista chamado David Holbrook, que achou Orwell "um velho bugre ranzinza e hostil [...]. Era aflitivo ver esse homem apartando-se cada vez mais da humanidade e desabafando o seu desespero amargo".[30]

Não é bem essa a impressão que se tem das cartas e diários, nos quais Orwell se mostrava encantado com a nova rotina rústica: plantando frutas e legumes, caçando coelhos, criando gansos e pescando cavalinha, pescada-polaca e lagosta. A certa altura, até mesmo cuidou de um porco, embora este só tenha confirmado a opinião desfavorável que expressara em *A revolução dos bichos*:

"Eles são os animais mais irritantes e destrutivos, e é difícil mantê-los longe de tudo pois são muito fortes e espertos".[31] Aos amigos dizia que o domicílio remoto e a independência alimentar seriam úteis em caso de guerra nuclear, pois a ilha de Jura "não merecia uma bomba".[32] Aparentemente, ele não estava brincando.

Quanto ao romance a que tanto queria se dedicar, bem, liberado da rotina extenuante do jornalismo, Orwell acabou constatando que não estava assim tão ansioso para escrever. Os procrastinadores crônicos vão apreciar a série de cartas nas quais Orwell animadamente explica por que ainda não começou o livro e empurra a data de conclusão para, no mínimo, o final de 1947. Somente no fim de setembro, numa carta para Humphrey Slater, o editor de *Polemic*, conta que tinha começado a trabalhar: "Por fim iniciei o romance sobre o futuro, mas foram apenas cerca de cinquenta páginas, e sabe Deus quando vou acabar. Seja como for, já é alguma coisa o fato de ter começado".[33] Quando estava se sentindo bem e o tempo era ameno, ele trabalhava na sala; de outro modo, datilografava no quarto-estúdio em meio à névoa de fumaça dos cigarros e do fumo de parafina. É provável que as primeiras pessoas a ler trechos de *1984* tenham sido Watson e Holbrook, que se esgueiravam no quarto para espiar algumas páginas. "Aquilo parecia apenas uma ausência deprimente de esperança, como era típico dele em relação a tudo", foi a impressão despeitada de Holbrook.[34] O mais provável é que essas páginas iniciais incluíssem o primeiro rascunho do livro de Goldstein. Embora alguns leitores o achem longo e indigesto demais, ali estão os motivos que levaram Orwell a escrever o romance. As ideias, e não o enredo, eram a sua maneira de entrar no tema.

Naquele verão, o único artigo que Orwell conseguiu concluir em Jura sugere que estava elaborando as questões levantadas pelo romance. O título de "Política versus literatura: Uma análise das *Viagens de Gulliver*" surgiu da dissonância entre o desacordo fundamental de Orwell em relação a Swift — misantropo, reacionário, "uma dessas pessoas levadas a um tipo de conservadorismo perverso pelos desatinos da ala progressista do movimento"[35] — e o prazer que tinha com *Gulliver*. Os *Critical Essays* [Ensaios críticos], publicados no início de 1947, estavam obcecados por essa ideia. O fato de Kipling ser um imperialista tosco, Yeats, um protofascista, e Dalí, um maníaco sustentava Orwell, não diminuía a qualidade de suas obras. Mas esses fatos tampouco eram irrelevantes: "É preciso ser capaz de manter na cabeça simultaneamente os dois fatos: o de que Dalí é um bom desenhista e o de que é um ser humano detestável. Uma perspectiva não invalida nem, em certo sentido, afeta a outra".[36] Quando os valores políticos ou morais se chocam com o juízo literário, diria mais tarde, há a tentação de se dizer: "Este livro está do meu lado, por isso tenho de descobrir os seus méritos".[37] Em contrapartida, os méritos de um livro que *não* esteja do seu lado têm de ser atenuados. Orwell tinha a preocupação de fazer o oposto. Como crítico, o seu dever era, sem se desculpar por isso, deixar claros os juízos tanto morais como estéticos, e não confundir estes e aqueles.

Para Orwell, Swift apela a esse elemento sombrio da natureza humana que de fato desconfia que essa natureza está atolada em corrupção, loucura e imundície, e fica excitado com a visão do pior, mas apenas na medida em que este é temporário. O que Swift descreveu estava longe de ser toda a verdade, mas não era uma mentira. Isso é o que pensava Orwell nesse primeiro verão na ilha de Jura: a técnica satírica de "eleger uma única verdade oculta e então amplificá-la e distorcê-la".[38] Sim, isso poderia funcionar.

H. G. Wells morreu sozinho em casa, no dia 13 de agosto de 1946, poucas semanas antes de completar oitenta anos. No bem-humorado "My Auto-Obituary" ["Meu auto-obituário"], de alguns anos antes, ele imaginara que era espancado por fascistas em 1948 e encarcerado pela "breve ditadura comunista de 1952"[39] antes de morrer em 1963, mas o destino tinha outros planos para ele.

No dia seguinte, o *Manchester Evening News* publicou um obituário que Orwell compusera nove meses antes. Embora fosse uma decepcionante retomada metódica de seus juízos anteriores (ou seja, de que as décadas que Wells dedicara a clamar por um Estado mundial haviam toldado o brilho dos primeiros romances), Orwell deixava transparecer uma ternura e um respeito inalterados pelo seu relacionamento desafortunado com Wells: "Era um personagem tão desmesurado, desempenhou papel tão importante na formação da nossa visão do mundo, que, ao concordar ou discordar de suas ideias, somos propensos a esquecer de suas realizações estritamente literárias".[40]

No prefácio comicamente breve que escreveu em 1941 para uma nova edição de *A guerra no ar*, Wells propusera o seu próprio epitáfio: "Não digam que não avisei. Seus *malditos* tolos".[41]

Quando Orwell voltou a Londres para passar o inverno, o deus do dinheiro afinal sorriu do outro lado do Atlântico: "Nos Estados Unidos, há mais dinheiro, mais papel e mais tempo livre", diria mais tarde num levantamento da literatura americana, e tudo isso era uma boa notícia para a edição americana de *A revolução dos bichos*.[42] A tiragem inicial foi de 50 mil exemplares — mais de dez vezes a quantidade impressa pela Warburg & Secker — e o Book-of-the-Month Club [Clube do Livro do Mês], que escolheu o romance para a seleção de setembro de 1946, imprimiu um total de 540 mil exemplares. Um dos membros do comitê do Clube o chamou, anonimamente, de "*A cabana do pai Tomás* da nossa época":[43] um elogio ambíguo para Orwell, que considerava o romance de Stowe o típico "bom livro ruim",[44] ao mesmo tempo ridículo e emocionante. Edmund Wilson, na *New Yorker*, comparou favoravelmente o romance de Orwell a Voltaire e a Swift,[45] mas George Soule, na *New Republic*, avaliou que Orwell dera um passo maior que a perna: "A sátira lida com algo que o autor não experimentou, mas antes com ideias estereotipadas sobre um país que provavelmente não conhece muito bem [...]. Ele deveria tentar de novo, mas dessa vez tratando de algo mais próximo a ele".[46] Essa não foi a opinião do público americano. *A revolução dos bichos* ficou oito semanas na lista dos mais vendidos do *New York Times*.

Acostumado a ganhar tão pouco que nem mesmo se dava ao trabalho de abrir as cartas do Serviço do Imposto de Renda, inapto para questões financeiras, agora Orwell, pela primeira vez na vida, tinha de se preocupar com o imposto. Em 1947, abriu uma empresa, a George Orwell Productions, Ltd., por recomendação de seus contadores, a firma Harrison, Son, Hill & Co. ("Ninguém é patriótico quando se trata de impostos", escreveu certa vez.)[47] O ganho inesperado se revelou uma tamanha dor de cabeça fiscal que ele chamou de "ouro de fada"[48] — ouro de fada para um conto de fadas —, mas ainda lhe restou o suficiente para fazer generosas doações ao Comitê de Defesa da Liberdade e para ajudar vários escritores em dificuldades. O prestígio nos Estados Unidos lhe abriu as portas para ofertas de trabalho em publicações como *The New Yorker*, o interesse de Walt Disney em filmar *A revolução dos bichos*, e até mesmo um breve perfil na *Vogue*. "Rematado esquerdista, George Orwell é um defensor da liberdade", escreveu Allene Talmey, "mesmo que na maior parte do tempo discorde daqueles ao lado dos quais está lutando."[49] Até que essa é uma descrição razoável resumida a uma única frase.

Assim, a existência de Orwell acabou transformada por um país que jamais visitara (no momento em que essa oportunidade surgiu, em 1948, ele estava doente demais para viajar) e ao qual via com condescendência e desconfiança. Em seus escritos, ele consistentemente retratou os Estados Unidos como um adolescente animado mas tosco e intratável, sempre a ponto de quebrar algo. Em *A flor da Inglaterra*, Comstock diz que "os americanos sempre se superam em todo tipo de bestialidade, seja no sorvete com refrigerante, nos negócios fraudulentos ou na teosofia",[50] e Orwell deu poucas indicações no sentido de moderar essa opinião no decorrer da década seguinte.

Os Estados Unidos foram o grande ponto cego de Orwell. Para Cyril Connolly, ele era "antiamericano, só abrindo uma exceção para os trotskistas da *Partisan Review*".[51] Embora tivesse sensibilidade para falar da cultura popular britânica — cartões-postais de locais praianos, revistas de quadrinhos para meninos, livros policiais, teatro de variedades —, Orwell não tinha o menor interesse em jazz, blues, nas peças da Broadway ou na música popular americana, exibia uma repugnância puritana por romances baratos e histórias em quadrinhos, e fazia uma péssima ideia de Hollywood. Mal prestou atenção às conquistas do New Deal de Roosevelt. Quanto ao impacto do país na língua inglesa, "é de ressaltar que, de forma geral, o americano é uma péssima influência e já provocou efeitos deletérios".[52]

Ainda que adorasse Mark Twain, e até mesmo tivesse proposto escrever uma biografia do autor em 1934, Orwell raramente tratava dos escritores americanos vivos, com as exceções de Henry Miller e Richard Wright, cujo *Filho nativo* considerava "um livro de fato notável, a ser lido por todos os interessados em entender a natureza do ódio racial".[53] Embora não tivesse ilusões sobre a escravidão ou o massacre dos indígenas americanos, ele achava que os Estados Unidos do século XIX, tal como apareciam nas obras de Whitman e Twain, representavam, no imaginário ao menos, um mundo de democracia, oportunidade, aventura e inocência, tornado possível pela abundância de recursos inexplorados, mas há muito desaparecido. "O mundo do romancista americano é um caos, tanto moral como físico", escreveu em 1940. "Nenhum deles tem um resquício de espírito público ou, no fundo, qualquer outro critério além do sucesso, em geral disfarçado de 'autoexpressão' [...]. Não há profundidade emocional. Tudo é permitido e, portanto, nada importa."[54] Ele só podia fazer tais generalizações ridículas porque conhecia pouquíssimos americanos. Uma de suas colunas "As I Please", de 1943, foi tão hostil às tropas americanas estacionadas na Grã-Bretanha ("É difícil ir a qualquer parte em Londres sem ter a impressão de que agora a Grã-Bretanha é Território Ocupado") que vários leitores chegaram a reclamar.[55] "Esse anglófilo ficou chocado ao constatar que George Orwell continua tão distante de conhecer os americanos quanto antes", escreveu um deles.[56]

A maioria dos resenhistas americanos de *1984* não iria reconhecer o reflexo do seu próprio país na Oceânia, a despeito do uso de dólares e do título do hino nacional, "Oceânia, glória a ti". Os cartazes e slogans da Pista de Pouso Um (ou seja, do Território Ocupado) devem muito à publicidade americana, como, na verdade, ocorria com a propaganda totalitária. "Os nazistas, sem que o admitissem, aprenderam com as organizações criminosas americanas tanto quanto a sua propaganda, reconhecidamente, aprendeu com a publicidade empresarial americana", escreveu Hannah Arendt.[57]

Depois da guerra, contudo, Orwell parecia mais próximo de uma distensão intelectual com os Estados Unidos, bem na época em que grande parte da esquerda britânica se tornava mais hostil. "É evidente que, nas questões que hoje mais afetam a Grã-Bretanha", defendia a revista *The New Statesman*, "os Estados Unidos demonstram a mesma hostilidade diante das aspirações da Grã-Bretanha socialista como da União Soviética."[58] Nadando contra a corrente como sempre, Orwell deplorou o crescente antagonismo do *Tribune* ("Ser antiamericano hoje em dia é gritar junto com a turba"),[59] e acusou o historiador socialista Douglas Goldring de "americanofobia".[60] Para ele, era uma hipocrisia demonizar o país do qual dependia a recuperação da economia britânica, considerando que a guerra fria compelia a uma opção binária. "Deus sabe que não quero a eclosão de uma guerra", escreveu a Victor Gollancz, "mas se tivermos de escolher entre a Rússia e os Estados Unidos — e suponho que esta é a escolha que teríamos de fazer — eu sempre escolheria os Estados Unidos."[61]

Perto do final de "Os princípios da Novafala", o trecho de Velhafala selecionado para ilustrar a linguagem mais elegante e os ideais mais nobres que a era pré-totalitária tinha a oferecer é o preâmbulo da Declaração de Independência dos Estados Unidos.

O inverno de 1946-7 foi brutal. A partir de janeiro, a Grã-Bretanha foi fustigada pela neve pesada e por temperaturas siberianas. Os suprimentos de carvão ficavam cobertos de gelo nas minas abertas ou se acumulavam nos depósitos, com muitas estradas e ferrovias intransitáveis por causa de tanta neve, o que obrigou ao racionamento de combustível e ao fechamento temporário das indústrias. As rações alimentares caíram abaixo dos níveis dos anos de guerra, os legumes congelaram no solo e milhares de frangos morreram de frio, e pela primeira vez até o pão foi racionado. Em apenas quatro semanas, o desemprego saltou de 400 mil para 1,7 milhão de pessoas. A escassez de combustível e de papel obrigou as editoras de livros e jornais, incluindo o *Tribune*, a interromper as atividades. As transmissões de televisão foram suspensas. E também o governo foi abalado pelo frio. Para o jornal *Financial Times*, a crise dos combustíveis era equivalente aos acontecimentos que provocaram a queda de Chamberlain em 1940. "Todo mundo na Inglaterra está tiritando de frio", observou o romancista britânico Christopher Isherwood, que morava em

Hollywood, ao visitar o país.[62] Alguns de seus amigos londrinos comentaram que a situação estava pior do que durante a guerra.

Mais tarde, Orwell atribuiu o começo do período final de sua enfermidade ao efeito daquele inverno rigoroso em seus pulmões. Além de um breve retorno a Barnhill no Ano-Novo, a fim de plantar árvores e bulbos, ele ficou de novembro a abril em Londres, que na verdade estava mais fria e sofria mais com a escassez de combustível do que a ilha de Jura. Dá para notar algo desse derradeiro inverno "insuportável"[63] na Londres bombardeada e alquebrada que aparece nos capítulos iniciais de *1984*: os cortes de eletricidade, os esforços coletivos de poupança, os edifícios remendados, as lâminas de barbear rombudas, a comida intragável, os cupons para compra de roupas, os montes de entulho, a poeira no ar. Orwell era obrigado a subir seis lances de escada para chegar ao apartamento em 27b Canonbury Square; em *1984*, Winston sobe a pé, resfolegando, sete andares no prédio Mansões Victoria. O bairro dos proletas, "ao norte e a leste do que no passado fora a estação de Saint Pancras",[64] corresponde à área de Islington.

Orwell retomou as colunas de "As I Please" (começando com um artigo tipicamente eclético, no qual falava de revistas de moda, de servir como jurado num tribunal, do racionamento de pão e da segurança viária) e escreveu os seus dois últimos grandes ensaios, "Como morrem os pobres" e "Lear, Tolstói e o Bobo". Ele também cuidou de sua carreira literária, que finalmente estava deslanchando. Conversou com Warburg sobre a possibilidade de reimprimir os melhores de seus livros anteriores numa edição uniformizada, e convenceu Gollancz a abrir mão do direito de publicar *1984*. As traduções de *A revolução dos bichos* estavam vendendo bem — no Japão, nada menos do que 48 editoras participaram do leilão para publicar o livro —, e fez a sua estreia radiofônica no novo *Third Programme*, da BBC, com um roteiro editado por seu antigo companheiro de quarto, Rayner Heppenstall. "Fiquei com a impressão de que o tinham estragado", disse a Mamaine Paget, "mas quase sempre isso é o que acontece com o que se escreve para o rádio."[65]

Em março de 1947, Orwell voltou a tratar de James Burnham, que continuava em sua deriva para a direita. Em *The Struggle for Power* [A luta pelo poder], as três superpotências gerenciais haviam previsivelmente se reduzido a duas, representando o comunismo e a democracia. Enquanto a nova Doutrina Truman consolidava a política de contenção do comunismo soviético, Burnham achava que a Terceira Guerra Mundial já estava em curso e que os Estados Unidos deviam estar preparados para realizar um ataque preventivo antes que os russos pudessem construir a sua própria bomba atômica — uma sugestão que levou um congressista americano a comparar o livro ao *Mein Kampf*. "Ele tem demasiado apreço pelas visões apocalípticas, demasiada disposição para acreditar que os processos confusos da história vão ocorrer de forma abrupta e lógica", escreveu Orwell.[66] Um leitor voraz e exaustivo de obras sobre a Rússia (numa carta de 1947 para Dwight Macdonald, ele recomendava quase vinte livros),[67] Orwell estava convencido de que o apelo de Burnham em favor da supressão dos partidos comunistas no Ocidente também se baseava numa fantasia hiperbólica: "Um imenso exército secreto de guerreiros fanáticos, completamente desprovidos de medo ou escrúpulo, e pensando em nada além de viver e morrer pela Pátria dos Trabalhadores".[68]

Como socialista democrático, Orwell se sentia como "um médico tratando apenas de um caso terminal".[69] A "doença mental"[70] que acometeu o mundo na década de 1930 ainda não fora diagnosticada, e muito menos curada. Tal como Attlee, que propunha combinar "a liberdade individual com a economia planificada, a democracia com a justiça social",[71] Orwell estava em busca de uma terceira via, não submetida ao domínio americano ou russo. O que esperava era um Estados Unidos da Europa socialista: "Se fosse possível em alguma parte mostrar o espetáculo de segurança econômica sem os campos de concentração, desapareceria o pretexto para uma ditadura russa e o comunismo perderia muito do seu apelo".[72] Mas os obstáculos eram imensos. O futuro era "muito tenebroso".[73]

Em retrospecto, Orwell *era mesmo* pessimista demais. No prazo de poucos anos teria constatado que a economia britânica podia se recuperar, graças em parte ao Plano Marshall, mesmo durante o desmantelamento do império, e também que a França e a Alemanha podiam se juntar para lançar as bases de uma Europa Ocidental unida, ainda que não fosse a federação de repúblicas socialistas que tinha em mente. Mas a desolação extrema de *1984* era tanto uma estratégia como uma expressão dos seus próprios temores. Ao resenhar *In Darkest Germany* [Na Alemanha mais escura], o livro de reportagem do pós-guerra escrito por Victor Gollancz, Orwell se preocupava com o fato de que os relatos de sofrimentos haviam deixado de emocionar os leitores britânicos: "À medida que o tempo passa e os horrores se amontoam, a mente parece segregar uma espécie de ignorância autoprotetora que, para ser atravessada, requer choques cada vez mais fortes, do mesmo modo que o corpo adquire imunidade e requer doses cada vez maiores de um medicamento". Para produzir esse choque irresistível, achava ele, "uma nova técnica literária terá de ser aperfeiçoada".[74]

Orwell, Avril e Richard voltaram à ilha de Jura no dia 11 de abril, bem na época em que a neve começava a derreter e a primavera se anunciava. Em Barnhill, o jardim estava amarelado com os narcisos. Até o final de maio conseguiu escrever cerca de um terço do romance, ainda que o considerasse "uma mixórdia assustadora".[75] "Não gosto de falar de um livro antes que esteja pronto", escreveu a Warburg, "mas desde já digo que é um romance sobre o futuro — ou seja, de certa maneira é uma fantasia, mas sob a forma de um romance naturalista. Isso é o que dificulta a tarefa — claro que, como livro de antecipação, a escrita seria bem mais fácil."[76] No decorrer dos meses seguintes, ele enviou pelo correio quase todo o livro, exceto o último capítulo e o apêndice, para Miranda Christen, uma amiga de Anthony Powell que alugava o seu apartamento em Canonbury Square e se oferecera para datilografar o manuscrito. Tendo passado a guerra em Java, sob a ocupação japonesa, Christen ficou "fascinada desde o começo. Havia analogias com o meu passado recente".[77] Os invasores japoneses, que rebatizaram os países ocupados como a Esfera de Coprosperidade da Grande Ásia Oriental, "teriam apreciado o Ministério da Verdade tanto quanto um pato gosta da água".[78]

Barnhill viu muito movimento nesse verão escaldante. Richard Rees, o testamenteiro literário de Orwell, foi a Jura para pintar e lá permaneceu por várias semanas. Inez Holden voltou para uma longa estada. Bill Dunn, um ex-combatente ferido recém-chegado à ilha, ajudava a manter Barnhill e acabou iniciando um relacionamento com Avril, que levou, depois da morte de Orwell, ao casamento deles e à adoção de Richard. Humphrey Dakin, o viúvo de Marjorie, chegou com os filhos crescidos para passar um feriado que quase acabou em tragédia. O barco a motor de Orwell, no qual estavam Henry e Jane Dakin e Richard, foi arrastado para o conhecido redemoinho do golfo de Corryvreckan, um dos trechos marinhos mais perigosos da Grã-Bretanha, e o grupo por pouco não conseguiu se salvar. Foi o mais próximo da morte que Orwell chegou depois da Espanha, mas Henry notou que ele não demonstrou nem uma chispa de pânico: "Ele quase parecia estar se divertindo com aquilo".[79]

Tal indiferença era um sinal de coragem, irresponsabilidade

ou fatalismo? Havia se acostumado demais com a possibilidade de uma morte prematura? A saúde dele piorou no outono, frustrando um plano otimista de fazer uma reportagem sobre a vida no sul dos Estados Unidos, bem como uma proposta do *Observer* para que passasse três meses no Quênia e na África do Sul. Agora não iria para lugar nenhum. Passara o ano todo enfermo e perdendo peso, contou a Fyvel, mas "como um tolo" decidira avançar com o romance em vez de procurar um médico, que, desconfiava, o obrigaria a guardar as suas ferramentas.[80] Acamado, ele terminou a versão inicial de *1984* em 7 de novembro. Logo após o Natal, ele sucumbiu ao conselho médico e viajou para o hospital Hairmyres, em East Kilbride, perto de Glasgow, para se tratar. Somente dali a sete meses iria retornar à ilha de Jura, ou a seu romance. Nessa altura, como admitiu mais tarde para Celia Paget, "realmente me senti como se estivesse no fim".[81]

Orwell sonhava com a morte. Os pesadelos continuaram pelo restante de seus dias, sobretudo quando lhe faltava ar e despertava ofegante, temendo que nunca mais ficaria bem. Nos sonhos, ele estava caminhando à beira-mar, ou entre edifícios majestosos e imponentes, mas sempre ao sol, e sempre, anotou em seu caderno no hospital, "com uma curiosa sensação de felicidade".[82] Orwell não temia a morte em si, mas a dor que a acompanhava. Achava melhor morrer "de maneira violenta e não muito velho", como escreveu em "Como morrem os pobres". A alternativa seria necessariamente "lenta, malcheirosa e penosa".[83]

O problema em ver *1984* como o último e angustiado testamento de um homem agonizante é que Orwell nunca acreditou de fato que estava morrendo ou, pelo menos, não mais do que o normal. Desde a infância tinha sofrido com problemas pulmonares e adoecera com tanta frequência, durante tanto tempo, que não tinha motivos para achar que dessa vez era para valer. No hospital Hairmyres, ele foi diagnosticado com tuberculose fibrótica crônica na porção superior de ambos os pulmões, mas sobretudo no esquerdo. De acordo com James Williamson, um dos seus médicos, Orwell "provavelmente havia esquecido, ou quase, como era se sentir completamente bem", mas ainda poderia viver por muito tempo.[84]

Winston Smith também sonha com águas profundas e ruínas ensolaradas, e também não teme a morte. O que não pode suportar, o que vai destruí-lo, é a dor, "porque o corpo se dilata até ocupar o universo inteiro".[85] Com apenas 39 anos de idade, mas se sentindo um homem velho, Winston encarna o horror de Orwell diante da própria decadência física. No hospital, Orwell fez o cômputo dos sintomas da desintegração: peito constrito, costas doloridas, joelhos fraquejantes, gengivas incômodas, cabelo encanecido, olhos lacrimejantes e calafrios persistentes.[86] Graças aos contatos de David Astor, Orwell conseguiu arrumar algumas doses de estreptomicina, o novo e miraculoso medicamento contra a tuberculose trazido dos Estados Unidos, mas uma inesperada e intensa reação alérgica acabou obrigando os médicos a interromper o tratamento. Pedaços de pele, cabelo e unhas começaram a cair. Sofria com erupções de brotoejas, úlceras e bolhas na pele. À noite, o sangue que irrompia das vesículas na garganta borbulhava e coagulava nos lábios, obrigando-o a removê-lo com água antes de poder abrir a boca. "Suponho que, com todos esses remédios", escreveu a Julian Symons, "mais vale afundar o navio a fim de acabar com os ratos."[87]

A diferença crucial entre Orwell e Winston é que o último sabe, desde o instante em que começa a manter um diário, que está condenado. Orwell, porém, jamais deu uma indicação de que achasse que não iria se recuperar. Até os últimos dias, ele não perdeu a fé no futuro.

* * *

O que Orwell mais odiava na enfermidade era o efeito dela em seu cérebro. Não conseguia pensar, conversar e ler normalmente, mas sempre que tentava traduzir os pensamentos no papel, a linguagem era ineficaz, os argumentos pouco convincentes. Ele se perguntou se havia uma explicação médica para isso: talvez o fornecimento de sangue para o cérebro bastasse para produzir textos óbvios e desinteressantes, mas era insuficiente para inspirar qualquer coisa de mais relevância?[88] Para alguém que não era plenamente ele mesmo a menos que estivesse escrevendo, a situação era angustiante.

De algum modo, ele conseguiu terminar um artigo mais substancial. "Escritores e Leviatã" solucionava a charada que o havia derrotado em "Dentro da baleia": como pode um escritor tratar da política sem comprometer a sua integridade no texto? Oito anos antes, Orwell propusera uma espécie de quarentena intelectual. Agora insistia que era "impossível e desaconselhável" se esconder dentro da baleia e que o escritor *devia* ser ativo politicamente como cidadão, desde que permanecesse imune à desonestidade e à autocensura.[89] Era a sua argumentação final em favor da força profilática de um rigoroso autoconhecimento: numa época em que tudo o que se lia ou se escrevia era afetado pela política, inevitavelmente surgiam pensamentos contraditórios, sendo assim essencial confrontar abertamente a dissonância, em vez de "empurrar a pergunta sem resposta para um canto da cabeça".[90] A anotação no caderno delineia isso em poucas palavras: "Conclusão: é preciso se envolver na política. É preciso manter separadas as questões. É preciso não se envolver na política partidária como *escritor*. Admissão dos próprios preconceitos é a única forma de mantê-los sob controle".[91]

Em maio, Orwell estava recuperado o suficiente para obter

Edward Bellamy, autor de *Daqui a cem anos*.

Ievguêni Zamiátin, autor de *Nós*.

Arthur Koestler, autor de *O zero e o infinito* e amigo de Orwell.

H. G. Wells e Orson Welles numa estação de rádio em San Antonio, Texas, 28 out. 1940.

Aldous Huxley, autor de *Admirável mundo novo*.

Milicianos do Poum no quartel Lênin em Barcelona, início de 1937.

Primeira esposa de Orwell, Eileen O'Shaughnessy Blair, em 1938.

Gravação do segundo programa de poesia *Voice*, para o Serviço Oriental da BBC, 8 set. 1942. No sentido horário, a partir da esquerda: George Woodcock, Mulk Raj Anand, George Orwell, William Empson, Edmund Blunden e Herbert Read.

Estátua de Orwell junto à Broadcasting House da BBC, em Portland Place, Londres.

A BBC em 1932.

Orwell em seu apartamento, em 27b Canonbury Square, Londres, out. ou nov. 1945.

Barnhill, a casa rural na ilha de Jura onde Orwell escreveu *1984*.

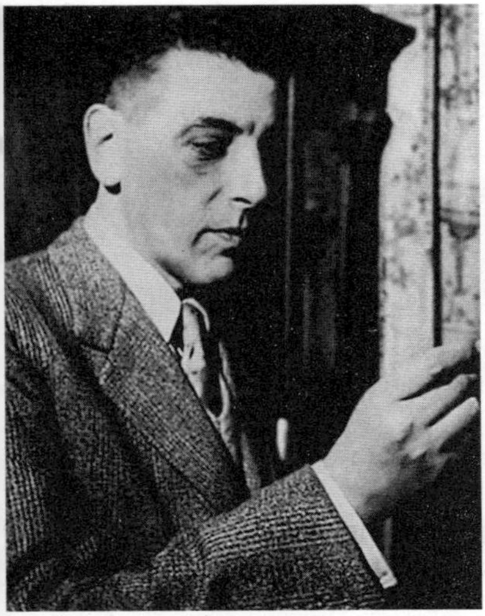

Fredric Warburg, editor de Orwell no Reino Unido.

Segunda esposa de Orwell, Sonia Brownell Blair, na estreia do filme *A revolução dos bichos*, dez. 1954.

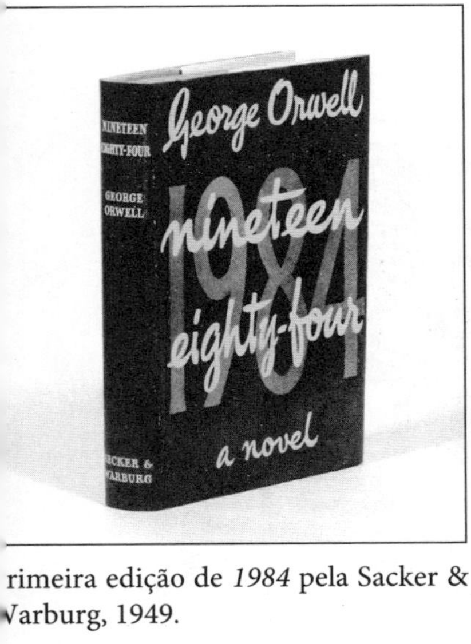

rimeira edição de *1984* pela Sacker & Varburg, 1949.

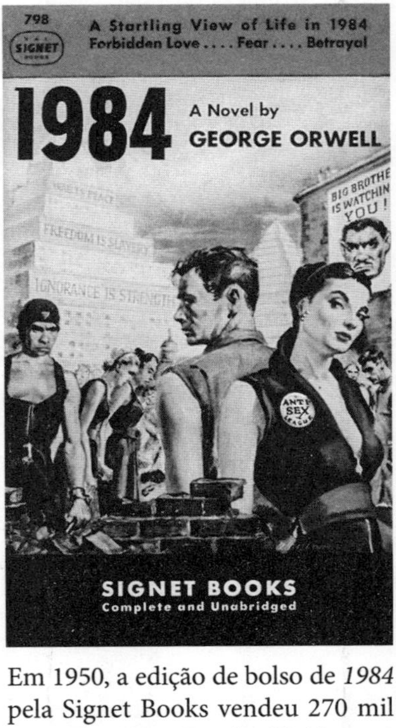

Em 1950, a edição de bolso de *1984* pela Signet Books vendeu 270 mil exemplares nos Estados Unidos.

Donald Pleasance, como Syme, e Peter Cushing, como Winston, numa adaptação transmitida pela BBC em 12 dez. 1954.

Cartaz para a versão cinematográfica de *1984*, em 1956.

David Bowie e seus músicos na turnê do álbum *Diamond Dogs*, Los Angeles, 1974.

Comercial "1984" do Apple Macintosh, concebido pela Chiat/Day e dirigido por Ridley Scott.

John Hurt no papel de Winston (esquerda) no filme lançado em 1984 e dirigido por Michael Radford.

Hugo Weaving como V no filme *V de vingança*, dirigido por James McTeigue.

Apoiadoras da organização Planned Parenthood, vestidas como personagens do livro *O conto da aia*, de Margaret Atwood, protestam contra o projeto de lei republicano para a saúde pública, em Washington, DC, jun. 2017.

de volta a máquina de escrever e retomar o trabalho a sério. Enquanto tomava notas para revisar o romance, escreveu breves artigos críticos sobre Wilde, Attlee e Graham Greene, bem como um ensaio satisfatório sobre George Gissing, o amigo próximo de H. G. Wells que, tal como Orwell, morreu de doença pulmonar aos 46 anos de idade. Nas anotações para o ensaio, Orwell escreveu: "Os romances de Gissing estão entre as coisas que nos fazem achar que o mundo melhorou (enfatizar melancolia)".[92] Ninguém imaginaria que Orwell precisava lembrar a si mesmo de enfatizar a melancolia. Nota-se a sua dívida para com Gissing — "um cronista da vulgaridade, da esqualidez e do fracasso"[93] — nos trechos descritivos mais sórdidos em *1984*.

Orwell também conseguiu concluir "Tamanhas eram as alegrias", as dilacerantes lembranças da época em que frequentou a escola St. Cyprian. Começara a pensar nisso (e talvez escrever) dez anos antes, e enviara a Warburg uma versão inicial em 1947, mas levou todo esse tempo para dar o texto por concluído. Era tão ferozmente injurioso que só poderia ser publicado depois de sua morte, e mesmo então, a escola aparecia com outro nome, Crossgates.* Orwell retratava St. Cyprian/ Crossgate como "um mundo de força, fraude e sigilo",[94] que atormentava as crianças com "terrores irracionais e mal-entendidos malucos".[95]

Não resta dúvida de que Orwell odiou de fato a escola, mas antigos colegas acharam "Tamanhas eram as alegrias" exagerado e injusto. Mais parece como se *1984* tivesse impregnado as lembranças do escritor e convertido uma escola secundária medianamente desagradável num pesadelo totalitário de crueldade e injustiça. Repetidas vezes, O'Brien é comparado a um diretor de

* O ensaio foi publicado apenas nos Estados Unidos. A sra. Wilkes, que dirigia a escola St. Cyprian com o marido, impediu a sua publicação no Reino Unido até morrer, em 1967.

escola e, numa linha cortada por Orwell no rascunho de *1984*, Parsons, do Ministério do Amor, tem a exata aparência "de um colegial gordo e taludo esperando ser castigado com uma vara".[96] Em sentido inverso, quando Orwell descreve ter sido vergastado por urinar na cama, ele soa como Parsons, detido ao gritar uma heresia enquanto dormia: "Portanto, era possível cometer um pecado sem saber que estava cometendo, sem querer cometê-lo, e sem ser capaz de evitá-lo".[97]

Assim, faz sentido a possibilidade de o romance ter contaminado as suas lembranças; já o inverso conduz a estarrecedores exemplos de psicologia diletante. Após a morte de Orwell, Anthony West (o filho de H. G. Wells e Rebecca West) escreveu um influente artigo na *The New Yorker*, argumentando que, "tivesse ou não consciência disso, o que fez em *1984* foi enviar todo mundo na Inglaterra a uma enorme Crossgates para que fossem tão infelizes quanto ele havia sido".[98] Isso é demasiadamente simplista. Nem de longe Orwell foi o único a descrever um internato como uma tirania em miniatura. Educada num convento, Sonia Brownell, por exemplo, considerava as freiras católicas "totalitárias", empenhadas em manter "sob controle absoluto todos os pensamentos e sentimentos".[99] Orwell não seria um escritor muito bom se o seu derradeiro romance não passasse de uma sátira vingativa do colégio em que estudou.

Orwell recebeu alta de Hairmyres no dia 28 de julho. Avril achava que ele poderia ter se restabelecido completamente se tivesse ido para um sanatório, mas o canto de sereia do romance foi irresistível. Ele retornou à ilha de Jura e o reescreveu linha a linha entre agosto e novembro, na companhia de Rees, Avril e Bill. Os vizinhos ficaram contentes por vê-lo de volta, empenhado em recuperar o jardim. "O que mais me surpreendeu foi a primeira vez que li *1984*", recordou um pescador de lagostas. "Não podia imaginar que o homem que escrevera aquilo era o Eric Blair que eu conhecia. Simplesmente não conseguia juntar os dois."[100]

No que dizia respeito a Orwell, "um livro não existe até que esteja pronto".[101] Ele não mostrava os rascunhos aos amigos nem discutia o conteúdo, a não ser nos termos mais vagos. Caso morresse no hospital, deixou instruções para que Rees destruísse o manuscrito inacabado, que ainda chamava de *The Last Man in Europe*. Ou terminaria o livro ou este seria jogado no buraco da memória e reduzido a cinzas.

Dado o temor que tinha de que vissem a sua obra em andamento, é surpreendente que versões preliminares de *1984* tenham sobrevivido. Páginas de quatro rascunhos, equivalentes a 44% do romance, acabaram nas mãos de Daniel G. Siegel, um colecionador de Massachusetts, que concordou com a publicação de uma edição fac-similar em 1984. Até mesmo essa colagem de fragmentos dá uma impressão adequada do processo de trabalho e das prioridades de Orwell. Ele era um implacável editor de si mesmo, reescrevendo incontáveis vezes os parágrafos, em páginas quase ilegíveis de tantas emendas, a fim de eliminar fraseados frouxos e reforçar ideias cruciais. Por exemplo, a primeira frase do romance, notoriamente desorientadora, era originalmente assim: "Era um dia frio e ventoso no começo de abril, e num milhão de rádios soavam as treze horas".[102] Esse era o sexto dos seus livros que começava com as horas do dia.

As anotações minuciosas que Orwell fez em Hairmyres mapeavam as suas prioridades: esclarecer o papel dos proletas, a falsificação da história e a supressão do sexo na Oceânia, e escrever o último capítulo. Pouca coisa deixou de ser aproveitada. A visita ao apartamento de O'Brien foi abreviada, reduzindo a participação do sinistro empregado, Martin, e um encontro subsequente com Julia foi descartado. Orwell cortou drasticamente as alusões à geografia do mundo real, as referências raciais (incluindo uma cena de linchamento) e as ironias que lhe pareceram excessivas. Há um humor seco no romance, nas "manifestações espontâneas"[103] organizadas e nas "contribuições voluntárias"[104] compulsórias, mas Orwell presumivelmente achou um tanto excessivo que os "pacifistas cristãos"[105] clamassem para que 20 mil prisioneiros eurasianos fossem enterrados vivos. Nenhuma dessas correções alterou fundamentalmente a narrativa ou o programa do livro. Pelo contrário, os rascunhos iniciais revelam bem o quão consistente e focado Orwell se manteve durante esses três anos.

A saúde recuperada de Orwell foi gradativamente se esvaindo ao longo do verão. O seu estado piorou de forma tão acentuada que, em outubro, ele se convenceu de que precisava se internar num sanatório, mas ainda assim prosseguiu com o trabalho. E até mesmo encontrou tempo para escrever notas sobre Jean-Paul Sartre e T.S. Eliot, bem como um artigo mais longo que deixava claro sobre o que *não* era o seu romance.

Em retrospecto, Orwell talvez tivesse se arrependido do nome que escolheu para o seu regime totalitário. Como implicava a horrorosa abreviação em Novafala, o Socing era tão socialista quanto o nacional-socialismo. Num livro em que os ministérios da Verdade, do Amor, da Paz e da Pujança estão dedicados aos valores opostos, seria bizarro interpretar o Socing literalmente, como socialismo inglês. O Partido Trabalhista já não existe mais e o livro de Goldstein decifra a mentira incorporada na denominação Socing: "Assim, o Partido rejeita e avilta cada um dos princípios originalmente defendidos pelo movimento socialista, e trata de fazê-lo em nome mesmo do socialismo".[106] Ainda assim, muitos fãs americanos, como veremos, acabaram supondo que ele satirizava o governo Attlee. A forma como recorreu ao mobiliário físico da Londres do pós-guerra para conferir à Pista de Pouso Um uma autenticidade vívida contribuiu para essa falsa impressão. Mesmo Warburg, antes de se dar conta do erro, inicialmente interpretou o livro como "um ataque deliberado e sádico ao socialismo e aos partidos socialistas em geral".[107] Em seu parecer de editor, ele sugeriu que o livro iria agradar muito a Churchill e à imprensa de direita, e "ganharia um bom milhão de votos para o Partido Conservador".[108] Isso da parte de alguém que conhecia Orwell pessoalmente. Por que os leitores, que não sabiam nada do autor e de suas crenças, não cometeriam o mesmo erro?

Do ponto de vista dos americanos, a Grã-Bretanha sob o Partido Trabalhista podia muito bem ter parecido um pesadelo. O correspondente em Londres do *New York Times*, Anthony Bower, descreveu os britânicos como "ligeiramente subnutridos, exauridos, racionados, restritos e lutando desesperadamente pela recuperação econômica".[109] Uma pesquisa de opinião, na primavera de 1948, constatou que 42% dos britânicos haviam pensado em emigrar.[110] Orwell, contudo, continuou sendo um apoiador do governo trabalhista até o final, ainda que o criticasse. Incomodado com o fracasso dos trabalhistas em abolir imediatamente a Câmara dos Lordes, o sistema honorífico e a educação particular — os três grandes símbolos do privilégio de classe — e entediado com mais reformas burocráticas, ele se oferecera a Tosco Fyvel para escrever um artigo no *Tribune*, queixando-se de que Bevan se distraíra com a construção de moradias e o Serviço Nacional de Saúde, desprezando assim aquelas que viriam a ser as duas maiores realizações do governo.[111] Afortunadamente, Fyvel recusou a proposta.

"The Labour Government After Three Years" ["Três anos de governo trabalhista"], escrito para a revista *Commentary* em 1948, traçava o quadro de um governo se esforçando para solucionar problemas gigantescos, e não o de uma ditadura em potencial. "Até agora, a despeito dos gritos agoniados dos jornais de Lord

Beaverbrook, o governo abusou muito pouco da liberdade individual", salientou Orwell. "Ele mal recorreu aos seus poderes, e não se permitiu nada que possa ser razoavelmente chamado de perseguição política."[112] Mas ele se perguntava se o Partido Trabalhista podia acabar tomando um desvio autoritário se, depois de muitos anos, a economia continuasse de joelhos, mas não detectou nenhuma tendência totalitária no governo de pragmáticos dirigido por Attlee. Se tinha algum reparo, era o de serem cautelosos demais, sobretudo quando se tratava de comunicação pública. As medidas de austeridade e a imigração polonesa, escreveu, haviam "despertado mais ressentimento do que o necessário se os fatos subjacentes tivessem sido adequadamente explicados".[113] Orwell ficou horrorizado com a hostilidade popular contra os refugiados poloneses e judeus, e argumentou que "não há certeza de que temos condições de resolver os nossos problemas sem promover a imigração da Europa".[114]* Seja como for, ele ainda esperava pelo melhor, considerando um governo socialista democrático bem-sucedido como o melhor antídoto possível ao stalinismo.

O último ensaio substancial de Orwell foi "Reflexões sobre Gandhi", uma complexa avaliação do homem que fora assassinado naquele ano, poucos meses depois de a Índia conquistar a independência pela qual tanto lutara. Orwell admirava muito a coragem, a receptividade e a honestidade intelectual de Gandhi, mas tinha aversão a sua abstinência e religiosidade. Uma vida sem sexo, álcool e tabaco lhe parecia vagamente inumana. Quem queria ser um santo? "A essência de ser humano está em não buscar a perfei-

* Quando Orwell morava em Islington, ele e Paul Potts avistaram um aviso na janela de uma banca de jornais anunciando "Alugam-se quartos para receber todas as nacionalidades". Orwell virou-se para Potts e comentou: "Eis aí um poema e tanto, para você" (Paul Potts, *To Keep a Promise*. Londres: MacGibbon & Kee, 1970, p. 71).

ção", escreveu Orwell, "em por vezes se dispor a cometer pecados por causa da lealdade, em não levar o ascetismo ao ponto em que torna impossível o relacionamento sexual amistoso, e em estar preparado no final para ser derrotado e vencido pela vida, que é o preço inevitável de fixar o nosso amor em outros indivíduos humanos."[115] Essa era, certamente, a essência de Orwell de ser.

Teria Orwell arruinado irremediavelmente a saúde pela falta de alguém que lhe datilografasse os textos? Essa era a opinião de Warburg.[116] Ao dar por terminada a versão final em novembro, Orwell pediu ao editor que encontrasse alguém que fosse a Barnhill para redatilografar o manuscrito, tão repleto de correções que lhe parecia impossível que alguém entendesse o texto sem a sua ajuda. No entanto, Christen tinha voltado para o Extremo Oriente, não se sabia de ninguém disposto a viajar até Jura imediatamente, e Orwell estava impaciente. Ele mesmo então começou a datilografar, num ritmo esfalfante de cerca de 4 mil palavras diárias, sete dias por semana, acomodado na cama todo o tempo que conseguia aguentar entre surtos de febre e acessos sanguinolentos de tosse. Na primeira semana de dezembro, datilografou as últimas palavras, desceu para a sala, dividiu a última garrafa de vinho da casa com Avril e Bill e voltou para a cama, arrasado por tanto esforço.

No dia 9 de janeiro de 1949, Orwell deixou Barnhill pela última vez e fez a longa viagem até o sanatório Cotswold, em Cranham, Gloucestershire. Foi doloroso para ele sair de um lugar tão cheio de vida. Como comentou sombriamente para Astor, "tudo está florescendo, menos eu".[117]

9. Os relógios marcam treze horas

Orwell 1949-50

Meu novo livro é uma utopia em forma de romance. Ficou uma barafunda e tanto, em parte por estar muito doente quando o escrevi, mas penso que algumas das ideias podem interessar a você. Ainda não decidimos o título definitivo, mas acho que vai ser 1984.

George Orwell, carta a Julian Symons,
4 de fevereiro de 1949[1]

Então, por que 1984?

Há uma teoria muito popular — tão popular que muitos não se dão conta de que é apenas uma teoria — segundo a qual o título de Orwell era simplesmente uma inversão satírica de 1948, mas não há absolutamente nenhuma evidência nesse sentido. Tal ideia, sugerida primeiro pelo editor americano de Orwell, parece engraçadinha demais para um livro tão sério, para não dizer restritiva: uma piada unidimensional. Os estudiosos levantaram outras possibilidades. Eileen escreveu um poema por ocasião do centenário de sua escola, intitulado "End of the Century: 1984" [Fim do século: 1984].[2] A sátira política *The Napoleon of Notting Hill* [O Napoleão de Notting Hill], escrita em 1904 por G. K. Chesterton, que zombava da arte da profecia, começa em 1984. Esse ano também é uma data importante em *O tacão de ferro*, de Jack London. Mas todas essas conexões se revelam como nada mais do que coincidências quando se leva em conta os rascunhos iniciais do romance, então chamado por Orwell de *O último homem na Europa*. Primeiro ele escolheu 1980, depois 1982 e só mais tarde decidiu por 1984. A data mais fatídica da literatura foi uma emenda tardia.

Mais relevante é o fato de não apontar para o futuro imediato. Os romances distópicos costumavam ser situados pelo menos um século adiante ou no futuro imediato. Próxima o suficiente de 1949 para ser palpável, mas afastada o bastante para ser crível, a data escolhida por Orwell tinha o mesmo propósito de seu cenário londrino — dizer que tudo aquilo *podia* acontecer aqui, e logo mais. Com 39 anos no início do romance, Winston sabe que nasceu em 1944 ou 1945, o que faz dele um contemporâneo próximo de Richard Blair, então é possível que Orwell estivesse imaginando um mundo no qual o seu filho estaria vivo e no início da meia-idade. Muita coisa pode acontecer em 35 anos. Trinta e cinco anos antes da publicação do romance foi o glorioso verão de 1914. O arquiduque Francisco Fernando ainda vivia, Orwell estava prestes a completar onze anos, e os campos de extermínio e as bombas atômicas eram ficção científica.

Uma das piadas tenebrosas do romance é que talvez nem mesmo seja 1984. Quando começa a escrever o diário, Winston nota que não tem certeza disso, pois "nos tempos que corriam era impossível precisar uma data sem uma margem de erro de um ou dois anos".[3] Assim, a primeira anotação que faz talvez não seja verdadeira. Desde o início, Orwell sinaliza ao leitor que esse é um livro no qual não se pode confiar em ninguém e em nada, nem mesmo no calendário.

Nos meses anteriores à publicação, Orwell falava mal do romance. Em cartas aos amigos, ele o chamava de "livro abominável",[4] "na verdade um livro horroroso"[5] e "uma boa ideia arruinada".[6] Para Warburg, revelou que, "embora o livro não me agrade, não estou de todo insatisfeito [...], acho que é uma boa ideia, mas o resultado teria sido melhor se não estivesse sob a influência da tuberculose".[7] Preocupado com a sua incapacidade de ganhar dinheiro (referiu-se ironicamente à tuberculose como "um hobby caro"),[8] ele antecipava que o livro lhe renderia por volta de quinhentas libras: "Não apostaria numa vendagem alta desse livro".[9]*

O quão seriamente podemos aceitar a alegação de Orwell de que havia metido os pés pelas mãos? Ele sempre depreciou os seus romances, devido a uma mescla de modéstia, contenção de expectativas e genuína desconfiança quanto ao próprio talento: *Dias na Birmânia* "me deu ânsias";[10] *A filha do reverendo* "era uma boa ideia, mas temo que acabei estragando tudo";[11] *Um pouco de ar, por favor!* era "uma mixórdia". O homem que considerava que todo livro, assim como toda revolução, é um fracasso também escreveu que "qualquer vida, quando examinada por dentro, não passa de uma série de derrotas".[12] No caderno que manteve no hospital, ele repassou os 21 anos de tempo desperdiçado e promessas frustradas. Mesmo quando estava ocupado, como ocorria com frequência, ele se afligia, achando que o seu vigor e talento se esvaíam, "que estava ocioso, atrasado com o trabalho em andamento, e com uma produção total miseravelmente pequena".[13] Para Orwell, a vida de escritor era uma labuta neurótica. Na realidade, porém, ninguém considerava Orwell um fracasso, a não ser a voz em sua cabeça, sem a qual talvez não tivesse realizado o que realizou.

Ao se recolher ao leito depois de um exaustivo esforço de três anos para concluir o livro, não surpreende que achasse que *1984* poderia ter sido melhor. Contudo, além de alguma confusão na cronologia da detenção de Winston, o editor Roger Senhouse, da Secker & Warburg, não apontou nenhum erro importante na eta-

* Em comparação, as várias edições de *A revolução dos bichos* lhe renderam 12 mil libras até a época de sua morte, o equivalente a 400 mil libras esterlinas atuais.

pa das provas tipográficas. O único arrependimento admitido por Orwell tinha a ver com a cena no Quarto 101, comentando com Julian Symons que ele tinha razão em considerar o trecho de um "sensacionalismo de colegial".[14] De fato, a cena tem algo da atmosfera chocante de M. R. James e Edgar Allan Poe, autores que ele adorava na infância. Embora não seja perfeito, o romance não tem falhas graves o bastante para serem atribuídas à doença ou à pressa. O seu pessimismo é vigoroso e intenso, não fatigado.

Warburg foi nocauteado pelo manuscrito. O seu parecer, concebido para orientar a equipe editorial na divulgação do livro, estava repleto de elogios empolgados: "Esse é um dos livros mais apavorantes que já li [...]. Orwell não tem nenhuma esperança, ou ao menos não permite ao leitor nenhuma esperança, nem o mais débil lampejo. Eis um estudo do pessimismo absoluto, exceto talvez pelo pensamento de que, se um homem pode conceber *1984*, ele também pode decidir evitar isso".[15] O primeiro leitor do romance foi também o primeiro a fazer dele uma leitura equivocada, pois Warburg partiu de dois pressupostos falhos que seriam repetidos por muitos leitores subsequentes. Um deles, como vimos, era a conclusão de que Orwell desistira do socialismo. O segundo era afirmar que o desolado final do romance estava diretamente relacionado com a enfermidade de Orwell: "Não posso deixar de pensar que esse livro só poderia ter sido escrito por um homem que, ele próprio, ainda que temporariamente, havia perdido a esperança".[16] Ainda assim, isso não prejudicava o entusiasmo de Warburg, e um colega da editora, o divulgador David Farrer, tinha a mesma opinião: "Orwell conseguiu algo que Wells nunca fez, criou um mundo de fantasia que, mesmo assim, é horrivelmente real, a tal ponto que você *se importa* com o que acontece aos personagens que o habitam".[17] Ele tinha certeza de que era um livro com potencial de grande vendagem, e que, se não conseguissem vender ao menos 15 mil exemplares, então "deveriam ser fuzilados".[18]

A editora Secker & Warburg não perdeu tempo. Antes mesmo de deixar a ilha de Jura, Orwell teve a oportunidade de rejeitar o texto de capa proposto por Senhouse, o qual fazia o livro parecer "um romance de suspense mesclado a uma história de amor", em vez de uma tentativa séria de "indicar por meio da paródia as implicações intelectuais do totalitarismo".[19] Evidentemente, o livro era tudo isso — e muito mais. É uma sorte que o manuscrito não precisasse ser reescrito, pois isso estaria além das forças de Orwell. Tudo o que podia fazer era examinar as provas tipográficas que chegaram em fevereiro e março, e compilar listas de amigos e contemporâneos que deveriam receber exemplares antes do lançamento, entre os quais Aldous Huxley e Henry Miller. Ele sugeriu a Warburg que Bertrand Russell talvez se dispusesse a escrever algo para a capa, e de fato ele aceitou a incumbência. É improvável que, caso fosse informado, Orwell tivesse concordado com a decisão da editora americana, a Harcourt, Brace, que, para a contracapa do livro, solicitou um comentário favorável de J. Edgar Hoover, o virulento antiesquerdista diretor do FBI: "Esperamos que o senhor tenha interesse em ajudar a propor esse livro à atenção do público americano — e assim, talvez, contribuir para interromper o avanço do totalitarismo".[20] Sempre tomado de paranoia, Hoover recusou a proposta e, em vez disso, iniciou uma investigação sobre o autor do livro.

Orwell resistiu a todas as tentativas de fazer com que o livro fosse "emporcalhado".[21] Ele se recusou terminantemente a permitir que o Book-of-the-Month-Club americano lançasse uma edição sem o apêndice e o livro de Goldstein, mesmo correndo o risco de perder, na estimativa de Warburg, cerca de 40 mil libras em vendas.[22] Todos os que achavam descartáveis essas seções ensaísticas por atrapalharem a narrativa não haviam entendido nada do propósito de Orwell. Ainda antes do lançamento de *1984*, muitos pareciam determinados a não entender o livro.

Cranham, um sanatório particular no alto das colinas de Cotswold, era uma instituição bem mais privilegiada do que o hospital Hairmyres. No chalé de Orwell, o maior incômodo auditivo não era o murmúrio constante do rádio, mas as estultices zurradas pelos pacientes de classe alta instalados nos chalés vizinhos: "Não admira que todos nos odeiem".[23] O que mais lhe causava pesar era a saudade de Richard; apavorado com a possibilidade de infectar o filho, mantinha o menino distante por longos períodos. Orwell estava começando, com relutância, a aceitar que essa hospitalização era diferente — não ficaria bom a tempo de passar outro verão em Jura. Porém, esperava continuar vivo por outros cinco ou dez anos, e pediu a Warburg que buscasse uma segunda opinião médica que lhe dissesse honestamente de quanto tempo dispunha: "Não imagine que estou convencido de que chegou a hora de pendurar as chuteiras. Pelo contrário, tenho os motivos mais fortes para querer continuar vivo".[24]

Um amigo de Warburg, o dr. Andrew Morland, um especialista renomado, disse a Orwell que, se quisesse sobreviver, teria de evitar o trabalho durante ao menos um ano. Essa foi uma notícia dolorosa para um escritor tão diligente, obrigando-o a não fazer nada além de ler, solucionar palavras cruzadas e escrever cartas crepitantes de ditos espirituosos, fofocas e análises que não tinham mais onde ser expressas. A carreira como jornalista autônomo se encerrou com breves resenhas da autobiografia de Churchill e de uma biografia de Dickens. Este último artigo mencionava a teoria de que o derradeiro circuito de leituras do autor teria deixado "Dickens desastrosamente esgotado" e, portanto, que ele "na verdade cometera suicídio" ao trabalhar tanto.[25] Podia Orwell alguma vez escrever sobre Dickens sem descrever a si mesmo?

Preocupado com o futuro, Orwell preparou um novo testamento. Considerava a possibilidade de passar os invernos num local agradável à beira-mar, talvez Brighton, e os verões na ilha de Jura. Quando estivesse em condições de retomar o trabalho em 1950, planejava terminar uma nova coletânea, intitulada *Essays and Sketches* [Ensaios e esboços], incluindo um ensaio sobre Evelyn Waugh ("um romancista tão bom quanto se pode ser [...] ainda que com opiniões insustentáveis")[26] e outro sobre Joseph Conrad, tratando em especial dos romances políticos *O agente secreto* e *Sob os olhos do Ocidente*. Na sua opinião, Conrad, outro escritor-aventureiro fascinado pela psicologia do nacionalismo, do poder e do idealismo deturpado, tinha "uma espécie de maturidade e compreensão política que teriam sido quase impossíveis para um escritor de língua inglesa naquela época".[27] Tal como *O homem que foi quinta-feira*, de G. K. Chesterton, *O agente secreto* era animado pela onda de assassinatos e explosões de bombas por anarquistas que sacudiu a Europa na virada do século, e resquícios de ambas as tramas podem ser detectados nos trechos de *1984* em que Winston é recrutado e traído por O'Brien: esse tenso e secreto mundo de senhas, acordos e trocas de pastas de documentos. Na primeira versão escrita por Orwell, Winston e Julia na verdade fantasiam sobre virarem terroristas: "Eles iriam conseguir cinco quilos de dinamite & um detonador, abrir caminho por entre uma massa de membros do Núcleo do Partido & explodir todo mundo, incluindo eles mesmos".[28]

Orwell também pensava em escrever dois romances em 1949, ambos muito distantes da Oceânia. Um deles teria lugar em 1945; o outro, na década de 1920: "Um romance de personagens mais do que de ideias, tendo a Birmânia como pano de fundo", segundo Warburg.[29] Restou apenas um pequeno trecho, "A Smoking-

-Room Story" ["Um relato do salão de fumar"]. Animado e jocoso, ele sugere, tal como a leitura do seu diário, que Orwell afinal se livrara da obsessão pelo totalitarismo, e que *1984* assinalava o fim de uma etapa de sua obra, e não de toda a sua carreira.

Enquanto Orwell estava confinado ao leito do sanatório, a ordem do pós-guerra se delineava. Em abril, uma dúzia de países ocidentais formou a Organização do Tratado do Atlântico Norte (Otan). Em agosto, a Rússia detonou com êxito a sua primeira bomba atômica nas estepes do Cazaquistão. Em outubro, Mao Tsé-tung estabeleceu a República Popular da China.

Oceânia, Eurásia, Lestásia.

Era raro Orwell ficar sem companhia em Cranham. Além dos suspeitos usuais — Warburg, Muggeridge, Powell, Fyvel, Potts, Holden, Connoly —, recebeu a visita de Evelyn Waugh, com suas opiniões insustentáveis, do historiador socialista R. H. Tawney, e de um cansativo entrevistador do *Evening Standard*, Charles Curran, que o aborreceu com discussões políticas e queixas sobre os seus "cigarros fedorentos".[30] A visitante mais frequente e estimulante era Sonia Brownell, então com 29 anos, que reentrou em sua vida em maio, e era conhecida por ser excelente companhia.

Sonia acabaria por conviver com *1984* durante 31 anos. Uma personalidade complicada, ela deve a sua reputação unidimensional — como interesseira, esnobe e administradora incompetente do legado de Orwell — a numerosos biógrafos, produtores e roteiristas cujos esforços ela frustrou e que, portanto, não tinham incentivos para se mostrarem justos. A obsessão neurótica com que protegeu o legado do marido falecido a condenou a uma existência povoada de inimigos.

Tal como Orwell, Sonia nasceu na Índia, onde o pai era negociante, e foi criada na Inglaterra. Frequentou um internato católico, que odiava de maneira ainda mais apaixonada do que Orwell odiava a escola St. Cyprian. Para um de seus admiradores, a revolta dela contra a sua formação era "um inesgotável combustível de foguete".[31] Após deixar a escola, um período glorioso de nove meses num colégio na Suíça foi interrompido por um acidente de barco no qual morreu um amigo suíço. Empurrando-o para longe, antes que ele a arrastasse para o fundo em seu desespero, ela ficou marcada por um traumático sentimento de culpa.

Em seguida, Sonia mergulhou na animação e no frenesi da Londres boêmia, tornando-se amiga, musa e, em alguns casos, amante dos pintores da chamada Escola da Euston Road. Stephen assim recordou a "Vênus da Euston Road": "Com um rosto redondo de Renoir, olhos límpidos, boca ávida, cabelos loiros, talvez um tanto pálida, tinha a aparência de alguém sempre empenhado em se superar — para escapar de sua classe social, do convento em que estudou, para um mundo estético e pagão de artistas e gênios literários que a salvariam".[32] Os homens ficavam enfeitiçados por seu riso deslumbrante e dançarino, e pela tristeza que não conseguia ocultar. Embora impetuosamente inteligente, de uma espirituosidade aguçada, ela duvidava do próprio talento, e ao mesmo tempo era fascinada pela vivacidade intelectual alheia, sobretudo em homens mais velhos. "O meu pai morreu quando eu tinha seis meses, o meu padrasto enlouqueceu, e nunca houve em minha vida ninguém que 'cuidasse de mim'", escreveu ela mais tarde.[33]

Quando Cyril Connolly e o colecionador de arte Peter Watson lançaram a revista *Horizon*, em abril de 1940, Sonia logo virou um membro indispensável da equipe, e foi assim que cruzou pela primeira vez com Orwell. Resolutamente sincera e eficiente, com escassa paciência com imposturas, ela sabia como se desincumbir de suas tarefas. Passou a maior parte da guerra no Ministério dos Transportes Militares e, em 1945, retornou à *Horizon* como uma figura ainda mais respeitável. Foi nessa época que passou a conhecer melhor Orwell, então amargando uma desesperada solidão, e dormiu com ele ao menos uma vez, num gesto de caridade. Eles se encontraram de novo em Londres no inverno de 1946-7, e ela o presenteou com uma garrafa de brandy quando ele voltou para a ilha de Jura. A carta que ele escreveu, convidando-a para conhecer a ilha (ela nunca faria a viagem), era estritamente pragmática, exceto por um único comentário afetuoso: "Até lá cuide-se & seja feliz".[34]

Bem que ela tentou ser feliz. Ela passava temporadas em Paris na companhia estimulante e irritante dos existencialistas Sartre, De Beauvoir, Camus e do extremamente charmoso e bem-casado Maurice Merleau-Ponty. Como Sartre, Merleau-Ponty era marxista; em vão ele propôs a Sonia escrever um ensaio para a *Horizon*, atacando o "chamado humanismo" de Orwell.[35] (Este, por sua vez, considerava Sartre "um falastrão".)[36] Sonia e Merleau-Ponty mantiveram um prolongado e turbulento caso amoroso, que a deixou devastada quando ele o terminou no final de 1948. Assim, quando se reencontraram, Sonia e Orwell estavam ambos machucados e vulneráveis, reconhecendo um no outro profundas reservas de tristeza. Como Julia diz a Winston, "sou boa em identificar pessoas que não se ajustam".[37]

O título da compreensiva biografia escrita por Hilary Spurling, *The Girl from the Fiction Department* [A jovem do Departamento de Ficção], sustenta a teoria corrente de que Sonia teria servido de modelo para Julia, de "sua juventude e beleza, sua determinação, acima de tudo a sua vitalidade radiante", diz Spurling.[38] Ambas as mulheres eram também enérgicas, diretas e muito pragmáticas. Mas será que isso basta para associar as duas? Orwell também estava próximo de Inez Holden e Celia Paget, com as quais conviveu mais do que com Sonia enquanto escrevia *1984*. Sonia e a morena Julia não se pareciam fisicamente, e com certeza não pensavam do mesmo jeito.

Exteriormente, Julia é uma cidadã exemplar que produz ficção barata e pornografia para consumo dos proletas, participa ativamente da Liga Antissexo e dos Dois Minutos de Ódio, e transmite uma puritana "atmosfera de quadras de hóquei e banhos frios, caminhadas comunitárias"[39] — de forma tão convincente que a princípio Winston supõe que ela é uma espiã da Polícia das Ideias, e tem a fantasia de lhe esmagar o crânio com um paralelepípedo. Na intimidade, ela é mais aproveitadora do que herege, empregando a sua considerável astúcia para conseguir iguarias no mercado negro e seduzir membros do Partido. Engenhosa mas não intelectual (não gosta de ler), ela só é "rebelde da cintura para baixo".[40] Acima de tudo, é uma realista com talento para sobreviver, que descobriu como jogar o jogo sem jamais colocar em questão as regras. Essa frase de um rascunho inicial torna clara a diferença: "O que caracterizava os dois é que, enquanto Winston sonhava com a derrocada do Partido por uma insurreição violenta, era Julia quem sabia como comprar café no mercado negro".[41]

Em termos filosóficos, Julia representa uma terceira forma de existência sob o Socing. O'Brien alega que não existe algo como a verdade objetiva; Winston insiste no contrário; Julia sustenta que *isso não importa*. Como não se lembra do passado e não se preocupa com o futuro, ela vive inteiramente no presente, exatamente o que deseja o Partido. Na verdade, ela tem tão pouca curiosidade sobre a sociedade de que faz parte que cai no sono quando Winston lê em voz alta o livro de Goldstein. Em alguns aspectos, ela é mais perspicaz que Winston, intuindo que Goldstein e a Confraria revolucionária provavelmente não passam de ficções engendradas pelo Partido, mas a inteligência dela é cínica e até mesmo niilista. Tantas vezes já disse coisas em que não acredita que agora não acredita em nada que não possa tocar. Quando Winston a obriga a relembrar que a Oceânia travou no passado uma guerra com a Eurásia, ela não consegue entender a relevância disso: "'E daí?', disse, impaciente. 'É sempre uma merda de guerra depois da outra, e a gente sabe que no fundo é tudo mentira'".[42]

Os Estados totalitários dependiam das Julias. Pouco depois da guerra, durante uma discussão com Orwell nas páginas da revista *Polemic*, o escritor comunista Randall Swingler citou as constatações das tropas americanas que haviam entrevistado na Alemanha ocupada os ex-apoiadores do nazismo: "Os nazistas explicavam à população que, dada a relatividade de todas as verdades, era impossível saber ou entender qualquer coisa [...], isso absolvia o homem comum do esforço de entender e, ao mesmo tempo, conferia-lhe uma consciência de honestidade desiludida".[43]

Hannah Arendt confirmou tal impressão nas *Origens do totalitarismo*: "O sujeito ideal do domínio totalitário não é o nazista convicto ou o comunista convicto, mas as pessoas para as quais não mais existem a distinção entre fato e ficção (isto é, a realidade da experiência) e a distinção entre verdadeiro e falso (isto é, os critérios do pensamento)".[44] Arendt concluía que os alemães haviam sido levados a sentir dessa maneira pela incerteza caótica que precedera a ascensão de Hitler:

> Num mundo sempre mutável e incompreensível, as massas haviam alcançado um ponto no qual iriam, ao mesmo tempo, acreditar em tudo e em nada, achando que tudo era possível e nada era verdadeiro [...]. A propaganda de massa descobriu que sua audiência estava sempre disposta a acreditar no pior, por mais absurdo que fosse, e não se opunha a ser ludibriada pois no fundo considerava mentirosa toda declaração.[45]

Eis aí um slogan partidário tão bom quanto aqueles concebidos por Orwell: *Tudo é possível e nada é verdadeiro.*

É notável o quanto do rascunho escrito por Orwell em 1943 ou 1944 acabou incluído no manuscrito final. Socing, Novafala, "critério duplo de pensamento", as três superpotências, os paradoxais lemas partidários, a falsificação da história, os Dois Minutos de Ódio, os três traidores, os proletas: tudo isso consta do caderno, bem como elementos cruciais do enredo. "O escritor" (Winston) tem uma conversa importante com "X" (possivelmente O'Brien) e um breve caso com "Y" (Julia). Na segunda parte do livro, Orwell sempre pretendeu incluir a prisão, a tortura e a confissão, e, como em todos os seus romances, "a consciência final do fracasso".[46]

No entanto, Orwell fez acréscimos cruciais. Um deles foi a teletela de via dupla. Como a maioria da população, Orwell não tinha um aparelho de TV. Até junho de 1948, havia apenas 50 mil licenças de TV num país com 50 milhões de habitantes (ainda que esse número estivesse crescendo exponencialmente), e a programação era muito reduzida.[47]* Para algumas pessoas, era real o temor de que o novo aparelho também servisse para espioná-las. Ao anunciar a chegada da televisão em 1935, o diretor-geral dos Correios, sir Kingsley Wood, sentira-se na obrigação de ressaltar que "gostaria de assegurar a todos os ouvintes preocupados que, por mais maravilhosa que seja, a televisão não pode, afortunadamente, ser usada dessa maneira".[48] Todavia, era lógico supor que a tecnologia iria um dia estar em condições de satisfazer a vontade política de um Estado de vigilância. Um dirigente nazista, Robert Bley, certa vez se vangloriou de que "a única pessoa que ain-

* Por coincidência, o responsável pelo Serviço de Televisão da BBC no período de 1947 a 1950 era o romancista Norman Collins, que havia editado os livros de Orwell quando trabalhava na editora de Gollancz (ele sugeriu que Orwell tinha "algum tipo de instabilidade mental", apud Gordon Bowker, *George Orwell*. Londres: Hachette Digital, 2003, p. 162), e voltou a cruzar com ele no Departamento de Programas para o Exterior. O setor de comunicações britânico era um mundo muito pequeno.

da continua sendo um indivíduo privado na Alemanha é quem está dormindo".[49] Na Pista de Pouso Um, com a teletela, a Polícia das Ideias, os informantes, os helicópteros, os microfones ocultos e a sinistra intensidade do olhar do Grande Irmão, os cidadãos sentiam que estavam sendo observados "dormindo ou acordados" e agiam em função disso.[50]

O "infalível e todo-poderoso" Grande Irmão foi outra inovação tardia. O governante onipresente e intangível da Oceânia é um híbrido do Número Um de Koestler, do Benfeitor de Zamiátin, de Hitler e sobretudo de Stálin, sobre o qual escreveu André Gide: "O seu retrato está em toda parte, o seu nome está na boca de todos, e a sua exaltação ocorre em todo discurso público. Tudo isso se explica pela adoração, pelo amor ou pelo medo? Quem sabe?".[51] Stálin costumava ser chamado de "o mistério insondável", "o enigma" ou "a esfinge comunista",[52] oculto das massas por seu círculo mais próximo. Quanto menos ele se assemelhasse a um ser humano real, e portanto imperfeito, mais poderoso se tornava. "O principal atributo de um líder das massas", escreveu Arendt, "tornou-se a permanente infalibilidade; ele jamais pode admitir um erro [...]. Os líderes de massas no poder têm uma única preocupação, que se sobrepõe a todas as considerações utilitárias: fazer com que suas previsões se concretizem."[53]

Ninguém sabe na Oceânia onde vive o Grande Irmão, nem mesmo *se* está vivo. "Mas existe da mesma maneira que eu existo?", pergunta Winston a O'Brien. "Você não existe", responde O'Brien, esquivando-se.[54] *1984* está repleto de questões desse tipo. Alguma vez o Grande Irmão foi uma pessoa de carne e osso? E Goldstein? Quem escreveu "o livro"? A Confraria existe mesmo? Os foguetes que caem sobre a Pista de Pouso Um foram, na verdade, disparados pela própria Oceânia? A velha no Ministério do Amor é a mãe de Winston? Julia, no fim das contas, é uma agente da Polícia das Ideias? Em que ano estamos? Quanto tempo se passou? Não admira que o romance seja apreciado pelos paranoicos, pois descreve um mundo instável no qual as teorias conspiratórias são todas válidas. Como O'Brien diz a Winston, fugindo à questão sobre a Confraria, "enquanto você viver, este será para você um enigma não resolvido".[55] Quase tudo o que Winston sabe a respeito do funcionamento do mundo vem do livro de Goldstein, que pode ser um embuste promovido pelo Partido, e do que O'Brien lhe conta durante o interrogatório, que pode não ser verdade, incluindo a afirmação de que o livro de Goldstein é um embuste perpetrado pelo Partido. Há muito pouco que seja conclusivamente verdadeiro.

Essa ambiguidade permanente é o que faz de *1984* uma requintada obra de ficção, e não um ensaio ao qual foi atrelado um enredo. A reputação de Orwell como modelo de clareza, com uma prosa translúcida e apreço pelos fatos concretos, obscurece a sua capacidade artística, levando as pessoas a lerem o livro de forma literal, mesmo quando o próprio texto indica o contrário. Repleto de sonhos, alucinações, lembranças vagas, informações falsificadas e referências a enfermidades mentais, o romance é uma narrativa profundamente instável. Isso estava presente no esboço original de Orwell: "Efeito fantasmagórico, retificação, variação de datas etc., dúvidas quanto à própria sanidade".[56] Com a ausência de controle e a ameaça incompreensível, trata-se tanto de um pesadelo genuíno como de justa sugestão da vida num Estado totalitário. "Tudo se esmaecia na névoa",[57] pensa Winston, ou "tudo ia empalidecendo num mundo de sombras."[58]

De uma única coisa Winston tem certeza. *1984* pode não ser uma profecia, mas contém uma: a previsão da derrota e da morte. Todos os protagonistas de Orwell fracassam, mas só Winston *sabe* que vai fracassar. Sete anos antes, O'Brien contara num sonho que eles se encontrariam "no lugar onde não há escuridão", o qual se revela como a intensa e implacável luminosidade elétrica do

Ministério do Amor. "Winston não sabia o que isso significava, apenas que, de uma forma ou de outra, aquilo acabaria se tornando realidade."[59] Essa premonição o assombra o tempo todo. No instante em que inicia o diário, sabe que vai acabar nas mãos da Polícia das Ideias. Há várias menções ao "horror predeterminado",[60] à "morte iminente",[61] ao "desdobramento de um processo iniciado anos antes".[62] Ele tem premonições do Quarto 101 e até mesmo dos próprios argumentos evocados por O'Brien. Na cabeça de Winston, as fronteiras entre memória e profecia, presente e futuro, oscilam e se borram. "O fim estava contido no princípio."[63]

Desse modo, a famosa reviravolta do romance, quando Charrington e O'Brien revelam quem são de fato, não é na verdade nenhuma reviravolta. De uma maneira ou de outra, é o que sempre iria ocorrer. Inúmeras vezes, Orwell escreve que as ações de Winston "não faziam diferença". Todo o romance é a crônica de uma morte anunciada — pior do que morte: vaporização, despessoalização —, ainda que termine pouco antes de Winston receber a bala inevitável. Não fica claro se a determinação de Winston de seguir adiante revela uma enorme coragem ou um fatalismo indiferente, mas ele está ciente e aceita as consequências dos seus atos. "Nesse jogo que estamos jogando, não temos como vencer", diz a Julia, concluindo com uma frase característica de Orwell: "Alguns tipos de fracasso são melhores do que outros".[64]

No Ministério do Amor, O'Brien diz a Winston: "Não se iluda. Você sabia — sempre soube".[65] Mas como O'Brien sabe o que passa pela cabeça de Winston? Quem *é* O'Brien? Orwell revela que ele é corpulento mas ágil, feio mas encantador, com um ar de inteligência excepcional, ironia sutil e enigmática invencibilidade. Como instrumento do poder estatal, ele é infinitamente mais insinuante e empático do que o impassível Gletkin de Koestler, e por isso mais perigoso. "Ele era o algoz, o protetor, o inquisidor, o amigo."[66]

O termo *inquisidor* remete ao catolicismo, assim como o nome O'Brien e as suas deturpadas versões do catecismo e da eucaristia. No apartamento de O'Brien, Winston é tomado por "uma onda de admiração, quase de adoração"[67] por esse "sacerdote do poder".[68] Orwell tinha uma relação complexa com a religião, como ateu que mesmo assim estava convencido de que o totalitarismo somente poderia evoluir num vazio espiritual, e tinha um apego emocional ao protestantismo. Na Pista de Pouso Um, uma antiga igreja é um local onde se pratica o sexo proibido, se exibe propaganda, ou, ainda, não passa de um nome nessa estranha cantiga do passado "Sem casca nem semente". Mas Orwell era um crítico sistemático do catolicismo, com frequência comparando-o ao fascismo e ao comunismo como exemplo acabado do dogma opressivo. A mescla de pensamento, palavra e ato na confissão poderia até ser vista como o fundamento lógico do conceito de pensamento-crime.

Talvez O'Brien também tivesse poderes quase divinos. Sabemos que leu o diário de Winston — daí usar como arma a fórmula 2 + 2 = 5 —, mas também emprega frases, como "retirado do curso da história"[69] e "nós somos os mortos", que Winston nunca escreveu. Ele parece conhecer todos os pensamentos de Winston, e até falar com ele em sonhos. A primeira vez que o vê, Winston sente "como se as suas duas mentes tivessem se aberto e os pensamentos fluído de uma para a outra através dos olhos".[70] Mais adiante, ele tem a impressão de que "escrevia aquele diário para O'Brien — *na intenção* de O'Brien".[71] Ele é, ao mesmo tempo, a única pessoa em quem confia de modo pleno e imediato, e a última em quem *deveria* confiar. Ele é ao mesmo tempo real e parte de Winston: a sua sombra. "Não havia ideia que tivesse ocorrido a Winston, ou que pudesse vir a ocorrer algum dia, que O'Brien não conhecesse havia muito e que já não tivesse examinado e descartado. Sua mente *continha* a de Winston."[72]

Uma vez que Winston é conduzido ao Ministério do Amor, torna-se impossível aceitar literalmente o romance. Mesmo quando se acredita que O'Brien seja de fato telepata (os cientistas do Socing estariam pesquisando "como descobrir o que um ser humano está pensando, à revelia dele"),[73] por que motivo estaria investigando um insignificante trabalhador do Partido Externo durante sete anos antes de ele se rebelar? E mesmo nesse caso, a revolta de Winston consiste em nada além de umas poucas anotações confusas no diário (que servem sobretudo para ilustrar uma mente deturpada pela propaganda) e um pouco de sexo ao ar livre. Ele só se interessa em ler um capítulo e meio do livro de Goldstein, colocando-o de lado exatamente na metade da frase que promete explicar os verdadeiros motivos do Partido. Grande revolucionário esse.

Portanto, Winston não é de fato "o último homem", mas apenas a mais recente vítima simbólica a ser destruída e reconstruída. "Esse drama em que eu e você estamos atuando há sete anos continuará ocorrendo continuamente, geração após geração, sob formas cada vez mais sutis", diz O'Brien.[74] Houve outros Winstons antes e virão outros no futuro. Como o regime de Stálin durante o Grande Terror, o Partido não teme os hereges; ele *precisa* deles, pois o seu poder se renova ao esmagá-los. Para Malcolm Muggeridge, este era o "exercício contínuo" do poder: "Um governo baseado no terrorismo precisa demonstrar constantemente a sua força e resolução".[75]

Orwell criticou os stalinistas por afirmarem que os fins justificam os meios, mas na Oceânia os meios é que se justificam. Trata-se de quebrar os ovos sem, em seguida, fazer a omelete. O cidadão perfeito é enfadonho, um caso encerrado; o desafio é desmontar um espírito livre. Somente desse modo pode haver "vitória após vitória"[76] nos porões do Ministério do Amor: vitória contra o passado, contra o indivíduo, contra a própria realidade.

Como diz Orwell em "A prevenção contra a literatura", o totalitarismo "a longo prazo requer provavelmente uma descrença na própria existência da verdade objetiva".[77]

Agora chegamos à maior façanha satírica de Orwell: a derradeira etapa lógica da guerra do totalitarismo contra o real. Quando O'Brien sustenta que poderia se alçar do chão como uma bolha de sabão, ou apagar as estrelas como se fossem velas, ou provar que o Sol gira em torno da Terra, ele não é um louco, e sim um filósofo. Diante da ilimitada subjetividade de O'Brien, os protestos de Winston, de que há coisas verdadeiras e falsas, não passam de castelos de areia na maré alta. "Controlamos a matéria porque controlamos a mente", diz O'Brien, levando ao extremo a impostura. "A realidade está dentro do crânio."[78] Antes de conseguir fazer com que Winston diga que dois mais dois são cinco, ele precisa abolir a noção de que quatro e cinco têm qualquer realidade autônoma. O resultado da soma é cinco porque O'Brien diz que é cinco. Se tivesse dito que era $\sqrt{-1}$, seria $\sqrt{-1}$.

> "Quantos dedos estou mostrando para você, Winston?"
>
> "Não sei, não sei. Você vai me matar, se fizer isso de novo. Quatro, cinco, seis — com toda a sinceridade, não sei."
>
> "Assim é melhor", disse O'Brien.[79]

Em outras palavras, tudo é possível e nada é verdade.

Uma sátira sem riso continua sendo sátira, e a ideia toda é ir o mais longe possível. O'Brien não é um homem, e sim um experimento mental — uma proposta modesta. Em termos amplos, as duas partes iniciais do romance explicam sem exagero o que já ocorrera na Europa, ao passo que o terço final sugere o que poderia acontecer se todo limite concebível fosse eliminado. Stephen Spender o chamou de "uma espécie de progressão aritmética [sic] do horror".[80] O'Brien é a resposta à questão "o que de pior pode acontecer?". Ele é Hitler e Stálin despojados da retórica com que se justificavam. Ele é a bota sobre o rosto. "O objetivo da perseguição é a perseguição. O objetivo da tortura é a tortura. O objetivo do poder é o poder."[81]

O motivo que levou Orwell a tornar um cenário tão extremo pelo menos imaginável não foi o desespero, mas também não foi exatamente a esperança. "A moral a ser tirada dessa perigosa situação de pesadelo é simples", explicou num comunicado à imprensa depois do lançamento do livro. "*Não deixe que isso aconteça. Isso depende de você.*"[82]

1984 foi lançado pela Secker & Warburg no dia 8 de junho de 1949. Em Blackpool, o Partido Trabalhista estava reunido em sua conferência anual. Em Paris, os ministros das Relações Exteriores enfrentavam um impasse quanto ao futuro da Alemanha. Em Washington, o presidente Truman reafirmava o apoio americano à Coreia do Sul. A edição matinal do *Times* londrino trazia na primeira página o relato de uma coletiva de imprensa dada pelo general Jan Smuts, antigo primeiro-ministro da África do Sul e proeminente defensor da Organização das Nações Unidas: "A humanidade estava vivendo num lusco-fusco espiritual, e ninguém sabia se estávamos antes da aurora ou do crepúsculo".[83]

Orwell certamente aplicou o tratamento de choque que mencionara na resenha de *In Darkest Germany*, de Victor Gollancz. O *New York Times Book Review* relatou que a reação crítica a *1984* era esmagadoramente positiva, "com gritos de terror se elevando acima dos aplausos", e comparou o "estado de nervos" à comoção causada pela *Guerra dos mundos*, de Orson Welles.[84] O livro foi comparado a um terremoto, a um feixe de dinamite e ao rótulo numa garrafa de veneno. "Eu o li com tantos arrepios quanto os que tive ainda criança, ao ler Swift falando dos Yahoos", escreveu

John Dos Passos a Orwell, confessando que tivera pesadelos com a teletela.[85] Vários livreiros comentaram com Warburg que não haviam conseguido dormir direito depois de terem lido os exemplares de divulgação.[86] Para E. M. Forster, era "um romance terrível demais para ser lido de uma vez".[87]

Em Cranham, Orwell recebeu os elogios de Koestler em Paris ("um livro glorioso"),[88] de Aldous Huxley na Califórnia ("de extrema relevância"),[89] de Margaret Storm Jameson em Pittsburgh ("o romance que deve representar a nossa época"),[90] e de Lawrence Durrell em Belgrado ("ler o livro num país comunista é de fato uma experiência e tanto, pois se está rodeado disso").[91] Em apenas algumas semanas, ele havia sido mencionado no Parlamento britânico pelo deputado conservador Hugh Fraser, que viu no Leste Europeu "o tipo de Estado que o sr. Orwell acaba de descrever em seu livro *1984*".[92] Nem todos os primeiros leitores ficaram impressionados. Jacintha Buddicom, que só recentemente soubera que o famoso autor George Orwell e o seu amigo de infância Eric Blair eram a mesma pessoa, ficou tão horrorizada com o romance que cortou relações. "Achei *1984* um livro apavorante, miserável e derrotista", lembrou mais tarde, "e, como não conseguia entender por que ele o havia escrito, também deixei completamente de escrever para ele."[93]

Os críticos mais argutos foram aqueles que entenderam a mensagem de Orwell, a de que os germes do totalitarismo existiam em Nós, tanto quanto Neles. No livro de Goldstein, as ideologias supostamente inconciliáveis das três superpotências "quase não têm nenhuma diferença",[94] e as estruturas sociais, nem mesmo isso. "Por trás de Stálin esconde-se o Grande Irmão", escreveu Forster, "o que parece apropriado, mas o Grande Irmão também se esconde por trás de Churchill, Truman, Gandhi e qualquer outro líder usado ou inventado pela propaganda."[95] Golo Mann, no *Frankfurter Rundschau*, resumiu o tema de Orwell como "o perigo totalitário que jaz dentro de nós".[96] Daniel Bell, numa resenha de cunho filosófico para o *New Leader*, observou que, "na realidade, Orwell não escreveu um panfleto sobre a política, mas um tratado sobre a natureza humana".[97]

Todavia, nem todo crítico se deu conta desse fato essencial. Era um livro que tocava com força na sensibilidade política dos leitores e expunha os seus preconceitos. Os resenhistas conservadores o consideravam uma denúncia enfática não só da União Soviética, mas de *todas* as formas de socialismo, incluindo a de Attlee. A ferozmente anticomunista revista *Life*, de Henry Luce, dedicou-lhe uma matéria especial de oito páginas, ilustrada com caricaturas de Abner Dean, na qual se lia que "o livro reforça a crescente desconfiança de que parte dos trabalhistas britânicos se deleita com a austeridade e gostaria de mantê-la".[98] O jornal britânico *Evening Standard*, de Lord Beaverbrook, sugeria maliciosamente que ele deveria ser "leitura compulsória" para os delegados que iriam participar da conferência do Partido Trabalhista em Brighton.[99]

Os críticos comunistas também o leram como um mero texto calunioso contra o socialismo. Samuel Sillen, o editor da revista *Masses and Mainstream*, publicou uma histérica denúncia da "doença" de Orwell, em grande parte motivado pelo descontentamento com o êxito do livro.[100] *1984*, escreveu, não era apenas uma "podridão cínica",[101] mas uma propaganda do livre mercado equivalente a Hayek. O *Pravda* o chamou de "livro nojento", escrito "por ordem e instigação de Wall Street".[102] O furibundo ataque do romancista e comunista Arthur Calder-Marshall à obra e ao caráter de Orwell levou o deputado trabalhista Woodrow Wyatt a concordar que a "desesperança vazia" de Orwell não se alinhava com "os objetivos e as convicções do Partido Trabalhista".[103]

Orwell não levou a sério a resenha de Calder-Marshall ("se tivesse de difamar alguém, eu faria bem melhor do que isso"),[104] mas ficou desconsolado ao ser caricaturado pelos conservadores como um ex-esquerdista desiludido agitando a bandeira do capitalismo desenfreado. Presumivelmente, é a isso que ele se referia, numa carta a Rees, como "certa publicidade muito constrangedora".[105] Ao ser visitado por Warburg em Cranham, em 15 de junho, Orwell ditou uma declaração enfática, explicando o argumento do romance, na qual salientava que o totalitarismo podia surgir em qualquer lugar, e que os superestados rivais "vão fingir que se opõem um ao outro muito mais do que o fazem na realidade".[106]

No dia seguinte, compôs outra declaração, em resposta a Francis A. Henson, um funcionário do United Automobile Workers, em Detroit, que lhe escrevera perguntando se *1984* era um livro a ser recomendado aos membros do sindicato. Orwell respondeu que o romance "NÃO foi concebido como um ataque ao socialismo, ou ao Partido Trabalhista britânico (do qual sou apoiador)", mas como um alerta de que "o totalitarismo, *caso não seja combatido*, pode triunfar por toda parte". A cláusula condicional era essencial. "Não creio que o tipo de sociedade que descrevi *vá necessariamente* ocorrer, mas estou convencido (lembrando, claro, o fato de que o livro é uma sátira) de que algo parecido *poderia* ocorrer."[107] Para sua irritação, o sindicato cometeu um erro ao transcrever a nota manuscrita, substituindo *poderia ocorrer* por *vai ocorrer* — e, quando a *Life* ligou pedindo permissão para republicar a nota, ele teve de insistir para que o erro fosse corrigido. Até o seu esclarecimento precisou de um esclarecimento.

Orwell disse tão pouco a respeito de *1984* antes de morrer que essas duas declarações são um indício inestimável de suas intenções, mas naquela altura, achava Warburg, elas "não ajudaram em nada".[108] A verdade é que a ambiguidade em torno da posição política de Orwell contribuiu para aumentar as vendas. Seis meses após o lançamento, o livro havia vendido mais de 250 mil exemplares no Reino Unido e nos Estados Unidos, e havia grande interesse em adaptar o romance para outras mídias. Orwell se correspondeu com Sidney Sheldon, roteirista e dramaturgo ganhador do Oscar, sobre uma possível versão para os palcos (nunca realizada) que lhe daria um viés antifascista. Um antigo colega de Orwell, Martin Esslin, adaptou o livro para a BBC, ao passo que Milton Wayne escreveu uma sóbria versão para o programa *University Theater*, da NBC, com David Niven como Winston Smith e um intervalo erudito com o romancista James Hilton: "Depois de ler *1984* do sr. Orwell, talvez você não sinta vontade de conhecer pessoalmente nenhum dos personagens, mas *sem dúvida* vai querer conhecer o sr. Orwell, mesmo que seja para uma boa discussão".[109]

A corrida para adaptar *1984* talvez devesse muito à suposição de que se tratava de um livro para aquele momento, que não iria permanecer ao longo do tempo. No *New York Times Book Review*, Mark Schorer sugeriu que o brilhantismo "dinâmico" do romance "talvez seja um indício de que sua grandeza é apenas imediata, o seu impacto apenas sobre nós, agora, nesta geração, nesta década, neste ano, e de que está fadado a ser um joguete da época".[110]

Ou talvez não.

Depois de uma visita a Cranham em 15 de junho, Warburg escreveu um relato desalentador sobre o "alarmante" estado de saúde de Orwell.[111] Se ele não conseguisse se recuperar até a mesma época do ano seguinte, achava Warburg, então estaria acabado, mas o otimismo de Orwell era infeccioso.

Em julho, Orwell pediu Sonia em casamento, à sua maneira tipicamente circunspecta. Ao contrário de Celia Paget e Anne Popham, ela aceitou. Para alguns dos amigos dele, a ideia era horripilante. "Orwell não tinha a menor condição de se casar com ninguém", comentou David Astor. "Ele estava moribundo."[112] Muggeridge considerou o casamento "ligeiramente macabro e incompreensível".[113] Mas Orwell acreditava firmemente que isso lhe daria ânimo para continuar vivendo. Como diz Winston, a respeito de Julia: "O corpo dela parecia verter um pouco de sua juventude e de seu vigor para dentro do corpo dele".[114]

Ninguém achou que Sonia o amasse de fato. Alguns daqueles que a conheciam afirmaram que ela era uma mulher impiedosa e egoísta, que se casou com Orwell pelo dinheiro e pelo prestígio, pois a *Horizon* enfrentava dificuldades financeiras e logo ela iria ficar sem emprego. Outros viram no ato uma dedicação cavalheiresca, motivada pela piedade e pelo respeito. "Disse que recobraria a saúde se me casasse com ele", contou ela a Hilary Spurling duas décadas depois, "e por isso, sabe, não tive escolha."[115] O mais provável é ter havido uma convergência dos motivos de ambos: ele precisava dela, e ela de alguém que precisasse dela. Muitos anos antes, ao escrever sobre a vida amorosa de Thomas Carlyle, Orwell ruminara sobre "o assombroso egoísmo que há no amor mais sincero".[116]

No dia 2 de setembro, Orwell se mudou do sanatório Cranham para um quarto particular no hospital da University College, em Londres. Os amigos duvidavam que saísse vivo de lá. É bem possível que já estivesse irrecuperável quando, em 13 de outubro, eles se casaram no quarto do hospital, diante de apenas meia dúzia de convidados. Astor lembrou-se de Gandhi: era só "pele e osso".[117] O almoço de celebração foi no Ritz, sem a presença do noivo.

A saúde e a disposição de Orwell foram revigoradas pelo casamento — ele comentou que tinha mais cinco livros em mente, e não poderia morrer antes de colocá-los no papel —, mas não por muito tempo. Para os diversos amigos que o visitaram no final desse ano, entre os quais Symons, Spender, Fyvel e Potts, era evidente a possibilidade de que cada conversa que tinham podia ser a última. Ele ainda gostava de falar de livros e política, mas cada vez mais era arrastado para o passado, entregando-se a reminiscências sobre Eton, a Birmânia, a Espanha e a Guarda Nacional, como jamais fizera com os amigos. Ao passar por lá no Natal, Muggeridge não vislumbrou em Orwell nenhum sentimento de aceitação ou de paz: "Havia uma espécie de cólera em seu semblante, como se a iminência da morte o deixasse furioso".[118]

A ideia de Sonia era se incumbir da correspondência e das questões comerciais, entreter os amigos e assegurar que Orwell tivesse condições de escrever, mas, como o estado dele exigia uma mudança dramática de cenário, o casal decidiu se mudar para um sanatório em Montana-Vermala, nos Alpes suíços. Uma ambulância aérea foi contratada para o dia 25 de janeiro de 1950, com o pintor Lucian Freud, amigo próximo de Sonia, juntando-se a eles como uma espécie de enfermeiro. Sete dias antes da viagem, Orwell revisou o testamento, tornando Sonia a única herdeira e (juntamente com Rees) a responsável por seu legado literário. Ele não fazia a menor ideia das dificuldades que isso implicaria para "a viúva de um literato", como havia dito para Anne Popham.

Orwell pediu que buscassem a sua vara de pesca, na expectativa de aproveitar os lagos alpinos. A vara estava encostada num canto do quarto quando, nas primeiras horas do dia 21 de janeiro, um vaso sanguíneo se rompeu no pulmão e a hemorragia o levou rapidamente à morte.

George Woodcook estava numa festa em Vancouver quando outro convidado lhe contou que a notícia da morte de Orwell acabara de ser anunciada no rádio. "O silêncio tomou conta da sala", recordou Woodcock, "e me dei conta de que aquele homem gentil, modesto e irascível havia se tornado uma figura mítica mundial."[119]

Orwell tinha amigos e admiradores eloquentes, cujas frases sonoras tiveram um efeito enorme e imediato em sua reputação póstuma, sobretudo para os leitores que conheciam apenas os seus dois últimos romances. No *New Statesman*, o crítico e contista V. S. Pritchett resumiu Orwell em algumas centenas de palavras: sua integridade, independência, excentricidade, rebeldia, austeridade, culpa, sua "prosa ágil, clara, cinzenta".[120] Ele foi "a consciência invernal de sua geração [...], uma espécie de santo".[121] No *Observer*, Koestler afirmou que "a grandeza e a tragédia de Orwell haviam sido a sua rejeição total a compromisso", e que havia uma "concordância excepcional entre o homem e a obra".[122] Lendo os obituários, Muggeridge notou "como se cria a lenda de um ser humano".[123] Assim nasceu a fábula do santo rebelde que não podia dizer uma mentira, bem como a falácia de que *1984* era um grito no leito de morte. Nenhuma das resenhas mencionava o estado de saúde de Orwell, exceto pelo fato de que a morte marcava para sempre a sua última obra. Sonia agradeceu a Koestler por seu obituário porque "todo mundo — e sobretudo Pritchett — escreveu só disparates deprimentes".[124]

O pesar de Sonia era tão sincero e violento que convenceu até mesmo os céticos. Segundo Natasha, a esposa de Stephen Spender, "ela se convencera de que o amava intelectualmente, por seus escritos, mas descobriu que *realmente* o amava". Spender era da mesma opinião: "Ela se culpava e achava que fizera a coisa errada, e por isso abraçou a causa de Orwell pelo resto da vida e, na verdade, nunca mais se recuperou disso".[125]

Muggeridge acertou para que o funeral fosse realizado na Christ Church, na Albany Street, em Camden, para onde afluiu gente de todos os recantos da vida especialmente compartimentada de Orwell — de Eton, da Espanha, do ILP, da BBC, da Guarda Nacional, do *Tribune*, dos círculos literários londrinos, da diáspora europeia, das ruas de Islington e dos círculos sociais de suas duas esposas. Embora ateu, Orwell era suficientemente tradicionalista para querer ser enterrado no cemitério de uma igreja do interior, e David Astor acionou pela última vez os seus contatos a fim de conseguir uma sepultura na Church of All Saints, em Sutton Courtenay, Berkshire. Somente ele e Sonia estavam presentes quando o corpo de Orwell foi colocado na sepultura e enterrado sob uma lápide tipicamente concisa, apenas com o nome e as datas de nascimento e morte. O nome ainda era Eric Arthur Blair, pois nunca chegara a mudá-lo oficialmente.

A vida de Orwell coincidiu com a vida pública de seu derradeiro romance durante exatamente 227 dias.

PARTE II

10. Milênio negro

1984 e a Guerra Fria

Se é assim que vai ser o mundo, nada nos resta agora além de enfiar nossas cabeças no forno de gás.

Reclamação de um espectador à BBC, dezembro de 1954[1]

O início da noite do domingo, 12 de dezembro de 1954, foi alvoroçado para George Orwell, funcionário de uma companhia de navegação que morava no sul de Londres. Às oito e meia, assim que terminou o popular programa de perguntas *What's My Line?*, mais de 7 milhões de britânicos se acomodaram para assistir a uma adaptação de *1984*, com duas horas de duração, feita pela BBC. Essa era a maior audiência de um programa de televisão desde a coroação da rainha Elizabeth II, em junho do mesmo ano. Na verdade, o príncipe Philip deixaria escapar que ele e a rainha tinham assistido ao programa e admirado "a produção e a mensagem".[2] Com 22 atores, 28 cenários e inserções pré-gravadas inovadoras, *1984* era a mais ambiciosa e cara peça já transmitida pela TV britânica. Também era, nas palavras do *New York Times*, "o tema da controvérsia mais acalorada nos anais da televisão britânica".[3] Em consequência, o único George Orwell que constava da lista telefônica passou a noite atendendo a ligações de espectadores furiosos com aquela "peça horrível".[4] A esposa dele, Elizabeth, suplicou ao jornal *Daily Mirror* que fizesse o devido esclarecimento: "POR FAVOR, digam às pessoas que o meu marido NÃO é o autor dessa peça de TV".

O roteirista Nigel Kneale e o diretor Rudolph Cartier haviam colaborado antes numa apavorante série televisiva de ficção científica, *The Quatermass Experiment* [O experimento Quatermass]. A versão vigorosa e inteligente que ambos fizeram do romance de Orwell, com Peter Cushing no papel de Winston Smith, era ainda mais impactante, com uma atmosfera de horror crescente e um clímax terrível no Ministério do Amor. Para Cartier, foi a combinação de televisão e teletela que contribuiu para o seu efeito extraordinariamente potente. Quando o espectador via o Grande Irmão, comentou, "os olhos gélidos o fitavam diretamente desde uma pequena tela, instilando em seu coração o mesmo arrepio que os personagens experimentavam sempre que ouviam a voz dele saindo de *suas* vigilantes telas de TV".[5]

Centenas de espectadores se queixaram à BBC e aos jornais, reclamando da quantidade incomum de violência e sexualidade na peça. "Foi algo tão horrível que me senti a ponto de usar um martelo contra o aparelho de televisão", esbravejou um deles.[6] "Jamais algo tão vil e repelente foi mostrado na tela da TV", alegou outro, "ou em qualquer outro tipo de tela."[7] O mesmo acharam alguns críticos na imprensa, tachando a peça de "um relato nauseante no qual não se vislumbra nenhuma esperança para o futuro"[8] e de ser "a representação de um mundo que não quero ver de novo".[9] O *Daily Express* intitulou a sua cobertura da peça com a frase "Um milhão de PESADELOS".[10]

O plano de transmitir outra encenação da peça na quinta-feira seguinte manteve viva a controvérsia. A BBC contratou um guarda-costas para Cartier depois que ele recebeu uma ameaça de morte, ao passo que Cushing foi obrigado a desligar o telefone para não receber mais ligações agressivas. No programa de atualidades *Panorama*, Malcolm Muggeridge debateu com um vereador de Turnbridge Wells que defendia que essas transmissões iriam inspirar uma onda de criminalidade. Na quarta-feira, quando a controvérsia chegou ao Parlamento, um grupo de deputados conservadores, capitalizando o pânico moral então corrente em torno das histórias em quadrinhos de terror, propôs uma moção condenando a tendência por parte da BBC de "atender a gostos sexuais e sádicos",[11] enquanto outro grupo defendeu que a peça oferecia uma percepção valiosa dos métodos totalitários.

A peça televisionada assegurou a fama nacional tanto do romance como do seu autor. Na maior parte daquele ano, a Secker & Warburg vinha registrando vendas semanais de 150 exemplares da edição de capa dura. Na semana subsequente à transmissão da BBC, essas vendas saltaram para mil exemplares, ao passo que uma nova edição em brochura da Penguin alcançou extraordinários 18 mil exemplares semanais. De repente a história se tornou tão conhecida que os comediantes do The Goon Show gravaram uma paródia, intitulada *1985*, na qual um Winston Seagoon, personificado por Harry Secombe, trabalhava na Big Brother Corporation [Corporação do Grande Irmão], ou seja, na BBC. "Ouvintes!", anunciava Secombe, zombando do alvoroço. "Vocês estão avisados. Este programa *não* é para ser ouvido!"[12] É bem possível que Orwell tivesse apreciado as piadas sobre a burocracia enlouquecedora e a péssima comida na cantina do seu antigo local de trabalho.

Por causa da peça da BBC, muitos espectadores ficaram com uma impressão distorcida da obra de Orwell, levando um crítico a prever que este iria "provavelmente adquirir uma reputação imerecida como o primeiro de uma nova geração de autores do gênero de terror literário".[13] Porém, como disse Cartier ao *Express*, "se alguém tivesse escrito um romance em 1910 e o chamado de '1954', antecipando a existência de governos totalitários, 'lavagem cerebral', campos de extermínio, trabalho escravo, os horrores das bombas atômica e de hidrogênio, ele provavelmente teria sido acusado de exagero desatinado e de imaginação mórbida e distorcida".[14]*

A peça também ressaltou a importância política do romance. O *Express* começou a publicar em partes uma versão abreviada, enquanto o *Daily Mail* elogiava a denúncia da "bestialidade do comunismo".[15] Os aplausos da direita se confundiam com as vaias da esquerda — as quais, em alguns casos, começaram suspeitosamente cedo. Uma fonte da BBC contou à imprensa que ligações telefônicas começaram a chegar minutos após o início da transmissão, indicando que "provavelmente eram motivadas por preconceitos políticos".[16] A seção de cartas do *Manchester Guardian* virou um campo de batalha entre os fãs de Orwell e R. Palme Dutt, um linha-dura do Partido Comunista britânico. Dutt alegava que *1984* era "a essência mais vil da corriqueira propaganda conservadora antissocialista por um ex-policial colonial e ex-aluno de Eton", e não escondeu o prazer que sentia com a reação adversa: "As autoridades tentaram enfiar Orwell goela abaixo do público, mas este acabou por vomitá-lo".[17] Na semana seguinte, os correspondentes eram unânimes na discordância, com um deles sugerindo que o impacto da peça foi confirmado por "uma típica carta de lavagem cerebral do próprio Grande Irmão britânico — o sr. R. Palme Dutt".[18]

Esse confronto exemplificou o destino de *1984* durante a década da Coreia, Hungria, Mao e McCarthy. Nesse contexto tão febricitante, os liberais e os socialistas se esforçavam para defender as intenções mais complexas de Orwell, enquanto a direita e a extrema esquerda respectivamente exaltavam e denunciavam o

* A expressão "lavagem cerebral" se tornou corrente em 1950, devido à Guerra da Coreia, e era retrospectivamente aplicada à progressiva transformação de Winston Smith.

romance como propaganda da Guerra Fria. Para o historiador marxista Isaac Deutscher, *1984* havia se transformado em "uma superarma ideológica", tivesse Orwell gostado disso ou não.[19]

O *Times* de Londres descreveu como "marginal" o impacto cultural de *1984* antes da transmissão da peça pela BBC.[20] Isso pode ser verdade quando comparado aos 7 milhões de espectadores, mas por qualquer outro critério o livro já alcançara um êxito notável. A edição com capa dura da Secker & Warburg vendeu 50 mil exemplares nos dois primeiros anos, e a edição em brochura da Penguin logo superou em muito esse número.[21] Nos Estados Unidos, onde permaneceu na lista dos mais vendidos do *New York Times* durante vinte semanas, foram comercializados 170 mil exemplares de capa dura, 190 mil através do Book-of-the-Month Club, 596 mil na edição abreviada da Reader's Digest e nada menos do que 1,21 milhão na edição em brochura da New American Library. Portanto, não foi um impacto *tão* marginal assim.

Um dos motivos para a popularidade do romance era o gênio de Orwell para os neologismos brilhantes. Em 1942, ele escreveu que "Kipling é o único autor inglês da nossa época que acrescentou frases à língua",[22] mas hoje ele também poderia justificadamente incluir a si mesmo nesse comentário. Os jornalistas adoram usar termos novos, sobretudo aqueles que simplificam fenômenos complexos. Como escreveu Nigel Kneale na revista *Radio Times*, "algumas das palavras por ele cunhadas — 'pensamento-crime', 'duplipensamento', 'despessoa', 'rostocrime', 'Novafala', entre outras — acabaram se incorporando como alerta na linguagem da década de 1950".[23]

De acordo com o *Oxford English Dictionary*, *Novafala* foi usada pela primeira vez independentemente do romance já em 1950; *Grande Irmão* e *duplipensamento*, em 1953; *pensamento-*

-*crime* e *despessoa*, em 1954. O adjetivo *orwelliano* foi introduzido por Mary McCarthy num ensaio de 1950 que trata, surpreendentemente, de revistas de moda.* Em 1950, o ministro das Finanças Hugh Gaitskell acusou a oposição conservadora daquilo "que o finado George Orwell, em seu livro, que talvez os excelentíssimos deputados tenham lido, intitulado *1984*, chamava de duplafala".[24] Essa palavra, na verdade, não aparece no romance, mas desde então entrou no vocabulário da política. O próprio Winston Churchill considerava *1984* "um livro muito notável".[25]

Grande Irmão se revelou um termo especialmente popular. Ao longo da década de 1950, o nome foi empregado no Parlamento em referência a alvos tão variados como o governo conservador, a esquerda trabalhista, o presidente americano Eisenhower, Lord Beaverbrook, a China maoista, o Califado de Omã, a Câmara dos Lordes, as lideranças sindicais, o Conselho do Carvão e os Correios. Nem todo mundo entendia a alusão. Durante um debate em 1956 sobre a política de combustíveis, quando um deputado protestou ao ser chamado de Grande Irmão, o presidente da Câmara dos Comuns ficou perplexo: "Achei que era um termo afetuoso".[26]**

Citar Orwell era assumir, merecidamente ou não, algo do seu prestígio moral. O autor que só virou um verbete no *Who's Who* no ano de sua morte, e recebeu apenas um prêmio (no valor de mil dólares, oferecido pela revista *Partisan Review*), rapidamente

* "[*Flair*] é um salto no futuro orwelliano, uma revista sem contestação ou ponto de vista além da exaltação de si mesma" (Mary McCarthy, "Up the Ladder from Charm to Vogue", jul.-ago. 1950, em *On the Contrary*. Portsmouth: Heinemann, 1962, p. 187).

** De longe, a frase de Orwell mais citada (por vezes de maneira equivocada) no Parlamento era: "Todos os animais são iguais, mas alguns animais são mais iguais do que outros". E, entre as citações, umas eram mais precisas do que outras. Lord Balfour de Inchrye citou "o livro escrito pelo falecido sr. George Orwell, chamado *1980*" (Hansard, HL, 7 fev. 1951, v. 170, col. 216).

se tornou um exemplo de honestidade e decência. Sempre que um dos seus livros era reeditado, os resenhistas apontavam as suas limitações como romancista, crítico e pensador político, mas o aclamavam como um gênio *moral* que passou por uma época suja com as mãos limpas. "Orwell era *de fato* aquilo que centenas de outros apenas fingem ser", alegou Stephen Spender numa edição especial da *World Review*. "Era de fato igualitário, de fato socialista, de fato verdadeiro."[27] Em 1952, numa influente introdução à edição americana de *Lutando na Espanha*, Lionel Trilling consolidou Orwell no espírito de muitos leitores como um modelo exemplar, na tradição de Twain, Whitman e Thoreau: "O homem que diz a verdade".[28]

Especificamente, considerava-se que dizia a verdade a respeito do totalitarismo. Orwell não era um cientista político. Além de uns poucos dias na Barcelona sob controle comunista, ele não tivera nenhuma experiência em primeira mão do totalitarismo. Era apenas um jornalista em atividade que lia muito. Portanto, é notável que a teoria que articulou com base na leitura de livros de memórias, biografias, ensaios, romances e reportagens tenha sido confirmada de maneira geral por estudos rigorosos, como *Totalitarian Dictatorship and Autocracy* [Ditadura e autocracia totalitárias], de Carl J. Friedrich e Zbigniew Brzezinski, e *Origens do totalitarismo*, de Hannah Arendt.

Embora Arendt estivesse mais bem informada sobre a Alemanha, enquanto o maior interesse de Orwell era a Rússia, ambos chegaram a muitas das mesmas conclusões: o totalitarismo era uma interseção sem precedentes de ideologia, burocracia, tecnologia e terror. Arendt argumentou que o totalitarismo visava concretizar uma fantasia, e o hiato entre mito e realidade só podia ser eliminado por meio do engano constante e da crueldade sem limites.

> É sobretudo por causa desse sentido maior, por causa de uma plena congruência, que o totalitarismo anseia por destruir todo resquício do que comumente chamamos de dignidade humana [...]. O que visam as ideologias totalitárias, portanto, não é a transformação do mundo externo ou a transmutação revolucionária da sociedade, mas a transformação da própria natureza humana.[29]

Isso ecoava o grande temor de Orwell, expresso em 1939: "No passado, toda tirania acabava sendo, mais cedo ou mais tarde, derrubada ou, pelo menos, combatida devido à 'natureza humana' [...]. Mas não há como ter certeza de que a 'natureza humana' seja constante".[30] Os livros de Arendt e Orwell foram editados nos Estados Unidos pela mesma pessoa, Robert Giroux, e desde então ficaram associados um ao outro.

Outro livro na mesma linha era *The God That Failed* [O deus que falhou], uma antologia organizada pelo deputado britânico Richard Crossman em 1949, com ensaios desencantados escritos pelos ex-comunistas Arthur Koestler, Stephen Spender, Ignazio Silone, Richard Wright, André Gide e Louis Fischer. O livro atraiu muitos dos mesmos leitores de *1984*, e trazia algumas observações similares. Spender, que incluiu em sua contribuição uma referência explícita ao duplipensamento, afirmava que os comunistas "distorciam o significado dos qualificativos [...] sem a menor consciência de que o mau uso das palavras gera confusão. 'Paz', na linguagem deles, pode significar 'guerra'; 'unidade', 'traição interna'; 'fascismo', 'socialismo'".[31] Orwell, contudo, sabia que eles tinham plena consciência do que estavam fazendo.

Outra diferença crucial entre Orwell e o grupo reunido em *The God That Failed* — e uma diferença que lhe conferia uma extraordinária autoridade moral — era que ele jamais fora ludibriado. Na verdade, alguns de seus admiradores até mesmo se recusavam a aceitar que tivesse se alinhado à esquerda. Quando

Orwell escreveu que "Dickens é um desses escritores dos quais se sente que vale a pena roubar. Ele foi roubado por marxistas, por católicos e, acima de tudo, por conservadores", ele inadvertidamente antevia o próprio destino.[32] Tanto o católico conservador Christopher Hollis como os libertários de direita no jornal *The Freeman* reivindicaram Orwell para os respectivos campos. Ao mesmo tempo, o deputado conservador Charles Curran (o ex-jornalista do *Evening Standard* que tanto havia aborrecido Orwell em Cranham) fez a afirmação ridícula de que o efeito do romance no público britânico, "provavelmente mais do que qualquer outro fator isolado, tinha a ver com a derrota socialista nas eleições gerais de 1951".[33] Dá para imaginar qual seria a reação de Orwell a tal disparate.

Na extrema esquerda, por outro lado, o historiador do Partido Comunista britânico A. L. Morton concluiu uma história da literatura utópica, *The English Utopia* [A utopia inglesa], acusando Orwell de ter escrito um malicioso libelo contra o socialismo: "Nenhuma calúnia é torpe demais, nenhum recurso, asqueroso demais: *1984* é, ao menos para este país, a última palavra até agora na apologia contrarrevolucionária".[34] Morton dava seguimento a essa condenação com uma exaltação servil da "concretização da utopia" realizada por Stálin.[35] Em nota igualmente ardorosa, James Walsh, em *The Marxist Quarterly*, acusava Orwell de se lançar "às gargalhadas nos braços das editoras capitalistas com uma dupla de histórias em quadrinhos de horror que lhe trouxeram fama e fortuna".[36] Walsh e Morton compartilhavam o tom de repulsa estridente que Orwell, em 1944, havia identificado como o "inglês marxista, ou panfletês",[37] e o parodiou em *1984* na figura do fanático que vai ao Speakers' Corner, no Hyde Park, para vituperar contra os políticos trabalhistas, chamando-os de lacaios e hienas. Ele não teria se surpreendido com esses ataques.

Ao lado dessas acusações veementes, o ensaio "The Mysticism of Cruelty" ["O misticismo da crueldade"], publicado por Isaac Deutscher em 1955, era um requintado assassinato de reputação, conferindo um verniz de imparcialidade a uma série de alegações bastante frágeis. Deutscher acusava Orwell, injustamente, de plagiar Zamiátin e Trótski; de rejeitar o socialismo; e, com base no encontro que tiveram na Alemanha em 1945, de ser um paranoico cuja visão de mundo não passava de "uma sublimação freudiana da mania de perseguição".[38] E terminava acusando Orwell de produzir um melodrama sensacionalista que estimulava o pânico, o ódio, a raiva e o desespero:

> *1984* não é, na verdade, um alerta, mas um grito agudo anunciando o advento do Milênio Negro, o Milênio infernal [...]. *1984* ensinou milhões a encararem o conflito entre o Oriente e o Ocidente como se fosse preto e branco, e mostrou a esses milhões um bicho-papão e um monstruoso bode expiatório para todos os males que afligem a humanidade.[39]

E de fato havia um esforço coordenado para enquadrar *1984* como um livro que tratava apenas da Rússia, e isso se mostrou com mais urgência na recém-criada nação da Alemanha Ocidental. Ao resenhar o romance, Golo Mann sustentou que os alemães, "talvez mais do que qualquer outra nação, podem sentir a impiedosa probabilidade da utopia de Orwell".[40] Todavia, em 1949, o anticomunismo eclipsara a desnazificação como política oficial e convergia na necessidade emocional dos alemães de esquecer o passado recente. Um exemplo disso era a *Der Monat*, uma revista nova e popular financiada pelos Estados Unidos, que exaltou Orwell como profeta antistalinista, e publicou em partes tanto *A revolução dos bichos* como *1984*. Ao lerem o romance, os alemães, portanto, faziam vista grossa ao nazismo e voltavam os olhos para o Leste. Contudo, não era como se as autoridades e os intelectuais atrás da Cortina de Ferro discordassem. Segundo o escritor polonês Czesław Miłosz, "como é, ao mesmo tempo, difícil de ser obtido e perigoso de se ter, [o livro] é conhecido apenas por determinados membros do núcleo central do Partido [...]. O fato de existirem escritores no Ocidente que entendem o funcionamento da inusitada máquina da qual tais membros fazem parte é motivo de assombro para eles".[41] Em 1958, ao condenar a três anos de prisão um adolescente que havia lido e discutido o livro, um juiz da Alemanha Oriental chamou Orwell de "o escritor mais odiado na União Soviética e nos Estados socialistas".[42]

Durante a guerra, os governos do Reino Unido e dos Estados Unidos haviam vendido Stálin como o "Uncle Joe" e "Nosso Valoroso Aliado". Em 1943, a revista *Life* dedicou uma edição toda à Rússia, incentivando os leitores a "dar o devido desconto a certas falhas, ainda que deploráveis",[43] ao passo que a Warner Brothers reabilitava Stálin em *Missão em Moscou*, um filme de propaganda atacado por Orwell por distorcer a história. O próprio Orwell fora obrigado a celebrar as façanhas militares russas em seus programas de notícias para a BBC. Agora, nos primórdios da Guerra Fria, o Ocidente estava muito ansioso para desfazer essa imagem heroica. *A Oceânia estava em guerra com a Eurásia: a Oceânia sempre estivera em guerra com a Eurásia.*

Em fevereiro de 1948, o ministro das Relações Exteriores do Reino Unido, Ernest Bevin, criou o Departamento de Pesquisa de Informações (IRD, na sigla em inglês), que a historiadora Frances Stonor Saunders chamou de "o ministério secreto da Guerra Fria".[44] Embora aos poucos os seus métodos degenerassem em golpes sujos durante a década de 1950, a prioridade inicial do IRD era se contrapor à propaganda soviética com relatórios e artigos que o departamento incentivava os intelectuais solidários a reciclarem como se fossem deles. Também promovia a distribuição de traduções em línguas europeias de livros antissoviéticos como *A revolução dos bichos*, *The God That Failed* e *O zero e o infinito*. Entre os principais conselheiros do IRD estavam dois amigos de Orwell: Malcolm Muggeridge e Arthur Koestler.

Quando Orwell passou o Natal de 1945 com Koestler, os dois sentaram diante da lareira e planejaram um movimento político visando promover os direitos humanos e a livre expressão de ideias. Por meio da recém-criada Organização das Nações Unidas, essa "Liga em Prol dos Direitos do Homem" estimularia o diálogo entre o Leste e o Oeste sob a forma de viagens, programas radiofônicos, livros e jornais. Como afirmou Orwell no ensaio "Notas sobre o nacionalismo", "a indiferença à verdade objetiva é estimulada pelo isolamento entre uma e outra parte do mundo".[45] Esse "desarmamento psicológico", esperava ele, iria romper essa bolha. O plano dos dois acabou não se realizando, por vários motivos, mas para Koestler a ideia ainda parecia promissora.

Em 1948, Koestler realizou uma série de palestras nos Estados Unidos em favor do International Rescue Committee, durante as quais conheceu quase todos os anticomunistas americanos mais relevantes: falcões ex-trotskistas como James Burnham, Sidney Hook e Max Eastman; intelectuais liberais como Dwight Macdonald, Mary McCarthy e Lionel Trilling; e os fundadores da Agência Central de Inteligência, a CIA. Como alguém que passara, na década de 1930, trabalhando com Willi Münzenberg, do Comintern, Koestler conhecia a cartilha do inimigo mais do que qualquer um deles.

"Comintern" é um dos exemplos de proto-Novafala mencionados no apêndice de *1984*: "Uma palavra que a pessoa pode pronunciar de forma quase automática".[46] No pós-guerra, o sucessor do Comintern como foro dos partidos comunistas europeus era o Cominform. Em 1949, este patrocinou conferências de artistas, cientistas e intelectuais em Paris e Nova York a fim de promover a Rússia como uma força para a paz e acusar os americanos de imperialistas belicistas. Em consulta com Koestler, as agências de inteligência americanas conceberam um plano de contraofensiva cultural: se os russos haviam se apropriado da *paz*, então o Ocidente reivindicaria a *liberdade*. Em junho de 1950, intelectuais de todos os Estados Unidos e da Europa afluíram a Berlim para a inauguração do Congresso pela Liberdade da Cultura, secretamente financiado pela CIA. A lista original de convidados, compilada meses antes, incluía Orwell. Após quatro dias de discussões em grupos, jantares e coquetéis, o Congresso foi encerrado com um comício, no qual Koestler apresentou um manifesto de catorze itens, baseado nas ideias que discutira com Orwell no País de Gales, concluindo com um slogan mobilizador: "Amigos, a liberdade tomou a ofensiva!".[47]

Com o apoio da CIA, o Congresso pela Liberdade da Cultura se tornou um organismo permanente com comitês nacionais afiliados. No decorrer dos dezessete anos seguintes, patrocinou inúmeras conferências, festivais, concertos, exposições artísticas, seminários e revistas em mais de trinta países. O seu êxito dependia do grupo informal que o Departamento de Estado americano chamava de "a esquerda não conformista", convencido de que socialistas e liberais poderiam solapar o prestígio do comunismo muito mais efetivamente do que militantes como Burnham. "A esquerda não comunista assegurou aquele grau possível de esperança em nossa atual vida política", escreveu Arthur Schlesinger Jr. em *The Vital Center* [O centro vital], um livro publicado em 1949 e que serviu na prática de manifesto para o grupo.[48] Schlesinger propôs um cânone de "profetas" que incluía Koestler, Silone, Gide e "George Orwell, com a sua vigorosa sensatez e repulsa ao jargão".[49]*

* Vale a pena citar a introdução de Schlesinger, com nítidos ecos do Edward Bellamy da década de 1880 e do H. G. Wells da década de 1900: "O homem ocidental em meados do século XX está tenso, incerto, à deriva. Consideramos a

A maioria dos escritores que travaram amizade, publicaram, editaram, trocaram cartas ou resenharam favoravelmente os livros de Orwell durante a década de 1940 acabou desempenhando algum papel nessa nova *Kulturkampf*. O *Tribune* e a *Partisan Review* se mantiveram à tona nos mares tormentosos da economia do pós-guerra graças a financiamentos do IRD e da CIA, respectivamente.[50] O Comitê Britânico pela Liberdade da Cultura era liderado por Malcolm Muggeridge, Fredric Warburg e Tosco Fyvel — os mesmos três indivíduos que se reuniram com Sonia após o enterro de Orwell para discutir o seu legado literário. Em 1953, quando o Congresso pela Liberdade da Cultura e o IRD patrocinaram juntos uma nova revista denominada *Encounter*, uma réplica anglo-americana à *Der Monat*, Warburg ficou responsável pela publicação, e Stephen Spender se tornou o seu coeditor britânico. A publicação italiana equivalente, *Tempo Presente*, era coeditada por Silone, ao passo que o editor da *Cuadernos*, em espanhol, era um antigo membro do Poum.

Acostumados a serem proscritos — Koestler os chamava de "bando de esquerdistas sem-teto [...] que para os stalinistas não passam de trotskistas; para os trotskistas, de imperialistas; e para os imperialistas, de malditos vermelhos"[51] —, os membros da esquerda não conformista agora eram valorizados e soterrados com verbas governamentais. Alguns estavam cientes, outros não; a maioria se recusou a pensar de onde vinha o dinheiro. Quando, em 1967, o financiamento encoberto da CIA foi conclusivamente

---

nossa época como um tempo de adversidades, uma era de inquietudes. Os fundamentos da nossa civilização, da nossa certeza, estão se desintegrando sob os nossos pés, e ideias e instituições familiares desaparecem quando tentamos tocá-las, como sombras ao crepúsculo". Talvez toda geração, a certa altura, tenha esse sentimento. (Schlesinger, *The Vital Center: The Politics of Freedom*. Cambridge: Da Capo, 1998, p. 1.)

exposto pela revista *Ramparts*, houve quem alegasse nunca ter desconfiado de nada. "Fizeram de mim um 'cúmplice' involuntário do trabalho sujo da CIA", protestou Dwight Macdonald. "Me fizeram de otário."[52] Também seria possível argumentar que ele mesmo se enganou ao não questionar nada.

E Orwell, o ausente Galaaz da esquerda não conformista, também ele teria sido um otário? Ou mesmo um participante entusiástico? Ele nunca foi um grande apreciador de conferências e comitês, mas o seu nome poderia muito bem estar no cabeçalho da *Encounter*. O radical irlandês Conor Cruise O'Brien, contudo, achava que Orwell teria se revoltado contra essa nova ortodoxia anticomunista, assim como havia rejeitado todas as outras cliques dominantes. Para o Congresso, escreveu O'Brien após as revelações da *Ramparts*, "era bastante auspicioso que Orwell estivesse morto. Se tivesse vivido mais, talvez não fosse assim tão fácil reivindicá-lo. Como não viveu, foi possível exaltá-lo como santo padroeiro e explorar os seus méritos, por uma espécie de reversibilidade parasítica, a serviço de atividades dúbias em certos casos".[53]

Tais atividades incluíram emporcalhar os seus dois grandes romances.

Em dezembro de 1951, o casal John Halas e Joy Batchelor, especialistas em animação, firmou um contrato com o produtor Louis de Rochemont para uma versão cinematográfica de *A revolução dos bichos*. Halas afirmou ao *New York Times* que o filme "desviaria muito pouco de Orwell" e manteria "o espírito do livro".[54] O que o casal não sabia era que a principal fonte de financiamento de Rochemont, e a força impulsionadora do filme, era o Gabinete de Coordenação de Políticas (OPC, na sigla em inglês), o departamento da CIA encarregado de operações sigilosas.

Orwell não fazia objeção, por princípio, a que obras de ficção fossem usadas com fins políticos. Como crítico, recomendara que os filmes *O grande ditador* e *Take Back Your Freedom* [Devolvam nossa liberdade] fossem divulgados como propaganda antinazista. Mais tarde, viu com satisfação *A revolução dos bichos* ser usado para incentivar o antistalinismo. Ele abdicou dos direitos de autor para as traduções no Leste Europeu, pagou do próprio bolso a produção de uma versão em língua russa e, em 1947, escreveu um prefácio para a edição ucraniana que seria distribuída a socialistas antistalinistas em campos de pessoas deslocadas na Alemanha, embora a maior parte dos exemplares tenha sido recolhida pelo Exército americano a pedido dos russos. Essa edição foi incentivada pelo escritor ucraniano Ihor Szewczenko, que, em carta a Orwell, contou que lera trechos para refugiados soviéticos e eles haviam ficado profundamente emocionados: "A atmosfera do livro parece corresponder ao atual estado de espírito deles".[55]

Outra coisa muito diversa, porém, era a noção de órgãos estatais reescrevendo os livros com fins propagandísticos. Toda vez que Batchelor apresentava uma nova versão do roteiro de *A revolução dos bichos*, os "investidores" exigiam mudanças. Talvez Napoleão e Bola de Neve pudessem ter barba e bigode, tal como Stálin e Trótski? Que tal reduzir a participação dos fazendeiros, de modo a salientar a culpa dos porcos (e, também, evitar ofensas ao setor agrícola)? Bola de Neve parecia simpático demais; por que não fazer dele um "intelectual fanático"?[56] E assim por diante. Um memorando lamentava a "aparente inferência [sic]",[57] por parte de Orwell, "de que o comunismo é bom em si mesmo, mas acabou traído por Stálin & companhia". O assistente de Rochemont, Lothar Wolff, recusou as sugestões mais pueris, mas os investidores eram incansáveis e quase sempre conseguiam se impor.* Além do mais, as restrições orçamentárias levaram à eliminação de vários personagens e elementos narrativos essenciais para a alegoria de Orwell.

O maior problema da OPC em relação à *Revolução dos bichos* era o final. Como se sabe, os porcos e os seres humanos fazem uma tensa reaproximação enquanto tomam cerveja e jogam cartas, e os outros animais não conseguem mais distinguir entre os revolucionários e os opressores. De acordo com o cálculo da Guerra Fria, qualquer ênfase na perfídia das democracias capitalistas não era bem-vinda. No filme, os fazendeiros vão embora e a decadência dos porcos leva os animais a fazerem outra revolução. Daria para argumentar que Orwell deixou essa possibilidade em aberto no parágrafo final do livro: pela primeira vez, os animais percebem claramente que a revolução havia sido traída, e portanto é possível que fizessem algo. No entanto, fazer com que os animais das fazendas vizinhas juntassem forças para derrubar e matar Napoleão e os seus asseclas era uma caricatura do final melancólico de Orwell. Na altura em que a narração sóbria, inspirada em Orwell e feita por Batchelor, foi substituída por clichês da Guerra Fria, Halas e Batchelor certamente devem ter se dado conta de quem eram os investidores intrometidos.

Todavia, quando o filme estreou em Nova York, em 29 de dezembro de 1954, ficou óbvio que todo o laborioso esforço para assegurar que *A revolução dos bichos* transmitisse exatamente a mensagem aprovada pela CIA havia sido em vão diante dos preconceitos dos críticos. Ainda havia jornalistas que consideravam o filme antifascista, subversivamente pró-comunista, uma "amarga sátira do Estado de bem-estar social",[58] ou mesmo inocuamente

* Poderia ter sido pior. O primeiro roteirista do filme sugeriu a inserção de uma cena na qual Napoleão envia um porco ao México para assassinar Bola de Neve, na esperança de conquistar os espectadores trotskistas.

apolítico. Embora o inquérito do FBI sobre Orwell alegasse que o filme havia obtido "um êxito estrondoso",[59] o público não demonstrou o menor interesse — *A revolução dos bichos* foi um fracasso de bilheteria, e só alcançaria um público mais amplo ao ser adotado para exibição regular em escolas. David Sylvester, na *Encounter*, o considerou "um fracasso em termos estéticos, imaginativos e intelectuais",[60] aparentemente ignorando que tanto o filme como a revista que publicava a sua resenha eram ambos financiados pela CIA.

Talvez o filme tenha sido lançado numa época pouco propícia. Estreou apenas algumas semanas após a transmissão de *1984* pela BBC e a controvérsia que a acompanhou — um tema que ofuscou *A revolução dos bichos* nas entrevistas promocionais que Sonia concedeu às publicações americanas. "A interpretação deles contou com a sua aprovação?", perguntou-lhe a *Today's Cinema*. "Tenho de ser leal à corajosa BBC", respondeu. "Mas, na verdade, não."[61] Na Grã-Bretanha, o estúdio tentou aproveitar o êxito da peça televisionada, usando a frase promocional "o Porco Irmão está de olho em você".

Nessa altura, Peter Rathvon, o ex-presidente da RKO Pictures, havia assegurado os direitos de filmar *1984* e conseguido 100 mil dólares da United States Information Agency para ajudá-lo a fazer "o mais devastador filme anticomunista de todos os tempos".[62] Para o roteiro, buscou os conselhos de Sol Stein, do Comitê Americano pela Liberdade da Cultura, que tentou impor à história o mesmo tratamento dado a *Revolução dos bichos* pelo OPC. Stein fez o mesmo reparo à conclusão pessimista de Orwell: "Creio que estamos de acordo que isso apresenta uma situação desesperançada quando, na verdade, há esperança [...] de que a natureza humana não pode ser alterada pelo totalitarismo, e que tanto o amor como a natureza podem sobreviver até mesmo aos horrendos abusos do Grande Irmão".[63] Ele sugeria então uma alternativa toscamente sentimental, na qual Winston foge do Café da Castanheira para a Terra Dourada, onde redescobre a sua inextirpável humanidade. Há que se agradecer a Rathvon por ter recusado essa ideia.

O roteirista do filme, William Templeton, que já fora indicado a um Oscar, havia escrito em 1953 uma elogiada adaptação do livro para a série antológica *Studio One*, da CBS, mas o crédito de abertura do filme ("uma adaptação livre do romance *1984* de George Orwell")[64] sinalizava que dessa vez seriam tomadas mais liberdades. Porém, não eram de cunho propagandístico. Templeton e o diretor Michael Anderson pareciam bem menos interessados em política do que no romance entre os dois protagonistas (com atores inexplicavelmente americanos e inadequados para os papéis): o corpulento astro de filmes de gângster Edmond O'Brien como Winston e a esfuziante Jan Sterling como Julia. No romance, pouco antes de o casal ser detido pela Polícia das Ideais, Winston diz, sem se alterar, "nós somos os mortos". No filme, Julia exclama com um trinado, "que maravilha é estar viva!". A CIA pode ter apreciado a narração em off auspiciosa ("essa, portanto, é uma história do futuro. Pode ser a história dos nossos filhos se não conseguirmos preservar o legado de liberdade deles"), mas certamente não o cartaz promocional, que mostrava Winston e Julia num abraço apaixonado enquanto um membro da Liga Antissexo (que não aparece no romance) os espia numa teletela. "Será o êxtase um crime [...] no apavorante mundo do futuro? Assombrosas maravilhas do amanhã! Nada assim jamais foi filmado!"[65]

Anderson rodou dois finais diferentes. Os espectadores americanos ainda viram Winston recobrar a sua adoração pelo Grande Irmão, mas os britânicos ficaram surpresos ao verem Winston e Julia gritando desafiadores "Abaixo o Grande Irmão!", antes de serem fuzilados. É um sinal da incomum desolação de *1984* que um final "feliz" seja aquele no qual os protagonistas são mortos a tiros, sem terem alcançado nada. "Pela alteração me pareceu evidente que não tinham entendido nada do livro", protestou Sonia, que ficou tão contrariada que se recusou a ir à sessão de estreia. "Era horrível."[66] Rathvon ainda teve a audácia de alegar que era "o tipo de final que Orwell poderia ter escrito se não soubesse que estava agonizando quando trabalhava no livro".[67] Tal como *A revolução dos bichos*, o filme não impressionou os críticos nem o público de ambos os países quando foi lançado em 1956. Até mesmo o governo americano não conseguia fazer de Orwell um sucesso de bilheteria.

Muitos dos amigos e dos admiradores de Orwell viram essa apropriação pela direita como uma espécie de roubo de cadáver, enquanto, para os críticos, ele mesmo havia provocado isso. Décadas após a sua morte, o debate foi retomado pela descoberta da participação secreta do próprio Orwell nas intrigas da Guerra Fria.

Em 29 de março de 1949, Orwell recebeu em Cranham uma visita de sua amiga e ex-paixão Celia Paget, que lhe contou a respeito de seu novo emprego no IRD. Segundo o relatório de Paget, Orwell "manifestou entusiástico e total apoio aos nossos objetivos" e recomendou alguns autores adequados.[68] Uma semana depois, ele mandou uma carta se propondo a fornecer a Paget "uma lista de jornalistas & escritores que, na minha opinião, são criptocomunistas, companheiros de viagem ou propensos a tanto & não deveriam merecer confiança como propagandistas".[69] Orwell vinha anotando num grande caderno de cor azul desbotada os nomes de pessoas na vida pública que, acreditava ele, tinham simpatia pela União Soviética, assim como antes especulara sobre quem poderia virar a casaca no caso de uma invasão nazista (ele sempre adorou compilar listas). Nos quase doze meses anteriores, a União

Soviética havia assumido o controle da Tchecoslováquia, intimidado a Iugoslávia, imposto um bloqueio em Berlim e perseguido escritores judeus — e Orwell estava furioso com o fato de Stálin ainda contar com defensores proeminentes. Paget respondeu com entusiasmo e Orwell lhe enviou uma lista abreviada com 38 nomes, selecionados dos 135 que anotara no caderno. "Não é nada sensacional", escreveu ele, "e não suponho que vá dizer aos seus amigos algo que já não conheçam."[70]

O caderno não mostra Orwell em seus melhores momentos. Muitas das anotações são fúteis, mexeriqueiras, mesquinhas e vagas, a sua incerteza é delatada pelos inúmeros pontos de interrogação, asteriscos e rasuras que cobrem as páginas. Se tivesse enviado o caderno para o IRD, teria sido um gesto irresponsável e indigno. Mas ele o manteve consigo, e se empenhou em editar e corrigir a lista para Paget. "A dificuldade toda é decidir sobre o posicionamento de cada um, & é preciso tratar cada caso individualmente", contou a Richard Rees.[71] Era "muito complicado" descobrir se alguém era um crente convicto, um oportunista, um simpatizante em cima do muro ou simplesmente estúpido.[72]

É compreensível a decepção com o mero ato de enviar uma lista desse tipo a um órgão estatal (mesmo que fosse de um governo trabalhista), mas pelo menos a versão editada era em grande parte precisa. Orwell estava especialmente preocupado com companheiros de viagem na bancada parlamentar trabalhista, como Konni Zilliacus e John Platt-Mills — os quais haviam sido atacados na imprensa como "agentes de propaganda da URSS".[73] Eram eles que Orwell tinha em mente ao afirmar, referindo-se à mensagem de *1984*, que "membros do atual governo britânico [...] *nunca* vão deliberadamente se vender ao inimigo [...] mas a geração mais jovem é suspeita e as sementes do pensamento totalitário provavelmente estão dispersas entre eles".[74] Todos aqueles que lembravam Orwell das pessoas que o haviam perseguido na

Espanha, ou que procuravam bloquear os seus escritos por motivos políticos, o deixavam furioso. Pelo crime de ter criticado Stálin, queixou-se em 1946, "fui por vezes obrigado a mudar de editora, a deixar de colaborar com jornais que asseguravam parte da minha sobrevivência, a ver meus livros boicotados por outros jornais, e a ser atormentado por cartas e artigos ofensivos [...] e até mesmo a sofrer ameaças por difamação".[75]

É importante lembrar que Orwell estava aconselhando Paget sobre quem não seria conveniente convidar para a finalidade específica de colaborar com o IRD. Fora isso, não há nenhum indício de que a lista tenha prejudicado a carreira de qualquer um que tenha sido incluído ali, nem esse era o seu objetivo. O fato de o ator Michael Redgrave desempenhar o papel de O'Brien no filme de 1956 e de o único a ser apontado por Orwell como "algum tipo de agente russo",[76] o jornalista de origem austríaca Peter Smollett, só ter sido exposto como espião soviético depois de sua morte, em 1980, comprova que ela não foi usada como uma lista negra. Quase certamente, na época em que era o chefe de relações soviéticas no Ministério da Informação britânico, Smollett foi quem aconselhou Jonathan Cape a não publicar *A revolução dos bichos*.

As intenções de Orwell também precisam ser avaliadas à luz de seu apoio à livre expressão. Ele havia considerado "calamitosa"[77] qualquer tentativa de suprimir os partidos comunistas ocidentais, e reunira os membros do Comitê de Defesa da Liberdade contra uma iniciativa do governo para expurgar os comunistas do funcionalismo público. Orwell disse a Woodcock que, ainda que os governos tivessem o direito de combater a infiltração, a abordagem dos trabalhistas era "vagamente perturbadora, & o fenômeno todo me parece parte do colapso geral da perspectiva democrática".[78] Ironicamente, o próprio Orwell vinha sendo vigiado pelo governo britânico desde a época em que viajara como jornalista a Paris, em 1929. Um oficial de polícia, que o observava na

BBC, relatou que ele defendia "opiniões comunistas avançadas", embora o superior dele, depois de ler os artigos jornalísticos de Orwell, tenha concluído corretamente que "ele não aprova o Partido Comunista, nem este o aprova".[79]

A despeito disso, quando a carta de Orwell a Paget veio a público em 1996, os seus detratores na esquerda notaram com satisfação a ironia do São George desempenhando o papel de policial das Ideias.* Ali estava a prova conclusiva (ainda que muito fraca) que servia para justificar décadas de animosidade. "Sempre soube que ele tinha duas caras", comentou o historiador marxista Christopher Hill.[80] "Tinha algo de duvidoso em Orwell [...]. Isso confirma as minhas piores suspeitas a respeito dele." O jornalista Alexander Cockburn nem mesmo disfarçou a sua satisfação: "O homem consciencioso acaba se mostrando um lamuriento, e é claro um alcaguete, um informante da polícia secreta, o fuinha residente de *A revolução dos bichos*".[81] Mais pesaroso do que irritado, Michael Foot, ex-colega de Orwell no *Tribune*, manifestou a sua decepção, ao passo que o seu sobrinho, o jornalista militante Paul Foot, disse: "Sou grande admirador de Orwell, mas temos de aceitar que, no fim da vida, ele assumiu uma posição macarthista".[82]

Macarthista? Não, não temos mesmo de aceitar isso.

Dezenove dias após a morte de Orwell, o senador por Wisconsin Joseph McCarthy, então com 41 anos, contou para um gru-

* A notícia sobre a lista se difundiu aos poucos. Em 1980, um biógrafo de Orwell, Bernard Crick, revelou de passagem a existência do caderno, mas aparentemente ninguém prestou atenção. Em 1996, o Public Record Office liberou a divulgação da primeira carta de Orwell a Paget. Em 1998, a lista compilada no caderno foi publicada. Apenas em 2003, após a morte de Paget, o Foreign Office divulgou a lista editada por Orwell. Isso mostrou que, durante muitos anos, tanto críticos como defensores estavam chegando a conclusões infundadas.

po de mulheres republicanas reunidas em Wheeling, na Virgínia Ocidental, que estava de posse de uma lista com dezenas de comunistas que trabalhavam no Departamento de Estado, iniciando assim um dos episódios mais vergonhosos da Guerra Fria.

McCarthy era um desses monstros cuspidores de fogo que vez por outra emergem ruidosamente das profundezas do inconsciente americano para destroçar os valores democráticos que afirmam defender. Bombástico, narcisista, ávido de poder e patologicamente desonesto, McCarthy poderia ter sido concebido num laboratório expressamente para ofender Orwell. "Sempre discordo quando as pessoas terminam por dizer que só podemos combater o comunismo, o fascismo ou o que for adotando um fanatismo equivalente", Orwell disse a Richard Rees. "Para mim, é evidente que só se derrota um fanático precisamente não sendo um."[83]

Enquanto estudava direito, McCarthy era um grande apreciador de jogos de cartas e de boxe, e empregou ambas as habilidades no campo da política. Na época em que lançou a sua cruzada, espiões soviéticos, como Alger Hiss, haviam sido expostos, os principais sindicatos tinham sido expurgados, e a adesão ao Partido Comunista estava em queda livre. O temor da infiltração comunista era exponencialmente maior do que o perigo efetivo, e isso criava uma oportunidade para um hábil fomentador do medo. Em poucos meses, McCarthy virou um astro na capa das revistas e um palestrante célebre que recebia até mil dólares por dia em doações. O historiador Ted Morgan definiu o macarthismo como "o uso de informações falsas na perseguição irracional de um inimigo fictício".[84] Para usar um termo de Orwell, tudo não passava de uma fantasmagoria, que mesmo assim destruía vidas inocentes. Em Hollywood, a lista negra macarthista incluiu dois participantes da peça *1984*, transmitida em *Studio One*: o protagonista Eddie Albert e o narrador Don Hollenbeck, que cometeu suicídio poucos meses após a transmissão. O diretor Paul Nickell considerava a sua versão uma crítica implícita aos métodos de McCarthy.

Descrito pelo senador como "americanismo com as mangas arregaçadas",[85] o macarthismo era um anátema para muitos membros do Congresso pela Liberdade da Cultura. Um propagandista americano em Roma chamou McCarthy de "a fresta em nossa reluzente armadura, a refutação concreta de tudo o que estou dizendo".[86] O Comitê Americano pela Liberdade da Cultura acabou assim se partindo ao meio. Os membros liberais — Dwight Macdonald, Arthur Schlesinger, Mary McCarthy (sem parentesco com o senador) — execravam a desonestidade truculenta de McCarthy, ao passo que a ala conservadora — James Burnham, Max Eastman, Irving Kristol — estava convencida de que a ameaça de infiltração comunista justificava medidas extremas. O livro *The Web of Subversion: Underground Networks in the US Government* [A teia da subversão: Redes clandestinas no governo americano], de Burnham, era a versão polida do macarthismo. Um falcão empedernido, Burnham preferiu abandonar o comitê, a *Partisan Review* e o cargo de consultor no Office of Policy Coordination. A respeito dele, Orwell sempre esteve certo: "Burnham sempre pensa em termos de monstros e cataclismas [...]. Tudo deve ocorrer de forma abrupta e completa, e a escolha se resume a tudo ou nada, glória ou fracasso".[87]

Os macarthistas eram um exemplo acabado do que o historiador Richard Hofstadter mais tarde chamaria de "estilo paranoico", obcecado pela "existência de uma vasta, insidiosa e sobrenaturalmente eficaz rede conspiratória internacional voltada para perpetrar atos da natureza mais perversa".[88] Hofstadter observou que o anticomunismo logo havia degenerado numa ortodoxia especular, que apenas em grau se distinguia do comunismo. Quase todos os piores culpados desse estilo eram eles próprios ex-

-comunistas que se revestiam da autoridade advinda da apostasia. Refugiados do duplipensamento, traumatizados por suas antigas mentiras e desculpas, eles se apoiavam no que Orwell chamou de "nacionalismo adventício". Em *The God That Failed*, esse tipo de indivíduo foi brilhantemente descrito por Louis Fischer:

> Ele abandona intelectualmente o comunismo, mas ainda necessita de um substituto emocional. Intimamente fraco, carente de segurança, de um dogma confortador e do apoio de um grande batalhão, ele gravita para um novo polo de infalibilidade, absolutismo e certeza doutrinal [...]. Ao encontrar um novo totalitarismo, ele combate o comunismo com violência e intolerância similares às dos comunistas. Ele é um "comunista" anticomunista.[89]

Orwell nunca teve a crença quase religiosa no comunismo que, para tantos, se converteu em sua imagem negativa, tampouco era motivado pela "vantagem de grupo e monopólio cultural" que, para Mary McCarthy, inspirava os fanáticos.[90] Desinteressado no acúmulo de poder, nunca almejou fazer parte da tribo vencedora. "Daqui a cinco anos talvez seja tão perigoso elogiar Stálin quanto foi atacá-lo", escreveu em 1946. "Mas não devo considerar isso um avanço. Nada se ganha ao ensinar uma nova palavra a um papagaio. O que se precisa é do direito de publicar o que se acredita ser verdadeiro, sem precisar temer intimidações ou chantagens de qualquer lado."[91]

A carreira do senador McCarthy terminou de forma ignominiosa, pois acabou se indispondo com a Casa Branca, a CIA, o Departamento de Estado, o Exército e os colegas no Congresso. Mas o macarthismo, que sobreviveu a ele, era o tipo de coisa que Orwell descrevera em sua declaração sobre a relevância mais ampla de *1984*: "Nos Estados Unidos, a frase 'americanismo' ou 'americanismo 100%'" — uma expressão que remonta à primeira

Ameaça Vermelha em 1919 — "é apropriada, e o adjetivo qualificador é tão totalitário quanto se pode esperar".[92]

Uma das inovações nefastas de McCarthy era o recurso bem-sucedido a um desdém quase totalitário pela verdade na exploração das debilidades da democracia. Aparentemente, ele e a imprensa eram inimigos viscerais. Ele comparava as revistas *Time* e *Life* ao jornal *The Daily Worker*, escolhia um repórter para insultá-lo diante de uma massa ululante e, em certa ocasião, lançou-se numa arenga sobre o quanto era maltratado pela imprensa diante de um público de estudantes perplexos. No entanto, os repórteres o adoravam, estavam sempre atrás dele e, em última análise, o estimulavam, pois sempre era uma fonte de material suculento para as primeiras páginas. Mesmo que muito do que ele lhes dizia fosse infundado, McCarthy sabia, como nenhum outro político até então, como manipular a imprensa americana. Ele costumava estender as histórias durante dias a fim de obter o máximo de cobertura jornalística e marcava entrevistas coletivas uma hora antes do prazo que os repórteres tinham para enviar as matérias à redação, impossibilitando que verificassem as suas afirmações, ainda que muitos nem mesmo tentassem fazer isso.

Em 1952, o *New York Times* admitiu que havia enganado leitores ao divulgar afirmações de McCarthy sem verificá-las, mas não assumiu a responsabilidade por tal logro: "É difícil, quando não impossível, ignorar as acusações feitas pelo senador McCarthy apenas porque costumam se revelar exageradas ou falsas. O remédio para isso cabe ao leitor".[93] Ao manipular o sistema, McCarthy acabou estabelecendo a sua própria e única zona de pós-verdade, na qual podia dizer o que quisesse. Décadas depois, um repórter do *New York Times*, James Reston, explicou o sucesso de McCarthy: "Ele sabia que as grandes mentiras resultam em grandes manchetes. Sabia que a maioria dos jornais publicaria quase qualquer acusação despropositada feita em público por um senador dos Estados Unidos [...]. McCarthy sabia como se aproveitar desse 'culto da objetividade'".[94] Quase todo mundo, acrescentou Reston, "saiu da época macarthista se sentindo levemente culpado".[95]

Uma das façanhas mais horríveis de McCarthy, em 1953, foi incumbir os seus jovens e entusiásticos assistentes, Roy Cohn e David Schine, de visitar as bibliotecas da United States Information Agency na Europa, onde irritaram a todos e compilaram uma lista de livros "vermelhos" a serem removidos, incluindo títulos anteriormente banidos por Hitler, Stálin e Mao. Alguns bibliotecários alemães ultrazelosos chegaram a incinerar de fato os livros vetados, uma imagem tão chocante que levou o presidente Eisenhower a romper o silêncio em relação a McCarthy. "Não se juntem aos que queimam livros", disse ele a uma classe de formandos no Dartmouth College. "Não pensem que vão ocultar as falhas ao esconder os indícios de que elas ocorreram."[96]

O incidente calhou com o tema de um romance prestes a ser publicado que se tornou, em termos culturais e políticos, uma espécie de réplica americana a *1984*: o romance de ficção científica *Fahrenheit 451*, de Ray Bradbury. "Se as minhas ideias sobre a censura feita pela brigada de incêndio vão estar obsoletas daqui a uma semana, não tenho como prever", escreveu Bradbury. "Quando sopra o vento certo, um ligeiro odor de querosene exala do senador McCarthy."[97] A sátira de Bradbury sobre os meios de comunicação de massa inclui um funcionário descontente de um regime totalitário; a supressão do conhecimento e a obliteração da memória; a ameaça permanente de guerra; o "televisor"; e uma inversão muito orwelliana: num mundo de edificações à prova de incêndios, os bombeiros ateiam chamas em vez de combatê-las, e insistem que sempre foi assim.

Talvez essas afinidades não passem de coincidências. Quando lhe perguntaram se fora influenciado por Orwell, Bradbury preferiu apontar *O zero e o infinito* como o "verdadeiro pai, mãe e irmão lunáticos" de *Fahrenheit 451*.[98] Todavia, desde então a comparação com *1984* seria o preço de entrada para qualquer um que escrevesse obras de ficção distópica. Entre a Guerra da Coreia e a crise dos mísseis em Cuba, o gênero incluiu *Player Piano: America in the Coming Age of Electronics* [Pianola: Os Estados Unidos na iminente era da eletrônica], de Kurt Vonnegut; *Love Among the Ruins: A Romance of the Near Future* [Amor entre ruínas: Um romance do futuro próximo], de Evelyn Waugh; *One*, de David Karp; *Facial Justice* [Justiça facial], de L. P. Hartley; *The Rise of the Meritocracy 1870-2033* [A ascensão da meritocracia, 1870-2033], de Michael Young; e *Anthem* [Hino], de Ayn Rand (afinal estreando numa edição de capa dura nos Estados Unidos), assim como vários outros imitadores, justamente esquecidos. "Vinte anos atrás, o provocador médio de bocejos situava a sociedade autoritária em Vênus ou no século XXX, mas hoje parece preferir situá-la na Terra nos próximos cento e tantos anos", escreveu o romancista Kingsley Amis ao fazer um levantamento da ficção científica no livro *New Maps of Hell* [Novos mapas do inferno].[99] Com as notáveis exceções de *Walden II: Uma sociedade do futuro*, de B. F. Skinner, e de *A ilha*, o canto do cisne de Aldous Huxley em 1962, os escritores haviam perdido a vontade de conceber utopias.

Nos Estados Unidos, onde *Anthem* também ocupou uma edição inteira da revista *Famous Fantastic Mysteries*, o gênero distópico se confundia com a ficção científica. Com uma capa sensacionalista e futurista ("Uma visão chocante da vida em 1984. Amor proibido... Medo... Traição..."), a edição em brochura de *1984* pela Signet, em 1950, era claramente direcionada aos fãs de Isaac Asimov e Robert A. Heinlein.[100] Mas Amis notou que os esnobes literários se recusavam a aceitar que o livro de Orwell tivesse algo a ver com uma categoria que, na opinião deles, não merecia nenhuma consideração séria. Em termos de gênero, bem como de política, *1984* assemelhava-se ao território em disputa nas margens da Oceânia: algo pelo qual valia a pena lutar.

Num artigo demolidor para a *Marxist Quarterly*, publicado em janeiro de 1956, James Walsh fez a previsão de que "*1984* já está desaparecendo no horizonte. Precisamos de um impulso adicional para nos livrar dele para sempre".[101] Na verdade, o que estava sumindo era a credibilidade do comunismo soviético no Ocidente.

Em junho do mesmo ano, os jornais publicaram o texto vazado de "Sobre o culto da personalidade e suas consequências": o discurso, pronunciado em fevereiro pelo líder soviético Nikita Khruschóv , no qual denunciava muitos dos crimes de Stálin. Cinco meses depois, Khruschóv acabou com as expectativas de um degelo na Guerra Fria ao enviar tanques para esmagar um levante popular na Hungria. Os dois eventos desencadearam uma avalanche de decepções, com dezenas de milhares de membros abandonando os partidos comunistas ocidentais. Alegou-se até mesmo que uma tradução clandestina de *1984* para o húngaro servira de roteiro para os rebeldes de 1956.[102]

Isso explica a subsequente importância da lista de Orwell para os críticos de esquerda. Depois da Hungria, muitos deles tiveram de aceitar que haviam se equivocado sobre a natureza do comunismo soviético, e que Orwell estava irritantemente com a razão. O intelectual socialista mais amplamente lido da década de 1950 era um anticomunista que se mostrara certo e, pior, estava morto, envolto por um halo de retitude moral. Ele inspirava, portanto, uma espécie de admiração ressentida. E às vezes o ressentimento se sobrepunha à admiração. Para o crítico marxista Raymond Williams, examinando o passado anos depois, Orwell havia sido uma espécie de barricada política: "Quando alguém se empenhava em qualquer tipo de argumentação socialista, topava com uma gigantesca estátua inflada de Orwell alertando-o para não seguir adiante. Mesmo na década de 1960, os editoriais políticos costumavam advertir os radicais mais jovens para que lessem Orwell e vissem para onde tudo aquilo levaria".[103]

A etapa inicial da Guerra Fria certamente criou as condições para a direita sequestrar Orwell em geral, e *1984* em particular, mas não para sempre. A história seguiu adiante, como um raio de sol que ao iluminar um quarto produz sombras diferentes.

11. Um pavor tão medonho

1984 *na década de 1970*

Difícil imaginar outra época na qual se via uma desesperança tão generalizada em todos os níveis da vida britânica.

Stephen Haseler, *The Death of the British Democracy*, 1975[1]

Num dia luminoso e frio de abril de 1973, David Bowie e o seu percussionista, Geoff MacCormack, embarcaram na Ferrovia Transiberiana, em Khabarovsk. Com fobia de avião, o cantor estava fazendo o longo trajeto de volta para casa, em Londres, depois de uma turnê no Japão. A viagem de uma semana até Moscou começou como uma travessura, mas à medida que se aproximavam da capital soviética a atmosfera foi se adensando com tensão e desconfiança. Em Moscou, da janela do hotel na praça Vermelha, Bowie assistiu a um desfile militar que durou o dia todo. "Em minhas viagens pela Rússia me ocorreu que, bem, o fascismo deve ter sido parecido com isso", diria mais tarde. "Eles marchavam como os fascistas. E faziam saudações como eles."[2] A caminho de Paris, enquanto o trem cruzava a terra de ninguém entre Berlim Oriental e Ocidental, os dois ficaram atônitos e mudos ao passarem pelas ruínas de prédios bombardeados na guerra. "Os tristes lembretes dos fracassos humanos pareciam se estender para sempre enquanto o trem avançava lentamente pelo caminho", lembrou MacCormack. "Ninguém dizia nada."[3]

Essa viagem intensa só reforçou o crescente sentimento de paranoia e pânico em Bowie. No último trecho antes de chegar em casa, contou a Roy Hollingsworth, da revista *Melody Maker*, o quanto havia sido afetado. "Sabe de uma coisa, Roy", disse, fumando um cigarro atrás do outro. "Vi como as coisas são, e acho que sei quem está no controle desse mundo maldito. E depois do que vi do estado desse mundo, nunca senti um pavor tão medonho em toda a minha vida."[4]

Não era preciso ter viajado pela Rússia de Brejniev para sentir pavor na Grã-Bretanha da década de 1970. As bombas do IRA eram quase tão corriqueiras como as bombas-foguetes na Pista de Pouso Um. A economia patinava na estagflação, termo horrível para designar uma situação horrível na qual a inflação vinha acompanhada de estagnação econômica. Em outubro de 1973, a greve dos mineiros coincidiu com um embargo do petróleo árabe, resultando na pior escassez de combustível desde fevereiro de 1947. Com a volta dos blecautes, do racionamento de gasolina, da redução das transmissões de TV e dos elevadores parados, a Grã-Bretanha estava cada vez mais parecida com as páginas iniciais de *1984*. "Há um forte sentimento de crise por toda parte", escreveu o deputado trabalhista Tony Benn, empregando o termo em voga.[5] Durante o feriado natalino, o ministro conservador John Davies comentou com a sua família que aproveitassem para se divertir, "pois acreditava firmemente que era o último Natal desse tipo que iríamos desfrutar".[6]

Na véspera de Ano-Novo, num esforço para poupar combustível, o país adotou a semana de três dias para todos os negócios não essenciais. A queda na produtividade resultante expôs cruelmente a debilidade subjacente da economia, levando o diretor do Banco da Inglaterra a prever uma década de austeridade — que terminaria, portanto, em 1984. Recessão, terrorismo, turbulência sindical, um sentimento de declínio nacional irreversível: um oceano de dificuldades que o primeiro-ministro conservador Edward Heath parecia incapaz de enfrentar. Para o *New York Times*, eram palpáveis "um progressivo pavor, um medo de coisas terríveis".[7]

Uma dessas coisas apavorantes, um golpe militar como aquele recentemente desencadeado no Chile pelo general Pinochet, aflorou num artigo do editor de política Patrick Cosgrave, na edição natalina do *Spectator*. "Um país dilacerado por facções em conflito, e que não retém o apoio da população por sua veracidade ou capacidade, está sempre maduro para um golpe", especulou Cosgrave.[8] As conversas nos bares e nos corredores de Westminster se tornaram exaltadas. Era possível que algo assim ocorresse? Era, concluía ele, havia de fato tal possibilidade. "Claro que nada é inevitável. Porém, se esse processo de desilusão, fracasso e subversão, consciente ou inconsciente, que acabei de descrever continuar, ele pode ter apenas um resultado."

Evidentemente, nem todo mundo na Grã-Bretanha achava que a democracia estava agonizando. Como a crise econômica, ao contrário de outras vezes, atingia de maneira mais dura antes os mais ricos do que os trabalhadores, o quadro que estava sendo delineado por políticos, jornalistas e romancistas de classe média não estava completo. Milhões de britânicos ouviam o Slade e os Osmonds, iam ao cinema para assistir *Com 007 viva e deixe morrer* e *Nosso amor de ontem*, divertiam-se com seriados de TV como *Are You Being Served?* e *Porridge*, aproveitavam os dias de folga adicionais e, de modo geral, iam tocando a vida. Mas a antena de Bowie captava frequências mais estridentes. Na canção "Life on Mars?", ele havia buscado uma saída em meio às ruínas da década de 1960; "Five Years" era uma contagem regressiva para o Apocalipse; os sinistros parênteses em "Aladdin Sane (1913-1938-197?)" sugeriam uma Terceira Guerra Mundial. "Sou um pessimista horrível", confessou Bowie à revista *New Musical Express*.

"Essa é uma das coisas que me prejudicam. Sou pessimista a respeito de novas coisas, novos projetos, novas ideias, em tudo o que se refere à sociedade. Estou pessoalmente convencido de que tudo já era. E que o fim do mundo aconteceu dez anos atrás. É isso."[9] Não era nada surpreendente, portanto, que estivesse pensando em compor um musical de rock baseado em *1984*.

Tampouco Bowie era o único obcecado por uma perspectiva orwelliana. Segundo a revista alemã *Merkur*, "*1974: der Countdown für 1984 hat begonnen*" ["1974: já começou a contagem regressiva para 1984"].[10] Certamente tinha começado. Tomando emprestada uma das frases do próprio Orwell, a data fatídica exercia nos espíritos ansiosos a mesma atração hipnótica de uma jiboia sobre um coelho. "É chocante notar que esse ano está distante apenas uma década", escreveu Richard N. Farmer em *The Real World of 1984: A Look at the Foreseeable Future* [O mundo real de 1984: Uma espiada no futuro previsível]. "Em vez de estar bem longe num futuro nebuloso, muitos de nós estaremos vivos para ver o que de fato 1984 nos reserva."[11] Como disse o libertário Jerome Tuccille em *Who's Afraid of 1984?* [Quem tem medo de 1984?]: "Nunca na história um único ano teve tantas conotações sinistras para uma parcela tão representativa e ampla da humanidade".[12]*

Em 1973, as vendas de *1984* superaram 1 milhão de exemplares no Reino Unido, e pelo menos 10 milhões nos Estados Unidos.

* Ambos os livros eram acentuadamente antiorwellianos: visões quase utópicas de um futuro mais limpo, mais livre e mais rico. Tal como *Halfway to 1984* [Meio caminho para 1984], de Lord Gladwyn, e *Britain 1984: Unilever's Forecast* [Grã-Bretanha 1984: Previsão da Unilever], de Ronald Brech, exploravam a data de Orwell como um conveniente truque promocional.

O livro se tornara uma referência geral não só de um futuro tenebroso, mas também de um determinado presente. "Emprega-se o termo 'orwelliano' para tudo, desde um documento impresso por computador até a esterilidade funcional de um novo aeroporto", escreveu o romancista Anthony Burgess, ressaltando que nada disso tinha muito a ver com a cinzenta decadência da Pista de Pouso Um.[13] No Parlamento britânico, *1984* ressurgiu em debates sobre a China, o Camboja, as liberdades civis e as questões de privacidade. Para o jornal *Washington Post*, era "o livro mais famoso e citado dos últimos 25 anos".[14]

A evocação do fantasma de Orwell estava na ordem do dia. Em 1968, a publicação em quatro volumes de *The Collected Essays, Journalism and Letters of George Orwell* [Ensaios, artigos jornalísticos e cartas reunidos de George Orwell] contribuiu enormemente para que os leitores entendessem a sua personalidade e as suas ideias, iniciando outra rodada de "O que Orwell Acharia Disto?". Vários resenhistas se perguntaram o que ele teria dito a respeito de temas tão candentes como Richard Nixon, Harold Wilson, Adolf Eichmann, Vietnã, Israel, a Primavera de Praga e a Campanha pelo Desarmamento Nuclear — mas nenhum deles tinha confiança suficiente para oferecer uma resposta. Mary McCarthy encerrava um ensaio na *New York Review of Books* com um tom rude e brutal: "Se tivesse vivido mais, talvez se sentisse mais feliz numa ilha isolada, e provavelmente foi uma bênção para ele ter morrido".[15] Sonia ficou tão ofendida que enviou uma réplica metódica de seis páginas para a revista *Nova*. O seu falecido marido parecia ter decepcionado McCarthy, escreveu com mordacidade, pelo fato de "não ter registrado o que achava sobre acontecimentos que ocorreram após a sua morte".[16]

Adivinhar o que Orwell teria pensado era uma proposta muito mais arriscada do que explicar o significado de *1984* nos tempos atuais. Para a maioria dos leitores, pouco propensos a mergulhar em cartas e diários, o romance era um mundo em si mesmo. Nos anos que passaram desde a morte de Stálin em 1953, ele rompera os limites da propaganda da Guerra Fria e se tornara um livro que podia ser reivindicado quase por qualquer facção política; e era cada vez mais reivindicado pela esquerda. Enquanto a ultramacarthista sociedade John Birch adotava "1984" como os quatro dígitos finais de seu número de telefone,[17] os Panteras Negras acrescentaram Orwell ao currículo de sua escola comunitária em Oakland. No romance *O planeta do sr. Sammler*, publicado por Saul Bellow em 1970, um veterano da esquerda da década de 1930 é confrontado por um estudante indignado, o qual diz que Orwell era "um alcaguete [...], um contrarrevolucionário doentio. É bom que tenha morrido quando morreu".[18] Por outro lado, Philip Roth cita o ensaio de Orwell "A política e a língua inglesa" numa das epígrafes de *Our Gang* [O nosso bando], a sua sátira contra Nixon. O intelectual da Nova Esquerda Bruce Franklin preferiu a zombaria: "Esse lixo não consegue sobreviver às tormentas da revolução ascendente. Por exemplo, diante de Malcolm X e Ho Chi Minh, como se pode dizer que os líderes revolucionários são porcos, como faz Orwell?".[19]

No entanto, o igualmente esquerdista Noam Chomsky defendia que Orwell estava alinhado com "o homem comum" contra os "poderes repressivos", e por isso "a ideia de que os seus escritos deveriam ser usados em prol da ideologia anticomunista o teria horrorizado. Pelo menos, acho isso horripilante".[20] Na vida real, os radicais da revista *International Times* aceitaram com prazer a máquina de escrever de Orwell, presenteada por Sonia, ao passo que o FBI monitorava as sociedades acadêmicas batizadas em homenagem a ele para o caso de serem fachadas para subversivos socialistas.

As bandas de rock assimilaram o romance em conclamações mobilizadoras da contracultura. "O que será de você quando a sua liberdade estiver morta daqui a catorze anos?", indagava o grupo Spirit no single *1984*, lançado nas últimas semanas da década de 1960.[21] "Não queremos nenhum cenário com o Grande Irmão", gritava John Lennon (cujo nome do meio era Winston) em "Only People".[22] Perto do final de "Hey Big Brother", o grupo branco de soul Rare Earth alertava os ouvintes: "Se vocês não se mexerem, o Grande Irmão vai ficar de olho em nós".[23] Na seca e desdenhosa "Big Brother", de Stevie Wonder, o Grande Irmão representava o governo Nixon. O ditador de Orwell era agora outro nome para qualquer figura que encarnasse o poder.

Parece apropriado que *1984* também fosse um dos livros favoritos de Lee Harvey Oswald, assassino de John F. Kennedy.[24] Ele era ao mesmo tempo uma vítima e um agente da paranoia, uma condição que floresceu na década de 1960 e viralizou na de 1970. A mística soviética havia em grande parte evaporado, mas o mesmo valia para o mito rival, o dos Estados Unidos como reduto da liberdade e da justiça, agora erodido por guerras, escândalos, intervenções de capa e espada e assassinatos dentro e fora do país. Alimentado pelo temor do próprio Orwell de ser vigiado, *1984* funcionava como um texto paranoico essencial, no qual se justificavam os piores medos. Claro, estão mentindo para você. Claro, estão vigiando você. Claro, as figuras paternas de autoridade vão trair a sua confiança da pior maneira possível. A atmosfera orwelliana ressoou mais intensamente com o espírito da década de 1960 no extraordinário seriado de televisão *O prisioneiro*, protagonizado por Patrick McGoohan.

McGoohan era um irlandês católico com jeito durão e irônico, que dava a impressão de que sabia mais do que deixava transparecer, e que achava isso sombriamente divertido. Ele teria feito um excelente O'Brien no cinema, ainda que em termos políticos fossem muito diferentes. McGoohan atribuía o seu ódio feroz às autoridades a uma formação católica que lembrava a da escola St.

Cyprian: "Era quase impossível fazer qualquer coisa que não fosse algum tipo de pecado".[25] Em 1966, usou a sua influência como astro de *Agente secreto*, um seriado de TV sobre espionagem na Guerra Fria, para negociar um orçamento sem precedentes e total controle criativo, a fim de filmar uma alegoria ampliada sobre "a forma como estamos sendo transformados em números".[26]

Em *O prisioneiro*, McGoohan é um agente secreto que, ao se desligar dos serviços de inteligência, é exposto a um gás, perde a consciência e acorda num Estado policial chamado a Vila, onde descobre que não tem mais nome e é identificado apenas como o Número Seis. A frase de Orwell sobre o futuro ter a ver com "o acampamento de férias, as bombas-voadoras e a polícia secreta"[27] quase poderia ter servido de modelo para o totalitarismo muito inglês da Vila, que mascara a violência opressiva com uma jovialidade forçada. O slogan orwelliano "Perguntas são um fardo para os outros, respostas são uma prisão para si mesmo" soa mais como um conselho de guia de boas maneiras.[28] Ser rebelde — ou "não participante" — é mais uma gafe social do que um crime. Quando as pessoas se despedem da Vila, onde todos os gestos são vigiados por câmeras, elas dizem "a gente se vê". Entre as tentativas de fuga, o Número Seis procura despertar os moradores dessa polidez de zumbis. "Vocês ainda podem escolher!", grita. "Vocês ainda podem resgatar o direito de serem indivíduos! O direito à verdade e ao livre-pensamento! Recusem esse mundo falso do Número Dois!"[29]

Enquanto o Número Um, tal como o Grande Irmão, permanece invisível e não identificado, uma sequência de números Dois se empenha ao máximo para descobrir o que levou o Número Seis a se demitir, menos pela informação do que pela satisfação de dobrá-lo. Para tanto, ele é torturado, enganado, seduzido, espancado, recebe choques elétricos, sofre uma lavagem cerebral e é confundido um sem-número de vezes. "Se insistir em viver um sonho, você pode acabar sendo considerado louco", diz a ele um

Número Dois.[30] O teor filosófico do seriado está nos diálogos enigmáticos entre o prisioneiro e o seu verdugo, nos quais as questões são constantemente esquivadas, rebatidas ou viradas de ponta-cabeça. O vaivém dos créditos de abertura ("Quem é o Número Um?", "Você é o Número Seis") tem um ritmo evasivo similar a Winston e O'Brien falando do Grande Irmão. Um diálogo, no segundo episódio da série, indica que a localização da Vila e a posição política de seus governantes são tão irrelevantes quanto as diferenças entre Oceânia, Eurásia e Lestásia:

> NÚMERO DOIS: Pouco importa que lado governa a Vila.
>
> NÚMERO SEIS: Ela é governada por um lado ou pelo outro.
>
> NÚMERO DOIS: Sem dúvida, mas os dois lados estão virando a mesma coisa. Na verdade, o que se criou é uma comunidade internacional — um modelo perfeito para a ordem mundial. Quando os lados que se defrontam percebem de repente que estão diante do espelho, eles vão se dar conta de que *esse* é o padrão do futuro.
>
> NÚMERO SEIS: O planeta todo igual à Vila?
>
> NÚMERO DOIS: Assim espero.[31]

O inflexivelmente moralista McGoohan não era da turma paz e amor, mas a excentricidade psicodélica de *O prisioneiro*, a paranoia sufocante e a sátira de todo tipo de autoridade — burocrática, religiosa, educativa, midiática, científica — se harmonizavam com a contracultura. O episódio final tornou explícita tal conexão ao levar a julgamento o bufão anárquico, o Número 48, como representante da juventude irreverente, anunciado por uma explosão festiva de "All You Need Is Love", dos Beatles.

No filme *Privilégio*, dirigido por Peter Watkins e lançado também em 1967, os fascistas e os roqueiros caminham de mãos dadas. Para o irascível e cético Watkins, a música pop não prometia uma liberação excitante, mas a submissão. Narrado pelo próprio Watkins e situado em meados da década seguinte, o falso documentário acompanha Steven Shorter, um astro pop explorado pelo governo de união britânico para "desviar proveitosamente a violência da juventude" graças a sua falsa rotina rebelde, "mantendo-os felizes, longe das ruas e da política".[32] Interpretado por um astro pop de verdade, Paul Jones, com uma impassividade perplexa que pode ou não ter sido deliberada, Shorter é mais adiante relançado como um renascido defensor de Deus e do pavilhão nacional, entoando hinos de folk rock no Estádio Nacional, com os fãs repetindo a frase "Vamos nos conformar!" em meio a bandeiras vermelhas e pretas e cruzes em chamas. Quando Shorter afinal se rebela, ele e a sua carreira são definitivamente jogados no buraco da memória, "para garantir que não volte a abusar de sua posição privilegiada e perturbar a paz de espírito pública". O filme acaba com a animada promessa feita pelo narrador: "Vai ser um ano feliz na Grã-Bretanha, esse ano de um futuro próximo".

Watkins não foi o único que, ao assistir a um concerto de rock, lembrava de Nuremberg. Em outubro de 1973, um documentário da rede ITV intitulado *The Messengers* comparava o astro de glam rock Marc Bolan a Adolf Hitler: "Dois superastros de suas épocas [...] totalmente diferentes mas ambos dependentes da adulação da massa".[33] Considerando em retrospecto Ziggy Stardust, o alter ego extraterreno que usou para alcançar o estrelato, David Bowie estava pensando na mesma linha. "Eu poderia ter sido um Hitler na Inglaterra", disse para a *Rolling Stone*. "Acho que poderia ter sido um Hitler terrivelmente bom. Daria um ótimo ditador. Muito excêntrico e muito louco."[34]

Em 2013, Bowie incluiu *1984* numa lista dos seus cem livros prediletos, juntamente com *Dentro da baleia e outros ensaios* e *O zero e o infinito*. Ele tinha uma obsessão pelo romance de Orwell desde a época em que cresceu em Bromley, no pós-guerra, numa casa a menos de um quilômetro e meio do local de nascimento de H. G. Wells. "A gente sempre se sentia em *1984*", comentou. "Esse é o tipo de sociedade soturna e imutável em que muitos de nós sentíamos ter crescido [...]. Era um lugar terrivelmente inibidor."[35]

Em novembro de 1973, Bowie contou ao escritor William Burroughs que estava adaptando o romance para a televisão, e deu ao especial de TV da NBC o título malicioso de *The 1980 Floor Show*. Durante o programa apresentou uma nova música intitulada "1984/Dodo", uma das vinte que alegou ter composto para a adaptação, embora as tentativas de escrever de fato um roteiro, em colaboração com o dramaturgo americano Tony Ingrassia, não tenham resultado em nada. Por isso, ficou furioso quando Sonia Orwell se recusou a dar autorização para um musical de rock. "Para alguém que se casou com um socialista com tendências comunistas, ela era a maior esnobe de classe alta que conheci na vida", comentou com o redator Ben Edmonds, da revista *Circus*. "'Que horror, transformar isso em *música*?' Foi bem assim."[36] Não há dúvida de que Sonia odiou a ideia, mas por outro lado ela não havia autorizado quase nenhuma adaptação, para qualquer mídia, desde o fiasco do filme de 1956, e certamente não se encontrou pessoalmente com Bowie, portanto o relato dele deve ser tomado com certa cautela.* É discutível se um astro de rock hipermoderno, hedonista e bissexual teria tido mais sorte com um

* As exceções ocorreram em 1965, quando Nigel Kneale renovou a sua adaptação de *1984* para a BBC, numa temporada de programas baseados na obra de Orwell, e de uma nova versão para o rádio com Patrick Troughton como Winston, pouco antes de ele ficar famoso como o Doutor em *Doctor Who*. Por coincidência, Troughton tivera uma participação, sem crédito, como apresentador de teletela no filme de 1956.

Orwell de setenta anos, sobretudo se o escritor ficasse sabendo que Bowie lhe atribuía inclinações comunistas.

O oitavo álbum de Bowie, intitulado inicialmente *We Are the Dead* [Nós somos os mortos], era portanto uma operação de salvamento. "Para ser bem sincero [...] a coisa toda era originalmente *19-porra-84*", disse a Edmonds. "Era para ser um musical, mas ela [Sonia] vetou de cara. Por isso, na última hora, rapidamente transformei aquilo num novo álbum conceitual, o *Diamond Dogs*. Nunca quis fazer *Diamond Dogs* como um musical de palco; o que eu queria mesmo era *1984*."[37]

Diamond Dogs era uma piada doentia de um espírito exasperado, chafurdando na decadência, na aflição e no pavor. Bowie o considerava "um olhar retrospectivo aos anos 1960 e 1970 e um álbum muito político. O meu protesto".[38] Ele foi costurado com os restos de dois projetos descartados — *1984* e uma peça musical com Ziggy Stardust — e uma narrativa vívida mas mal-acabada sobre um lugar chamado Hunger City [Cidade da fome]. Na faixa-título e na introdução falada "Future Legend", Hunger City emerge como uma distopia bem da década de 1970, na qual crianças animalescas se reúnem no topo de arranha-céus abandonados e rondam as ruas com skates (devido à crise dos combustíveis) a fim de saquear joias e casacos de pele. "Estava pensando num tipo de mundo com um pouco de *Wild Boys* e outro de *1984*", explicou Bowie, acrescentando que os membros da gangue "também saíram cambaleando de *Laranja mecânica*".[39]* Os jovens brutais do romance de Anthony Burgess, publicado em 1962, e da versão cinematográfica de Stanley Kubrick, de 1971, eram uma influên-

* Bowie se referia à gangue pós-apocalíptica do romance publicado por William Burroughs em 1971, *The Wild Boys: A Book of the Dead* [Os garotos selvagens: Um livro dos mortos]. Uma aparição de Ziggy Stardust mesclava *The Wild Boys* e *Laranja mecânica*.

cia persistente: um lampejo de cor berrante que Bowie não podia encontrar na Pista de Pouso Um. "Esse era o *nosso* mundo, não aquela porra hippie", diria ele mais tarde.[40] Embora o próprio Burgess viesse a considerá-lo, "na minha opinião, um romance não muito bom",[41] *Laranja mecânica* apresentava a sociedade de um futuro próximo mais atraente e original desde a de Orwell, atualizando o confronto entre liberdade e controle para a era dos Mods e dos Rockers, e tudo numa narrativa contada em Nadsat, uma gíria juvenil anglo-russa. Tal como Winston, o violento protagonista Alex é mentalmente destruído pelo Estado a fim de torná-lo um cidadão obediente. "É melhor que as nossas ruas sejam infestadas por bandidos assassinos do que negar a liberdade de escolha individual", explicou Burgess.[42]

Quanto à marca de Orwell em *Diamond Dogs*, seria fantasioso remontar a imagem em "Future Legend" de "ratos do tamanho de gatos" à velha canção militar citada em *Lutando na Espanha* ("Ratos grandes como gatos"),[43] porém, de novo, tudo era possível agora que Bowie estava fascinado pela técnica de escrita por meio de *cut-ups* proposta por William Burroughs. O álbum anterior de Bowie, *Pin Ups*, trazia só versões cover, e *Diamond Dogs* era, de certo modo, o seu cover irreverente, ou sampling, de *1984*, feito de colagens de suas próprias preocupações e de fragmentos do romance, resultando num efeito fantasmagórico. Bowie foi o primeiro a tratar o livro como um repositório de ideias e imagens intercambiáveis, e suficientemente famoso para brincar com elas.

Alguns dos fragmentos são relevantes. A histeria gótica de "We Are the Dead" reimagina os derradeiros momentos de Winston e Julia antes da prisão: "*Oh dress yourself my urchin one, for I hear them on the stairs*" ["Ó, vista algo minha pequena, pois já os ouço subindo a escada"].[44] "Dodo", que não foi incluída no álbum, mas lançada mais tarde, lembra Winston despertando de um sonho dentro do Ministério do Amor, ao fazer referências a informantes, memorandos, arquivos e à "luz ofuscante", enquanto faz um relato extraordinariamente acurado de Parsons sendo delatado pela própria filha. "Big Brother" é um hino de súplica extática ao poder: "*Someone to claim us, someone to follow...*" ["Alguém para nos resgatar, alguém para seguir..."]. Previsivelmente, John Lennon e Stevie Wonder odiavam o Grande Irmão, mas somente Bowie podia imaginá-lo sendo adorado. Outras referências são mais tênues. Quantos ouvintes do melodrama funk de "1984" notaram a referência ao ano em que, no livro de Orwell, os supostos traidores Jones, Aaronson e Rutherford foram detidos ("*Looking for the treason that I knew in '65*" ["Buscando pela traição de que soube em 1965"]), ou percebeu que a referência a um "quarto para alugar" faz com que "Rock'n'Roll With Me", aparentemente sobre a relação de Bowie com o público, também possa ser lida como uma canção de amor desesperada sobre Winston e Julia? E quando canta "Estou atrás de uma *party* [em inglês, tanto "festa" como "partido político"]" em "1984", não se trata necessariamente de nenhuma das acepções da palavra. Era como se Bowie estivesse deixando uma trilha de migalhas de pão para ser seguida por outros fãs de Orwell.

A faixa final, "Chant of the Ever Circling Skeletal Family", é uma versão dos Dois Minutos de Ódio como uma dança infernal e desenfreada. Ela termina (ou deixa de terminar) com um tartamudeante loop metálico, *bruh-bruh-bruh-bruh*, que ameaça durar para sempre, como uma bota pisoteando um rosto humano.

De acordo com o pianista Mike Garson, as sessões de gravação de *Diamond Dogs*, em janeiro e fevereiro de 1974, tinham "uma vibração pesada".[45] O mesmo ocorria com a Grã-Bretanha, absorta com a semana de três dias úteis e uma campanha para eleições gerais incomumente alarmista. Num artigo sobre a eleição, "A Batalha da Inglaterra, 1974", o perplexo jornalista do *New York Times*, Richard Eder, diagnosticou a crise do país como sendo sobretudo psicológica. Os tempos eram difíceis, escreveu, mas não a ponto de justificar "os alertas da direita e da esquerda, nos jornais, na televisão, de que a trama da sociedade britânica está prestes a ser dilacerada".[46] Vindo de um país destroçado pelo episódio de Watergate e pela recessão, Eder se perguntava o quanto essa nação insular conhecida pela sensatez estava enlouquecendo: "É muito difícil fazer qualquer afirmação sobre o futuro nesse clima peculiarmente britânico que mistura histeria, humor, desespero e otimismo".[47]

Essas mesmas quatro condições contribuíram para o caldo enjoativo de *Diamond Dogs*. Lançado em 24 de maio, foi divulgado como um álbum que "conceitualiza a visão de um futuro com imagens de decadência e colapso urbanos".[48] *Colapso*, assim como *crise*, era uma palavra que estava na boca de todos os comentaristas. Ninguém busca coerência política num álbum de rock, mas há uma contradição básica entre a Pista de Pouso Um e a Hunger City. Um Estado tem controle absoluto, o outro, nenhum. Bowie parecia ao mesmo tempo, e em igual medida, excitado e alarmado pelo totalitarismo e pela anarquia pós-apocalíptica, mas o fato de que a faixa mais alegre e emocionante do disco seja "Big Brother" era uma pista desconcertante da direção que estava tomando.

Para a turnê de *Diamond Dogs*, Bowie deu três sugestões ao diretor de arte Mark Ravitz: "Poder, Nuremberg e *Metrópolis* de Fritz Lang".[49] O cantor também fez esboços e modelos para um filme não realizado sobre a Hunger City, que começaria nos pisos mais baixos do "edifício da Assembleia Mundial",[50] onde a escória mutante da cidade se divertiria com jogatinas, pornografia e um alimento sintético denominado "comicaína". Esse termo era uma boa descrição da dieta do próprio Bowie na época. Desde que começara a consumir cocaína no outono anterior, ele se tornara pálido e magro como um vampiro: uma linha branca humana. E para alguém que já era paranoico, não era a melhor opção de droga.

Bowie estava agora morando nos Estados Unidos. Havia se desencantado com a Inglaterra e o rock'n'roll. O álbum seguinte, *Young Americans*, explorava um novo som de influência negra que chamou de "*plastic soul*" [alma plástica]. Sua faixa mais perturbadora, "Somebody Up There Likes Me", é uma ruminação hábil e insinuante sobre o poder, narrada por um personagem que combina os papéis de astro do rock messiânico, político demagogo e vendedor de anúncios.* "No fundo, sou muito monotemático", explicou Bowie. "O que venho dizendo há anos sob vários disfarces é: 'Tomem cuidado, o Ocidente ainda vai ter o seu Hitler!'. Disse isso de mil formas diferentes."[51]

Nas entrevistas, porém, começou a deixar de lado o "Tomem cuidado!" à medida que as insistentes obsessões pelo poder, pelos meios de comunicação, pelos super-homens nietzschianos, pela magia negra e pela mística do nazismo acabaram coagulando em algo grotesco. Hitler, afirmou com admiração, era um "artista da mídia" que "pôs em cena um país".[52] A democracia liberal se tornara frágil e decadente, e precisava recuperar "uma noção de Deus viril, firme e muito medieval que nos permita sair e retificar de novo o mundo".[53] Para tanto, a solução era uma ditadura fascista temporária. "É preciso surgir uma frente de extrema direita que vire tudo de ponta-cabeça e endireite as coisas", disse Bowie,

* Tal como Comstock em *A flor da Inglaterra*, Bowie trabalhou por um breve período numa agência de publicidade, que lhe pareceu "diabólica" (Richard Cromelin, "David Bowie: The Darling of the Avant-Garde", Phonograph Record, jan. 1972). Ele era fascinado pelo estudo, feito por Vance Packard em *The Hidden Persuaders* [Os influenciadores ocultos], das manipulações psicológicas na publicidade.

soando mais como H. G. Wells em seus piores momentos. "Só assim dá para ter um novo tipo de liberalismo."[54]

Lendo essas entrevistas à luz da subsequente postura política esquerdista-liberal de Bowie, a explicação óbvia é que estava paranoico, insone, enlouquecido pela cocaína e extremamente confuso, buscando respostas em campos perigosos e se divertindo lançando provocações quase incoerentes em jornalistas de música de inclinação hippie. Bowie superou essa fase ao se mudar para Berlim, onde o totalitarismo era uma realidade passada e presente, e não divagações balbuciadas por um astro do rock. Muitos anos depois, olhando em retrospecto com um arrepio, ele comentou: "Toda a minha vida seria transformada nesse mundo fantástico, bizarro e niilista de aproximação do apocalipse, personagens mitológicos e totalitarismo iminente. Era o fundo do poço".[55]

Um fato muito significativo do clima fervoroso de meados da década de 1970 era que vários membros da classe dirigente britânica que nunca haviam chegado perto de nenhuma droga estavam pensando da mesma forma. A certa altura, Bowie tentou justificar os comentários despropositados como sendo "um comentário teatral sobre o que eu podia vislumbrar na Inglaterra".[56] E de fato, pela primeira vez desde a década de 1940, gente poderosa estava falando seriamente sobre ditadura.

Os rumores sobre um golpe emergiram primeiro em dezembro de 1973, num artigo de Patrick Cosgrove, publicado na *Spectator*. Dois meses depois, enquanto Bowie estava ocupado com *Diamond Dogs*, George Kennedy Young, o candidato conservador de extrema direita e ex-vice-diretor do MI6, dobrou a aposta ao vazar notícias a respeito do seu Unison Committee for Action [Comitê Unido de Ação] para Chapman Pincher, o correspondente de assuntos de segurança do jornal *Daily Express*. Pincher relatou que importantes empresários, ex-militares e antigos agentes dos serviços de inteligência haviam formado "um formidável grupo de milicianos para ajudar a proteger a nação contra um golpe comunista", e citou Young anonimamente: "Não somos fascistas. Somos britânicos democráticos que colocam os interesses nacionais acima daqueles da Rússia e de seus agentes políticos". Mais tarde, Young chamaria a Unison de "uma organização anticaos".[57]

Young estava lançando o balão de ensaio de uma versão mais extremada dos sentimentos expressos abertamente pelos conservadores durante a campanha pelas eleições gerais de fevereiro. O manifesto do Partido Conservador alegava que o Partido Trabalhista de Harold Wilson havia sido infiltrado por linhas-duras que estavam "comprometidos com um programa de esquerda mais perigoso e extremo do que nunca em toda a sua história".[58] O grupo de lobistas de direita Aims for Industry contratou anúncios de página inteira em jornais que, ecoando os cartazes anti-Poum de 1937, mostravam uma máscara sorridente meio rasgada e revelando por trás o rosto de Stálin. Os bichos-papões deles eram os deputados trabalhistas de esquerda, liderados por Tony Benn, e sindicalistas como Mick McGahey, o vice-presidente da União Nacional dos Mineiros que era abertamente comunista. O medo assombrava ambos os lados. Vários líderes sindicais, ouvindo rumores de planos de assassinatos, exigiram guarda-costas armados. Depois de tudo isso, as eleições resultaram num Parlamento sem maioria, e Wilson, que servira como primeiro-ministro de 1964 a 1970, voltou a ocupar o número 10 da Downing Street, no dia 5 de março, à frente de um governo minoritário. No entanto, Wilson, conhecido por sua inteligência e vivacidade, estava agora decrépito, paranoico e sem direção, tal como ficara o país entre as eleições de fevereiro e de outubro.

Alguns conservadores compararam a Grã-Bretanha à Alemanha do período de Weimar, ao passo que outros lembravam do Chile antes do golpe militar. A ascensão de Pinochet, e o subsequente "tratamento de choque" recomendado pelo economista Milton Friedman, tinham uma aura sinistra — o Grande Irmão chileno falou sobre "esfregar as mentes até ficarem limpas".[59] Ao visitar o país em maio, como correspondente do *Daily Telegraph*, Peregrine Worsthorne aconselhou os leitores a manterem a mente "mais aberta",[60] pois, a despeito de assassinatos, torturas e desaparecimentos, a junta de Pinochet não estava se saindo tão mal assim. "Tudo bem, uma ditadura militar é horrível e repressiva", escreveu, limpando a garganta. "Mas se, na Grã-Bretanha, um governo socialista minoritário alguma vez tentar, por meio de astúcia, duplicidade ou corrupção, pelo terror e com a ajuda de armas estrangeiras, transformar este país num Estado comunista, espero e rezo para que as nossas Forças Armadas intervenham e impeçam tal calamidade com a mesma eficiência demonstrada pelos militares no Chile."[61] Friedman chegou até mesmo a declarar que esse era "o único resultado concebível".[62]

Esse era o tipo de pensamento febril que levava espiões traidores e poderosos descontentes a se reunir em salões confortáveis a fim de conspirar e comentar os rumores de que o próprio Harold Wilson era um infiltrado da KGB, comandando uma célula comunista em Downing Street. Os temores de uma greve geral davam origem a conversas sobre tropas especiais transportadas por helicópteros até os piquetes nas portas das fábricas. Num panfleto da época da guerra, *The 1946 MS.*, escrito por Robin Maugham, o general Pointer justifica para a nação o estado de emergência: "Hoje, em função das greves por todo o país, não há mais confiança nem segurança [...]. Estou convencido de que todos concordam comigo que, por isso, precisamos dar todos os passos possíveis para restaurar a segurança no país".[63] Em julho de 1974, outro general, sir Walter Walker, até recentemente comandante da Otan no Norte da Europa, soava desconfortavelmente parecido numa carta ao *Daily Telegraph*, na qual clamava por um homem forte e dinâmico que salvasse a Grã-Bretanha "do cavalo de Troia comunista em nosso meio".[64] A reação, segundo ele, foi majoritariamente positiva. Indagado se havia apetite público por um Pinochet britânico, não hesitou: "Talvez o país pudesse escolher o governo pelas armas em vez da anarquia".[65] Oswald Mosley, o fantasma do fascismo passado, materializou-se na televisão endossando uma escolha binária desse tipo. Lord Chalfont, um deputado trabalhista que costumava citar Orwell na Câmara dos Lordes, resumiu essas manobras malévolas num artigo para o *Times* intitulado "Estaria a Grã-Bretanha a caminho de um golpe militar?", repreendendo tanto "os militantes da esquerda neomarxista" como "os valentões da direita neofascista".[66]

O general Walker, um virulento fanático anticomunista, tornou-se líder da Civil Assistance, organização resultante da fusão de uma ala dissidente da Unison e de outra da Red Alert. O coronel David Stirling, fundador da SAS, lançou ainda outra organização de "patriotas preocupados", denominada GB 75.[67] Quando os planos de Stirling vazaram e foram divulgados pela *Peace News*, Tony Benn se deu conta do seu real objetivo: "Ainda que, nem por um instante, eu leve a sério qualquer um deles, não resta dúvida de que têm a intenção de fomentar o sentimento de que é iminente a eclosão da anarquia, e que, portanto, precisamos de um governo forte e autoritário".[68] Benn, que ocupou a pasta da Indústria após a eleição de outubro, era o alvo principal dos esforços para solapar o governo de Wilson, suportando uma incessante campanha de difamação, vigilância e ameaças de morte.

As nuvens de tempestade continuaram pelo ano de 1975. "O que é inegável, e sentido instintivamente por quase todo o mundo, é que as coisas não podem continuar tal como estão agora", anunciava o lide de uma coluna no *Times* em maio de 1975, sem especular sobre o quanto ainda podia piorar a situação antes que a

Grã-Bretanha se estabilizasse: "Quando se chega a 1938, às vezes é preciso esperar até 1940".[69] Em janeiro do ano seguinte, Lord Chalfont apresentou um polêmico documentário intitulado *It Must Not Happen Here* [Não pode acontecer aqui], no qual aparecia ao lado do túmulo de Karl Marx ticando soturnamente os aspectos nos quais a Grã-Bretanha já havia deslizado para o comunismo. Assistindo ao documentário em casa, Benn sentiu como se estivesse "contemplando os rostos de uma Junta militar".[70]*

No decorrer de 1975 e 1976, o tema dos patriotas virtuosos frustrando os planos soviéticos para destruir a democracia britânica foi parodiado na série de TV *The Fall and Rise of Reginald Perrin* [A ascensão e queda de Reginald Perrin], atacado na peça de teatro *Destiny*, de David Edgar, e celebrado em romances de ação como *The Special Collection* [A coleção especial], de Ted Allbeury, e *A Single Monstrous Act* [Um único ato monstruoso], de Kenneth Benton. Tanto Allbeury como Benton haviam trabalhado para os serviços de inteligência. Não há ilustração melhor da paranoia que tomou conta da Grã-Bretanha em meados da década de 1970 do que o fato de ex-agentes estarem tratando em obras ficcionais de cenários que, na mesma época, eram discutidos a sério por outros ex-agentes secretos. As fronteiras entre a ficção e a realidade se tornavam cada vez mais esgarçadas. Um dossiê de operações clandestinas do MI5, vazado para a imprensa, fora chamado de "Laranja Mecânica".[71]

Mais tarde, Lord Chalfont atribuiria o êxito da nova líder conservadora Margaret Thatcher a "todos esses temores em relação à burocracia, ao governo excessivo, à erosão da liberdade in-

* Tony Benn ficou alarmado sobretudo ao ouvir que ele próprio era considerado uma ameaça por Woodrow Wyatt, que havia percorrido um caminho extremamente longo nos 27 anos desde que repreendera Orwell por ser pouco pró-trabalhista, e agora estava firmemente instalado na direita conservadora.

dividual, aos temores da anarquia". Thatcher, concluía, "tocou num nervo que estava pronto para ser tocado".[72] Enquanto organizações como a Unison, a Civil Assistance e a GB 75 desapareceram todas com a mesma rapidez com que haviam surgido, a National Association for Freedom (NAFF) era o resultado de uma operação habilidosa e profissional, com fortes vínculos com Thatcher e a direita do Partido Conservador. Um dos líderes da NAFF, o acadêmico e jornalista australiano Robert Moss, assinalou o lançamento do grupo, no final de 1975, com a publicação de um livro assustador, intitulado *The Collapse of Democracy* [O colapso da democracia]. Diante da perspectiva do totalitarismo ou da anarquia, sugeria ele, a Grã-Bretanha poderia concluir que o tipo de autoritarismo existente no Chile, na Espanha e no Brasil talvez fosse a opção menos ruim: "Não dá para contrapor Hamlet a Lady Macbeth".[73] Ele descreveu essa alternativa horrível na "Carta de Londres 1985", uma ofegante investida na ficção distópica sobre uma República Britânica economicamente devastada sob o tacão do Governo dos Trabalhadores. No pesadelo de Moss, a polícia é substituída por "milícias operárias", a Câmara dos Lordes, pelo Congresso Sindical, e o Palácio de Buckingham é ocupado pelo Ministério da Igualdade. Membros do banido Partido Conservador vivem como guerrilheiros, ouvindo a Rádio Free Britain [Grã-Bretanha Livre] enquanto tentam sobrepujar em astúcia o Estado de vigilância. "Esse é um mundo gélido no qual entramos em nome da igualdade e da paz", conclui Moss solenemente, "e duvido que seja possível sair dele, pelo menos durante as nossas vidas."[74]

Todas as profecias não passam de ficção até virarem realidade. Se o romance utópico começou como um esforço para edulcorar argumentos políticos por meio de personagens e enredos, não surpreende que polemistas sérios acrescentem um tempero orwelliano a suas jeremiadas. Em *The Death of British Democracy*

[A morte da democracia britânica], Stephen Heller, que se definia como um "liberal da Guerra Fria"[75] e militava na direita trabalhista, esboçava dois cenários igualmente sombrios no futuro imediato: ou o caos ingovernável, a pobreza e a violência, ou uma ditadura liderada pelos sindicatos com "toda a baboseira de pensamento evocado pelo pesadelo orwelliano de *1984*".[76] A coletânea de ensaios *1985: An Escape from Orwell's* 1984*: A Conservative Path to Freedom* [1985: Uma saída para o *1984* de Orwell: Uma proposta conservadora para a liberdade] levantava o espectro de o Partido Trabalhista transformar a Grã-Bretanha num "membro nacional-socialista do Pacto de Varsóvia".[77] Apenas a ressonância da data importava para os colaboradores: o nome de Orwell era mencionado uma única vez nas 146 páginas de elucubrações da extrema direita radical, e ele não era citado nenhuma vez.

Era cada vez mais difícil distinguir as previsões da ficção. O espectro de uma ditadura sindical chegou ao horário nobre com a série de TV de ação *1990*, de Wilfred Greatorex, de cunho antissocialista e na qual se enfrentavam o jornalista e homem de ação vivido por Edward Woodward e o Departamento de Controle Público, similar à KGB, em uma Grã-Bretanha totalitária sórdida que restara da falência nacional. "É muito mais assustador do que *1984*", informou Woodward à revista *Radio Times*, "porque está mais próximo de nós do que o livro de Orwell estava para a sua geração. Na verdade, é algo que está logo aí."[78] *The Churchill Play* [A peça de Churchill], do dramaturgo socialista Howard Brenton, se passava num campo de concentração estabelecido por um governo fascista de unidade nacional em 1984. Nas palavras orwellianas de Brenton, "é uma sátira que diz, 'Não permita que o futuro seja assim...'".[79]

A nova história em quadrinhos *2000AD* também baseava o choque do futuro nos temores mais acentuados da época. Concebido pelo escritor John Wagner e o artista Carlos Ezquerra, o mundo do *Juiz Dredd* parecia uma mescla vira-lata de *Diamond Dogs*, *Dirty Harry*, *O dorminhoco* e uma paródia desatinada das fantasias autoritárias do general Walker. Os sobreviventes de uma guerra nuclear vivem em megacidades fervilhantes policiadas por justiceiros militaristas com altaneira desconsideração pelo devido processo legal. O anti-herói Dredd é um quase fascista brutal cuja característica Ezquerra tirou de suas lembranças da Espanha sob o general Franco.* A série de televisão *Blake's 7*, da BBC, intercalava as inovações mais cruéis de Orwell, Huxley e Wells numa espécie de *Guerra nas estrelas* para os cronicamente pessimistas. Patrick McGoohan também estava apreensivo. Numa entrevista para a televisão em 1977, comentou: "Estou convencido de que o progresso é o maior inimigo da Terra, além de nós mesmos [...]. Acho que logo mais vamos ter de cuidar melhor do planeta". Um membro na audiência lhe perguntou se a população iria se levantar e recolocar o país no caminho certo. "Não acho", respondeu McGoohan, "porque somos conduzidos pelo Pentágono, pela Madison Avenue, pela televisão, e enquanto aceitarmos tudo isso e não protestarmos, vamos ter de acompanhar o fluxo da avalanche que vem por aí."[80]

Como observou em 1978 o romancista Martin Amis, "ninguém mais cria utopias: mesmo as utopias do passado hoje parecem distopias".[81] Amis, cujo pai antes socialista, Kingley Amis, agora dava vazão aos seus temores em soturnos livros direitistas de ficção científica, escreveu isso numa resenha de *1985*, uma obra

* Em 2016, *2000AD* publicou a sua 1984ª edição. A capa exibia um cartaz gigantesco do juiz Dredd lendo "O Departamento de Justiça está de olho em você" e a chamada "Orwell que acaba bem...?" (*2000 AD*, Prog 1984, 31 maio 2016).

muito peculiar de Anthony Burgess. A primeira metade do livro é uma crítica idiossincrásica de *1984*, movida pela convicção de Burgess de que o romance era basicamente uma comédia de humor negro sobre a Grã-Bretanha do pós-guerra. Após descartar a "tirania improvável" de Orwell, Burgess propõe uma alternativa.[82] A sua "Tucland" parte da mesma premissa básica da República Britânica de Robert Moss — ruína econômica e igualitarismo opaco ocasionados por sindicatos superpoderosos —, mas Burgess a recheia de pornografia no horário nobre, gangues armadas de facas, o jargão abrutalhado do Inglês Trabalhador e árabes fundamentalistas e abastados. Os novos nomes dos hotéis de propriedade árabe — os Al-Hiltons e Al-Dayinns — resumem a infeliz mescla de sátira morosa e conservadorismo neurótico da novela. Todo aceno explícito a Orwell é um ato de automutilação literária.

Um dos inúmeros problemas do livro é a incapacidade de Burgess para prever 1978, quanto mais 1985. Martin Amis estimou que ele havia sido concebido em 1976, quando "tudo parecia pronto para a guinada final",[83] mas a febre já eclodira quando o livro foi publicado. A Grã-Bretanha continuava debilitada, dividida e violenta, preparando o campo para a revolução de Thatcher, mas a crise existencial aguda havia se atenuado. Os exércitos de milicianos tinham se recolhido. A violenta Frente Nacional Britânica, de extrema direita, que por um breve momento se tornou o quarto maior partido, estava recuando. Isso não havia acontecido aqui.

Quanto à alegação de Burgess de que a "profecia" de Orwell estava se mostrando falsa, era irrelevante. "Pouco importa se os romances viram ou não realidade", escreveu Amis, "e Orwell passou pelo teste do tempo em outro sentido."[84] *1984* se tornara um receptáculo no qual qualquer um podia verter a sua versão do futuro. Enquanto a geração da década de 1960 o evocava num espírito de unidade contestatória, os punks valorizavam o sentimento de horror do romance. "Olha, você sabe o que aconteceu com Winston", entoou o Jam.[85] "Agora é 1984/ Estão batendo na porta", zombaram os Dead Kennedys.[86] O single de estreia do Clash, "1977", alcançava o ápice com Joe Strummer se projetando no futuro, berrando as datas dos anos à frente. Então parava de repente, como um corpo tombando num cárcere: "É 1984!".[87]

12. Orwellmania

1984 em 1984

Orwell estava na atmosfera. Eu não tinha lido 1984, *mas todos sabíamos do que se trata.*

Terry Gilliam[1]

Pouco antes da meia-noite do Ano-Novo de 1983, um punhado de espectadores em Twin Fall, no estado americano de Idaho, foi o primeiro grupo a assistir àquele que seria o mais célebre comercial de televisão da década.

Isto é o que eles viram: legiões de nulidades cinzentas marchando como robôs e adentrando um auditório para contemplar um rosto numa tela colossal bradando sobre as "Diretivas de Retificação da Informação" que iriam livrar a sociedade das "verdades contraditórias". Avançando por entre as fileiras, perseguida de maneira inepta pela polícia antimotins, irrompe uma jovem atleta com a imagem de um computador na camiseta e empunhando uma marreta. Ela é a única mulher no local; a única fonte de cor e vitalidade. À medida que o discurso vai chegando ao clímax, ela gira a marreta e a arremessa no telão. O rosto do ditador se estilhaça, inundando o salão com uma luminosidade branca e ondas de choque. As nulidades ficam embasbacadas, como sonhadores que acabam de despertar. "Em 24 de janeiro, a Apple

Computer vai lançar o Macintosh", diz o narrador. "E você vai saber por que 1984 não será como *1984*."[2]

Meses antes, o mercuriano fundador da Apple, Steve Jobs, solicitara à agência de propaganda Chiat/Day uma ideia "de arrebentar" para o lançamento decisivo do seu novo produto.[3] O diretor de criação Lee Clow, o diretor de arte Brent Thomas e o redator Steve Hayden sugeriram um conceito orwelliano que vinham explorando havia meses. Jobs, que ainda se via como um rebelde da contracultura, adorou a proposta. Assim, a Chiat/Day contratou Ridley Scott, o diretor de *Blade Runner*, para rodar o comercial nos estúdios Shepperton, em Londres, com um orçamento sem precedentes. Scott chamou a lançadora de discos Anya Major para ser a heroína com a marreta, e David Graham, um ator que dera voz aos Daleks em *Doctor Who*, para personificar o Grande Irmão substituto, cujo discurso foi escrito por Hayden, "juntando frases de Mussolini a Mao".[4]

O único objetivo daquela apresentação em tom menor, na véspera do Ano-Novo, era assegurar que a propaganda fosse caracterizada como uma produção de 1983, o que permitiria inscrevê-la na temporada seguinte de premiações. O verdadeiro lançamento do anúncio ocorreria dali a três semanas, durante a transmissão do Super Bowl, normalmente o maior evento televisivo do ano nos Estados Unidos. Restava apenas um problema: o anúncio, que fora um sucesso na conferência anual de vendas da Apple, horrorizara o conselho de direção da empresa, que pediu a Jobs o seu cancelamento. "Para eles, seria uma irresponsabilidade gastar tanto dinheiro num anúncio que nem sequer mostrava o Mac", comentou Clow.[5] A Chiat/Day, porém, insistiu no anúncio, dando como desculpa o fato de que não conseguiriam passar adiante o caríssimo intervalo na transmissão do Super Bowl. Foi um ato sagaz de resistência passiva. Em 22 de janeiro, no intervalo do jogo entre os Washington Redskins e os Los Angeles Raiders,

96 milhões de americanos viram "1984". Um publicitário rival observou com admiração que esse havia sido o primeiro anúncio no Super Bowl a conseguir que "as pessoas nos bares comentassem um comercial em vez da partida".[6] O anúncio virou imediatamente notícia, gerando uma inestimável onda de publicidade gratuita. Segundo a revista *Advertising Age*, "nos últimos tempos nenhum outro comercial despertou com essa rapidez um interesse tão grande entre publicitários e entre o público".[7]

O anúncio era um exemplo brilhante de marketing corporativo anticorporativo, distorcendo o alerta de Orwell numa fábula inspiradora para a era da informação. A rebelde lançadora da marreta, protagonizada por Major, representava tanto a Apple como o consumidor da Apple: o destemido azarão que toma o lugar dos poderosos. Durante o lançamento do Macintosh no dia 24 de janeiro, Jobs fez um discurso retratando a empresa que liderava então o setor, a IBM, como um gorila perverso empenhado em esmagar o seu único rival sério: "A Big Blue [IBM] vai dominar todo o setor da computação? Toda a era da informação? Então Orwell estava certo?".[8] A Chiat/Day, contudo, estava pouco ligando para a IBM. O alvo deles era a imagem negativa dos computadores como instrumentos de vigilância e controle, difundida por filmes como o próprio *Blade Runner* de Ridley Scott. A melhor maneira de combater a tecnologia do mal, dizia implicitamente o anúncio, era recorrer a uma tecnologia do bem. Se apenas Winston Smith tivesse uma marreta.

O comercial "1984" também demonstrou que a iconografia da distopia agora estava tão consolidada que podia ser resumida num anúncio de um minuto: os servos passivos e uniformizados, a polícia militarizada, as telas de televisão, a retórica totalitária genérica, o rebelde solitário, o rosto agigantado. Os espectadores sabiam de imediato onde estavam. O cenário da unanimidade mecanizada ("Somos um povo, com uma vontade, um empenho, uma causa") tem, na verdade, mais a ver com Zamiátin do que com Orwell, e a principal referência visual de Scott era o filme *Things to Come*, baseado em H. G. Wells. Na avaliação brusca do diretor de contas da Chiat/Day, Paul Conhune, o comercial era "uma versão B do livro de Orwell", concebida para "aproveitar a notoriedade do ano criada por Orwell".[9] A despeito de todo o virtuosismo, não era preciso um visionário pioneiro para estabelecer essa conexão.

"FALTA APENAS UM ANO!", berrava a vitrine decorada com o tema de Orwell numa livraria de Greenwich Village, em Nova York, em janeiro de 1983.[10] A poucos quarteirões dali, mais de setenta luminares internacionais, entre os quais a artista conceitual Jenny Holzer e o arquiteto Rem Koolhass, participavam de uma mostra intitulada 1984: A Preview [1984: Uma prévia], que pretendia "lançar um olhar avaliador sobre as profecias de Orwell".[11] Na imprensa, jornalistas de todas as tendências políticas poliam as bolas de cristal e afiavam o gume de suas armas. Numa edição especial de *The Village Voice* ("CHEGOU A HORA DE ENFRENTAR ISSO"), Geoffrey Stokes afirmou que o romance tivera "quase tanto impacto às vésperas de 1984 quanto na época em que foi publicado, em 1949".[12] Aparentemente um ano não bastava para o romancista alemão Günther Grass, que chamou a década de 1980 de "a década de Orwell".[13]

Até dezembro, a orwellmania virou uma pandemia. "Se você ainda não tem opinião formada sobre o retrato que Orwell fez do Estado totalitário extremo, é melhor arrumar uma", aconselhava *The San Francisco Chronicle*.[14] Bernard Crick, biógrafo e incansável defensor de Orwell, alertou contra uma "peste negra" de referências orwellianas que iria adquirir proporções tão grandes quanto a onda em torno de *Guerra nas estrelas*.[15] O responsável pelo legado literário do escritor certamente estava merecendo o seu salário. Ele contou ao *Guardian* que havia recusado solicitações para uso do nome em camisetas, calendários, jogos de tabuleiro, um musical e tudo mais que pudesse "baratear" a reputação de Orwell. Ao saber pelo repórter da existência de camisetas ilegais com o texto "1984: Duplipense a respeito", Hamilton suspirou. "Não dá para controlar tudo."[16]

Nos anos de 1983 e 1984, o romance *1984* vendeu quase 4 milhões de exemplares em 62 idiomas. No mês de janeiro daquele que a Penguin denominou o "Ano do Livro", ele se tornou o primeiro a chegar ao topo da lista dos mais vendidos do *New York Times*, na categoria de ficção em brochura popular, anos depois de ter sido lançado. Houve as mais variadas celebrações: uma nova edição americana com posfácio de Walter Cronkite; outra edição anotada por Bernard Crick; a publição de um fac-símile do que restou do manuscrito; matérias de capa nas revistas *Time*, *Encounter*, *Radio Times* e *Der Spiegel*; um filme; dois dramas televisivos; uma adaptação para o teatro pelo dissidente tcheco Pavel Kohout; uma estátua de cera no museu de Madame Tussaud, com o escritor datilografando sob a vigilância de um policial com viseira e armado; e uma interminável série de documentários e conferências. Jornalistas refizeram os passos tamanho 46 de Orwell pelas ruas de Paris, Londres e Wigan. O evento *Thoughtcrimes* [Crimes de pensamento] no teatro do Centro Barbican, em Londres, apresentou obras políticas de Samuel Beckett, Václav Havel e Harold Pinter, cuja nova peça *One for the Road* [Um para a estrada] era uma meditação sobre a linguagem, a violência e o poder.

Grande parte dessas comemorações era esperada, mas quem teria antecipado que Steve Martin e Jeff Goldblum participariam de um esquete humorístico no qual a meca da música disco, o Studio 54, virava "o Ministério da Vida Noturna"?[17] Ou que os slogans da Oceânia seriam usados para promover a venda de carpetes? O lema "GUERRA É PAZ" abria um anúncio da loja varejista Einstein Moomjy. "LIBERDADE É ESCRAVIDÃO. IGNORÂNCIA É FORÇA. E o nosso novo carpete de lã com aparência de sisal em peça larga é 19,84 dólares por jarda quadrada. Por 19,84 dólares vale a pena dar uma espiada, Grande Irmão."[18] A ânsia por uma conexão, de qualquer tipo, com São George, era cada vez mais desesperada. O *TV Guide* achou que a empatia de Orwell pelo trabalhador comum certamente o faria gostar do seriado *Cheers*.[19] "O Grande Irmão e a Banda de Grandes Culhões", exultou a revista *Musician* numa resenha sobre o álbum *1984* de Van Halen, que nada tinha a ver com Orwell.[20] A revista da Agência Britânica de Turismo superou a todos ao escolher um título audaciosamente desonesto, "O Orwell/Granjas de Criação/1984", para um artigo que tratava de fazendas de criação de animais nas proximidades do rio Orwell.[21]

Não surpreende, portanto, que a fadiga em relação a Orwell se manifestasse ainda no começo do ano. "Será que podemos esquecer George Orwell por um ou dois minutos?", suspirou James Cameron na edição do *Guardian* de 3 de janeiro.[22] Paul Johnson, no *Spectator*, queixou-se de que o excesso da exploração de Orwell havia se tornado "em si mesmo uma espécie de pesadelo orwelliano".[23] O deputado Alex Carlile, do Partido Liberal, zombou dos colegas que recorriam "às analogias gastas com as tentativas de George Orwell de prever o que poderia acontecer em 1984".[24] Até mesmo Snoopy acabou jogado no teto de sua casinha, numa historieta de Charles M. Schulz, exausto depois de "pensar em todas as piadas com George Orwell que vamos ter de ouvir em 1984".[25] Orwell deixara de ser herói literário para se tornar uma celebridade onipresente, enquanto *1984* deixara de ser um romance para virar um meme.

Inevitavelmente, muito dessa onda orwelliana tinha como

foco o suposto caráter profético de *1984*. Em *The Futurist*, os articulistas fizeram fila para sacudir o livro como uma *piñata*: "Como um pressagiador do mundo real de 1984, Orwell se equivocou de tal modo que corre o risco de ser expulso da companhia dos pressagiadores — ou mesmo de ser transformado numa 'despessoa'", vangloriou-se o editor da revista.[26]* Isaac Asimov insistiu que Orwell acabaria se revelando "equivocado" a respeito de computadores e das viagens espaciais, ainda que nada disso estivesse no romance.[27] Uma propaganda da Olivetti Computers também fazia uma afirmação absurda: "Segundo Orwell, em 1984 o homem e o computador se tornariam inimigos. Mas essa visão pessimista estava errada".[28] Na verdade, Orwell nem mesmo estava tentando fazer previsões sobre o avanço tecnológico em democracias reais. Mas era preciso ler o livro para saber disso.

Uma pessoa que não fez isso foi o pioneiro videoartista Nam June Paik. No Ano-Novo de 1984, ele organizou um espetáculo televisivo de multimídia com links por satélites a fim de celebrar o poder da mídia no avanço das comunicações. Entre os participantes estavam Philip Glass, John Cage, Peter Gabriel, Laurie Anderson, Merce Cunningham, Allen Ginsberg, Joseph Beuys e Salvador Dalí (que Orwell certa vez descreveu como "um salafrário odioso").[29] O título sarcástico do evento era *Bom Dia, Sr. Orwell*. "O Grande Irmão está berrando mas não estamos nem aí", cantou Oingo Boingo em "Wake Up (It's 1984)". "Porque ele não tem nada a dizer/ Pense no futuro, pense na profecia/ Pense nas crianças de hoje."[30] Para o *New York Times*, Paik declarou: "Nunca li o livro de Orwell — é chato demais. Mas ele foi o primeiro profeta

* Aparentemente, a revista tentava jogar pelo buraco da memória um artigo de 1978, escrito por David Goodman, que identificou 137 previsões isoladas no romance e concluiu que mais de uma centena delas já havia se concretizado.

dos meios de comunicação".[31] Aparentemente, Paik achava que *1984* era um romance sobre a televisão.

Um jornalista perguntou ao filho de Orwell, Richard Blair (então com 39 anos, a idade de Winston Smith), o que o pai dele teria achado dessa moda orwelliana. "Estou convencido", respondeu ele, "de que teria ficado bem desapontado com o modo como as pessoas interpretaram *1984*."[32]

Como pode um romance estar "equivocado"?

Orwell não falou muito sobre *1984*, mas o que disse, e com convicção, é que não se tratava de uma profecia. Uma sátira, uma paródia e um alerta, sem dúvida, mas não uma profecia. Como explicou na declaração que fez em 1949 a Francis A. Henson, "não creio que o tipo de sociedade que descrevi *vá necessariamente* ocorrer, mas acredito [...] que algo parecido com isso *pode* ocorrer".[33] Claramente, isso não aconteceu. O Ocidente havia se deteriorado e se deturpado de muitas formas em função das maquinações da Guerra Fria, mas não se tornou um despotismo equivalente. Por definição, um país no qual há liberdade para se ler *1984* não é um país como o descrito no romance. Sem que isso tenha ocorrido, o lançamento do Mac da Apple não apontava nem uma coisa nem outra. Para quem quisesse vender um produto em 1984, fosse um computador pessoal ou a economia neoliberal, era indispensável afirmar que Orwell, o avatar do pessimismo, estava equivocado, mas isso não era um argumento, era apenas uma frase de efeito. Quando o *San Francisco Chronicle* pediu a Ursula K. Le Guin (que recebera mais de quarenta convites para falar em eventos associados a Orwell) que comentasse a clarividência de Orwell, ela se esquivou: "Previsões não são o meu negócio".[34] A ficção científica, acrescentou ela, recorre a metáforas para o "aqui e agora", portanto como poderia estar certa ou errada a respeito do futuro?*

Vale a pena fazer uma pausa para notar a façanha extraordinária que é, para um livro, marcar a trajetória de um planeta em torno do Sol. Desde sempre, o ano 2000 estava fadado a ser um acontecimento importante, mas 1984 só se tornou um ano excepcional porque um autor, no último momento, decidiu mudar o título do seu romance. Se Orwell tivesse mantido o título *O último homem na Europa*, nada daquilo estaria acontecendo. Como observou George Steiner, num excelente e incisivo ensaio para a revista *New Yorker*, "*nunca* um único indivíduo ou uma canetada conseguiram eliminar um ano do calendário da esperança [...]. *1984* vai perder a sua relevância imediata ou sumir da consciência geral depois de 1984? Esta, a meu ver, é uma questão muito difícil".[35]

Em 4 de abril de 1984, a data da primeira anotação que Winston Smith faz em seu diário, o *Times* de Londres estampou notícias sobre a greve dos mineiros britânicos, que então completava apenas um mês. Manifestantes mulheres foram retiradas à força do acampamento de protesto em favor da paz diante da base aérea de Greenham Common. Um engenheiro do Vale do Silício estava sendo julgado por conspirar para vender dados de pesquisas com mísseis para agentes poloneses. Uma breve nota falava sobre a apresentação das versões de 1954 e 1956 de *1984* no National Film Theatre, em Londres, sob a imagem de um carrancudo John Hurt no cenário da adaptação cinematográfica mais recente.

* Publicado em 1974, o romance *Os despossuídos*, de Le Guin, bem como *Woman at the Edge of Time* [Uma mulher à beira do tempo], de Marge Piercy, revigoraram a ficção científica utópica graças à política contracultural da década de 1970, esquivando-se assim por completo da influência de Orwell.

Sonia Orwell falecera de um tumor cerebral em 1º de dezembro de 1980, exaurida pela acirrada batalha jurídica para reaver o controle da George Orwell Productions, a empresa aberta pelos contadores de Orwell em 1947, após três décadas vivendo à sombra sufocante do finado marido. Ela estava com 62 anos. "Estraguei a minha vida", comentou com um amigo perto do fim.[36]

Poucas semanas antes de morrer, Sonia conheceu um advogado de Chicago e cineasta aspirante, Marvin Rosenblum, que havia se impregnado da obra de Orwell a fim de convencê-la a vender os direitos do romance para o cinema e a televisão. Depois de vários encontros, durante os quais ele "jorrou Orwell como uma fonte",[37] Rosenblum conseguiu o que queria. Nos três anos seguintes, ele não topou com falta de interesse numa refilmagem do romance para ser lançada em 1984, mas tampouco conseguiu interessar um diretor e um produtor dispostos a respeitar uma cláusula do contrato que vetava "uma ficção científica do tipo *Guerra nas estrelas* ou *2001: Uma odisseia no espaço*".[38] Somente em outubro de 1983 ele chegou a um acordo com o diretor britânico Michael Radford e o produtor Simon Perry, que haviam acabado de rodar um bem-sucedido drama passado na Segunda Guerra Mundial, *Another Time, Another Place*. "Não tínhamos nenhuma certeza de que o filme ficaria pronto até o final de 1984, por isso era preciso começar de imediato", contou-me Radford, com 72 anos de idade, no Chelsea Arts Club londrino, no verão de 2018.[39]

Os cineastas não perderam tempo. No Natal de 1983, Radford havia concluído o roteiro, e Perry havia assegurado 6 milhões de dólares junto à recém-criada produtora Virgin Films, de Richard Branson. Os dois logo decidiram que Winston Smith só poderia ser interpretado por John Hurt, o debilitado ator britânico que sempre parecia ter uma tosse rascante e uma consciência pior ainda. "Ele era perfeito para fazer Winston Smith", comentou

Radford. "Esse personagem de aparência famélica e acossada. Na verdade, Hurt era bem atlético, mas tinha a capacidade de se transformar." Afortunadamente, Hurt era fã do livro e sempre quis interpretar Winston desde que lera o romance quando estudante na década de 1950. "O crucial em Orwell", disse Hurt, "é que ele apoia o que você sente instintivamente." A ex-atriz mirim Suzanna Hamilton ficou com o papel de Julia. Uma seleção pública de atores para o Grande Irmão, anunciada no *Guardian*, colocou Radford em contato com Bob Flag, um comediante que se apresentava em clubes noturnos e "tinha olhos muito penetrantes". A escolha do ator para fazer O'Brien não foi tão fácil: Sean Connery estava ocupado, Marlon Brandon era caro demais, e Paul Scofield havia fraturado a perna. Só depois de semanas de filmagem é que Radford conseguiu convencer Richard Burton a deixar o retiro no Haiti para fazer aquela que seria a sua derradeira interpretação antes de falecer em agosto. Segundo o diretor, Burton vestiu o único macacão de operário jamais confeccionado pelas elegantes alfaiatarias de Saville Row. "Ele era um ator extraordinário", disse Radford. "Só tive que manter ele contido, com cada vez menos arestas." Pois Burton começou a achar a lógica insana de O'Brien estranhamente convincente. "Sabe de uma coisa, isso é assustador demais", ele comentou com Hurt, "pois estou mesmo começando a acreditar que o que estou dizendo é correto."[40]

Ao ler o livro pela primeira vez, ainda adolescente, Radford sabia "exatamente como aquilo se parecia. Há muita coisa ali para se trabalhar". O romance de Orwell contém diversas cenas memoráveis, e o uso que faz de programas de notícias e de cartazes como recursos para narrar a história e criar um mundo ainda continua sendo parte da caixa de ferramentas padronizada nos filmes sobre sociedades de um futuro próximo. "As teletelas foram um grande choque para mim", disse o diretor, que usou a técnica de retroprojeção de modo a criar a ilusão de telas gigantescas.

"Elas dominavam tudo, como faz a televisão. Mas o bom é que dava para dizer duas coisas ao mesmo tempo." Vasculhando a história da propaganda, Radford concebeu ele mesmo as saudações, a bandeira, o logotipo e o hino, e baseou um dos noticiários no filme em um genuíno noticiário da época da Segunda Guerra, cujo roteiro havia sido redigido pelo poeta Dylan Thomas para o Ministério da Informação. "Costumava dizer às pessoas que se tratava de um universo paralelo: um 1984 vislumbrado em 1948", prosseguiu Radford, explicando por que preferiu tecnologias arcaicas e vestuário antigo. Para criar a atmosfera gélida e desbotada do filme, o diretor de fotografia Roger Deakins empregou um processo inovador. Em geral, o nitrato de prata é lavado dos rolos de filme para tornar mais vivas as cores, mas Deakins decidiu mantê-lo. "Era crucial para mim criar um mundo no qual as pessoas acreditassem", disse Radford.*

As notícias a respeito da filmagem reavivaram o interesse de David Bowie por *1984*. Ele se encontrou com Radford e Branson para discutir a possibilidade de compor a trilha sonora, mas Bowie insistiu em falar em uma "música orgânica", e ninguém fazia ideia do que ele estava pensando. Certamente não parecia em nada com os sucessos que Branson queria, por isso recuou e se decidiu pela dupla pop Eurythmics, de sua própria gravadora, a Virgin Records — uma contratação polêmica de que Radford só teve conhecimento quando a cantora Annie Lennox ligou de um estúdio nas Bahamas para lhe perguntar por que ele não estava lá. A discussão acalorada entre Radford e Branson sobre o uso do inadequado synth-pop do Eurythmics ("Sex-sex-s-s-sex-s-sex-sexcrime") ou da trilha de Dominic Muldowney acabou chegando à

* Ao visitar o set de filmagem, Marvin Rosenblum recebeu ligações telefônicas perguntando se o anúncio "1984" da Apple era um clipe do filme, o que o levou a ameaçar a Chiat/Day com um processo, mas aí já era tarde demais.

imprensa e proporcionou uma excelente publicidade para um filme difícil de ser vendido.

"Nos círculos de cinema, a opinião era de que o filme não seria um sucesso, pois não tinha um final feliz", lembrou Radford. "E também que não era de fato um livro — mas, essencialmente, um ensaio gigantesco. Eles diziam que 'o seu público vai ser de gente com mais de 35 anos, que sabe quem era Orwell. Ou seja, um público pequeno'. Mas foi um público enorme, e de gente entre quinze e vinte anos. Por quê?" Ele riu. "Porque era de um desespero absoluto. E os jovens adoram o desespero."

Na época, Perry comentou que "estamos sobrecarregados com a obrigação inimaginável de acertar, e para sempre".[41] O filme de Radford tem a aparência e a atmosfera muito parecidas com o que o leitor imagina ao ler o romance. Tal fidelidade significa que, com exceção do Eurythmics, até hoje o filme não parece datado. Porém, na época em que estava sendo dirigido por Radford, outros artistas também estavam incorporando conceitos de Orwell em novas visões distópicas diretamente vinculadas ao ambiente da década de 1980: *V de vingança*, *O conto da aia*, *Brazil: O filme*.

Não seria correto afirmar que o diretor Terry Gilliam teria se inspirado em *1984* ao filmar *Brazil*, pois ainda não havia lido o livro. Em vez disso, ele se inspirou na *ideia* de *1984*, tal como havia se disseminado pela cultura: "O conhecimento geral que estava no ar, aquilo que você ouve falar na escola e nas conversas sobre *1984*".[42]

Quando Gilliam começou a explorar a ideia no final da década de 1970, um dos títulos provisórios era *O ministério*. Outro era *1984½*: uma homenagem dupla a Orwell e a Fellini, para indicar a mescla de medo e fantasia no filme. "*Brazil: O filme* veio especificamente da época, da chegada do ano de 1984", contou Gilliam a Salman Rushdie. "Era algo que pairava no ar [...]. Infelizmente, o malandro do Michael Radford fez uma versão de *1984* [...] que me deixou boquiaberto."[43] Dá para se ter uma ideia do tom único do filme pelo fato de que Gilliam também considerou os títulos *O ministério da tortura* e *Como aprendi a conviver com o sistema — por enquanto* antes de decidir por *Brazil*, em função da música que serve de trilha sonora. Mais parecem títulos para três filmes completamente distintos.

Sem dúvida, Gilliam havia aproveitado, ainda que de segunda mão, algumas ideias importantes de Orwell. O burocrata passivo Sam Lowry (Jonathan Pryce) e a empedernida caminhoneira Jill Layton (Kim Greist) saíram mais ou menos do mesmo molde de Winston e Julia. Há um Ministério da Informação que usa a expressão "Recuperação de Dados" como eufemismo para a tortura. E o nome do formulário oficial 27B-6 é uma alusão jocosa ao último endereço londrino de Orwell, 27b Canonbury Square. O tema de Gilliam, contudo, não era o totalitarismo. Não há fanáticos em *Brazil*, tampouco um ditador, apenas funcionários e burocratas que asseguram o funcionamento da máquina estatal. A semente foi plantada quando Gilliam leu um documento dos julgamentos de bruxas no século XVII que relacionava o quanto as acusadas tinham de pagar para serem torturadas e executadas. A crueldade absurda de auferir lucro com a violência do Estado inspirou uma sátira sobre a burocracia implacável e autolegitimadora — o enredo é desencadeado por um erro burocrático no Ministério.

A sátira de Gilliam é exemplificada pelos atentados terroristas que assumem o lugar das bombas-foguetes de Orwell como forma de manter a população em permanente estado de guerra. O diretor frustrou os entrevistadores ao afirmar que até ele não sabia se os terroristas eram reais ou não passavam de agentes do governo. "O Ministério precisa dos terroristas, existam de fato ou não", explica o chefe de Sam, o sr. Helpmann, numa versão inicial do roteiro escrito por Gilliam e Charles Alverson. "Se não existirem, o Ministério vai criá-los [...]. Desde que começou a funcionar, o sistema se mostrou totalmente autossustentável [...] alimentado pelo abundante suprimento interno de paranoia e ambição."[44] A Oceânia também requer um suprimento constante de criminosos, culpados ou não, porque "os expurgos e vaporizações eram elementos indispensáveis da mecânica governamental",[45] mas Gilliam reprocessa esse conceito sob a forma de uma piada enlouquecida.

O texto na abertura do filme situa *Brazil* "em algum momento do século XX".[46] Tal como *1984*, ele confunde o presente e o futuro com a década de 1940, por meio dos cartazes de propaganda, estética art déco, tubos pneumáticos e tecnologias toscas da época da guerra. Na verdade, ambos os filmes empregaram os mesmos pesquisadores de locações. "Usamos muitas das mesmas locações", recordou Radford. "A gente sempre topava com resquícios de *Brazil*, mas não fazia a menor ideia do que ele estava filmando na época."[47] Os dois filmes eram como gêmeos separados no nascimento: Suzanna Hamilton fez um teste para interpretar Jill, ao passo que Jamie Lee Curtis foi considerada tanto para o papel de Jill como para o de Julia.

A quase homenagem de Gilliam a Orwell trouxe vantagens e desvantagens quando o filme ficou pronto. Frank Price, o presidente da Universal Pictures, fora um dos editores da versão para TV de *1984* feita pelo Studio One em 1953 e achou que *Brazil: O filme* não passava de uma cópia ruim. A crítica de cinema Judith Crist o apelidou de "*1985*"[48] e, na revista *New Yorker*, Pauline Kael o descreveu como uma versão "drogada e avacalhada de *1984*".[49] Evidentemente, um *1984* drogado e avacalhado não tem nada a ver com *1984*. A arraigada tendência de Gilliam de revolta contra a autoridade, que ocasionou uma famosa e cáustica batalha com a Universal por causa da versão final de *Brazil*, o protegia do pessimismo. O final talvez fosse desolador demais para a Universal, mas, para os padrões de Orwell, o fato de Sam morrer antes de capitular é bastante idealista. Gilliam disse a Salman Rushdie que Sam vira herói ao deixar de ser mais um dente na engrenagem: "Para mim, o âmago de *Brazil: O filme* é a responsabilidade, o envolvimento — não dá para a gente deixar o mundo continuar como é sem se envolver".[50] Esse também é o núcleo de *V de vingança*.

Orwell tinha uma familiaridade superficial com os super-heróis das histórias em quadrinhos. Em 1945, recebeu um pacote de revistas em quadrinhos publicadas pela DC and Timely (a precursora da Marvel), que o colocou em contato com personagens como o Super-Homem, o Batman e a Tocha Humana. Ele não virou um fã. "É mais do que óbvio que tendem a estimular fantasias de poder", escreveu, "e, em última análise, o tema delas se resume à magia e ao sadismo. É quase impossível passar os olhos por uma página sem ver alguém indo pelos ares [...] ou socando outro no queixo, ou uma mulher semidespida lutando por sua honra — e o atacante dela bem pode ser tanto um robô de aço ou um dinossauro de quinze metros como um ser humano. A coisa toda não passa de uma mixórdia sensacionalista e desprovida de sentido."[51]*

* Naquele mesmo ano a revista *Time* publicou um artigo com o título "Os quadrinhos são fascistas?", no qual o professor e jesuíta Walter J. Ong chamava o Super-Homem de "um tipo de herói de um superestado com um nítido interesse pelas ideologias da política de rebanho" ("Are Comics Fascist?", *Time*, 22 out. 1945).

Orwell talvez nunca mudasse de opinião, mas na década de 1980, como demonstrou o *Juiz Dredd*, os quadrinhos haviam se tornado um poderoso veículo de sátira esquerdista. Foi no turbulento ano de 1976 que o escritor Alan Moore teve pela primeira vez a ideia de um terrorista imprevisível enfrentando um Estado totalitário. Seis anos depois, ele e um artista igualmente pessimista, David Lloyd, lançaram *V de vingança*, situada quinze anos no futuro, em *Warrior*, uma antologia britânica de quadrinhos. Supondo (equivocadamente) que o governo impopular de Margaret Thatcher seria derrotado na eleição geral seguinte, Moore imaginou o Partido Trabalhista adotando uma política de desarmamento unilateral que pouparia a Grã-Bretanha de um conflito nuclear que devasta a maior parte do mundo. No entanto, o tumulto provocado pela guerra no clima e no suprimento de comida torna o país presa fácil de um novo movimento fascista, Norsefire, que toma o poder em 1992 e despacha os inimigos políticos e as minorias indesejáveis para campos de concentração. Um desses inimigos, transformado por um experimento científico naquela que é a única concessão importante da série às regras dos super-heróis, consegue escapar e se torna V, o terrorista anarquista. David Lloyd, que criou a máscara de Guy Fawkes de V, achava que era uma história em quadrinhos para "aqueles que acompanham os noticiários".[52]

A longa lista de influências reconhecidas por Moore, e publicada na *Warrior*, incluía a trindade distópica de Orwell, Huxley e Bradbury, bem como o *Juiz Dredd*, a série *O prisioneiro*, David Bowie e a chamada ficção científica *New Wave*.[53] Desenhadas por Lloyd, as ilustrações de uma Londres cinzenta e anêmica têm um tom orwelliano, assim como as palavras de ordem do regime: "Força pela pureza, pureza pela fé" e — ainda mais inquietante hoje do que na época — "Torne a Grã-Bretanha Grande de Novo [*Make Britain Great Again*]". Como na Pista de Pouso Um, o patrimônio literário e musical foi erradicado; somente na Galeria da Sombra de V as vozes do passado, desde Shakespeare até a Motown, ainda podem ser ouvidas. O conhecimento obviamente profundo do gênero por parte de Moore produz ao menos uma ótima piada. Na Televisão Norsefire passa uma série dramática que acompanha as aventuras racistas de um personagem de ação ariano, Storm Saxon, no "pesadelo de uma Inglaterra futura" em 2501.[54] Então é isso o que os governantes de uma distopia consideram distópico.

V de vingança acabou no limbo quando a *Warrior* deixou de ser publicada em 1985. Quando Moore e Lloyd a retomaram e a completaram para a DC em 1988, depois de nove anos de Thatcher, eles tiveram a oportunidade de reexaminar as suas previsões anteriores. Moore decidiu então que fora otimista demais ao pensar que "seria preciso algo tão melodramático como chegar à beira de um conflito nuclear para empurrar a Inglaterra para o fascismo".[55] Agora achava que não seria nada difícil.

Margaret Atwood começou a escrever o romance *O conto da aia* em Berlim Ocidental na primavera de 1984. Assim como Orwell quando iniciou *1984*, ela tinha quarenta e poucos anos e sabia exatamente o que queria dizer. O romance teve origem numa pasta de recortes de artigos de jornal que começara a colecionar enquanto vivia na Inglaterra, tratando de temas como a direita religiosa, prisões no Irã, queda nas taxas de natalidade, políticas sexuais nazistas, poligamia e cartões de crédito. Ela deixou que essas diversas observações fermentassem, numa espécie de compostagem, até que surgisse dali uma história. As viagens que fez pela Alemanha Oriental e pela Tchecoslováquia — onde vivenciou "a desconfiança, a sensação de ser vigiada, as formas oblíquas a que as pessoas recorriam para transmitir informação"[56] — também contribuíram para o romance, bem como uma obsessão adolescente pelas distopias e pela Segunda Guerra Mundial. Ela lembrava de ter se identificado com Winston porque ele estava "silenciosamente em desavença com as ideias e o tipo de vida que lhe era proposto. (Esse talvez seja um dos motivos pelos quais *1984* é lido com mais proveito na adolescência: a maioria dos adolescentes se sente assim.)"[57] O romance de Orwell a convenceu de que aquilo podia de fato lhe ocorrer, mesmo no Canadá do começo da década de 1950. Para Atwood, *O conto da aia* não era ficção científica: preferia chamá-lo de "ficção especulativa à maneira de George Orwell".[58]

O romance é narrado por Offred (ou seja, ela pertence a Fred), uma "aia" cujo único papel em Gilead, uma teocracia fascistoide levada ao poder por uma crise de fertilidade crônica e por um golpe violento, é parir crianças para a classe dominante estéril.* Os arquitetos de Gilead são fanáticos utópicos que estão convencidos de estar construindo um mundo melhor e mais feliz. "Há mais do que uma espécie de liberdade", diz às aias a Tia Lydia, a apparatchik matronal. "Liberdade *para* e liberdade *de*. Na época da anarquia, era liberdade *para*. Agora vocês estão recebendo a liberdade *de*. Não a subestimem."[59] Na Novafala, a palavra *livre* só significa livre de algo; o conceito de liberdade deixou de existir.

O apêndice de Atwood, "Notas históricas sobre *O conto da aia*", combina uma homenagem a "Os princípios da Novafala" e uma megaparódia do meio universitário: o título que os estudiosos do século XXII dão ao relato de Offred é uma jocosa alusão chauceriana. Mas esse é apenas o último e mais óbvio rastro deixado por *1984*. Existe um diário secreto — gravado em fita e não

* A palavra "proletário", observou Orwell ao escrever sobre *O tacão de ferro*, vem do latim *proletarii*, aqueles cujo único valor para o Estado é a geração de descendentes.

escrito, porque a palavra escrita é tabu para as mulheres de Gilead — do qual não há garantia que terá um leitor. Há enforcamentos públicos, informantes, livros proibidos (na verdade, todos os livros) e o apagamento da história. Há as "Não mulheres" e policiais onividentes chamados de "Olhos". Há um ritual de violência controlada denominado "Salvamento", que se assemelha aos Dois Minutos de Ódio, mas no qual corre sangue. De novo, tais ideias têm origem tanto no mundo real como em Orwell. Atwood seguiu uma regra: "Não incluir nada que os seres humanos já não tivessem feito em algum lugar ou época".[60] O apêndice menciona o Irã, a Rússia e a Romênia; Atwood também recorreu a monstruosas inovações feitas por nazistas, escravistas americanos, ditadores sul-americanos e caçadores de bruxas em Salem. A característica de Gilead, assim como a da Oceânia, é a síntese.

Isso nos leva de volta à questão da influência. Muito de *O conto da aia* se deve à própria Atwood, desde o humor mordaz e a prosa sonora até o enfrentamento das questões de gênero, sexualidade e extremismo religioso, que mal foram tratadas por Orwell. Ele tinha noção clara de que o totalitarismo convertia em armas a maternidade e o puritanismo sexual: o *sexocrime* é qualquer atividade, com exceção das "relações sexuais normais entre um homem e sua esposa, tendo a procriação como único objetivo e sem que houvesse, da parte da mulher, nenhum prazer físico",[61] o que faz do acasalamento de Winston e Julia "um ato político".[62] Em seu detrimento como escritor e pessoa, porém, o interesse de Orwell na vida interior das mulheres era mínimo.

O que faz a Gilead de Atwood parecer genuinamente orwelliana é a atmosfera de irrealidade paralisante. Offred supõe que as notícias de batalhas remotas entre Gilead e facções religiosas rivais podem ser fabricadas e que o movimento de resistência Mayday possa, tal como a Confraria de Orwell, nem sequer existir. Até as próprias lembranças são traiçoeiras — quando tenta imaginar os rostos da filha e do marido desaparecidos, eles se encarquilham como fotos jogadas na lareira. Ela se considera "uma refugiada do passado".[63] A geração seguinte de mulheres vai ser mais feliz, mais obediente, "porque não vão ter nenhuma lembrança de qualquer outra coisa". Como Winston Smith, Offred não é uma radical; apenas busca algo que possa agarrar, antes que vire névoa. Pelo menos, Winston ainda guarda o nome, ao contrário da Inglaterra: a Pista de Pouso Um também poderia se chamar Ofoceânia, "pertencente à Oceânia".

Primeira distopia num futuro próximo plenamente pensada para enfocar a opressão das mulheres, *O conto da aia* vendeu mais de 1 milhão de exemplares nos dois anos seguintes à sua publicação. Um filme, baseado numa adaptação teatral por Harold Pinter, foi lançado em 1990. Desde então, Atwood regularmente é indagada se o livro é uma previsão. A sua resposta também vale para *1984*: "Vamos dizer que é uma antiprevisão: se esse futuro pode ser descrito em detalhes, talvez não aconteça".[64]

Orwell teria completado 84 anos em 1984. Todos os seus amigos que concederam entrevistas, participaram de conferências ou publicaram livros de memórias nesse ano ou por volta dele estavam com mais de setenta anos.* Mesmo os admiradores mais jovens que primeiro se reuniram em torno do seu legado no começo da década de 1950 estavam com mais de sessenta anos. Portanto, as opiniões carregavam não apenas o fardo das décadas, mas tam-

* Entre os sobreviventes estavam Stephen Spender, Tosco Fyvel, Malcolm Muggeridge, Anthony Powell, Julian Symons, Jacintha Buddicom, George Woodcock, David Astor e Paul Potts. Richard Rees, Inez Holden e Jack Common haviam falecido muitos anos antes. Fredric Warburg, Arthur Koestler e Avril Dunn haviam morrido recentemente.

bém o sentimento urgente de que quem vencesse a derradeira batalha pela aprovação imaginária de Orwell sairia vitorioso da guerra. Eles estavam lutando pela legitimidade das suas lembranças e das escolhas que haviam feito, mesmo que alguns admitissem a tolice de reivindicá-lo para qualquer posição política. "Eu o entendi até certo ponto", declarou V. S. Pritchett à revista *Time*. "Não era fácil defini-lo, porque assim que você se fixava numa perspectiva, ele a contradizia."[65]

A solução — popular até hoje — era trazer à luz as citações que sustentavam a argumentação do autor e enfiar aquelas inconvenientes no buraco da memória. Em suas mentes, porém, esses autores estavam simplesmente insistindo na verdade. Eles se identificavam de tal modo com a integridade moral e a independência intelectual de Orwell que vê-lo sendo "sequestrado" por oponentes era equivalente a sofrer um dano emocional. Enquanto remanescentes do comunismo da década de 1930 estavam ansiosos para se livrarem dele (então com 72 anos, o jornalista Alaric Jacob chamou *1984* de "um dos livros mais nojentos já escritos"),[66] quase todos os outros comentaristas queriam ter São George ao lado deles, acusando uns aos outros de intolerável desonestidade com indignação aparentemente sincera.

Como Orwell deixou bem claro que era um socialista democrático que se opunha tanto aos conservadores como aos comunistas, a tentativa mais inflamada de sequestro de reputação foi uma matéria de capa da revista *Harper*, em 1983, intitulada: "Se Orwell estivesse vivo hoje", por Norman Podhoretz, um dos líderes do neoconservadorismo americano. "Normalmente, especular sobre o que um homem morto teria dito a respeito de eventos que nunca testemunhou é uma empresa frívola", reconheceu, antes de insistir de modo acalorado que, no fim das contas, um Orwell octogenário teria concordado que Norman Podhoretz tinha razão.[67] Dado que o instituto neoconservador Committee for the

Free World já batizara o seu braço editorial como Orwell Press, qualquer outra conclusão teria sido inconveniente. O beligerante socialista britânico Christopher Hitchens retaliou com um arsenal próprio de citações, a fim de "provar" que Orwell ainda teria continuado um socialista democrático, desaprovando o "tipo de próspero bajulador do poder que atualmente se faz passar por intelectual".[68] O cabo de guerra durou meses, e não havia, evidentemente, como alguém sair vitorioso. A *National Review*, uma publicação conservadora que contava com James Burnham entre os fundadores, aplaudiu Orwell, mas o mesmo fizeram o romancista de esquerda E. L. Doctorow e os defensores das liberdades civis por trás de *The 1984 Calendar: An American History* [O calendário 1984: Uma história americana].[69] Tanto os democratas como os republicanos citaram *1984* em cartas para a captação de recursos na campanha para a eleição presidencial daquele ano.

Outra frente de batalha surgiu nas páginas da imprensa britânica, com o *Tribune* publicando uma série de ensaios sobre o seu mais famoso colaborador.[70] *1984* era claramente antissocialista, insistiram os conservadores Peregrine Worsthorne e Alfred Sherman. Não, não era, replicaram Bernard Crick e Tony Benn. Na véspera do Ano-Novo, todos os líderes dos três principais partidos políticos da Grã-Bretanha mencionaram o livro nas mensagens de fim de ano. Margaret Thatcher declarou que 1984 seria "um ano de esperança e um ano de liberdade", e que, portanto, "George Orwell estava errado",[71] enquanto Neil Kinnock, do Partido Trabalhista, defendia o romance dos "saqueadores de tumbas" direitistas.[72] *The Sun*, exemplo do tipo de tabloide execrado por Orwell, retrucou que, na verdade, o próprio partido de Kinnock era o embrião do Socing: se os trabalhistas vencessem a eleição geral de 1983, com o "marxista" Michael Foot (que fora colega de Orwell no *Tribune*), "seríamos conduzidos tão longe rumo ao Estado Corporativo que não haveria como dar meia-volta".[73] Mas — afortunadamente! — a Grã-Bretanha fora poupada desse pesadelo orwelliano por Margaret Thatcher. Nas "20 coisas que você não sabia sobre George Orwell", elencadas por *The Sun*, não havia uma única menção ao termo *socialismo*.

Paul Johnson, no *Spectator*, comentou que esse "exagero ideológico" só podia redundar num impasse: "Uma vez que todos — esquerdistas, direitistas ou centristas — podem e vão sequestrar o pobre homem em nome de qualquer objetivo político concebível, o resultado final é quase o mesmo que nulo".[74] Ainda assim, ninguém considerou a possibilidade de que as fileiras daqueles que tentavam se apropriar de Orwell incluíssem propagandistas russos.

Num esforço obviamente coordenado, três proeminentes revistas soviéticas publicaram artigos alegando que Orwell, na verdade, estava satirizando o Ocidente, de forma consciente ou não. Para a *Novoye Vremya*, *1984* era "um soturno alerta para a sociedade democrática burguesa, a qual, como ele apontou, está enraizada no anti-humanismo, no militarismo insaciável e na negação dos direitos humanos".[75] A *Literaturnaya Gazeta* explicou que Ronald Reagan era o Grande Irmão, as teletelas eram a Agência de Segurança Nacional dos Estados Unidos, e a Pista de Pouso Um ficava evidente na instalação de mísseis nucleares americanos em Greenham Common, na Inglaterra. Já o *Izvestiya* afirmou que a história havia feito da Oceânia "uma imagem plenamente realista do capitalismo-imperialismo contemporâneo".[76]

Esses comentaristas poderiam ter dito que o romance se passava em Marte, dado o conhecimento da maioria dos seus leitores, pois apenas a elite do partido tinha acesso legal ao livro, da mesma forma como apenas o Núcleo do Partido tinha em mãos um exemplar do livro de Goldstein. No mercado negro, *1984* custava o equivalente a dois terços do salário médio mensal. Num espetacular exemplo de duplipensamento soviético, esse revisionismo coincidiu com o julgamento do tradutor letão Gunnars Astra, condenado a passar sete anos no gulag por "agitação e propaganda antissoviética" — crimes que incluíam a circulação de um exemplar *samizdat* de *1984*.[77]

Era fácil para Margaret Thatcher ou Steve Jobs afirmarem que *1984* havia fracassado em suas previsões, mas para certos leitores o livro era uma anatomia assustadoramente minuciosa de um sistema que conheciam bem por dentro. "Ninguém jamais viveu em Liliput etc.", escreveu Conor Cruise O'Brien, "mas centenas de milhões de pessoas vivem hoje sob condições políticas estritamente similares aos elementos essenciais do quadro delineado por Orwell."[78] Isso se aplicava ao Irã, à China e à Coreia do Norte, mas o livro desfrutava de um prestígio especial no bloco soviético. Em viagens pelo Leste Europeu, o jornalista Timothy Garton Ash se encontrou regularmente com admiradores clandestinos de Orwell que lhe perguntavam "como ele sabia?".[79] Bem, sabia porque prestou atenção. Orwell testemunhou o comportamento dos comunistas na Espanha, ouviu o que diziam os exilados, leu todos os livros a que tinha acesso. E os seus esforços foram reconhecidos. Em *Utopia in Power* [Utopia no poder], Mikhail Heller e Aleksandr Nekrich consideraram Orwell "provavelmente o único autor ocidental que entendeu a natureza do mundo soviético".[80]

A chegada de 1984, portanto, desencadeou uma onda de lembranças. O emigrado lituano Tomas Venclova, que leu um exemplar clandestino de *1984* no início da década de 1960 e relatou o enredo aos amigos como se fosse um conto popular, disse que isso havia mudado a sua vida: "Ele foi o primeiro a explicar que uma pessoa normal não pode viver numa sociedade assim".[81] Na introdução a uma nova edição *samizdat* em tcheco (lida em voz alta por Pinter em *Thoughtcrimes*), Milan Šimečka recordou uma epifania parecida: "Quando li a história de Winston Smith, fiquei chocado, pois de repente me dei conta de que estava lendo a minha própria história [...]. Aonde quer que vá, o que quer que ouça em nossas estações de rádio e televisão, eu me lembro da Londres de *1984*".[82] Portanto, enquanto críticos de esquerda no Ocidente acusavam Orwell de misantropia e derrotismo, muita gente que enfrentava o dia a dia totalitário encontrou no livro uma inspiração, pois se sentiram compreendidos: eles estavam habituados a serem vigiados, mas não *vistos*. Šimečka comparou a experiência de leitura à reação de Winston ao livro de Goldstein: "Os melhores livros, ele se deu conta, são aqueles que nos dizem o que já sabemos". Na Hungria, György Dalos publicou uma sequência amargamente espirituosa intitulada *1985*, na qual os revolucionários da "primavera de Londres" derrubam o Socing antes de serem eliminados, exatamente como ocorreu com os seus predecessores no mundo real da Hungria e da Tchecoslováquia.

1984 virou de tal modo um clichê entre os intelectuais da Cortina de Ferro que Milan Kundera passou a odiar o livro. A famosa frase "a luta do homem contra o poder é a luta da memória contra o esquecimento"[83] pode soar como algo de Orwell, mas Kundera achava que o romance incentivava os amigos tchecos a verem as suas vidas como "um bloco indiferenciado de horrores".[84] Até mesmo a vida sob o domínio soviético não era *tão* ruim como na Oceânia, insistiu ele. Eles não tinham desfrutado, apesar de tudo, da arte, das piadas, das amizades, dos amores? De todos esses renitentes prazeres da vida que não podem ser reduzidos à política? "Ao falarem de quarenta anos horríveis", queixou-se, "estão todos *orwellizando* as lembranças do que viveram."[85]

Na época em que Kundera publicou essas palavras, em 1993, a Eurásia havia desmoronado.

Muitas vezes se esquece que Orwell não concordava com O'Brien no que se refere à invencibilidade do totalitarismo e defendia em artigos jornalísticos que o sistema continha as sementes da própria derrocada. O dissidente russo Andrei Amalrik tinha a mesma opinião. Em 1970, ele publicou um ensaio muito discutido sob o título "A União Soviética sobrevive até 1984?". (Originalmente ele havia escolhido 1980 como data limite do colapso, mas um amigo o convenceu a adotar a cronologia de Orwell.) Por ter escrito esse ensaio, Amalrik passou cinco anos no gulag e depois morreria no exílio. Quando chegou o ano de 1984, um dos seus amigos foi provocado na prisão por agentes da KGB: "Amalrik morreu faz tempo, mas nós continuamos aqui bem presentes".[86] Em retrospecto, Amalrik não se enganou a respeito das debilidades fatais da URSS, apenas foi um pouco prematuro. Por volta de 1984, argumentou o veterano socialista iugoslavo Milovan Djilas, o totalitarismo havia de fato se desintegrado, deixando apenas um "código ritualístico".[87] A linguagem desse código era conhecida como *Novoyaz*: Novafala.* O poder sem convicção não significava, como queria O'Brien, a perfeição. Significava a decadência. Sem a ideologia e o terror, o regime soviético deixara de ser totalitário; e sem totalitarismo, não havia como perdurar.

Em 1987, o governo reformista de Mikhail Gorbatchóv solicitou ao experiente sociólogo Yuri Levada que realizasse um estudo sem precedentes sobre a opinião pública na Rússia. Levada

* No livro *Newspeak: The Language of Soviet Communism* [Novafala: A linguagem do comunismo soviético], de 1989, Françoise Thom faz uma análise alinhada à de Orwell: "[Essa linguagem] tem de mostrar que o poder é tão arbitrário quanto ilimitado, e também precisa encarnar a violência do poder. A Novafala faz isso de duas maneiras: desconsiderando todas as evidências e não se preocupando em ocultar as próprias contradições" (Françoise Thom, *Newspeak: The Language of Soviet Communism*. Trad. de Ken Connelly. Nova York: Claridge Press, 1989, p. 118).

aproveitou a oportunidade para explorar as próprias teorias sobre o tipo de ser humano que havia sido criado após décadas de isolamento, paternalismo e conformismo: o *Homo sovieticus*. Para descrever os pensamentos contraditórios requeridos do russo médio, obrigado a acreditar no progresso e na igualdade ao mesmo tempo que não experimentava nada disso, Levada se voltou para Orwell e o duplipensamento. As respostas ao questionário confirmaram a sua hipótese de que a maioria dos cidadãos soviéticos apenas fingia acreditar no comunismo: todo mundo conhecia tão bem os passos que continuavam a dançar até mesmo quando não mais ouviam a música. Trinta anos depois, o jornalista russo-americano Masha Gessen, em *The Future Is History* [O futuro é história], resumiu as conclusões de Levada sobre o *Homo sovieticus*: "O seu mundo interno consistia em antinomias, o seu objetivo era a sobrevivência, e a sua estratégia, a negociação permanente — a interminável circulação de jogos e duplipensamentos".[88] Nos termos de Orwell, o *Homo sovieticus* era como Julia: "Ela partia do princípio de que todo mundo, ou quase todo mundo, secretamente odiava o Partido e não hesitaria em transgredir as leis se julgasse seguro fazê-lo".[89]

O principal arquiteto da glasnost e da perestroika de Gorbatchóv foi Aleksandr Nikolaevich Yakovlev. Um dos projetos de Yakovlev era acabar com a censura e publicar, pela primeira vez, livros como *1984* e *Nós*. Em julho de 1991, ele descreveu a Rússia em termos que os novos leitores desses livros teriam reconhecido: "A nossa sociedade está gravemente doente. As nossas almas estão sempre vazias. Nós nos acostumamos a supor que todos são sempre culpados, criando assim centenas de milhares de policiais vigiando as nossas moralidade, consciência, pureza de concepção de mundo, aquiescência aos desejos das autoridades. Nós transformamos a verdade num crime".[90]

Cinco meses depois, a União Soviética deixou oficialmente de existir.

Era talvez de esperar que a queda do comunismo tornasse *1984* um livro datado, como *O zero e o infinito* ou *O arquipélago Gulag*, de Aleksandr Soljenítsin, mas as discussões em torno do livro já haviam se transferido para o tema da máquina. Cabe aqui enfatizar que Orwell era muito menos interessado na ciência do que Wells, Zamiátin ou Huxley. Embora a teletela seja mencionada nada menos do que 119 vezes no romance, o seu modo de funcionamento é vagamente esboçado, e ela é menos eficaz como meio de controle do que instrumentos tradicionais, como policiais e informantes, ou do que o poder quase sobrenatural dos olhos do Grande Irmão. A ciência da Oceânia não chega a ocupar duas páginas do livro de Goldstein. Como disse o neoconservador polonês Leopold Labedz, num artigo para a *Encounter* em 1984: "Para Orwell, o problema era a tecnologia do poder, mais do que o poder da tecnologia [...]. O Grande Irmão não é um Dalek".[91] Mas esse era o protesto impotente de um velho combatente da Guerra Fria. Em Nova York, quando um professor indicou o romance para 49 estudantes adultos em 1982, apenas um deles o considerou anticomunista; todos os outros mencionaram o FBI, a CIA, Watergate, a televisão e os computadores. O livro estava ressoando em outras frequências.

A edição especial sobre Orwell do jornal *Village Voice* incluiu um conto de Bob Brewin intitulado "Worldlink 2029", no qual "o'briens" trabalham para uma rede global de computadores, algo entre uma teletela avançada e uma internet primitiva. "O pior tipo de Grande Irmão", escreveu Brewin, era "uma máquina sem alma dirigida por homens que quase haviam se tornado eles próprios máquinas".[92] Já em 1949, o *Tribune* associara a sua resenha de *1984* a uma notícia sobre as implicações sinistras de um novo "cérebro" mecânico em desenvolvimento na Universidade de Manchester.[93] Agora, a popularidade ficcional do computador todo-poderoso — Fate em *V de vingança*, Skynet em *O exterminador do futuro* — refletia a preocupação das pessoas com bancos de dados, satélites e câmeras de vigilância. Era exatamente essa ansiedade crescente que levou a Chiat/Day a "destruir o velho e falso rumor de que o computador vai nos escravizar"[94] e anunciar uma nova era de tecnoutopismo impulsionado pela Apple. Foi também por esse motivo que Walter Cronkite, numa coluna de opinião do *New York Times* para promover o especial *1984 Revisited* da CBS, escreveu que "se o Grande Irmão pudesse apenas conseguir interligar todos os principais bancos de dados particulares e governamentais, ele teria completado 80% do caminho para casa".[95] O crítico de TV do *New York Times* concordava de modo geral com o diagnóstico de Cronkite, mas achava que ele havia deixado passar algo importante: "A complacência, a avidez com que adotamos as novas tecnologias".[96]

Esses eram os temores que contrariavam o anúncio "1984" da Apple. E se a perda da liberdade não exigisse um Grande Irmão ou um Socing? E se fosse levada a cabo por nós mesmos?

13. Oceânia 2.0

1984 no século XXI

A obstinação da realidade é relativa. A realidade precisa de nós para se proteger.

Hannah Arendt, 1951[1]

Em 1984, durante uma discussão pública sobre *1984*, o crítico de mídia americano Neil Postman argumentou que a televisão havia transformado radicalmente a cultura, a política e o comportamento humano nos Estados Unidos, num sentido mais próximo do *Admirável mundo novo* do que do livro de Orwell. Ele explicitou essa teoria num incisivo e polêmico texto intitulado *Amusing Ourselves to Death* [Divertindo-nos até a morte]: "Orwell temia que aquilo que odiamos nos arruinaria. Para Huxley, é o que amamos que vai nos arruinar. Este livro é sobre a possibilidade de que Huxley, e não Orwell, esteja certo".[2] Essa frase impactante aparece no capítulo final: "Na profecia de Huxley, o Grande Irmão escolhe não nos vigiar. Somos nós que o vigiamos, porque assim o queremos".[3] Postman não esperava ser lido literalmente.

Big Brother, o programa de televisão que estreou na Holanda em 1999, resultou da percepção de que, ainda que as pessoas afirmassem estar preocupadas com a vigilância, uma parcela significativa estava disposta a se submeter a isso de bom grado. Em 1996, Jennifer Ringley, uma estudante universitária da Pensilvânia, instalou uma webcam em seu quarto no dormitório da faculdade e "transmitiu ao vivo" tudo o que fazia, por meio de um website imensamente popular, batizado de JenniCam. Três anos depois, o excêntrico empresário da internet Josh Harris deu vários passos adiante ao encenar um projeto-artístico-e-experimento-social denominado *Quiet: We Live in Public* [Silêncio: Vivemos em público]. Ele convidou mais de uma centena de voluntários para conviverem num prédio de seis andares em Manhattan, em que havia toda a comida, todas as drogas e todos os entretenimentos que poderiam querer, e disse a eles que eram livres para fazer o que quisessem, sabendo em contrapartida que tudo seria gravado por um arsenal de webcams. Harris produziu uma metáfora viva daquilo em que se transformaria a internet: um local onde as pessoas trocam entusiasticamente a privacidade por prazer, conveniência e atenção. "Adorei viver num mundo sem segredos e sem a sensação do tempo", comentou um voluntário, "onde éramos como crianças pequenas, sob os cuidados dos outros."[4] Esses projetos, tanto o de Harris como o de Ringley, logo foram chamados de "orwellianos".

Se *Quiet* era a expressão vanguardista de uma ideia poderosa, o programa *Big Brother* era a versão disso para o horário nobre: um experimento social que com frequência resvalava para um circo de horrores voyeurista. Foi concebido pelo holandês John de Mol Jr., que se mostrou reticente a respeito da origem do nome do programa. No entanto, quando este chegou aos Estados Unidos em 2000, o nome da produtora acabou revelando a sua intenção: Orwell Produtions, Inc. O advogado William F. Coulson logo iniciou um processo jurídico em nome de Marvin Rosenblum e dos herdeiros de Orwell, acusando os produtores da versão americana de "diluição e barateamento da qualidade distintiva da marca".[5] Coulson estava se referindo ao valor dos direitos para o cinema, mas o programa fez algo similar para as ideias de Orwell. No *Big Brother*, os moradores da casa vivem sob constante vigilância, dia e noite ("dormindo ou acordados, trabalhando ou descansando, no banho ou na cama", para citar o romance),[6] e são convocados para o Quarto do Diário (chamado em alguns países de Confessionário) em nome de um inexistente Grande Irmão. Na maioria das versões do programa, livros e instrumentos de escrita são proibidos. "Orwell entendeu a diferença entre 'o que interessa ao público' e 'o interesse público'", comentou escandalizado o biógrafo de Orwell, Bernard Crick. "É por isso que escreveu esse livro, cujo alerta foi tratado com desprezo cínico e, ele próprio, acabou sendo tratado como 'papaproleta'."[7] Na mesma época, o programa *Room 101*, da BBC, reconstruiu a câmara de tortura de Orwell como um mostruário engraçadinho de tudo o que causava aborrecimento às celebridades.

Nem todas as referências a *1984* durante a década de 1990 eram assim tão fáceis. O "Quarto 101" era o endereço do protagonista de *Matrix*, um filme de 1999 que discute questões de liberdade, sociedade e a natureza da realidade. Por outro lado, citações do romance ainda causavam impacto em canções como "Testify", do grupo Rage Against the Machine, e "Faster", dos Manic Street Preachers. Contudo, havia o sentimento de que o livro acabaria sendo banalizado, ironizado e, como Winston Smith, espremido até ficar vazio. Isso só poderia ter ocorrido na década da complacência diante do fim da história, quando pessoas inteligentes afirmavam convictas que o alerta de Orwell havia sido bem-sucedido. "O mundo de *1984* acabou em 1989", escreveu Timothy Garton Ash em maio de 2001. Orwell continuava sendo um guia essencial para as confusões e os logros da linguagem política, admitia Garton Ash, mas a trindade medonha — imperialismo, fascismo e comunismo — ficara no passado: "Quarenta anos depois de sua própria morte dolorosa e prematura, Orwell saíra vitorioso".[8]

Quatro meses depois, dois aviões comerciais foram arremessados contra o World Trade Center em Nova York.

Em 2003, o centenário do nascimento de Orwell, com as inevitáveis biografias, reedições, conferências e documentários, teve lugar num mundo dividido pela invasão do Iraque liderada pelos Estados Unidos. Talvez por isso, numa pesquisa entre ouvintes da BBC Radio 4, *1984* foi eleito o livro mais caracteristicamente inglês, à frente de obras mais leves sugeridas por Zadie Smith, Jeremy Paxman, Bill Bryson e Jonathan Coe. "*1984* trata do poder desenfreado", comentou Bernard Crick. "Muita gente está tomada por um sentimento de horror em relação a dois, ou talvez três, 'Grandes Irmãos' que não podem ser contidos. Precisamos colocar Saddam [Hussein] ao lado de Bush e de Blair."

Os críticos da guerra se apressaram a buscar nas estantes os seus exemplares de *1984*. No *Guardian*, Paul Foot execrou o "duplipensamento" da "Oceânia (os Estados Unidos e a Grã-Bretanha)".[9] *Hail to the Thief*, o álbum do Radiohead, abria com a feroz e nervosa faixa "2 + 2 = 5", inspirada nos "eufemismos orwellianos" que o vocalista Thom Yorke ouvia no noticiário.[10] As políticas pós-Onze de Setembro do governo Bush se destacavam nos documentários *Orwell Rolls in His Grave* [Orwell se agita na cova] e *Orwell Against the Tide* [Orwell contra a maré], ao passo que o polêmico *Fahrenheit 9/11*, de Michael Moore, terminava com um trecho parafraseado do livro de Goldstein: "A guerra é travada pelo grupo dominante contra os seus próprios cidadãos, não com o objetivo de uma vitória contra a Eurásia ou a Lestásia, mas de manter intacta a estrutura da sociedade".[11] A ideia de uma interminável "guerra contra o terror" certamente fazia lembrar a Oceânia, onde toda restrição é justificada porque "estamos no meio de uma guerra".[12] A vida espelhou a arte num grau alarmante quando um importante assessor do presidente Bush (mais tarde identificado como sendo Karl Rove, embora ele negasse) disse ao *New York Times* que o governo americano não tinha nada a temer de uma "comunidade que se baseia na realidade [...] que acredita que as soluções emergem de um estudo criterioso da realidade discernível. Não é mais assim que funciona o mundo. Agora somos um império, e quando agimos, criamos a nossa própria realidade".[13] Lendo tais palavras, quase dá para ouvir a voz de O'Brien. Como dizia um slogan popular, *1984* não tinha a intenção de ser um manual prático.[14]

Ao mesmo tempo, falcões como Norman Podhoretz e Christopher Hitchens, agora unidos no combate ao "islamofascismo" duas décadas depois de terem de se enfrentado nas páginas da *Harper's*, recorreram às palavras de Orwell para desacreditar os oponentes à esquerda. Essa tática ia além da guerra do Iraque; os conservadores rotineiramente usavam a expressão "Polícia das Ideias" contra todos os que defendiam uma linguagem "politicamente correta". A obsessão de imaginar o que Orwell teria dito dos acontecimentos atuais começou a gerar ressentimento e fadiga. O cientista político Scott Lucas, autor de dois livros ríspidos e revisionistas sobre o escritor, fazia uma distinção entre o indivíduo Orwell e o símbolo "Orwell": "'Orwell' foi usado como um porrete contra aqueles cujas opiniões são vistas como embaraçosas ou de algum modo ameaçadoras".[15] Daphne Patai, uma das mais respeitadas autoridades sobre a literatura distópica, partilhava da impaciência de Lucas para se livrar de "São George" e ver Orwell como uma figura complexa e contraditória, em vez de um exemplo moral. "Shakespeare não tem autoridade moral para nos dar uma opinião sobre a invasão do Iraque", afirmou em 2003. "Ninguém esperaria tal coisa, mas Orwell é sempre citado nesse sentido."[16]

Para muitos autores das novas obras de ficção distópicas, enquanto isso, *1984* continuava sendo o maior ponto de referência na cidade dos pesadelos; ainda que não fosse preciso entrar ali, era impossível ignorá-lo por completo. Em *1Q84*, Haruki Murakami alterou o título de Orwell (nove e Q são homófonos em japonês), situou a ação a partir de abril de 1984 e fez uma explícita referência a Orwell no contexto de universos paralelos e cultos religiosos. O protagonista de *Uma história de amor real e supertriste*, de Gary Shteyngart, uma sátira sobre excessos corporativos e declínio intelectual, é um exaurido diarista de 39 anos apaixonado por uma cínica mulher mais jovem. James McTeigue, diretor do filme *V de vingança*, de 2005, fez uma homenagem a *1984* ao escalar o ator John Hurt para interpretar o ditador Adam Sutler (o nome poderia ter sido mais sutil), que insulta os subordinados a partir de uma tela gigante, transformando assim o Winston Smith de Michael Radford num Grande Irmão truculento. Embora politicamente pueril e visualmente inerte, o filme teve ampla repercussão quando versões baratas em plástico da máscara de Guy Fawkes usada por V viraram um emblema global de protesto. "*V* foi concebido como alerta contra uma possibilidade deprimente — como uma espécie de *1984* em quadrinhos", comentou David Lloyd, o artista responsável pelo desenho. "E como a mensagem de George Orwell alcançou um público amplo porque tratava de questões universais e relevantes para todos, não é nenhuma surpresa que a nossa versão tenha tido essa recepção."[17]*

As distopias do século XXI mais ressonantes, porém, foram notáveis por se manterem distantes de Orwell. Obras tão variadas como o romance *Não me abandone jamais*, de Kazuo Ishiguro; a

* Alan Moore, o responsável pelo texto de *V de Vingança*, retornou a *1984* no romance gráfico *The League of Extraordinary Gentlemen: Black Dossier* [A liga de cavalheiros extraordinários: Dossiê negro], de 2007, que começa em Londres logo após o colapso do Socing.

série para jovens *Jogos vorazes*, de Suzanne Collins; a implacável comédia *Idiocracia*, de Mike Judge; e o filme *Wall-E*, da Pixar, satirizavam o capitalismo decadente, e não o totalitarismo.* Philip Roth negou que o seu romance *Complô contra a América*, que trata de uma história alternativa na qual o aviador Charles Lindberg derrota o presidente Roosevelt na eleição de 1940 e institui o fascismo nos Estados Unidos, tivesse muito em comum com *1984*: "Orwell imaginou uma enorme mudança no futuro com consequências para todos; eu tentei imaginar uma pequena mudança no passado com consequências horríveis para relativamente poucos".[18] A distopia mais destacada da primeira década do século XXI foi *Filhos da esperança*, a alquímica adaptação cinematográfica que Alfonso Cuarón fez do romance *Children of Men*, publicado por P. D. James em 1992. No filme, a Inglaterra do futuro próximo é miserável, cafona e violenta, mas não totalitária. A despeito de câmeras de vigilância e campos de concentração, a atmosfera predominante é de caos, não de controle, e os adereços do capitalismo continuam presentes, ainda que desbotados e esgarçados, pois num mundo em que há dezoito anos não nascem bebês não resta literalmente nenhum futuro. Essa paisagem de possibilidades esgotadas parecia mais relevante para as ansiedades do novo século, sobretudo depois da crise financeira de 2008, do que a tirania todo-poderosa de Orwell.

O mesmo ocorreu com a antológica série de televisão *Black Mirror*, do roteirista britânico Charlie Brooker, que se tornou a distopia definitiva da década de 2010, expressando as angústias mais recentes diante da nossa dependência, insuficientemente avaliada, em relação à tecnologia. Cada episódio trata de uma ten-

* Tal como a comédia *O dorminhoco* (1973), de Woody Allen, havia feito antes, *Idiocracia* retomava a tradição de *Daqui a cem anos* e *O dorminhoco*, com um indivíduo comum despertando após dormir meio milênio.

dência atual — os reality shows na televisão, as mídias sociais, a realidade virtual, a política como entretenimento — e a leva a extremos dignos de Swift. "Toda vez que aparece uma invenção nova, as pessoas dizem 'Ah, parece com o *Black Mirror*'", comentou Brooker em 2016.[19] Mas elas não estavam entendendo o principal. O tema de *Black Mirror*, como disse Huxley a respeito de *Admirável mundo novo*, "não é o avanço científico como tal; é o avanço científico na medida em que afeta os indivíduos humanos".[20] A frase de Neil Postman sobre o livro de Huxley — "aquilo que amamos vai nos arruinar" — poderia servir de lema às distopias da cumplicidade propostas por Brooker. Na versão de 2018 de *Fahrenheit 451*, produzida pela HBO à maneira de *Black Mirror*, a tirania da queima de livros resulta de uma aliança entre governo e empresas de tecnologia. "O Ministério não fez isso com a gente", diz um personagem. "Nós é que fizemos. Nós exigimos um mundo assim."[21]

Há um tanto de verdade aí. No século XXI, a moeda do setor tecnológico são os dados. Com raras exceções, todos rotineiramente informam ao Facebook e ao Google sobre o que gostam, o que sabem, aonde vão e muito mais. A escritora Rebecca Solnit chama o Google de o "Grande Irmão Hipster". E comentou, sobre outra dessas empresas, a Apple, no trigésimo aniversário do seu anúncio mais famoso: "Talvez o comercial '1984' da Apple assinale o início da fantasia pela qual o Vale do Silício vê a si mesmo como a solução, e não o problema — um rebelde dissidente, e não o novo círculo do poder em ascensão".[22] Citando a vigilância estatal, a pirataria informática, a vingança pornô e a dependência do iPhone, Solnit argumentou que o triunfalismo — "Orwell estava errado" — da década de 1980 havia, na melhor das hipóteses, sido prematuro, quando não desonesto. Moldada por corporações poderosas com desdém comercial e filosófico pela privacidade, a cultura on-line "não era uma ruptura com o passado, mas uma ampliação do que havia de pior naquele passado [...]. 2014 acabou se revelando muito parecido com *1984*".[23]

Dave Eggers explorou tais receios no romance *O círculo*, de 2013. A história da iniciação da jovem Mae Holland na monolítica empresa de tecnologia do título é uma ágil sátira do utopismo do Vale do Silício, com discretos acenos aos seus predecessores. A famosa tríade de slogans de *1984* é reescrita para a era das mídias sociais: "SEGREDOS SÃO MENTIRAS/ PARTILHAR É CUIDAR/ PRIVACIDADE É ROUBO".[24] O desinibido contestador levado à morte pela massa voyeurista lembra John, o Selvagem, do final de *Admirável mundo novo*. O derradeiro objetivo do Círculo, a "transparência" — a vida toda passada em público, numa "nova e gloriosa abertura, num mundo sempre iluminado"[25] —, faz com que as casas de vidro de Zamiátin e as teletelas de Orwell pareçam primitivas. Somente no último capítulo surge uma verdadeira distopia, na qual a *vidaprópria* foi abolida sem nenhuma necessidade de força: Mae prova o amor pelo Grande Irmão ao converter de fato a sua vida numa casa de *Big Brother*. "O que significa para nós se tivermos de ficar 'conectados' o tempo todo?", perguntou Margaret Atwood. "É como passar 24 horas sob o holofote da prisão supervisionada. Passar a vida toda em público é uma forma de confinamento solitário."[26] *O círculo* propõe uma nova versão do lugar que nunca fica escuro.

Por acaso, o livro de Egger saiu num momento crucial. Em 5 de junho de 2013, poucos meses antes de lançar *O círculo*, os jornais *Guardian* e *Washington Post* revelaram a existência de um abrangente programa de vigilância eletrônica da NSA, a Agência Nacional de Segurança americana, com base em documentos vazados pelo engenheiro de computação Edward Snowden. Mais tarde, Snowden diria que Orwell "nos alertou quanto ao perigo desse tipo de informação", mas o aparato de vigilância da Oceânia "nem de longe se comparava ao que hoje temos disponível".[27] Enquanto o presidente Obama defendia a NSA de comparações com o Grande Irmão,[28] o senador Bernie Sanders chamava a agência de "muito orwelliana",[29] e a revista *New Yorker* perguntava "então, já estamos em 1984?",[30] as vendas do livro dispararam vários milhares por cento na Amazon, ela própria um gigante tecnológico ávido por dados.*

George Orwell não previu a internet (embora seja possível argumentar que E. M. Forster o tenha feito), e tinha apenas uma compreensão rudimentar da tecnologia, mas vinha assombrando os bastidores dessas discussões desde a década de 1980. Os mais otimistas, como Nam June Paik, o criador de *Good Morning, Mr. Orwell*, viam a internet como uma força irreprimível que tornaria impossível qualquer tirania: "Portanto, George Orwell estava afinal equivocado ao escrever *1984*".[31] Em tom irreverente, Peter Huber reescreveu *1984* em *Orwell's Revenge: The 1984 Palimpsest* [A vingança de Orwell: O palimpsesto de 1984], argumentando que o autor estava "completa, irremissível e escandalosamente equivocado"[32] a respeito da teletela, porque a comunicação em rede, como a nascente World Wide Web, permitiria o surgimento de um mundo no qual "os proletas cuidam da vigilância, e o Partido é obrigado a se submeter".[33]

Na direção oposta, o romancista Thomas Pynchon, ao prefaciar em 2003 uma nova edição de *1984*, sustentou que a internet era "um avanço que permite o controle social numa escala em que aqueles pitorescos e velhos tiranos do século XX com seus bigodes bizarros mal podiam sonhar".[34] E as revelações de Snowden

* Em outra coincidência, a Radio 4 da BBC recentemente transmitira uma temporada de adaptações de obras de Orwell. Christopher Eccleston estrelou em *1984*, o que fez dele o quarto ator (juntamente com Peter Cushing, Patrick Troughton e John Hurt) a ter interpretado tanto Winston Smith como o Doutor em *Doctor Who*.

fizeram a agulha se mover para mais perto da análise de Pynchon. O otimismo quanto ao potencial da internet para controlar o poder sob a luz perpétua da informação ilimitada estava começando a parecer uma tolice.

1984 e *Admirável mundo novo* costumavam ser vistos como distopias mutuamente excludentes. Em 1984, contudo, enquanto Neil Postman escrevia *Amusing Ourselves to Death*, a biógrafa de Aldous Huxley, Sybille Bedford, chegava a outra conclusão, descrevendo a escolha como uma falsa alternativa: "Estamos no início da era das tiranias mistas".[35] Ou seja, atualmente quem busca o poder recorre a qualquer mescla de coerção, sedução e distração que se mostre mais eficaz.

Eficácia é um dos lemas da tirania mista, ou "democracia administrada", de Vladimir Putin. Desde que ele chegou à presidência da Rússia pela primeira vez, em 2000, impulsionado por uma ânsia de poder e estabilidade após as turbulências angustiantes da década de 1990 pós-comunista, o antigo agente da KGB foi aos poucos retomando características do antigo regime, como o culto ao líder, os desfiles militares, as detenções em massa, os julgamentos espetaculosos, as prisões por motivos políticos, a anexação territorial, o Estado de partido único, a censura, a Novafala e a paranoia generalizada. Em 2012, Putin anunciou o seu sonho de estabelecer um substituto da União Europeia sob a liderança russa, "de Lisboa a Vladivostok",[36] desvinculado de noções restritivas como direitos humanos e eleições livres e justas. Inspirado pelo pensador fascista Aleksandr Dugin, ele a batizou de Eurásia. Em 2014, a taxa de aprovação póstuma de Stálin alcançou um novo pico de 52%, provando sem sombra de dúvida que o *Homo sovieticus* havia sobrevivido ao colapso da União Soviética.

A justificativa de Putin é, evidentemente, diferente da de Stálin — nacionalismo e conservadorismo cultural em vez da ideologia marxista — e a sua execução menos brutal, retendo uma aparência de liberdade de expressão e oposição política. O objetivo desse tipo de autoritarismo não é o controle total, mas o controle *efetivo*. Na última entrevista importante que concedeu antes de morrer em 2005, Aleksandr Nikolaevich Yakovlev considerou uma "enfermidade" a dependência da Rússia em relação a líderes fortes, e deplorou o fato de o país estar regredindo para um Estado centralizado em detrimento de uma sociedade sadia. "Se o Estado assim o quiser, a sociedade vai ser civil, ou semicivil, ou não vai passar de uma manada", disse. "Orwell fez uma boa descrição disso."[37] Claro, mas é preciso olhar também para Huxley.

Quando começou a trabalhar para a televisão estatal russa em 2006, o jornalista e cineasta Peter Pomerantsev notou como ela combinava "entretenimento e propaganda, índices de audiência e autoritarismo".[38] Na época, o assessor de mídia de Putin era Vladislav Surkov, um ex-diretor de teatro e gerente de relações públicas com um rosto afável, inexpressivo, e uma mente afiada que determinava "a linguagem e as categorias nas quais pensa e sente o país".[39] Surkov foi um pioneiro da política da pós-verdade, produzindo uma névoa desestabilizadora de mentiras, embustes e contradições diante da qual a reação natural era o cinismo niilista a respeito do próprio estatuto dos fatos concretos. O título do livro de Pomerantsev sobre a Rússia de Putin e Surkov parafraseou a memorável formulação de Hannah Arendt sobre o totalitarismo e a verdade: *Nada é verdade e tudo é possível*. Luke Harding, um especialista em Rússia, chamou o país de "Terra das Versões".[40]

Esse é um novo tipo de orwellianismo. A geração de Orwell vivenciou as consequências de Grandes Mentiras tão absurdas que só podiam ser sustentadas graças ao controle extremo do totalitarismo. No entanto, os autoritários do século XXI não precisam ir tão longe. "Eles não exigem a crença numa ideologia explícita, e por isso não dependem da violência ou do terror policial", escreveu a historiadora Anne Applebaum, num ensaio de 2018 para a revista *The Atlantic*. "Eles não obrigam as pessoas a acreditar que preto é branco, guerra é paz, e que as fazendas estatais alcançaram mil por cento da produção planejada." Em vez disso, recorrem a "mentiras de tamanho médio", todas as quais "incentivam os seguidores a lidar, ao menos em parte do tempo, com uma realidade alternativa".[41]

A internet permitiu que essa mentalidade se difundisse muito além das fronteiras da Rússia, na medida em que o principal produtor mundial de desinformação exportava a sua realidade alternativa para democracias que não faziam a menor ideia do quanto estavam vulneráveis.

Quando uma assessora do presidente Trump, Kellyane Conway, usou pela primeira vez a expressão "fatos alternativos" em 22 de janeiro de 2017, o livro *1984* retornou de imediato às listas dos mais vendidos. *The Hollywood Reporter* considerou o romance, cujos direitos de filmagem pertenciam na época ao diretor Paul Greengrass, "a propriedade literária mais valiosa no setor".[42] Dezenas de cinemas em todos os Estados Unidos anunciaram a exibição do *1984* de Michael Radford no dia 4 de abril, porque "o relógio já está marcando treze horas".[43] E os produtores teatrais Sonia Friedman e Scott Rudin solicitaram aos dramaturgos britânicos Robert Icke e Duncan Macmillan que levassem o quanto antes para a Broadway a bem-sucedida peça *1984*. "Ela foi de zero a cem em apenas cinco dias", contou Icke quando conversei com ele e Macmillan no Almeida Theatre, em Londres, no ano seguinte. "Eles disseram, 'achamos que é importante montar essa peça na Broadway agora.'"[44]

Como indaga um personagem no início da peça, "como você começa a falar de uma das coisas mais importantes já registradas em papel?".[45] Um regime totalitário, como o Socing, é em si mesmo uma espécie de encenação teatral, com um texto, papéis atribuídos, cenários, objetos e indicações para os aplausos. Porém, em 2011, quando começaram a pensar sobre como levar *1984* ao palco, Icke e Macmillan queriam evitar o óbvio. "Lembro de dizer que não queríamos um cara vestido de macacão andando diante de um enorme cartaz, porque isso é tão familiar que não nos diz mais nada", comentou Icke. "Para você ter uma relação adequada com o livro, é preciso certa distância e confusão, do tipo 'você conhece isso tão bem quanto imagina?'"[46] Eles leram e releram *1984*, tentando achar uma "chave dos fundos" que não fora usada em nenhuma das adaptações anteriores. Tal chave acabou sendo a Teoria do Apêndice, que torna o restante do livro um documento histórico, estudado e editado por pessoas desconhecidas. Uma vez explorado por esse caminho, o romance se torna um desconcertante dédalo de enigmas, paradoxos e mistérios. "Se você o lê apropriadamente, ele se revela para cada um de uma forma distinta. É o duplipensamento como dispositivo estrutural."[47]

Enquanto o filme de Michael Radford esclarece o texto de Orwell, preservando a distinção entre o que é real e o que não é, a peça mergulha na ambiguidade. Entre os modelos de Icke e Macmillan estão David Lynch, *O iluminado*, *Brilho eterno de uma mente sem lembranças*, e os sonhos comatosos de Tony Soprano em *Os Sopranos*: obras que exploram o submundo entre realidade, fantasia e memória. Os atores então tiveram de exercitar as suas próprias formas de duplipensamento, interpretando os personagens de forma a dar margem a múltiplas teorias sobre o que era real e quem era confiável. A peça termina com um leitor no futuro pós-apêndice levantando uma última questão: "Como saber se o Partido acabou? Não seria do interesse deles estruturar o mundo de maneira a nos convencer de que não existem mais?".[48]

Icke desconfiava que essa versão experimental do livro proposta por eles seria "uma festa da qual ninguém iria querer participar, além de nós", mas quando a peça *1984* estreou no teatro Playhouse de Nottingham em setembro de 2013, três meses após as revelações de Snowden, foi um sucesso. E as três temporadas subsequentes no West End londrino se inscreveram cada qual num contexto político diferente: a terceira delas estreou em junho de 2016, durante a campanha para o referendo do Brexit, e pouco antes do assassinato da deputada trabalhista Jo Cox por um terrorista de extrema direita. Durante a apresentação da peça no Hudson Theatre, em Nova York, a partir de 18 de maio de 2017, os diretores notaram que, a cada noite, as reações do público eram afetadas por quaisquer comentários que Donald Trump tivesse feito durante o dia. Na noite em que Trump incluiu num tuíte a absurda palavra *covfefe*, havia na plateia tanta vontade de rir que um ator chegou a ficar desconcertado: "Já atuei em comédias em que as pessoas riam menos do que isso". Em outra noite, as notícias eram tão ruins e a atmosfera tão pesada que pessoas na plateia desmaiaram. Numa outra apresentação, quando O'Brien pergunta "Em que ano estamos?", uma mulher gritou de sua cadeira: "É 2017 e estamos fodidos!".[49] Embora tenham acrescentado o trecho da Declaração da Independência que consta do apêndice de Orwell na produção da Broadway, Icke e Macmillan resistiram às pressões para vincular ainda mais a peça ao presente e, na verdade, até cortaram falas que agora pareciam relevantes demais. Mais tarde, Icke chegou a se perguntar se o cronograma das apresentações nos Estados Unidos não havia sido oportuno *demais*: "Naquela altura o sentimento na cidade era de vergonha e tristeza, mas também de fúria. Eles não estavam prontos para esse confronto".[50] Na mesma época, a outra produção de Scott Rudin na

Broadway era o escapismo puro de *Hello, Dolly!*. Essa peça teria sido a escolha de Julia, sugeriu Icke.

Durante a temporada na Broadway, viralizou uma citação de *1984* extraordinariamente presciente: "As pessoas não vão se revoltar. Elas não vão erguer os olhos de suas telas por tempo suficiente para notar o que está acontecendo".[51] No entanto, essa frase não está no livro, pois foi escrita para a peça. Para Icke e Macmillan, era evidente a ironia de terem, inadvertidamente, reescrito a história.

"Acho que o meu pai teria ficado intrigado com Donald Trump de forma irônica", comentou Richard Blair em 2017. "Talvez pensasse, 'Bem, eis aí o tipo de indivíduo sobre o qual escrevi tanto tempo atrás.'"[52]

É preciso ressaltar que Donald Trump não é nenhum Grande Irmão. Tampouco, a despeito de repor em circulação expressões tóxicas como "Estados Unidos acima de tudo" e "inimigo do povo", ele lembra a década de 1930. Embora demonstre a crueldade e a avidez de poder de um ditador, ele não tem a disciplina, a capacidade intelectual ou a ideologia para tanto. Uma comparação mais adequada seria com Buzz Windrip, o agressivo populista de *Não vai acontecer aqui*, de Sinclair Lewis, ou, no mundo real, com Joseph McCarthy, um demagogo que exibia níveis equivalentes de narcisismo, desonestidade, ressentimento e ambição bruta, bem como uma capacidade igualmente extraordinária de fazer os jornalistas dançarem conforme a sua música mesmo quando o odiavam.*

Ainda assim, há precedentes na obra de Orwell. Durante a

* O protegido de McCarthy, Roy Cohn, virou mentor de Trump na década de 1970, como se lhe transmitisse um vírus.

campanha de Trump contra Hillary Clinton, era difícil assistir ao candidato atiçando os seus apoiadores com o grito "Bota ela na cadeia!" sem lembrar dos Dois Minutos de Ódio e da descrição da mentalidade do Partido feita por Orwell: "Num frenesi contínuo de ódio aos inimigos estrangeiros e aos traidores internos, de júbilo diante das vitórias e de autodepreciação diante do poder e da sabedoria do Partido".[53] O lema de Trump, "Make America Great Again" [Torne os Estados Unidos grandes de novo], traz à lembrança a referência de Orwell ao "americanismo cem por cento". O presidente preenche a maioria dos critérios que constam da definição do fascismo proposta por Orwell em 1944: "Algo cruel, inescrupuloso, arrogante, obscurantista, antiliberal e anticlasse trabalhadora [...], quase todos os ingleses aceitariam o termo 'valentão' como sinônimo de 'fascista'".[54]

Para Orwell, indivíduos assim só conseguem chegar ao poder quando o statu quo fracassou em atender as necessidades de justiça, segurança e dignidade dos cidadãos, mas a vitória de Trump ainda requereu outro ingrediente crucial. Ele não tomou o poder por meio de uma revolução ou de um golpe. Não foi alavancado por uma recessão ou uma atrocidade terrorista, muito menos por um conflito nuclear ou uma crise de natalidade. A sua trajetória para a Casa Branca passou por uma variante americana da Terra das Versões.

Quando alguns ouvintes de *A guerra dos mundos*, de Orson Welles, acreditaram na peça radiofônica sem verificar outras fontes, eles estavam sendo movidos por uma fé excessiva na autoridade dos meios de comunicação. Os atuais difusores de desinformação dependem, ao contrário, de uma falta de confiança nessa autoridade. Como argumentou em 1983 a autora de ficção científica Marta Randall, o colapso da crença nas narrativas oficiais, provocado por escândalos como Watergate e os Papéis do Pentágono, poderia resultar num país onde os cidadãos "deixam de depender apenas das fontes de notícias 'confiáveis'",[55] numa medida muito além de um ceticismo saudável.

Nas duas décadas que precederam a eleição americana de 2016, grupos como os negacionistas das mudanças climáticas, os opositores das vacinas, os criacionistas, os que não acreditam que Barack Obama seja americano, os que rejeitam o relato oficial do Onze de Setembro e teóricos conspiracionistas de todos os tipos demonstraram um feroz desprezo pelas evidências factuais que contradizem as suas crenças, muitas vezes reforçados por organizações de mídia direitistas, como a Fox News e programas de radialistas, e por bolhas nas redes sociais. Essa mentalidade cada vez mais difundida resultou num coquetel tóxico de cinismo e credulidade. Gente que orgulhosamente desconfiava da CNN e do *New York Times* não pensava duas vezes em aceitar piamente postagens do Facebook e charlatanices; aqueles que duvidavam da BBC não hesitaram em engolir a propaganda estatal de Putin ou do sírio Bashar al-Assad.

Talvez a cena mais condenatória em *1984* seja a do Dois Minutos de Ódio. Na tela, Goldstein está falando a verdade, "grita histericamente que a revolução fora traída", para todos que quisessem ouvir e acreditar, mas ninguém faz isso, exceto Winston.[56] O Partido não divulgaria isso sem censura a menos que *soubesse* que seria ignorado, e, caso não se acredite que Goldstein exista de fato, então o cinismo é ainda mais obsceno. Do mesmo modo, a eficácia das notícias falsas manufaturadas por Winston no Ministério da Verdade depende tanto da ignorância, da preguiça e do preconceito dos leitores quanto do poder estatal.

As consequências de tantos americanos terem abdicado da realidade foram catastróficas. Durante a campanha eleitoral de 2016, a Internet Research Agency (IRA), uma fazenda russa de *trolls*, inundou as mídias sociais com histórias falsas concebidas para gerar confusão, cinismo e divisão. Um dos memes mais conhecidos da IRA dizia: "As pessoas acreditam no que a mídia lhes diz para acreditar: George Orwell".[57] A citação era falsa. Orwell nunca usou o termo *a mídia*, que só se tornou corrente depois de sua morte, e jamais teria feito uma alegação tão simplista. É assombrosa a ironia de propagandistas russos colocarem palavras na boca de Orwell a fim de aproveitar o seu prestígio como alguém que dizia a verdade para solapar a fé no jornalismo.

Algumas das contas nas mídias sociais que disseminaram essas histórias e esses memes eram elas próprias fictícias — nomes falsos, fotos falsas, biografias falsas —, mas muitas eram verdadeiras, pois os arquitetos da *dezinformatsiya* logo viram que estavam batendo numa porta aberta. Numa avaliação posterior da epidemia de rumores falsos que circularam nos grupos do Reddit, o principal executivo da empresa, Steve Huffman, escreveu: "Estou convencido de que o maior risco que enfrentamos como americanos é a nossa própria capacidade de discernir a realidade e o absurdo. Bem que gostaria que houvesse uma solução tão simples como banir toda a propaganda, mas não é tão fácil assim".[58] O ex-presidente Barack Obama afirmou algo parecido: "Um dos maiores desafios à nossa democracia é o grau no qual não partilhamos uma referência comum de fatos. O que os russos exploraram [...] é estarmos operando em universos de informação completamente distintos".[59] A crise epistemológica dos Estados Unidos foi a oportunidade dourada de Trump. Ele só pôde vencer a eleição de 2016 porque uma parcela significativa dos americanos estava efetivamente vivendo numa realidade paralela.

Tal processo foi muito facilitado pelas redes sociais, que se tornaram a principal fonte de informações para milhões de americanos, porém sem contar com a supervisão editorial dos meios tradicionais. Respondendo a críticas em 2017, Alex Stamos, o chefe de segurança do Facebook, ressaltou que o emprego do recurso grosseiro do aprendizado de máquina para eliminar notícias falsas podia transformar a plataforma num "Ministério da Verdade com sistema de Aprendizado de Máquina",[60] mas, ao falhar em não agir a tempo, o Facebook estava permitindo que atores malévolos, como a Internet Research Agency, propagassem livremente a desinformação. O problema tende a piorar. A difusão da síntese de imagens conhecida como *deepfake*, que associa a computação gráfica à inteligência artificial para gerar imagens cujo artificialismo só pode ser identificado por especialistas, tem o potencial de criar um labirinto paranoico no qual, conforme o viés do observador, as imagens falsas vão ser consideradas reais, ao passo que as verdadeiras vão ser descartadas como falsas. Com a síntese de imagens do *deepfake*, o fictício camarada Ogilvy, criado por Winston, poderia aparecer andando e falando, enquanto a foto crucial de Jones, Aaronson e Rutherford seria descartada como um embuste. Não há remédio na tecnologia; a falha está na natureza humana.

Não há nada mais orwelliano do que a expressão "fake news" ter sido virada de ponta-cabeça por Trump e outros líderes autoritários para designar as notícias que não lhes agradam, ao passo que mentiras flagrantes viram "fatos alternativos". Em março de 2019, o jornal *Washington Post* calculou que Trump havia feito 9014 alegações falsas durante os 773 primeiros dias na presidência; a média havia saltado de pouco menos de seis por dia durante o primeiro ano para 22 ao dia em 2019.[61] Trump cria a sua própria realidade e mede o seu poder pela quantidade de gente que assente a isso: quanto mais acintosa a medida, maior é o poder demonstrado por seu êxito. Acidentalmente, o advogado de Trump, Rudy Giuliani, forneceu um lema explícito para a Terra das Versões americana ao responder a um entrevistador: "A verdade não é verdade!".[62] *A realidade está dentro do crânio.*

Antigos pesadelos distópicos ressurgiram com força nos Estados Unidos de Trump. Graças à adaptação para a TV, produzida pela Hulu, de *O conto da aia*, o romance de Margaret Atwood vendeu mais 3,5 milhões de exemplares, inspirando uma nova onda de distopias feministas, e tornou as capas vermelhas e toucas brancas usadas pelas aias quase tão conhecidas quanto a máscara de V. Uma mulher que protestava durante a posse de Trump carregava um cartaz que dizia "FAÇA COM QUE MARGARET ATWOOD VOLTE A SER FICÇÃO!". Em 2019, a escritora lançou um segundo romance sobre Gilead, intitulado *Os testamentos*; à diferença de Orwell, ela viveu o suficiente para escrever uma sequência. O trumpismo compôs o pano de fundo tanto da série *O conto da aia*, da Hulu, como do filme *Fahrenheit 451*, da HBO, e da série antológica *Electric Dreams*, da Channel 4/Amazon Video, baseada nos contos de ficção científica de Philip K. Dick. A roteirista e diretora Dee Rees revelou que a adaptação radical do conto "The Hanging Stranger" [O estranho enforcado], agora um comentário mordaz sobre a paranoia política, resultou diretamente da campanha eleitoral de 2016. "Muitas ideias perigosas", escreveu ela, "foram expostas, alimentadas e propagadas livremente [...]. Isso não está acontecendo de verdade, diziam. O que vocês estão ouvindo não é de fato o que se queria dizer, diziam eles."[63]

Ao discursar em julho de 2018, o próprio Trump afirmou que "o que vocês estão vendo e o que estão lendo não é o que está acontecendo".[64] Outra frase de *1984* também viralizou — e dessa vez era mesmo do livro: "O Partido lhe dizia para rejeitar as provas materiais que seus olhos e ouvidos lhe oferecessem. Essa era sua instrução final, a mais essencial de todas".[65]

Daria até para sentir saudades daquele momento, apenas vinte anos atrás, em que o Grande Irmão não passava de uma piada e Orwell havia "vencido". Uma época afligida pelo populismo de direita, pelo nacionalismo autoritário, pela desinformação generalizada e por cada vez menos confiança na democracia liberal não está entre aquelas nas quais a mensagem de *1984* pode ser facilmente descartada. Conquanto, é claro, que essa mensagem possa ser lida: na China, onde vigora o regime de censura mais sofisticado do mundo, qualquer referência a Orwell é apagada da internet — bem como qualquer suspiro de dissensão.

Orwell se revelou, ao mesmo tempo, pessimista demais e de menos. De um lado, o Ocidente não sucumbiu ao totalitarismo; o consumismo, e não a guerra permanente, tornou-se o motor da economia global. Mas ele não avaliou devidamente a tenacidade do racismo e do extremismo religioso. Tampouco anteviu que homens e mulheres comuns adotariam o duplipensamento com tanto entusiasmo quanto os intelectuais e, sem a necessidade de terror ou tortura, optariam por acreditar que dois mais dois eram o que quisessem que fossem.

1984 trata de muitas coisas, e as preocupações de seus leitores determinam a que mais sobressai dependendo das circunstâncias históricas. Durante a Guerra Fria, era um livro sobre o totalitarismo. Na década de 1980, virou um alerta sobre as tecnologias de vigilância. Atualmente, ele é sobretudo uma defesa da verdade. Ao final da primeira semana de Trump na presidência, Adam Gopnik, da *New Yorker*, desculpou-se por ter achado antes que o alerta de Orwell era simplista demais para o mundo moderno: "Somos lembrados do que Orwell conseguiu acertar a respeito desse tipo de autoritarismo bruto — essencialmente, que se baseia em mentiras contadas com tanta frequência, e tão reiteradamente, que a luta contra a mentira se torna não apenas mais perigosa, porém mais exaustiva do que repetir a mentira [...]. Não se espera que as pessoas acreditem nelas, e sim que fiquem intimidadas. A mentira não é uma alegação a respeito de fatos específicos; a sandice é um desafio proposital a toda ideia mais ampla de sanidade".[66] E assim retornamos ao ponto de partida, com Orwell na

Espanha. O trecho a seguir de "Looking Back on the Spanish War" ["Revendo a guerra na Espanha"] provavelmente foi mais citado nos últimos três anos do que nos 63 anos anteriores:

> Tendo a crer que a história é, em grande parte, inexata e tendenciosa, mas a peculiaridade da nossa própria época é o abandono da ideia de que a história *poderia* ser escrita com veracidade. No passado, as pessoas mentiram de propósito, ou falsearam inconscientemente o que escreviam, ou até mesmo se empenharam em dizer a verdade, conscientes de que acabariam por cometer muitos erros; porém, em todos os casos, elas acreditavam que "os fatos" existiam e eram mais ou menos desvendáveis [...]. É justamente essa base comum de concordância, com a implicação de que os seres humanos são todos uma única espécie de animal, que é destruída pelo totalitarismo [...]. O objetivo implícito dessa linha de pensamento é um mundo de pesadelo no qual o Líder, ou uma clique dominante, controla não só o futuro, mas *o passado*.[67]

O temor de Orwell, de que "o próprio conceito de verdade objetiva está desaparecendo do mundo", é o núcleo sombrio de *1984*. E isso o preocupava muito antes de ele conceber o Grande Irmão, a Oceânia, a Novafala ou a teletela — e é mais importante do que tudo isso. Ao resenhar o romance em 1949, a revista *Life* identificou corretamente a mensagem de Orwell: "Se os homens continuarem a crer em fatos que podem ser verificados e a venerar o espírito da verdade na busca de maiores conhecimentos, eles jamais serão escravizados".[68] Setenta anos depois, esse "se" continua sendo a grande questão.

Posfácio

Todos sabem como termina *1984*. Destroçado pelo que sofreu no Quarto 101, Winston Smith se senta a uma mesa do Café da Castanheira, anestesiado pelo gim Victoria, e distraidamente rabisca uma equação na poeira do tampo. Mas exatamente qual equação? Na primeira edição, e em todas as outras desde 1987, ele escreve "2 + 2 = 5".[1] No entanto, durante quase quarenta anos, a edição em brochura da Penguin omitiu o resultado: "2 + 2 =".

Até agora ninguém encontrou evidências que explicassem tal omissão. Uma hipótese é que não passou de um erro tipográfico, mesmo sendo suspeitosamente significativo. Outra é que um tipógrafo inconformado, incapaz de aceitar a derrota total, tenha removido o 5. Uma terceira possibilidade é que o próprio Orwell tenha feito a alteração pouco antes de morrer. Seja qual for o motivo, a fissura no texto deixa passar uma réstia de esperança para Winston e, com isso, altera radicalmente a mensagem de Orwell. No filme de Michael Radford, John Hurt escreve "2 + 2" e aí se detém. "Acho essencial essa pausa", comentou Radford. "Talvez ele consiga achar uma saída. Para mim, seria muito perturbador colocar 2 + 2 = 5. É desalentador demais. Não tem mais a ver com o espírito humano."[2]

Tal como a Teoria do Apêndice, o caso do cinco omitido revela um desejo poderoso de acreditar que a história de Winston não é tão horrível quanto parece, e que Orwell preservou uma centelha de esperança para os leitores atentos: o "espírito do homem" sobrevive afinal.[3] Na minha opinião, não parece que o livro seja desprovido de esperança. Inspirados um pelo outro, um covarde e um cínico se tornam heroicos a ponto de arriscarem tudo, e, no final, Winston é destruído apenas porque um indivíduo extremamente poderoso se empenha em tempo integral para conseguir isso. Cabe lembrar, também, que não há por que aceitar sem mais as afirmações jactanciosas de O'Brien sobre a imortalidade do Socing e a impossibilidade de resistir a ele. Mas estou convencido de que o impacto do alerta de Orwell depende de o leitor *sentir* que, para Winston e Julia em 1984, já é tarde demais, e assim ser lembrado de que, no mundo real, ainda resta tempo.

Desde o princípio, os críticos hostis a *1984* acusaram Orwell de ter desistido da humanidade: o futuro será pavoroso e não há nada mais a fazer. Porém, nada na vida e na obra de Orwell corrobora um diagnóstico de desespero. Pelo contrário, além de uma breve hesitação em "Dentro da baleia", ele sempre empregou a sua "capacidade para enfrentar fatos desagradáveis" para inspirar uma consciência maior, incluindo de nós mesmos, de forma a extirpar as mentiras e as falácias que afligem a vida política e ameaçam a liberdade.[4] Jamais teria se empenhado de modo tão ruinoso para escrever *1984* se quisesse apenas dizer aos leitores que estavam condenados. Ele queria eletrizar, e não paralisar, como enfatizou Philip Rahv ao resenhar o livro na *Partisan Review* em 1949: "Ler esse romance apenas como vaticínio flagrante do que vem por aí é uma leitura equivocada. Ele não é uma sentença fatídica a sujeitar as nossas vontades [...]. A sua intenção é, sobretudo, provocar o mundo ocidental para que assuma uma resistência mais consciente e militante contra o vírus totalitário ao qual hoje está exposto".[5] Em outras palavras, o futuro *pode* ser pavoroso *a não ser* que se faça algo contra isso.

Sem dúvida, o septuagésimo aniversário de *1984* coincide com uma época sombria para a democracia liberal. Todavia, ao redor do mundo, milhões de pessoas na "comunidade baseada na realidade" continuam a resistir contra as "mentiras de tamanho médio", a reafirmar que os fatos importam, a lutar pela preservação da honestidade e da integridade, e a insistir na liberdade de defender que dois mais dois são quatro. Para essas pessoas, o livro ainda tem muito a oferecer. Uma vez que Orwell estava mais interessado na psicologia do que nos sistemas, *1984* é um compêndio duradouro de tudo o que ele aprendeu sobre a natureza humana no que se refere à política — todos os vieses cognitivos, os preconceitos implícitos, os compromissos morais, os ardis linguísticos e os mecanismos de poder que permitem à injustiça se impor — e continua sendo um guia incomparável do que é preciso se precaver. Orwell estava escrevendo para a própria época, mas também, como Winston, "para o futuro, para os que ainda não nasceram".[6] Como disse no prefácio de *A revolução dos bichos*, os valores liberais "não são indestrutíveis, e precisam ser mantidos vivos em parte pelo esforço deliberado".[7]

1984 foi a derradeira e essencial contribuição de Orwell para esse esforço coletivo. Numa declaração que ditou a Fredric Warburg em seus últimos meses, no leito no sanatório Cranham, ele explicava o motivo fundamental que o levou a escrever o livro: não para sujeitar a nossa vontade mas para fortalecê-la. "A moral a ser extraída dessa perigosa situação de pesadelo é bem simples. *Não deixe que isso aconteça. Só depende de você.*"

Agradecimentos

“Escrever um livro é um esforço horrível e exaustivo, como o prolongado acesso de uma doença penosa”, reclamou George Orwell no ensaio “Por que escrevo”. Correndo o risco de decepcioná-lo, tenho de dizer que escrever este livro foi uma das experiências mais recompensadoras e prazerosas da minha vida. E isso se deve em grande parte ao sentimento de que não estava sozinho nessa empreitada.

Os meus agentes, Antony Topping e Zoë Pagnamenta, acreditaram em mim e no projeto numa época em que fui invadido pelo desânimo. Sem o grande esforço, estímulo e aconselhamento deles, este livro não existiria. Os meus editores — Gerald Howard, na Doubleday, e Ravi Mirchandani, na Picador — entenderam desde o início exatamente aonde eu queria chegar; os conselhos proveitosos e o bom humor deles foram cruciais para levar adiante o trabalho. Também sou grato aos seus colegas, em especial a Nora Grubb, na Doubleday, e Paul Martinovic, na Picador. Agradeço ainda a David Pearson e Michael Windsor pelos impactantes projetos de capas, a Amy Stackhouse, pela rigorosa edição do texto, e a Alexandra Dao, pela primeira foto de autor adequada que fizeram de mim.

Dan Jolin, Lucy Jolin, John Mullen, Alexis Petridis, Padraig Reidy e Jude Rodgers leram versões preliminares de diversos capítulos (e, no caso de Lucy, de todo o livro) e fizeram comentários inestimáveis. Antes de escrever uma palavra da proposta, discuti a ideia com Dan, que me ajudou a transformar algo disperso e incoerente num projeto articulado. Incontáveis amigos me encorajaram durante a redação do livro, reforçando em mim a convicção vital de que iria despertar o interesse das pessoas. Toda pergunta ponderada ou comentário entusiástico no Facebook também me ajudou. Agradeço em particular a Joshua Blackburn, Matt Blackden, Jude Clarke, Sarah Ditum, Sarah Donaldson, Tom Doyle, Ian Dunt, Paul Hewson, Caitlin Moran, Brídín Murphy Mitchell, Richard Niland, Hugo Rifkind, minha mãe, Tola, e minha irmã, Tammy.

Sou extremamente grato a Robert Icke, Duncan Macmillan e Michael Radford por aceitarem discutir comigo as adaptações que fizeram de *1984* e as suas teorias sobre o livro. Emma Pritchard, do Almeida Theatre, e Alice Phipps, da United Agents, facilitaram essas entrevistas. Helen Lewis gentilmente me apresentou a Robert. Tony Ingrassi, Chris O'Leary e Paul Trynka esclareceram as dúvidas sobre o relacionamento de David Bowie com *1984*. Susie Boyt generosamente me mostrou cartas inéditas que Orwell havia escrito para o sogro, David Astor. Michaelangelo Matos compartilhou comigo a pesquisa sobre Orwell para o livro que prepara sobre a música no ano de 1984, o qual estou ansioso para ler. Ewan Pearson me enviou um obscuro item de material de pesquisa. John Niven sabiamente me aconselhou a descartar o título provisório, e levei apenas um ano para seguir o seu conselho. Espero que goste do título adotado.

Como jornalista autônomo, dependi dos editores para interromper os meus compromissos regulares, sabendo que poderia retomá-los quando estivesse pronto. Sou muito grato a Ted Kessler, Niall Doherty e Chris Catchpole, da revista *Q*; Bill Prince, da *GQ*; Helen Lewis, do *New Statesman*; Nick de Semlyen, da *Empire*; Rob Fearn, Laura Snapes e todos os meus editores no *Guardian*; e Andrew Harrison e meus colegas do podcast Remainiacs. Agradeço também aos ouvintes do Remainiacs que acabaram sendo bombardeados com uma quantidade injustificável de referências a Orwell. O que posso dizer? Ele virou uma obsessão para mim.

O mesmo ocorreu com algumas das pessoas que escreveram sobre ele. Não conheci pessoalmente nenhuma delas, mas gostei muito de passar um tempo em sua companhia, por assim dizer, sobretudo de Robert Colls, Peter Davison, Jeffrey Meyers, John Rodden, William Steinhoff, D. J. Taylor e do finado Bernard Crick. Tenho uma dívida de gratidão para com o trabalho de erudição deles. Também sou grato aos funcionários do Orwell Archive, na University College London, e da British Library, onde quase todo este livro foi pesquisado e escrito. Para mim, a British Library é a mais estimável instituição pública da Grã-Bretanha. Escrever um livro cujo tema principal é a importância da verdade objetiva acentuou o meu apreço por todos os jornalistas, estudiosos e checadores que se empenham em estabelecer os fatos corretos numa época em que proliferam mentiras, farsas, rumores e erros. Em suas fileiras estão os editores e colaboradores da Wikipedia e do Snopes, incansáveis comunidades on-line que renovam a nossa fé na determinação das pessoas de ver as coisas tal como são na verdade.

Ninguém contribuiu mais para assegurar que este livro não fosse um esforço medonho e exaustivo do que Lucy Aitken, que me acompanhou em todos os passos da jornada, desde o primeiro estalo até a edição do texto final. Além de ler os rascunhos de vários capítulos e contribuir com o seu extenso conhecimento do setor da publicidade para o trecho sobre o comercial "1984" da Apple, ela me ofereceu incessante encorajamento, curiosidade e amor. É a ela e a nossas filhas, Eleanor e Rosa, que este livro é dedicado. Que todos vivamos para ver tempos melhores.

Apêndice

Um resumo de *1984*

PARTE I

1

Num dia luminoso e frio de abril, os relógios marcam treze horas. Winston Smith, de 39 anos, volta ao seu apartamento nas Mansões Victory, em Londres, Pista de Pouso Um, Oceânia, e começa sigilosamente a escrever um diário. Essa é uma atividade perigosa num Estado monopartidário onde a Polícia das Ideias, helicópteros espiões e teletelas de via dupla asseguram uma cultura de vigilância constante. Por todos os lados, os cartazes com o rosto do misterioso líder de Oceânia anunciam que "O GRANDE IRMÃO ESTÁ DE OLHO EM VOCÊ". Winston forja registros propagandísticos no Departamento de Documentação do Ministério da Verdade, um imponente edifício branco cuja fachada exibe os lemas do Partido: "GUERRA É PAZ/ LIBERDADE É ESCRAVIDÃO/ IGNORÂNCIA É FORÇA". Os ministérios do Amor, da Paz e da Pujança têm nomes igualmente irônicos. Para iniciar o diário, Winston se inspira em sua participação, naquela manhã, nos Dois Minutos de Ódio, um ritual voltado contra Emmanuel Goldstein, suposto traidor, autor de um livro herético e líder de um movimento clandestino de resistência, a Confraria. Durante o ritual, a atenção de Winston se concentra em duas pessoas que lhe pareciam significativas: um carismático funcionário do Núcleo do Partido chamado O'Brien e uma jovem morena que trabalha no Departamento de Ficção e talvez seja espiã da Polícia das Ideias. A lembrança o leva a anotar a frase "ABAIXO O GRANDE IRMÃO". Nesse momento, sabe que está condenado.

2

A esposa do vizinho de Winston, um colega do Departamento de Documentação chamado Parsons, pede sua ajuda para desentupir a pia da cozinha. Os filhos dos Parsons são Espiões, incentivados pelo Partido a delatar qualquer pessoa, até mesmo os pais, que desconfiam ter cometido um pensamento-crime. Após desentupir a pia da vizinha, Winston lembra de um sonho, ocorrido sete anos antes, no qual O'Brien prometia que iriam se reencontrar no lugar em que não há escuridão. De volta ao apartamento, ele dedica o seu diário ao futuro e ao passado.

3

Winston sonha com a mãe e a irmã, que desapareceram na década de 1950, e sente uma culpa imensa, embora não saiba o motivo. Em seguida, aparece no sonho a jovem morena, que se despe num paraíso rural que ele chama de Terra Dourada. Enquanto realiza os exercícios físicos compulsórios diante da teletela, Winston divaga sobre a forma como o Partido reescreve a história: "Quem controla o passado controla o futuro; quem controla o presente controla o passado". Não se pode admitir em público, por exemplo, que a Oceânia esteve em guerra com a Lestásia, e não com a Eurásia. Esse é um exemplo de *duplipensamento*, o hábito mental de acreditar simultaneamente em duas coisas contraditórias, tal como exige o Partido. Winston não pode confiar nas próprias lembranças.

4

Winston volta ao seu posto de trabalho no Ministério da Verdade, onde corrige edições passadas do *Times* a fim de que reflitam as posições mais recentes do Partido, incinerando as versões anteriores no *buraco da memória*. Ele observa os colegas: um sujeito pequeno e nervoso chamado Tillotson e um poeta distraído, Ampleforth. Ele reescreve um discurso recente do Grande Irmão, eliminando as referências a Withers, um herói de guerra que caíra em desgraça e agora era uma *despessoa*, sendo substituído por um personagem fictício, o Camarada Ogilvy, de sua própria invenção. Ao concluir o trabalho, Ogilvy passa a existir e Withers deixa de existir.

5

Winston almoça no refeitório em companhia de Parsons, um burro de carga submisso, e do filólogo Syme, que fala entusiasmado dos avanços da Novafala: um vocabulário condensado e concebido para restringir o pensamento. Winston revê a jovem morena e continua a desconfiar que seja uma espiã do Partido.

6

Winston relembra o seu breve e infeliz casamento com uma fanática do Partido, Katharine, uma década antes, e da visita que fizera a uma prostituta três anos antes. As lembranças o levam a pensar sobre a supressão do desejo sexual na Oceânia.

7

Winston reflete sobre a situação dos proletas e a destruição da história. Ele recorda ter visto os supostos traidores Jones, Aaronson e Rutherford no Café da Castanheira e, anos mais tarde, de achar uma foto que comprova a inocência deles, embora a tenha destruído logo em seguida. Ele promete se agarrar à própria sanidade e à crença na verdade objetiva, exemplificada pela equação 2 + 2 = 4.

8

Desafiando a proibição das atitudes individualistas, ou *vida-própria*, Winston se aventura pelo bairro dos proletas, onde questiona em vão um velho sobre a vida antes do Socing. Também visita a loja de objetos de segunda mão onde conseguira o caderno que usa para escrever o diário e compra um peso de papel feito de coral. O proprietário, o sr. Charrington, menciona uma antiga quadrinha, "Sem casca nem semente". A caminho de casa, Winston volta a avistar a jovem de cabelo preto. Ele pensa sobre a inevitável tortura e morte que o esperam.

PARTE II

1

A jovem morena entrega a Winston um bilhete no qual diz "amo você". Eles combinam de se encontrar na praça Victory durante uma exibição de prisioneiros eurasianos, e lá acertam um encontro fora da cidade, a oeste de Londres.

2

Winston encontra a jovem morena numa paisagem rural que é quase idêntica à Terra Dourada do seu sonho. Apresentando-se como Julia, ela conta que também odeia o Partido. Eles fazem amor num campo de jacintos.

3

Mês de maio. Enquanto prossegue a relação secreta de Winston e Julia, ele fica sabendo mais sobre a rebelião privada e apolítica dela contra o Partido. "Nós somos os mortos", ele lhe diz.

4

Winston aluga um quarto em cima da loja do sr. Charrington para os encontros amorosos. Da janela, ele ouve uma proleta cantarolando uma música composta pelo Departamento de Música — e fica surpreso com a sua força melódica.

5

Junho. Syme desaparece. Os preparativos para a Semana do Ódio se aceleram. Winston e Julia conversam sobre o modo como veem o mundo.

6

O'Brien convida Winston para visitá-lo em seu apartamento e buscar um exemplar da edição mais atualizada do dicionário de Novafala.

7

Ao sonhar, Winston lembra de ter abandonado a mãe e a irmã por causa de um pedaço de chocolate no dia em que elas desapareceram. O sonho o faz se lembrar de que os proletas, ao contrário dos membros do Partido, permaneceram humanos. Winston e Julia juram que jamais vão trair um ao outro.

8

Winston e Julia visitam o apartamento de O'Brien e pedem para entrar na Confraria de Goldstein. Na presença do criado Martin, O'Brien os obriga a prometer que vão fazer enormes sacrifícios e cometer crimes terríveis em nome da Confraria. E também combina de enviar a Winston um exemplar do livro de Goldstein, que explica a verdadeira natureza do Socing. Os dois homens trocam versos da quadrinha "Sem casca nem semente".

9

Agosto. Exatamente no auge da Semana do Ódio, há o reconhecimento oficial de que a Oceânia está de fato em guerra com a Lestásia — a Oceânia sempre esteve em guerra com a Lestásia. No meio da manifestação, Winston recebe o livro de Goldstein, *Teoria e prática do coletivismo oligárquico*. Na cama, com Julia, ele lê grande parte de dois capítulos, nos quais se explicam o motivo da guerra permanente, a similaridade entre os três superestados, a estrutura do Partido e os princípios do duplipensamento. Ele interrompe a leitura num ponto crucial porque Julia adormece.

10

Winston desperta convicto de que o futuro pertence aos proletas. O seu otimismo desmorona quando uma voz metálica, saída de uma teletela oculta, anuncia que ele e Julia estão detidos. O sr. Charrington revela ser um membro da Polícia das Ideias. O peso de papel se rompe em pedaços.

PARTE III

1

Winston acorda numa cela branca e sem janelas no Ministério do Amor. Na mesma cela estão Parsons (denunciado por sua filha), Ampleforth e uma velha que poderia ser a mãe de Winston. Alguns dos prisioneiros são levados para um lugar chamado Quarto 101. O'Brien aparece e diz que sempre esteve a serviço do Partido.

2

Winston é torturado durante semanas e confessa diversos crimes imaginários. Um dia, é amarrado à cama e interrogado por O'Brien, recebendo choques elétricos toda vez que dá a resposta errada. O'Brien diz que ele perdeu a razão e tem de ser curado antes de ser executado.

3

Prossegue o interrogatório. O'Brien alega que ele e outros membros do Núcleo do Partido são os autores do livro atribuído a Goldstein. E explica que o objetivo do Partido é o poder puro, que precisa ser demonstrado pelo terror constante e pelo controle da realidade. Quando Winston protesta, dizendo que o espírito humano vai prevalecer, O'Brien o força a se olhar no espelho e confrontar a sua ruína física. Ele está derruído, como havia previsto, exceto num aspecto: não traiu Julia, embora O'Brien alegue o contrário.

4

Semanas ou meses depois. Winston se sente muito melhor agora que sucumbiu ao duplipensar e à sabedoria do Partido. Mas ainda ama Julia e, para sua surpresa, ainda odeia o Grande Irmão. O'Brien lhe diz então que deve ir ao Quarto 101.

5

O Quarto 101 abriga o que há de pior e mais intolerável no mundo. No caso de Winston, o que ele mais teme são os ratos. Ameaçado com ratos famélicos que podem destroçar seu rosto, ele acaba traindo Julia. Agora está completamente derrotado.

6

Embriagado e sozinho no Café da Castanheira, Winston espera por notícias. A Oceânia está em guerra com a Eurásia; a Oceânia sempre esteve em guerra com a Eurásia. Ele se lembra de ter encontrado Julia no parque, igualmente acabada. Já não sentem mais nada um pelo outro. Lembra-se pela última vez da mãe e da irmã. As notícias de vitórias militares na África o enchem de alegria, assim como o pensamento de que vai ser executado. Ele adora o Grande Irmão.

APÊNDICE: OS PRINCÍPIOS DA NOVAFALA

Uma explicação erudita da Novafala, na qual são mencionados em retrospecto os acontecimentos de 1984. Não há nenhuma data nem indicação do autor do Apêndice.

Notas

EPÍGRAFE [p. 7]

1. Margaret Atwood, "Writing Utopia", *Curious Pursuits: Occasional Writing 1970-2005*. Londres: Virago, 2005, p. 89.

2. George Orwell, *The Complete Works of George Orwell IX: Nineteen Eighty-Four*. Londres: Secker & Warburg, 1997, p. 226. [A partir daqui citado como *CW IX*.] Todos os vinte volumes dessa edição das obras completas de Orwell foram organizados por Peter Davison, com a ajuda de Ian Angus e Sheila Davison. [Ed. bras.: *1984*. São Paulo: Companhia das Letras, 2009, p. 256.]

INTRODUÇÃO [pp. 11-20]

1. Coletiva de imprensa na Casa Branca, 21 jan. 2017.

2. *Meet the Press*, NBC, 22 jan. 2017.

3. Anthony Burgess, *1985*. Londres: Arrow, 1980, p. 51. [Ed. bras.: *1985*. Porto Alegre: L&PM, 1980.]

4. Fredric Warburg, *All Authors Are Equal: The Publishing Life of Fredric Warburg 1936-1971*. Londres: Hutchinson & Co., 1973, p. 115.

5. Richard Rorty, *Contingency, Irony, and Solidarity*. Cambridge: Cambridge University Press, 1989, p. 170. [Ed. bras.: *Contingência, ironia e solidariedade*. São Paulo: Martins Fontes, 2007.]

6. "Charles Dickens", 11 mar. 1940, em *The Complete Works of George*

Orwell XII: A Patriot After All 1940-1941. Londres: Secker & Warburg, 2000, 597, p. 56. [A partir daqui citado como *CW XII.*]

7. *Arena: George Orwell* (série documental com cinco episódios, BBC, 1983-4).

8. Orwell, "Why I Write", *Gangrel*, n. 4, verão 1946. Em *The Complete Works of George Orwell XVII: I Belong to the Left 1945*. Londres: Secker & Warburg, 2001, 3007, p. 319. [A partir daqui citado como *CW XVII.*] [Ed. bras.: "Por que escrevo". In: *Dentro da baleia e outros ensaios*. São Paulo: Companhia das Letras, 2005.]

9. Christopher Hitchens, *Why Orwell Matters*. Nova York: Basic Books, 2002, p. 211. [Ed. bras.: *A vitória de Orwell*. São Paulo: Companhia das Letras, 2010.]

10. John Major, palestra no The Conservative Group for Europe, 22 abr. 1993.

11. Milan Kundera, *Testaments Betrayed*. Trad. de Linda Asher. Londres: Faber & Faber, 1995, p. 224. [Ed. bras.: *Os testamentos traídos*. São Paulo: Companhia das Letras, 2017.]

12. Ver David Runciman, *How Democracy Ends*. Londres: Profile, 2018. [Ed. bras.: *Como a democracia chega ao fim*. São Paulo: Todavia, 2018.]; Madeleine Albright, *Fascism: A Warning*. Londres: William Collins, 2018. [Ed. bras.: *Fascismo: Um alerta*. São Paulo: Crítica, 2018.]; Timothy Snyder, *The Road to Unfreedom: Russia, Europe, America*. Londres: Bodley Head, 2018. [Ed. bras.: *Na contramão da liberdade: A guinada autoritária nas democracias contemporâneas*. São Paulo: Companhia das Letras, 2019.]; Michiko Kakutani, *The Death of Truth*. Londres: William Collins, 2018. [Ed. bras.: *A morte da verdade: Notas sobre a mentira na era Trump*. Rio de Janeiro: Intrínseca, 2018.].

13. Hannah Arendt, *The Origins of Totalitarianism*. Londres: Penguin, 2017. [Ed. bras.: *Origens do totalitarismo*. São Paulo: Companhia das Letras, 1989.]

14. Sinclair Lewis, *Não vai acontecer aqui*. Rio de Janeiro: Alfaguara, 2017.

15. *The Handmaid's Tale* (Hulu, 2017). [No Brasil, a série de TV recebeu o título de *O conto da aia*.]

16. Orwell, *The Complete Works of George Orwell V: The Road to Wigan Pier*. Londres: Secker & Warburg, 1997, p. 199. [A partir daqui citado como *CW V.*] [Ed. bras.: *O caminho para Wigan Pier*. São Paulo: Companhia das Letras, 2010.]

17. Depoimento de Michael Radford ao autor, Londres, 9 ago. 2018.

18. Robert Icke e Duncan Macmillan, *1984*. Londres: Oberon Books, 2013, p. 21.

19. Podcast, 20 ago. 2018.

1. A HISTÓRIA INTERROMPIDA [pp. 23-52]

1. Orwell, *CW V*, p. 158.

2. Bernard Crick, *George Orwell: A Life*. Londres: Penguin, 1982, p. 312.

3. Orwell, "Looking Back on the Spanish War", *The Complete Works of George Orwell XIII: All Propaganda Is Lies 1941-1942*. Londres: Secker & Warburg, 2001, 1421, p. 503. [A partir daqui citado como *CW XIII*.]

4. Orwell, "Such, Such Were the Joys", *The Complete Works of George Orwell XIX: It Is What I Think 1947-1948*. Londres: Secker & Warburg, 2002, 3409, p. 379. [A partir daqui citado como *CW XIX*.] [Ed. bras.: "Tamanhas eram as alegrias". In: *Como morrem os pobres e outros ensaios*. São Paulo: Companhia das Letras, 2011.]

5. Ibid.

6. Orwell, *CW V*, p. 113.

7. Ibid., p. 128.

8. Ibid.

9. "Such, Such Were the Joys", *CW XIX*, p. 382. [Ed. bras.: p. 251.]

10. Carta de Orwell a Stanley J. Kunitz e Howard Haycraft, 7 abr. 1940, em *The Complete Works of George Orwell XI: Facing Unpleasant Facts 1937-1939*. Londres: Secker & Warburg, 2000, 613, p. 147. [A partir daqui citado como *CW XI*.]

11. John Wilkes, apud Steven Wadhams, *Remembering Orwell*. Londres: Penguin, 1984, p. 11.

12. Christopher Eastwood, apud Wadhams, op. cit., p. 17.

13. Orwell, *CW V*, p. 134.

14. Ibid., p. 137.

15. Ibid., p. 138.

16. Jack Branthwaite, apud Wadhams, op. cit., p. 84.

17. Crick, op. cit., p. 221.

18. Orwell, *CW V*, p. 139.

19. Ibid., p. 144.

20. Richard Rees, *George Orwell: Fugitive from the Camp of Victory*. Londres: Secker & Warburg, 1961, p. 29.

21. Orwell, *CW V*, p. 115.

22. Orwell, *The Complete Works of George Orwell IV: Keep the Aspidistra Flying*. Londres: Secker & Warburg, 1997, p. 4. [A partir daqui citado como *CW IV*.] [Ed. bras.: *A flor da Inglaterra*. São Paulo: Companhia das Letras, 2007.]

23. Orwell, *CW V*, p. 15.

24. Orwell, *CW IX*, p. 65.

25. Ibid., p. 280.

26. Carta de Orwell a Jack Common, 5 out. 1936, em *The Complete Works of George Orwell X: A Kind of Compulsion 1903-1936*. Londres: Secker & Warburg, 2000, p. 507. [A partir daqui citado como *CW X*.]

27. Orwell, *CW V*, p. 127.

28. Ibid., p. 159.

29. Ibid., p. 201.

30. Ibid., p. 205.

31. H. J. Laski, *The Left News*, mar. 1937, reimp. em Jeffrey Meyers (org.), *George Orwell: The Critical Heritage*. Londres: Routledge & Kegan Paul, 1975, p. 104.

32. Victor Gollancz, prefácio à edição do Left Book Club de *The Road to Wigan Pier*, *CW V*, p. 221.

33. Wadhams, op. cit., p. 95.

34. Orwell, *CW V*, p. 204.

35. Ibid., p. 201.

36. Rees, op. cit., p. 146.

37. Antony Beevor, *The Battle for Spain: The Spanish Civil War 1936-1939*. Londres: Weidenfeld & Nicolson, 2006, p. 267. [Ed. bras.: *A batalha pela Espanha: A Guerra Civil Espanhola, 1936-1939*. Rio de Janeiro: Record, 2007.]

38. Orwell, *The Complete Works of George Orwell VI: Homage to Catalonia*. Londres: Secker & Warburg, 1997, p. 188. [A partir daqui citado como *CW VI*.] [Ed. bras.: *Lutando na Espanha*. São Paulo: Globo, 2012. Biblioteca Azul.]

39. Ibid.

40. Ibid.

41. Jason Gurney, apud Beevor, op. cit., p. 178.

42. Ver Beevor, op. cit., p. 177.

43. Richard Crossman (org.), *The God That Failed: Six Studies in Communism*. Londres: Hamish Hamilton, 1950, p. 245.

44. Malcolm Muggeridge, *The Thirties: 1930-1940 in Great Britain*. Londres: Hamish Hamilton, 1940, p. 249.

45. *The Paris Review*, n. 28, verão-outono 1962.

46. Franz Borkenau, *The Spanish Cockpit*. Londres: Faber & Faber, 1937, p. 69.

47. Cyril Connolly, *The Condemned Playground: Essays: 1927-1944*. Londres: Routledge, 1945, p. 186.

48. Crick, op. cit., p. 317.

49. Orwell, "My Country Right or Left". *Folios of New Writing*, n. 2, outono 1940, *CW XII*, 694, p. 271. [Ed. bras.: "Meu país à direita ou à esquerda". In: *Dentro da baleia e outros ensaios*. São Paulo: Companhia das Letras, 2005.]

50. Orwell Id., *CW VI*, p. 22.

51. Ibid., p. 47, e *CW IV*, p. 41.

52. Ibid., p. 32.

53. Ibid., p. 83.

54. Ibid., p. 186.

55. T. R. Fyvel, *George Orwell: A Personal Memoir*. Londres: Weidenfeld & Nicolson, 1982, p. 136.

56. D. J. Taylor, *Orwell: The Life*. Londres: Vintage, 2004, p. 214.

57. Orwell, "Looking Back on the Spanish War", *CW XIII*, 1421, p. 501.

58. Ver o relato de Bob Edwards em Audrey Coppard e Bernard Crick, *Orwell Remembered*. Nova York: Facts on File, 1984, p. 147.

59. Orwell, *CW VI*, p. 59.

60. Ibid., p. 200.

61. Rees, op. cit., p. 147.

62. Borkenau, op. cit., p. 241.

63. Ibid., p. 182.

64. Ibid., p. 240.

65. Beevor, op. cit., p. 226.

66. Orwell, *CW VI*, p. 97.

67. John Dos Passos, *The Theme Is Freedom*. Nova York: Dodd, Mead & Company, 1956, p. 141.

68. Ibid., p. 145.

69. Orwell, *CW VI*, p. 225.

70. Ibid., p. 121.

71. Ibid., p. 126.

72. Orwell, *The Complete Works of George Orwell II: Burmese Days*. Londres: Secker & Warburg, 1997, p. 140. [A partir daqui citado como *CW II*.] [Ed. bras.: *Dias na Birmânia*. São Paulo: Companhia das Letras, 2008.]

73. Taylor, op. cit., p. 205.

74. Orwell, *CW VI*, p. 208.

75. Carta de Orwell a Victor Gollancz, 9 maio 1937, *CW XI*, 368, p. 23.

76. Beevor, op. cit., p. 271.

77. Crossman (org.), op. cit., p. 253.

78. Ibid., p. 254.

79. Wadhams, op. cit., p. 90.

80. Orwell, *CW VI*, p. 139.

81. Taylor, op. cit., p. 230.

82. Orwell, *CW VI*, p. 39.

83. Robert Conquest, *The Great Terror: A Reassessment*. Bournemouth: Pimlico, 2008, p. 410.

84. Orwell, *CW VI*, p. 151.

85. Ibid., p. 148.

86. David Caute, *Politics and the Novel During the Cold War*. Piscataway: Transaction, 2010, p. 47.

87. Carta de Orwell a Rayner Heppenstall, 31 jul. 1937, *CW XI*, 381, p. 53.

88. Wadhams, op. cit., p. 96.

89. Ibid., p. 93.

90. Apud Paul Preston, *We Saw Spain Die*. Londres: Constable, 2008, p. 15.

91. Orwell, "Why I Write", *CW XVIII*, 3007, p. 319. [Ed. bras.: "Por que escrevo". In: *Dentro da baleia e outros ensaios*. São Paulo: Companhia das Letras, 2005.]

92. Orwell, "Spilling the Spanish Beans", *The New English Weekly*, 29 jul. e 2 set. 1937, *CW XI*, 378, p. 46.

93. Orwell, *CW VI*, p. 248.

94. Orwell, "As I Please", *Tribune*, 4 fev. 1944, em *The Complete Works of George Orwell XVI: I Have Tried to Tell the Truth 1943-1944*. Londres: Secker & Warburg, 2001, 2416, p. 88. [A partir daqui citado como *CW XVI*.]

95. Warburg, op. cit., p. 9.

96. Apud Miriam Gross (org.), *The World of George Orwell*. Londres: Weidenfeld & Nicolson, 1971, p. 144.

97. Orwell, *CW VI*, p. 227.

98. Orwell, "Why I Write", *CW XVIII*, 3007, p. 320.

99. Apud Crick, op. cit., p. 363.

100. Orwell, resenha de *The Communist International* de Franz Borkenau, *The New English Weekly*, 22 set. 1938, *CW XI*, 485, p. 204.

101. Borkenau, op. cit., p. 257.

102. Wadhams, op. cit., p. 42.

103. Orwell, "Arthur Koestler", *Tribune*, 11 set. 1944, *CW XVI*, 2548, p. 393.

104. Orwell, resenhas de *The Mysterious Mr. Bull*, de Wyndham Lewis, e *A escola dos ditadores*, de Ignazio Silone, *The New English Weekly*, 8 jun. 1939, *CW XI*, 547, p. 355.

105. Orwell, "Inside the Whale", *CW XII*, 600, p. 102.

106. Orwell, resenha de *The Civil War in Spain* de Frank Jellinek, em *The New Leader*, 8 jul. 1938, *CW XI*, 462, p. 174. [Ed. bras.: "Resenha — *A guerra civil na Espanha*, de Frank Jellinek". In: *O que é fascismo e outros ensaios*. São Paulo: Companhia das Letras, 2017.]

107. Anotação no diário de Orwell, 16 mar. 1936, *CW X*, 294, p. 456.

108. Orwell, "Inside the Whale", *CW XII*, 600, p. 101.

109. Orwell, *CW IX*, p. 213.

110. Eugene Lyons, *Assignment in Utopia*. Londres: George G. Harrap & Co., 1938, p. 240.

111. Orwell, resenha de *Power: A New Social Analysis* de Bertrand Russell, *The Adelphi*, jan. 1939, *CW XI*, 520, pp. 31-12.

112. Lyons, op. cit., p. 628.

113. Ibid., p. 635.

2. FEBRE DE UTOPIA [pp. 53-72]

1. Orwell, resenha de *My Life: The Autobiography of Havelock Ellis*, *The Adelphi*, maio 1940, *CW XII*, 617, p. 155.

2. Oscar Wilde, *The Soul of Man* (ed. do autor, 1895), p. 43. [Ed. bras.: *A alma do homem sob o socialismo*. Porto Alegre: L&PM, 2011.]

3. Orwell (como "John Freeman"), "Can Socialists be Happy?", *Tribune*, 24 dez. 1943, *CW XVI*, 2397, p. 39. [Ed. bras.: "Socialistas podem ser felizes?". In: *O que é fascismo e outros ensaios*. São Paulo: Companhia das Letras, 2017.]

4. Ibid., p. 42.

5. Ibid., p. 43.

6. Orwell, "Politics vs Literature: An Examination of Gulliver's Travels", *Polemic*, n. 5, set.-out. 1946, em *CW XVIII*, 3089, p. 427. [Ed. bras.: "Política versus literatura: uma análise de *Viagens de Gulliver*". In: *Dentro da baleia e outros ensaios*. São Paulo: Companhia das Letras, 2005.]

7. Orwell, *The Complete Works of George Orwell I: Down and Out in Paris and London*. Londres: Secker & Warburg, 1997, p. 121. [A partir daqui citado como *CW I*.] [Ed. bras.: George Orwell, *Na pior em Paris e Londres*. São Paulo: Companhia das Letras, 2006.]

8. Orwell, "The Art of Donald McGill", *Horizon*, set. 1941, *CW XIII*, 850, p. 30.

9. Frances Elizabeth Willard, "An Interview with Edward Bellamy", *Our Day*, v. 4, n. 24, dez. 1889.

10. Sylvia E. Bowman, *Edward Bellamy*. Woodbridge: Twayne Publishers, 1986, p. 62.

11. Edward Bellamy, "Letter to the People's Party", *The New Nation*, 22 out. 1892, apud Kenneth M. Roemer, *The Obsolete Necessity: America in Utopian Writings 1888-1900*. Kent: Kent State University Press, 1976, p. 21.

12. Apud Bellamy, op. cit., p. xxxi.

13. Apud Franklin Rosemont, "Bellamy's Radicalism Reclaimed", em Daphne Patai (org.), *Looking Backward, 1988-1888*. Boston: University of Massachusetts Press, 1988, p. 158.

14. Fiona MacCarthy, *William Morris: A Life for Our Time*. Londres: Faber & Faber, 1994, p. 584.

15. Tolstói, anotação em diário, 30 jun. 1889.

16. J. R. LeMaster e James D. Wilson (orgs.), *The Mark Twain Encyclopaedia*. Nova York: Garland, 1993, p. 69.

17. Jean Pfaelzer, *The Utopian Novel in America, 1886-1896*. Pittsburgh: University of Pittsburgh Press, 1984, p. 48.

18. John Bew, *Citizen Clem: A Biography of Attlee*. Ardsley: Riverrun, 2017, p. 390.

19. Harry Scherman, apud carta de Eugene Reynal a J. Edgar Hoover, 22 abr. 1949.

20. Edward Bellamy, *Looking Backward 2000-1887*. Oxford: Oxford University Press, 2007, p. 78. [Ed. bras. *Daqui a cem anos: Revendo o futuro*. Rio de Janeiro: Record, 1960.]

21. Edward Bellamy, "How I Came to Write *Looking Backward*", *The Nationalist*, maio 1889.

22. Pfaelzer, op. cit., p. 44.

23. Bellamy, "How I Came to Write *Looking Backward*", op. cit.

24. Bellamy, *Looking Backward*, op. cit., p. 195.

25. Ibid., p. 68.

26. Orwell, "What Is Socialism?", 31 jan. 1946, *CW XIII*, 2876, p. 60.

27. Orwell, resenha de *An Unknown Land* de Viscount Samuel, *The Listener*, 24 dez. 1942, em *The Complete Works of George Orwell XIV: Keeping Our Little Corner Clean 1942-1943*. Londres: Secker & Warburg, 2001, 1768, p. 254. [A partir daqui citado como *CW XIV*.]

28. Bellamy, *Looking Backward*, op. cit., p. 189.

29. William Morris, *Commonweal*, v. 5, n. 80, 22 jun. 1889.

30. Apud Milton Cantor, "The Backward Look of Bellamy's Socialism", em Patai (org.), op. cit., p. 21.

31. Bowman, op. cit., p. 4.

32. Pfaelzer, op. cit., p. 46.

33. Bowman, op. cit., p. 6.

34. Ibid., p. 8.

35. Bellamy, *Looking Backward*, op. cit., p. 11.

36. Apud Cantor, em Patai (org.), op. cit., p. 33.

37. Carta de Edward Bellamy a William Dean Howells, 17 jun. 1888, apud Pfaelzer, op. cit., p. 43.

38. Bellamy, *Looking Backward*, op. cit., p. 148.

39. Ibid., p. 191.

40. Orwell, "Writers and Leviathan", *Politics and Letters*, verão 1948,

CW XIX, 3364, p. 289. [Ed. bras.: "Escritores e Leviatã". In: *Dentro da baleia e outros ensaios*. São Paulo: Companhia das Letras, 2005]

41. Pfaelzer, op. cit., p. 121.

42. Apud Rosemont, em Patai (org.), op. cit., pp. 162-3.

43. Apud Pfaelzer, op. cit., p. 36.

44. Edward Bellamy, *Equality*. Londres: William Heinemann, 1897, p. 14.

45. Apud Rosemont, em Patai (org.), op. cit., p. 191.

46. *The Literary World*, 19 jul. 1890, apud Roemer, op. cit., p. 7.

47. Frederick Jackson Turner, "The Significance of the Frontier in American History", 1893.

48. Apud Warren W. Wagar, "Dreams of Reason", em Patai (org.), op. cit., p. 113.

49. MacCarthy, p. 584.

50. Orwell, "Can Socialists Be Happy?", *CW XVI*, 2397, p. 40.

51. C. R. Attlee, *The Social Worker*. Londres: G. Bell & Sons, 1920, p. 141.

52. Jerome K. Jerome, "The New Utopia", em *Diary of a Pilgrimage*. Bristol: J. W. Arrowsmith, 1891, p. 265.

53. Ibid., p. 276.

54. Edward Bellamy, *Dr. Heidenhoff's Process*. Boston: D. Appleton, 1880, apud Rosemont, em Patai (org.), op. cit., p. 151.

55. Edward Bellamy, "To Whom This May Come", em *The Blindman's World and Other Stories*. Boston: Houghton Mifflin, 1898, apud Wagar, em Patai (org.), op. cit., p. 112.

56. Orwell, *CW IX*, p. 279.

57. Orwell, resenha de *The Soul of Man Under Socialism* de Oscar Wilde, *Observer*, 9 maio 1948, *CW XIX*, 3395, p. 333.

58. Ibid., p. 334.

3. O MUNDO EM QUE ESTAMOS CAINDO [pp. 73-102]

1. Orwell, resenha de *Journey Through the War Mind*, de C. E. M. Joad. *Time and Tide*, n. 8, 1940, *CW XII*, 635, pp. 178-9.

2. Carta de Orwell a Jack Common, 22 maio 1938, *CW XI*, 443, p. 149.

3. Apud Crick, op. cit., p. 367.

4. Carta de Eileen Blair a Norah Myles, 1 jan. 1938, em Peter Davison (org.), *The Lost Orwell*. Londres: Timewell Press, 2006, p. 72.

5. Carta de Orwell a John Sceats, 24 nov. 1938, *CW XI*, 504, p. 237.

6. Orwell, resenhas de obras de Lewis e Silone, 8 jun. 1939, *CW XI*, 547, p. 354.

7. Carta de Orwell a Herbert Read, 5 mar. 1939, *CW XI*, 536, p. 340.

8. Orwell, resenhas de *The Tree of Gernika*, de G. L. Steer, e *Spanish Testament*, de Arthur Koestler. *Time and Tide*, 5 fev. 1938, *CW XI*, 421, p. 113.

9. Carta de Orwell a Geoffrey Gorer, 15 set. 1937, *CW XI*, 397, p. 80.

10. Carta de Orwell a Amy Charlesworth, 30 ago. 1937, *CW XI*, 393, p. 77.

11. Ver carta de Orwell a Herbert Read, 4 jan. 1939, *CW XI*, 522, p. 313.

12. Orwell, "War-Time Diary", 8 jun. 1940, *CW XII*, 637, p. 181.

13. Orwell, resenha de *Personal Record 1928-1939*, de Julian Green. *Time and Tide*, 13 abr. 1940, *CW XII*, 611, p. 145.

14. Carta de Eileen Blair a Marjorie Dakin, 27 set. 1938, *CW XI*, 487, p. 205.

15. Orwell, *CW II*, p. 69.

16. Ibid., p. 70.

17. Orwell, *CW IV*, p. 168.

18. Ibid., p. 46.

19. Ibid., p. 166.

20. Ibid., p. 58.

21. Carta de Orwell a Julian Symons, 10 maio 1948, *CW XIX*, 3397, p. 336.

22. Orwell, "Notes for My Literary Executor", 31 mar. 1945, *CW XVII*, 2648, p. 114.

23. Cyril Connolly, *Horizon*, set. 1945, reimp. em Meyers (org.), op. cit., p. 199.

24. Orwell, *The Complete Works of George Orwell VII: Coming Up for Air*. Londres: Secker & Warburg, 199, p. 109. [A partir daqui citado como *CW VII*.] [Ed. bras.: *Um pouco de ar, por favor!*. Belo Horizonte: Itatiaia, 2000.]

25. Ibid., p. 26.

26. Ibid., p. 157.

27. Ibid., p. 238.

28. Ibid., p. 156.

29. Orwell, *CW IX*, p. 180.

30. Orwell, *CW VII*, pp. 168-9.

31. Orwell, *CW IX*, p. 24.

32. Carta de Orwell a Stanley J. Kunitz e Howard Haycraft, 17 abr. 1940, *CW XI*, 613, p. 148.

33. Orwell, *CW IV*, p. 258.

34. Orwell, *CW VII*, pp. 15-6.

35. *The New York Times*, 31 out. 1938.

36. Apud Rich Heldenfels, "'War of the Worlds' still vivid at 75", *Akron Beacon Journal*, 26 out. 2013.

37. Hadley Cantril, *The Invasion From Mars*. Princeton: Princeton University Press, 1940, p. 154.

38. Ibid., p. 158.

39. Orwell, resenha de *The Invasion From Mars* de Hadley Cantril. *New Statesman and Nation*, 26 out. 1940., *CW XII*, 702, p. 279.

40. Apud Jefferson Pooley e Michael J. Socolow, "The Myth of the War of the Worlds Panic". *Slate*, 28 out. 2013.

41. Orwell, resenha de *The Invasion From Mars*, *CW XII*, 702, p. 280.

42. Apud Howard Koch, *The Panic Broadcast: Portrait of an Event*. Londres: Little, Brown & Company, 1970, p. 93.

43. Patrick Hamilton, *Gas Light*. Edimburgo: Constable & Company, 1939, p. 42.

44. Orwell, *CW VI*, p. 152.

45. Iulia de Beausobre, *The Woman Who Could Not Die*. Londres: Chatto & Windus, 1938, p. 85.

46. Carta de Orwell a Jack Common, 29 set. 1938, *CW XI*, 489, p. 212.

47. Orwell, resenha de *The Novel To-Day*, de Philip Henderson. *The New English Weekly*, 31 dez. 1936, *CW IX*, 342, p. 534.

48. Orwell, resenha de *Assignment in Utopia*, de Eugene Lyons. *The New English Weekly*, 9 jun. 1938, *CW XI*, 451, pp. 160-6.

49. Discurso de Benito Mussolini no La Scala, Milão, 29 out. 1925.

50. Franz Borkenau, *The Totalitarian Enemy*. Londres: Faber & Faber, 1940, p. 13.

51. John Strachey, *The Coming Struggle for Power*. Londres: Victor Gollancz, 1932, p. 266.

52. Orwell, resenha de *The Totalitarian Enemy*, de Franz Borkenau. *Time and Tide*, 4 maio 1940, *CW XII*, 620, p. 159.

53. Orwell, "Arthur Koestler", *CW XVI*, 2548, p. 394.

54. Orwell, resenha de *Franco's Rule* (autor anônimo). *The New English Weekly*, 23 jun. 1938, *CW XI*, 456, p. 167.

55. Muggeridge, op. cit., pp. 316-7.

56. Carta de Ethel Mannin a Orwell, 30 out. 1939, *CW XI*, 575, p. 413.

57. Orwell, "My Country Right or Left", *CW XII*, 694, p. 271.

58. George Woodcock et al., "Pacifism and the War: A Controversy". *Partisan Review*, set.-out. 1942, em *CW XIII*, 1270, p. 396.

59. Orwell, "As I Please", 8 dez. 1944, *CW XVI*, 2590, p. 495.

60. Carta de Orwell a Victor Gollancz, 8 jan. 1940, *CW XII*, 583, p. 5.

61. Orwell, resenha de *Arrival and Departure*, de Arthur Koestler, 9 dez. 1943, *CW XVI*, 2389, p. 19.

62. Orwell, resenha de *War Begins at Home*, org. por Tom Harrisson e Charles Madge. *Time and Tide*, 2 mar. 1940, *CW XII*, 594, p. 17.

63. Carta de Orwell a Geoffrey Gorer, 10 jan. 1940, *CW XII*, 585, p. 6.

64. Orwell, *CW V*, pp. 100-1.

65. Orwell, "Notes on the Way". *Time and Tide*, 9 abr. 1940, *CW XII*, 604, p. 124.

66. Orwell, resenha de *The Thirties*, de Malcolm Muggeridge. *The New English Weekly*, 25 abr. 1940, *CW XII*, 615, p. 150.

67. Muggeridge, op. cit., p. 262.

68. Orwell, "Words and Henry Miller". *Tribune*, 22 fev. 1946, *CW XVIII*, 2906, p. 118.

69. Orwell, "Inside the Whale", *CW XII*, 600, p. 105.

70. Ibid., p. 110.

71. Ibid., p. 105.

72. Orwell, "Charles Dickens", *CW XII*, 597, p. 55.

73. Ibid., p. 56.

74. Ibid., p. 47.

75. *The Dickensian*, v. 36, n. 256, 1 set. 1940, reimp. em *CW XII*, 627, p. 167.

76. Ver Wadhams, op. cit., p. 130.

77. Orwell, "War-time Diary", 10 jun. 1940, *CW XII*, 637, p. 182.

78. Carta de Orwell a James Laughlin, 16 jul. 1940, *CW XII*, 659, p. 219.

79. Carta de Orwell ao editor. *Time and Tide*, 22 jun. 1940, *CW XII*, 642, p. 193.

80. Warburg, op. cit., p. 36.

81. *Daily Worker*, 23 ago. 1940.

82. Orwell, "War-time Diary", 23 ago. 1940, *CW XII*, 677, p. 241.

83. *Tribune*, 16 ago. 1940, *CW XII*, 655, p. 213.

84. Ibid., p. 214.

85. Apud Andy Croft, *Red Letter Days: British Fiction in the 1930s*. Londres: Lawrence & Wishart, 1990, p. 230.

86. Orwell, resenha de *Mein Kampf* de Adolf Hitler. *The New English Weekly*, 21 mar. 1940, *CW XII*, 602, p. 117. [Ed. bras.: "Resenha — *Mein Kampf*, de Adolf Hitler". In: *O que é fascismo e outros ensaios*. São Paulo: Companhia das Letras, 2017.]

87. Murray Constantine, *Swastika Night*. Londres: Gollancz, 2016, p. 11.

88. Ibid., p. 121.

89. Orwell, *CW IX*, p. 281.

90. Constantine, op. cit., p. 100.

91. Ibid., p. 80.

92. Orwell, resenha de *Take Back Your Freedom*, de Winifred Holtby e Norman Ginsbury. *Time and Tide*, 24 ago. 1940, *CW XII*, 678, p. 243.

93. Winifred Holtby e Norman Ginsbury, *Take Back Your Freedom*. Londres: Jonathan Cape, 1939, p. 27.

94. Orwell, resenha de *Take Back Your Freedom*, *CW XII*, 678, p. 242.

95. Holtby e Ginsbury, op. cit., p. 58.

96. Muggeridge, op. cit. p. 241.

97. Orwell, resenha de *Take Back Your Freedom*, *CW XII*, 678, p. 242.

98. Holtby e Ginsbury, op. cit., p. 71.

99. Cyril Connolly, *The Evening Colonnade*. Londres: David Bruce & Watson, 1973, p. 383.

100. Orwell, "London Letter". *Partisan Review*, verão 1945, *CW XVII*, 2672, p. 164.

101. Orwell, "War-time Diary", 21 set. 1940, *CW XII*, 691, p. 267.

102. Inez Holden, *It Was Different at the Time*. Londres: John Lane, The Bodley Head, 1943, p. 69.

103. Orwell, "War-time Diary", 14 jun. 1940, *CW XII*, 637, p. 184.

104. Orwell, "War-time Diary", 3 jun. 1940, *CW XII*, 632, p. 176.

105. Orwell, "Our Opportunity". *The Left News*, n. 55, jan. 1941, *CW XII*, 737, p. 346.

106. Anúncio da Searchlight Books, apud Crick, op. cit., p. 402.

107. Orwell, *The Lion and the Unicorn*. Londres: Searchlight Books, 1941, *CW XII*, 763, p. 400.

108. Ibid., p. 401.

109. Ibid., p. 394.

110. Wadhams, op. cit., p. 120.

111. Carta de Eileen Blair a Norah Myles, 5 dez. 1940, em *The Lost Orwell*, op. cit., p. 80.

112. Orwell, "The Home Guard and You". *Tribune*, 20 dez. 1940, *CW XII*, 725, p. 311.

113. Orwell, *The Lion and the Unicorn*, *CW XII*, 763, p. 427.

114. *Arena: George Orwell*, op. cit.

115. Bew, op. cit., p. 256.

116. Fyvel, op. cit., p. 121.

4. MUNDO-WELLS [pp. 103-32]

1. Orwell, *CW IX*, p. 196.

2. Orwell, "Wells, Hitler and the World State", *Horizon*, ago. 1941, *CW XII*, 837, p. 539. [Ed. bras.: "Wells, Hitler e o Estado mundial". In: *Dentro da baleia e outros ensaios*. São Paulo: Companhia das Letras, 2005]

3. *Arena: George Orwell*, op. cit.

4. Jacintha Buddicom, *Eric and Us: A Remembrance of George Orwell*. Londres: Leslie Frewin, 1974, p. 39.

5. Orwell, "A Peep into the Future", *Election Times*, n. 4, 3 jun. 1918, *CW X*, 32, pp. 48-50.

6. Buddicom, op. cit., p. 15.

7. H. G. Wells, *H. G. Wells in Love*. Londres: Faber & Faber, 1984, pp. 34-5.

8. Orwell, "Wells, Hitler and the World State", *CW XII*, 837, p. 540.

9. Ibid., p. 539.

10. Orwell, *CW V*, p. 176.

11. Orwell, "Inside the Whale", *CW XII*, 600, p. 106.

12. H. G. Wells, *A Modern Utopia*. Londres: Penguin, 2005, p. 13.

13. Wells, *Experiment in Autobiography*, op. cit., p. 104.

14. Ibid., p. 102.

15. Ibid., p. 288.

16. Apud Mackenzie, op. cit., p. 87.

17. Ibid., p. 108.

18. James Gleick, *Time Travel: A History*. Londres: 4th Estate, 2017, p. 5.

19. Mark Hillegas, *The Future As Nightmare: HG Wells and the Anti-utopians*. Oxford: Oxford University Press, 1967, p. 34.

20. Carta de Wells a Sarah Wells, 13 out. 1895.

21. Apud Mackenzie, op. cit., p. 116.

22. Ibid., p. 117.

23. Orwell, resenha de *Mind at the End of Its Tether* de H. G. Wells, *Manchester Evening News*, 8 nov. 1945, *CW XVII*, 2784, p. 360.

24. Wells, *Experiment in Autobiography*, op. cit., p. 516.

25. Apud Sherborne, op. cit., p. 108.

26. H. G. Wells, *The War of the Worlds*. Londres: Penguin Classics, 2005, p. 157.

27. Orwell, resenha de *The Iron Heel* de Jack London, *CW XII*, 655, p. 211.

28. H. G. Wells, *The Sleeper Awakes*. Londres: Penguin Classics, 2005, p. 71. [Ed. bras.: *O dorminhoco*. São Paulo: Carambaia, 2017.]

29. Wells, *Experiment in Autobiography*, op. cit., p. 645.

30. Wells, *Sleeper*, op. cit., p. 190.

31. Ibid., p. 154.

32. Ibid., p. 8.

33. Orwell, *CW V*, p. 188.

34. Wells, *Sleeper*, op. cit., p. 202.

35. Ibid., p. 79.

36. Ibid., p. 212.

37. Ibid., p. 170.

38. Apud Sherborne, op. cit., p. 153.

39. Wells, *Utopia*, op. cit., p. 33.

40. Wells, *Experiment in Autobiography*, op. cit., p. 643.

41. Ibid., p. 646.

42. Apud Sherborne, op. cit., p. 147.

43. Apud David C. Smith, *H. G. Wells: Desperately Mortal: A Biography*. New Haven: Yale University Press, 1986, p. 100.

44. H. G. Wells, *Anticipations of the Reaction of Mechanical and Scientific Progress Upon Human Life and Thought*. Londres: Chapman & Hall, 1902, p. 317.

45. Apud Mackenzie, op. cit., p. 162.

46. Ibid., p. 170.

47. Apud Sherborne, op. cit., p. 219.

48. Wells, *Utopia*, op. cit., p. 86.

49. Ibid., p. 23.

50. Ibid., p. 14.

51. Ibid., p. 117.

52. Ibid., p. 245.

53. Orwell, "Can Socialists Be Happy?", *CW XVI*, 2397, pp. 39-40.

54. Orwell, resenha de *Mein Kampf* de Adolf Hitler, *The New English Weekly*, 21 mar. 1940, *CW XII*, 602, p. 118.

55. Apud Smith, op. cit., p. 167.

56. Attlee, op. cit., p. 138.

57. E. M. Forster, *The Collected Tales of E. M. Forster*. Nova York: Alfred A. Knopf, 1947, pp. 7-8.

58. Apud P. N. Furbank, *E. M. Forster: A Life (1879-1970)*. Londres: Secker & Warburg, 1979, p. 161.

59. Forster, op. cit., p. 145.

60. Ibid., p. 156.

61. Ibid., p. 186.

62. Ibid., p. 183.

63. Wells, *Experiment in Autobiography*, op. cit., p. 660.

64. Apud Mackenzie, op. cit., p. 206.

65. H. G. Wells, *Socialism and the Family*. Londres: A. C. Fifield, 1906, p. 6.

66. Orwell, "As I Please", *Tribune*, 6 dez. 1946, *CW XVIII*, 3131, p. 511.

67. Wells, *Experiment in Autobiography*, op. cit., p. 668.

68. Ibid., p. 666.

69. H. L. Mencken, "The Late Mr. Wells", em *Prejudices: First Series*. Londres: Jonathan Cape, 1921, p. 28.

70. Orwell, *CW V*, p. 129.

71. Apud Mackenzie, op. cit., p. 319.

72. Ibid., p. 327.

73. H. G. Wells, *Russia in the Shadows*. Londres: Hodder & Stoughton, 1920, p. 138.

74. Apud Sherborne, op. cit., p. 259.

75. H. G. Wells, *Men Like Gods*. Londres: Cassell & Company, 1923, p. 289.

76. Orwell, *CW V*, p. 193.

77. Ibid., p. 189.

78. *The Paris Review*, n. 23, primavera 1960.

79. Carta de Huxley a Orwell, 21 out. 1949, em Grover Smith (org.), *Letters of Aldous Huxley*. Londres: Chatto & Windus, 1969, p. 605.

80. Carta de Huxley a Kethevan Roberts, 18 maio 1931, em ibid., p. 348.

81. Carta de Huxley a Robert Nichols, 18 jan. 1927, em ibid., p. 281.

82. "Spinoza's Worm",, em *Do What You Will*. Londres: Chatto & Windus, 1929, apud Hillegas, op. cit., p. 115.

83. Aldous Huxley, *Brave New World and Brave New World Revisited*. Londres: Chatto & Windus, 1984, p. 3. A epígrafe original está em francês.

84. Apud Aldous Huxley, *Brave New World*. Londres: Vintage, 2007, p. xx.

85. Aldous Huxley, *Jesting Pilate*. Londres: Chatto & Windus, 1926, p. 267.

86. Ibid., p. 284.

87. Huxley, *Brave New World and Brave New World Revisited*, op. cit., p. 201.

88. Apud Sybille Bedford, *Aldous Huxley: A Biography. Volume One: 1894--1939*. Londres: Chatto & Windus, 1973, p. 92.

89. Orwell, "Freedom and Happiness", *Tribune*, 4 jan. 1946, *CW XVIII*, 2841, p. 14.

90. Orwell, *CW V*, p. 83.

91. Orwell, *CW IX*, p. 172.

92. Ibid., p. 230.

93. Orwell, *CW IX*, p. 72.

94. Apud Bew, op. cit., p. 236.

95. Muggeridge, op. cit., p. 24.

96. Orwell, *CW IV*, p. 97.

97. Cyril Connolly, "Year Nine", em *The Condemned Playground*, op. cit., p. 158.

98. Carta de Huxley a Harold Raymond, 19 mar. 1932, em Grover Smith, op. cit., p. 359.

99. Apud Peter Edgerly Firchow, *The End of Utopia: A Study of Aldous Huxley's Brave New World*. Plainsboro Township: Associated University Presses, 1984, p. 135.

100. Ibid., p. 59.

101. H. G. Wells, *The Shape of Things to Come*. Londres: Gollancz, 2017, p. 354.

102. Mackenzie, op. cit., p. 394.

103. Wells, *Experiment in Autobiography*, op. cit., p. 797.

104. Ibid., p. 806.

105. Ibid., p. 819.

106. Mackenzie, op. cit., p. 381.

107. Ibid., p. 403.

108. *The New York Times Magazine*, 17 abr. 1927.

109. Ibid.

110. Mackenzie, op. cit., p. 391.

111. Orwell, resposta a J. F. Horrabin, *Tribune*, 19 maio 1944, *CW XVI*, 2467, p. 186.

112. Orwell, resenha de *Film Stories* de H. G. Wells, *Tribune*, 21 jun. 1940, *CW XII*, 640, p. 191.

113. Carta de Orwell a Brenda Salkeld, jun. 1933, *CW X*, 176, p. 317.

114. Orwell, *CW IX*, p. 197.

115. Kingsley Martin, *Editor: A Second Volume of Autobiography 1931-45*. Londres: Hutchinson & Co., 1968, p. 107.

116. Apud Mackenzie, op. cit., p. 424.

117. Ibid., p. 413.

118. Ibid., p. 445.

5. RÁDIO ORWELL [pp. 133-60]

1. Orwell, "War-Time Diary", 14 mar. 1942, *CW XIII*, 1025, p. 229.

2. Anthony Powell, *To Keep the Ball Rolling*. Portsmouth: Heinemann, 1978, p. 24. v. 2: *Messengers of Day*.

3. Orwell, "Wells, Hitler and the World State", *CW XII*, 837, p. 537.

4. Ibid., p. 540.

5. Carta de Orwell a Stephen Spender, 15 abr. 1938, *CW XI*, 435, p. 132.

6. George Woodcock, *Orwell's Message: 1984 and the Present*. Pender Harbour: Harbour Publishing, 1984, p. 124.

7. Carta de Orwell a Stephen Spender, 15 abr. 1938, *CW XI*, 435, p. 132.

8. O relato mais confiável do jantar está nos diários de Inez Holden, reimp. em Crick, op. cit., pp. 429-30.

9. Crick, op. cit., p. 430.

10. Orwell, "The Rediscovery of Europe", *The Listener*, 19 mar. 1942, *CW XIII*, 1014, p. 213.

11. Carta de H. G. Wells a *The Listener*, 9 abr. 1942, *CW XIII*, p. 218.

12. Apud Sherbone, op. cit., p. 333.

13. Carta de Orwell a Philip Rahv, 9 dez. 1943, *CW XVI*, 2390, p. 22.

14. Orwell, "English Writing in Total War", *The New Republic*, 14 jul. 1941, *CW XII*, 831, p. 530.

15. H. V. Morton, *I, James Blunt*. Londres: Methuen & Co., 1942, p. 58.

16. Robin Maugham, *The 1946 MS*. Londres: War Facts Press, 1943, p. 45.

17. Orwell, "Review of Pamphlet Literature", *New Statesman and Nation*, 9 jan. 1943, *CW XIV*, 1807, p. 301.

18. Orwell, "London Letter", *Partisan Review*, mar.-abr. 1941, *CW XII*, 740, p. 355.

19. Connolly, *The Condemned Playground*, op. cit., p. 273.

20. Orwell, resenha de *An Epic of the Gestapo* de Sir Paul Dukes, *Tribune*, 13 set. 1940, *CW XII*, 686, p. 258.

21. Orwell, resenha de *The Lights Go Down* de Erika Mann, *Tribune*, 23 ago. 1940, *CW XII*, 676, p. 238.

22. Orwell, resenha de *Never Come Back* de John Mair, *New Statesman and Nation*, 4 jan. 1941, *CW XII*, 741, p. 359.

23. Orwell, "Confessions of a Book Reviewer", *Tribune*, 3 maio 1946, *CW XVIII*, 2992, p. 302.

24. Anthony Powell, *To Keep the Ball Rolling*. Portsmouth: Heinemann, 1976, p. 139. v. 1: *Infants of the Spring*.

25. Orwell, *Time and Tide*, 9 ago. 1941, *CW XII*, 840, p. 542.

26. Orwell, *Time and Tide*, 25 jan. 1941, *CW XII*, 751, p. 375.

27. Orwell, *Time and Tide*, 21 dez. 1940, *CW XII*, 727, p. 315.

28. Ibid.

29. Orwell, "As I Please", *Tribune*, 31 dez. 1943, *CW XVI*, 2398, p. 46.

30. Orwell, "London Letter", *CW XII*, 740, p. 354.

31. Orwell, "War-Time Diary", 7 set. 1940, *CW XII*, 685, p. 254.

32. Orwell, "War-Time Diary", 19 out. 1940, *CW XII*, 698, p. 277.

33. Orwell, "In Defence of P. G. Wodehouse", *The Windmill*, n. 2, jul. 1945, *CW XVII*, 2624, p. 60.

34. Orwell, "War-Time Diary", 6 jul. 1941, *CW XII*, 829, p. 525; e Orwell, *CW IX*, p. 189.

35. Orwell, "War-Time Diary", 18 maio 1941, *CW XII*, 803, p. 501.

36. Crick, op. cit., p. 356.

37. Orwell, "Poetry and the Microphone", *The New Saxon Pamphlet*, n. 3, mar. 1945, *CW XVII*, 2629, p. 79.

38. Orwell, "Literature and Totalitarianism", 21 maio 1941, *CW XII*, 804, p. 504.

39. Coppard e Crick, op. cit., p. 177.

40. Orwell, "War-Time Diary", 28 ago. 1941, *CW XIII*, 849, p. 23.

41. Orwell, "The Freedom of the Press", *CW XVII*, 2721, p. 2560.

42. Orwell, *CW IX*, p. 5.

43. Ibid., p. 313.

44. Orwell, "As I Please", *Tribune*, 18 ago. 1944, *CW XIX*, 2534, p. 338.

45. Orwell, "As I Please", *Tribune*, 4 abr. 1947, *CW XIX*, 3208, p. 118.

46. Orwell, "Poetry and the Microphone", *CW XVII*, 2629, p. 80. [Ed. bras.: "A poesia e o microfone", In: *Como morrem os pobres e outros ensaios*. São Paulo: Companhia das Letras, 2011.]

47. Orwell, "London Letter", *Partisan Review*, jul.-ago. 1941, *CW XII*, 787, p. 472.

48. Wadhams, op. cit., p. 105.

49. J. B. Clark, memorando da BBC, 19 jan. 1943.

50. Orwell, "As I Please", 7 abr. 1944, *CW XVI*, 2450, p. 147.

51. Memorando de Z. A. Bokhari a Orwell, 23 set. 1941, *CW XIII*, 846, p. 12.

52. W. J. West (org.), *George Orwell, The War Broadcasts*. Londres: Gerald Duckworth & Co., 1985, p. 13.

53. Orwell, "Poetry and the Microphone", *CW XVII*, 2629, p. 79.

54. Orwell, "Voice", 11 ago. 1942, *CW XIII*, 1373, p. 459.

55. Orwell, "War-Time Diary", 27 mar. 1942, *CW XIII*, 1064, p. 249.

56. Orwell, "War-Time Diary", 14 mar. 1942, *CW XIII*, 1025, p. 229.

57. Orwell, "War-Time Diary", 18 jun. 1942, *CW XIII*, 1231, p. 366.

58. Wadhams, op. cit., p. 132.

59. "Pacifism and the War: A Controversy", *CW XIII*, 1270, p. 395.

60. Carta de Orwell a George Woodcock, 2 dez. 1942, *CW XIV*, 1711, p. 214.

61. Wadhams, op. cit., p. 128.

62. *Arena: George Orwell*, op. cit.

63. Orwell, "As One Non-Combatant to Another (A Letter to 'Obadiah Hornbooke')", *Tribune*, 18 jun. 1943, em*The Complete Works of George Orwell XV: Two Wasted Years 1943*. Londres: Secker & Warburg, 2001, 2138, p. 144. [A partir daqui citado como *CW XV*.]

64. Orwell, "War-Time Diary", abr. 1942, *CW XIII*, 1124, pp. 288-9.

65. Crick, op. cit., p. 432.

66. Orwell, adaptação de *Macbeth*, BBC Eastern Service, 17 out. 1943, 2319, pp. 280-1.

67. Orwell, "Can Socialists Be Happy?", *CW XVI*, 2397, p. 40. [Ed. bras.:

"Socialistas podem ser felizes?", In: *O que é fascismo e outros ensaios*. São Paulo: Companhia das Letras, 2017.]

68. Orwell, "Politics vs Literature", *CW XVIII*, 3089, p. 427. [Ed. bras.: "Política *versus* literatura: Uma análise de Viagens de Gulliver", *Dentro da baleia e outros ensaios*, op. cit.]

69. Orwell, "Too Hard on Humanity", *The Listener*, 26 nov. 1942, *CW XIV*, 1637, p. 161.

70. *The Observer*, 29 jan. 1950, reimp, Meyers (org.), op. cit., p. 298.

71. Orwell, "Can Socialists Be Happy?", *CW XVI*, 2397, p. 40.

72. Orwell, "Review of an Unknown Land", *CW XIV*, 1768, p. 254.

73. Orwell, programa sobre Jack London, BBC, 5 mar. 1943, *CW XV*, 1916, p. 5.

74. Ibid., p. 6.

75. Orwell, Introdução a *Love of Life and Other Stories* de Jack London, 1945, CW XVII, 2781, p. 355.

76. Andrew Sinclair, *Jack: A Biography of Jack London*. Londres: Weidenfeld & Nicolson, 1978, p. 108.

77. Jack London, "How I Became a Socialist", *The Comrade*, mar. 1903.

78. Joan London, *Jack London and His Times: An Unconventional Biography*. Nova York: Doubleday, Doran & Company, 1939, p. 308.

79. Jack London, *The Iron Heel*. Everett: Everett & Co., 1908, p. 195. [Ed. bras.: *O tacão de ferro*. São Paulo: Boitempo, 2003.]

80. Earle Labor, *Jack London*. Nova York: Twayne, 1974, p. 114.

81. Apud Joan London, op. cit., p. 315.

82. Orwell, "Jack London", Forces Educational Broadcast, Light Program, BBC, 8 out. 1945, *CW XVII*, 2761, p. 303.

83. Introdução a *Love of Life and Other Stories*, op. cit, *CW XVII*, 2781, p. 354.

84. Orwell, emissão da BBC sobre Jack London, *CW XV*, p. 6.

85. Ibid., p. 7.

86. Ibid.

87. Ibid.

88. Orwell, *The Lion and the Unicorn*, *CW XII*, 763, p. 396.

89. Jack London, *The Iron Heel*, op. cit., p. 4.

90. Orwell, *CW IX*, p. 29.

91. Orwell, *CW IX*, p. 162.

92. Ibid., p. 163.

93. Icke e Macmillan, op. cit., p. 13.

94. Earl G. Ingersoll (org.), *Waltzing Again*. Toronto: Ontario Review Press, 2006, p. 116.

95. Jesse Kinos-Goodwin, "We Are Reading *1984* Wrong, According to Margaret Atwood", CBC, 9 maio 2017.

96. Carta de Wells a Shaw, 22 abr. 1941.

97. Carta de Wells ao *British Weekly*, 26 jun. 1939, apud Mackenzie, op. cit., p. 420.

98. Carta de Orwell a Rayner Heppenstall, 24 ago. 1943, *CW XV*, 2247, p. 206.

99. Carta de Eileen Blair a Orwell, 21 mar. 1945, Belong, *CW XVII*, 2638, p. 99.

100. Rushbrook Williams, relatório anual confidencial sobre George Orwell, 7 ago. 1943.

101. Ver o relato de Elizabeth Knights em entrevista transcrita para *Arena: George Orwell*, op. cit.

102. Orwell, "Looking Back on the Spanish War", *CW XIII*, 1421, p. 503.

103. Ibid., p. 504.

104. Ibid.

105. Ibid., p. 505.

106. Imperador Hirohito, 26 out. 1943.

107. Orwell, *CW IX*, p. 282.

108. Orwell, "The Last Man in Europe", *CW XV*, 2377, p. 368.

109. Orwell, "Looking Back on the Spanish War", *CW XIII*, 1421, p. 505.

6. O HEREGE [pp. 161-83]

1. Yevgeny Zamyatin, "Letter to Stalin" (1931), em *Soviet Heretic*. Trad. de Mirra Ginsberg. Londres: Quartet, 1991, p. 305.

2. Carta de Orwell a Gleb Struve, 17 fev. 1944, *CW XVI*, 2421, p. 98.

3. Orwell, "Freedom and Happiness", *CW XVIII*, 2841, p. 13.

4. Carta de Orwell a Warburg, 22 nov. 1948, *CW XIX*, 3495, p. 471.

5. Alex M. Shane, *The Life and Works of Evgenij Zamjatin*. Berkeley: University of California Press, 1968, p. 140.

6. Isaac Deutscher, "*1984* — The Mysticism of Cruelty", emRaymond Williams (org.), *George Orwell: A Collection of Critical Essays*. Upper Saddle River: Prentice-Hall, 1974, p. 120.

7. Orwell, "As I Please", *Tribune*, 24 jan. 1947, *CW XIX*, 3158, p. 26.

8. Zamyatin, "Autobiography" (1922), em *Soviet Heretic*, op. cit., p. 4.

9. Zamyatin, "Contemporary Russian Literature" (1918), em *Soviet Heretic*, op. cit., p. 44.

10. Yevgeny Zamyatin, *We*. Trad. de Natasha Randall. Londres: Vintage, 2007, p. 42. [Ed. bras.: Ievguêni Zamiátin, *Nós*. São Paulo: Aleph, 2017.]

11. Ibid., p. 191.

12. Ibid., p. 193.

13. Zamyatin, "On Literature, Revolution, Entropy, and Other Matters" (1923), em *Soviet Heretic*, op. cit., pp. 111-2.

14. Shane, op. cit., p. 92.

15. Zamyatin, *We*, op. cit., p. 3.

16. Ibid., p. 119.

17. Ibid., p. 67.

18. Orwell, "Freedom and Happiness", *CW XVIII*, 2841, p. 14.

19. Zamyatin, *We*, op. cit., p. 158.

20. Ibid., p. 203.

21. Orwell, "Freedom and Happiness", *CW XVIII*, 2841, p. 13.

22. Yevgeny Zamyatin, "Autobiography" (1922), em *Soviet Heretic*, op. cit., p. 4.

23. Zamyatin, "Autobiography" (1924), em *Soviet Heretic*, op. cit., p. 5.

24. Zamyatin, "Autobiography" (1929), em *Soviet Heretic*, op. cit., p. 9.

25. Gleb Struve, *25 Years of Soviet Russian Literature (1918-1943)*. Londres: George Routledge & Sons, 1944, p. 22.

26. Zamyatin, "Autobiography" (1929), em *Soviet Heretic*, op. cit., p. 10.

27. Zamyatin, "Autobiography" (1922), em *Soviet Heretic*, op. cit., p. 4.

28. Zamyatin, "Moscow-Petersburg" (1933), em *Soviet Heretic*, op. cit., p. 144.

29. Zamyatin, "Tomorrow" (1919), em *Soviet Heretic*, op. cit., p. 51.

30. Ibid.

31. Zamyatin, "Scythians?" (1918), em *Soviet Heretic*, op. cit., p. 22.

32. Zamyatin, "Maxim Gorky" (1936), em *Soviet Heretic*, op. cit., p. 250.

33. Zamyatin, "I Am Afraid" (1921), em *Soviet Heretic*, op. cit., p. 57.

34. Apud Martin Amis, *Koba the Dread*. Londres: Vintage, 2003, p. 168.

35. Zamyatin, "I Am Afraid" (1921), em *Soviet Heretic*, op. cit., p. 57.

36. Martha Weitzel Hickey, *The Writer in Petrograd and the House of Arts*. Evanston: Northwestern University Press, 2009, p. 137.

37. Zamyatin, "H. G. Wells" (1922), em *Soviet Heretic*, op. cit., p. 259.

38. Ibid., p. 287.

39. Ibid., p. 290.

40. Orwell, "Freedom and Happiness", *CW XVIII*, 2841, pp. 14-5.

41. Zamyatin, *We*, op. cit., p. 8.

42. Ibid., p. 187.

43. Orwell, *CW IX*, p. 275.

44. Fyodor Dostoyevsky, *Notes from Underground and The Double*. Londres: Penguin, 2009, p. 12. [Ed. bras.: Fiódor Dostoiévski, *Memórias do subsolo*. São Paulo: Ed. 34, 2000.]

45. Ibid., p. 32.

46. Orwell, *CW IX*, p. 84.

47. Orwell, "Freedom and Happiness", *CW XVIII*, 2841, p. 15.

48. Carta de Orwell a Warburg, 30 mar. 1949, *CW XIX*, 3583, p. 72.

49. Ayn Rand, *Anthem*. Londres: Cassell & Company, 1938, p. 134.

50. Robert Mayhew (org.), *Essays on Ayn Rand's Anthem*. Minneapolis: Lexington Books, 2005, p. 119.

51. Ibid., p. 56.

52. Ibid., p. 24.

53. Rand, *Anthem*, op. cit., p. 141.

54. *THX 1138* (dir. George Lucas), 1971.

55. Apud John Baxter, *George Lucas: A Biography*. Nova York: HarperCollins, 1999, p. 104.

56. Ibid.

57. Texto de capa, Rush, *2112* (Anthem Records, 1976).

58. J. Kordosh, "Rush. But Why Are They in Such a Hurry?", *Creem*, jun. 1981.

59. Zamyatin, *We*, op. cit., pp. 12-3.

60. Mayhew (org.), op. cit., p. 26.

61. *Uma Aventura Lego* (dir. Phil Lord e Christopher Miller, 2014).

62. Carta de Gleb Struve ao *Tribune*, 25 jan. 1946, *CW XVIII*, 2841, p. 16.

63. *Les Nouvelles Littéraires*, n. 497, 23 abr. 1932.

64. Apud D. J. Richards, *Zamyatin: A Soviet Heretic*. Cambridge: Bowes & Bowes, 1962, p. 43.

65. Hillegas, op. cit., p. 105.

66. Mayhew (org.), op. cit., p. 139.

67. Zamyatin, *We*, op. cit., p. 153.

68. Shane, op. cit., p. 27.

69. Ibid., p. 59.

70. Orwell, "The Prevention of Literature", *Polemic*, jan. 1946, *CW XVII*, 2792, p. 378. [Ed. bras.: "A prevenção contra a literatura", *Como morrem os pobres e outros ensaios*, op. cit.]

71. Zamyatin, "Paradise" (1921), *em Soviet Heretic*, op. cit., p. 65.

72. Zamyatin, "Moscow-Petersburg", *em Soviet Heretic*, op. cit., p. 153.

73. Apud Victor Serge, *Memoirs of a Revolutionary*. Nova York: NYRB, 201), p. 308. [Ed. bras.: *Memórias de um revolucionário*. São Paulo: Companhia das Letras, 1987.]

74. Arendt, *The Origins of Totalitarianism*, op. cit., p. 537.

75. Serge, op. cit., p. 308.

76. Apud Max Eastman, *Artists in Uniform*. Crowns Nest: G. Allen & Unwin, 1934, p. 87.

77. Ibid., p. 85.

78. Struve, op. cit., p. 130.

79. Zamyatin, "Letter to Stalin", em *Soviet Heretic*, op. cit., p. 300.

80. Ibid., p. 301.

81. Ibid., p. 302.

82. Wells, *Experiment in Autobiography*, op. cit., p. 313.

83. Zamyatin, "Maxim Gorky", em *Soviet Heretic*, op. cit., p. 254.

84. Lyons, op. cit., pp. 494-95.

85. Serge, op. cit., p. 316.

86. Crossman (org.), op. cit., p. 207.

87. Zamyatin, *We*, op. cit., p. 92.

7. FATOS INCONVENIENTES [pp. 184-221]

1. Orwell, "Notes on Nationalism", *Polemic*, n. 1, out. 1945, *CW XVII*, 2668, p. 154.

2. Carta de Orwell a Struve, *CW XVI*, 2421, p. 99.

3. Orwell, "As I Pleased", *Tribune*, 31 jan. 1947, *CW XIX*, 3167, p. 38.

4. Ibid., p. 37.

5. Wadhams, op. cit., p. 139.

6. Orwell, "As I Please", *Tribune*, 12 maio 1944, *CW XVI*, 2467, p. 183.

7. Orwell, "As I Please", *Tribune*, 28 abr. 1944, *CW XVI*, 2460, p. 172.

8. Orwell, *CW IX*, p. 267. [Ed. bras.: p. 299.]

9. Daniel Kelly, *James Burnham and the Struggle for the World: A Life*. Wilmington: ISI Books, 2002, p. 97.

10. Orwell, "The Christian Reformers", *Manchester Evening News*, 7 fev. 1946, *CW XVIII*, 2877, p. 65.

11. James Burnham, *The Managerial Revolution: What Is Happening in the World*. Omaha: John Day Company, 1941, p. 75.

12. Ibid., p. 173.

13. Orwell, "As I Please", *Tribune*, 14 jan. 1944, *CW XVI*, 2404, p. 61.

14. Ibid.

15. Carta de James Burnham ao *Tribune*, 24 mar. 1944, *CW XVI*, 2404, p. 62.

16. Resposta de Orwell a Burnham, ibid., p. 64.

17. Orwell, *CW IX*, p. 41.

18. Kelly, op. cit., p. 118.

19. Orwell, resenha de *The Machiavellians* de James Burnham, *Manchester Evening News*, 20 jan. 1944, *CW XVI*, 2407, p. 74.

20. Orwell, "Second Thoughts on James Burnham", *Polemic*, n. 3, maio 1946, *CW XVIII*, 2989, p. 275.

21. Ibid., p. 280.

22. Orwell, "As I Please", *CW XVI*, 2404, p. 61.

23. Orwell, "Second Thoughts on James Burnham", *CW XVIII*, 2989, p. 283.

24. Orwell, *CW XIX*, p. 14.

25. Orwell, "Catastrophic Gradualism", *C. W. Review*, nov. 1945, *CW XVII*, 2778, p. 344.

26. Orwell, *CW IX*, p. 276.

27. James Burnham, *The Machiavellians: Defenders of Freedom*. Boston: Putnam & Company, 1943, p. 182.

28. Orwell, *CW IX*, p. 275.

29. Carta de Orwell a Noel Willmett, 18 maio 1944, *CW XVI*, 2471, p. 191.

30. Carta de Burnham ao *Tribune*, *CW XVI*, 2404, p. 62.

31. F. A. Hayek, *The Road to Serfdom*. Londres: George Routledge & Sons, 1946, p. 10. [Ed. bras.: *O caminho da servidão*. São Paulo: LVM, 2010.]

32. Ibid., p. 84.

33. Orwell, resenha de *The Road to Serfdom* de F. A. Hayek e *The Mirror of the Past* de K. Zilliacus, *Observer*, 9 abr. 1944, *CW XVI*, 2451, p. 149.

34. Ibid.

35. Carta de Orwell a Gollancz, 19 mar. 1944, *CW XVI*, 2437, p. 127.

36. Crick, op. cit., p. 254.

37. Ibid., p. 456.

38. Inez Holden, apud *CW XVI*, p. 266.

39. Crick, op. cit., p. 458.

40. Orwell, "The Freedom of the Press", *CW XVII*, 2721, p. 254. [Ed. bras.: "A liberdade de imprensa", *Como morrem os pobres e outros ensaios*, op. cit.]

41. Carta de Orwell a Gollancz, 14 mar. 1947, *CW XIX*, 3191, p. 78.

42. Warburg, op. cit., p. 47.

43. David C. Smith, op. cit., p. 473.

44. Stefan Schimanski e Henry Treece (orgs.), *Leaves in the Storm: A Book of Diaries*. Londres: Lindsay Drummond, 1947, pp. 241-5.

45. Carta de Orwell a T.S. Eliot, 28 jun. 1944, *CW XVI*, 2496, p. 269.

46. Ver o relato de Rayner Heppenstall em Coppard e Crick, op. cit., p. 114.

47. Wadhams, op. cit., p. 147.

48. Orwell, "London Letter", *Partisan Review*, inverno 1944-5, p. 411.

49. Ibid., pp. 413-5.

50. Orwell, "As I Please", *Tribune*, 1º dez. 1944, 2586, p. 487.

51. Orwell, "Survey of 'Civvy Street' ", *The Observer*, 4 jun. 1944, *CW XVI*, 2484, p. 249.

52. Arthur Koestler, *Darkness at Noon*. Trad. de Daphne Hardy. Londres: Vintage, 2005. [Ed. bras.: *O zero e o infinito*. São Paulo: Globo, 1987.]

53. Michael Scammell, *Koestler: The Indispensable Intellectual*. Londres: Faber & Faber, 2010, p. 160.

54. Crossman (org.), op. cit., p. 82.

55. Ibid., p. 78.

56. David Cesarani, *Arthur Koestler: The Homeless Mind*. Londres: William Heinemann, 1998, p. 175.

57. Orwell, *CW IX*, p. 245.

58. Orwell, resenha de *Darkness at Noon* de Arthur Koestler etc., *New Statesman and Nation*, 4 jan. 1941, *CW XII*, 741, p. 358.

59. Koestler, op. cit., p. 18.

60. Conquest, op. cit., p. 113.

61. Orwell, resenha de *Darkness at Noon* de Arthur Koestler, *CW XII*, 741, p. 358.

62. Koestler, op. cit., p. 183.

63. Orwell, *CW IX*, pp. 26-7.

64. Conquest, op. cit., p. 122.

65. Orwell, *CW IX*, p. 290. [Ed. bras.: p. 323.]

66. Koestler, op. cit., p. 97.

67. Ibid., p. 83.

68. Ibid., p. 204.

69. Orwell, *CW IX*, p. 267. [Ed. bras.: p. 299.]

70. Orwell, "Arthur Koestler", *CW XVI*, 2548, p. 400.

71. Ibid., p. 399.

72. Ibid., p. 400.

73. Orwell, resenha de *Twilight Bar* de Arthur Koestler, *Tribune*, 30 nov. 1945, *CW XVII*, 2808, p. 406.

74. Scammell, op. cit., p. 265.

75. Ver Ernest Hemingway, *True at First Light*. Londres: William Heinemann, 1999), pp. 139-40, e Paul Potts em Coppard e Crick, op. cit., p. 257.

76. Orwell, "Creating Order Out of Cologne Chaos: Water Supplied from Carts", *The Observer*, 23 mar. 1945, *CW XVII*, 2641, p. 107.

77. Carta de Eileen Blair a Orwell, 21 mar. 1945, *CW XVII*, 2638, p. 96.

78. Ibid., p. 99.

79. Carta de Orwell a Anthony Powell, 13 abr. 1945, *CW XVII*, 2656, p. 124.

80. *Arena: George Orwell*, op. cit.

81. Orwell, "Future of a Ruined Germany: Rural Slum Cannot Help Europe", *The Observer*, 8 abr. 1945, *CW XVII*, 2654, p. 122.

82. Orwell, "Revenge Is Sour", *Tribune*, 8 nov. 1945, *CW XVII*, 2786, p. 362.

83. Orwell, "As I Please", *Tribune*, 12 jan. 1945, *CW XVII*, 2603, p. 19.

84. Orwell, "As I Please", *Tribune*, 15 nov. 1946, *CW XVIII*, 3115, p. 483.

85. Ibid., p. 484.

86. Orwell, "The Last Man in Europe", *CW XV*, 2377, p. 269.

87. Peter Davison (org.), *George Orwell, Nineteen Eighty-Four: The Facsimile of the Extant Manuscript*. Londres: Secker & Warburg, 1984, pp. 29-31.

88. Orwell, *CW V*, p. 103.

89. Orwell, "As I Please", *Tribune*, 10 dez. 1943, *CW XVI*, 2391, p. 23.

90. Orwell, "Antisemitism in Britain", *Contemporary Jewish Record*, abr. 1945, *CW XVII*, p. 70.

91. Orwell, "Notes on Nationalism", *CW XVII*, 2668, p. 142.

92. Orwell, *CW IX*, p. 223.

93. Orwell, "Notes on Nationalism", *CW XVII*, 2668, p. 155.

94. Orwell, "Antisemitism in Britain", *CW XVII*, p. 70.

95. Ibid., p. 65.

96. Ibid., p. 66.

97. Orwell, "As I Please", *Tribune*, 8 dez. 1944, *CW XVI*, 2590, p. 495.

98. Orwell, "Notes on Nationalism", *CW XVII*, 2668, p. 148.

99. *Daily Mail*, 5 jun. 1945.

100. Bew, op. cit., p. 333.

101. David Kynaston, *Austerity Britain 1945-51*. Londres: Bloomsbury, 2008, p. 43.

102. Orwell, "London Letter", *Partisan Review*, verão 1945, *CW XVII*, 2672, p. 164.

103. Orwell, "London Letter", *Partisan Review*, outono 1945, *CW XVII*, 2719, p. 246.

104. Bew, op. cit., p. 348.

105. Mollie Panter-Downes, "Letter from London", *The New Yorker*, 4 ago. 1945.

106. Bew, op. cit., p. 233.

107. Ibid., p. 235.

108. Michael Foot, *Aneurin Bevan 1897-1960*. Londres: Victor Gollancz, 1997, p. 233.

109. *Tribune*, 30 mar. 1945.

110. Orwell, "War-Time Diary", 19 maio 1942, *CW XIII*, 1182, p. 331.

111. Orwell, "London Letter", *CW XVII*, 2719, pp. 248-9.

112. Orwell, "The British General Election", *Commentary*, nov. 1945, *CW XVII*, 2777, p. 340.

113. Carta de Orwell a Roger Senhouse, 17 mar. 1945, *CW XVII*, 2635, p. 90.

114. Warburg, op. cit., p. 51.

115. Orwell, prefácio à ed. ucraniana de *A revolução dos bichos*, mar. 1947, *CW XIX*, 3198, p. 88. [Ed. bras.: "Prefácio do autor à edição ucraniana (1947)", In: *A revolução dos bichos*. São Paulo: Companhia das Letras, 2007.]

116. Graham Greene, *Evening Standard*, 10 ago. 1945, reimp, Meyers (org.), op. cit., p. 196.

117. Carta de Orwell a Leonard Moore, 19 mar. 1944, *CW XVI*, 2436, p. 126.

118. Carta de Orwell a Rayner Heppenstall, 25 jan. 1947, *CW XIX*, 3163, p. 32.

119. Margaret Atwood, "George Orwell: Some Personal Connections", em *Curious Pursuits*, op. cit., p. 333.

120. Orwell, *The Complete Works of George Orwell VIII: Animal Farm*. Londres: Secker & Warburg, 1997, p. 53. [A partir daqui citado como *CW VIII*.] [Ed. bras.: *A revolução dos bichos*, op. cit.]

121. Orwell, *Nineteen Eighty-Four: The Facsimile*, op. cit., p. 309.

122. Orwell, *CW VIII*, p. 53.

123. Ibid., p. 90.

124. Ibid., pp. 43-4.

125. Orwell, *CW IX*, pp. 38-9.

126. Orwell, *CW VIII*, p. 55.

127. Ibid., p. 63.

128. Ibid., p. 21.

129. Ibid., p. 59.

130. Orwell, *CW IX*, p. 96.

131. Ibid.

132. Wadhams, op. cit., p. 159.

133. Coppard e Crick, op. cit., p. 195.

134. Crick, op. cit., p. 395.

135. Ver Paul Potts em Coppard e Crick, op. cit., p. 253.

136. Carta de Orwell a Philip Rahv, 9 abr. 1946, *CW XVIII*, 2966, p. 231.

137. Ver Susan Watson em Coppard e Crick, op. cit., p. 220.

138. Orwell, "As I Please", *Tribune*, 7 jan. 1944, 2401, p. 55.

139. Carta de Orwell a Katharine, duquesa de Atholl, 15 nov. 1945, *CW XVII*, 2795, p. 385.

140. Wadhams, op. cit., p. 168.

141. Carta de William Empson a Orwell, 24 ago. 1945, em Crick, op. cit., p. 492.

142. Carta de Orwell a Dwight Macdonald, 5 dez. 1946, *CW XVIII*, 3218, p. 506.

143. Kingsley Martin, *New Statesman and Nation*, 8 set. 1945, em Meyers (org.), op. cit., p. 197.

144. Orwell, *CW VIII*, p. 87.

145. Orwell, "Catastrophic Gradualism", *CW XVII*, 2778, p. 343.

146. George Orwell e Reginald Reynolds (orgs.), "Introduction to British Pamphleteers", v. 1, 1948, *CW XIX*, 3206, p. 109.

147. Carta de Orwell a Macdonald, *CW XVIII*, 3218, p. 507.

148. Orwell, "London Letter", *CW XVII*, 2719, p. 249.

149. Kynaston, op. cit., p. 69.

150. Orwell, "London Letter", *CW XVII*, 2719, p. 246.

151. Panter-Downes, "Letter from London", *The New Yorker*, 1º set. 1945.

152. Orwell, resenha de *That Hideous Strength* de C. S. Lewis, *Manchester Evening News*, 16 ago. 1945, *CW XVII*, 2720, p. 250.

153. Orwell, resenha de *Mind at the End of Its Tether*, *CW XVII*, 2784, p. 359.

154. Orwell, "You and the Atom Bomb", *Tribune*, 19 out. 1945, *CW XVII*, 2770, p. 321.

155. Orwell, "Toward European Unity", *Partisan Review*, jul.-ago. 1947, *CW XIX*, 3244, p. 163.

8. TODO LIVRO É UM FRACASSO [pp. 222-51]

1. Orwell, *CW IX*, p. 9.

2. Apud Christopher Hollis, *A Study of George Orwell: The Man and His Works*. Londres: Hollis & Carter, 1956, p. 207.

3. Orwell, "Old George's Almanac", *Tribune*, 28 dez. 1945, *CW XVII*, 2829, p. 462.

4. Coppard e Crick, op. cit., p. 204.

5. Huxley, *Brave New World and Brave New World Revisited*, op. cit., p. 13.

6. Albert Camus, *Neither Victims nor Executioners*. Trad. de Dwight Macdonald. Chicago: World Without War Publications, 1972, p. 19.

7. Orwell, "London Letter", *Partisan Review*, verão 1946, *CW XVIII*, 2990, p. 288.

8. Michael Meyer, "Memories of George Orwell", em Gross (org.), op. cit., p. 133.

9. Christopher Sykes, *The New Republic*, 4 dez. 1950, em Meyers (org.), op. cit., p. 308.

10. Malcolm Muggeridge, *Like It Was: The Diaries of Malcolm Muggeridge*. Londres: Collins, 1981, p. 199.

11. Carta de David Cole ao *Tribune*, 27 jul. 1945, *CW XVII*, 2691, p. 203.

12. Carta de Orwell a George Woodcock, 4 jan. 1948, *CW XIX*, 3329, p. 254.

13. Carta de Orwell a Anne Popham, 15 mar. 1946, *CW XVIII*, 2931, pp. 153-54.

14. Carta de Orwell a Anne Popham, 18 abr. 1946, *CW XVIII*, 2978, p. 248.

15. Carta de Orwell a Dorothy Plowman, 19 fev. 1946, *CW XVIII*, 2903, p. 115.

16. Carta de Orwell a Anne Popham, 15 mar. 1946, *CW XVIII*, 2931, p. 153.

17. Wadhams, op. cit., p. x.

18. Orwell, "On Housing", *Tribune*, 25 jan. 1946, *CW XVIII*, 2881, p. 77.

19. Orwell, "The Prevention of Literature", *CW XVII*, 2792, p. 378.

20. Orwell, "Some Thoughts on the Common Toad", *Tribune*, 12 abr. 1946, *CW XVIII*, 2970, p. 240.

21. Orwell, "Just Junk — But Who Could Resist It", *Evening Standard*, 5 jan. 1946, *CW XVIII*, 2842, pp. 17-9.

22. Orwell, "In Front of Your Nose", *Tribune*, 22 mar. 1946, *CW XVIII*, 2940, p. 162.

23. Ibid., p. 163.

24. Orwell, "Freedom of the Park", *Tribune*, 7 dez. 1945, *CW XVII*, 2813, p. 418. [Ed. bras.: "A liberdade do parque", *Como morrem os pobres e outros ensaios*, op. cit.]

25. Orwell, "Politics and the English Language", *Horizon*, abr. 1946, *CW XVII*, 2815, p. 425. [Ed. bras.: "A política e a língua inglesa", *Como morrem os pobres e outros ensaios*, op. cit.]

26. Ibid., p. 427.

27. Orwell, "Why I Write", *CW XVIII*, 3007, p. 319. [Ed. bras.: "Por que escrevo", *Dentro da baleia e outros ensaios*, op. cit.]

28. Ibid., p. 320.

29. Orwell, "London Letter", *Partisan Review*, verão 1946, *CW XIII*, 2990, p. 289.

30. Wadhams, op. cit., p. 181.

31. Carta de Orwell a David Astor, 9 out. 1948, *CW XIX*, 3467, p. 450.

32. Carta de Orwell a Tosco Fyvel, 31 dez. 1947, *CW XIX*, 3322, p. 241.

33. Carta de Orwell a Humphrey Slater, 26 set. 1946, *CW XVIII*, 3084, p. 408.

34. Wadhams, op. cit., p. 180.

35. Orwell, "Politics vs Literature: An Examination of Gulliver's Travels", *CW XVIII*, 3089, p. 418.

36. Orwell, "Benefit of Clergy: Some Notes on Salvador Dalí", 1 jun. 1944, *CW XVI*, 2481, pp. 237-8.

37. Orwell, "Writers and Leviathan", *CW XIX*, 3364, p. 288.

38. Orwell, "Politics vs. Literature", *CW XVIII*, 3089, p. 418.

39. H. G. Wells, "My Auto-Obituary", *Strand Magazine*, v. 1041, jan. 1943.

40. Orwell, "The True Pattern of H. G. Wells", *Manchester Evening News*, 14 ago. 1946, em *The Lost Orwell*, op. cit., p. 139.

41. H. G. Wells, "Preface to the 1941 Edition", *The War in the Air*. Londres: Penguin, 1941, p. 9.

42. Orwell, resenha de *Spearhead*, org. por James Laughlin, *Times Literary Supplement*, 17 abr. 1948, *CW XIX*, 3380, p. 316.

43. Apud Rodden, *The Politics of Literary Reputation*, op. cit., p. 44.

44. Orwell, "Good Bad Books", *Tribune*, 2 nov. 1945, *CW XVII*, 2780, p. 348. [Ed. bras.: "Bons livros ruins", *Dentro da baleia e outros ensaios*, op. cit.]

45. *The New Yorker*, 7 set. 1946.

46. *The New Republic*, 2 set. 1946.

47. Orwell, "War-Time Diary", 9 ago. 1940, *CW XII*, 667, p. 229.

48. Wadhams, op. cit., p. 151.

49. Allene Talmey, "Vogue Spotlight", *Vogue*, 15 set. 1946.

50. Orwell, *CW IV*, p. 262.

51. Connolly, *The Evening Colonnade*, op. cit., p. 383.

52. Orwell, "The English People", *CW XVI*, 2475, p. 220.

53. Orwell, resenha de *Native Son* de Richard Wright, etc., *Tribune*, 26 abr. 1940, *CW XII*, 616, p. 152. [Ed. bras.: *Filho nativo*. São Paulo: Best Seller, 1987.]

54. Orwell, resenha de *Sun on the Water* de L. A. G. Strong etc., *Tribune*, 12 abr. 1940, *CW XII*, 610, p. 143.

55. Orwell, "As I Please", *Tribune*, 3 dez. 1943, *CW XVI*, 2385, p. 13.

56. Carta de Richard McLaughlin ao *Tribune*, 17 dez. 1943, *CW XVI*, 2385, pp. 14-5.

57. Arendt, op. cit., p. 451.

58. *The New Statesman and Nation*, 2 nov. 1946, apud Kynaston, op. cit., p. 134.

59. Orwell, "In Defence of Comrade Zilliacus", ago.-set.(?) 1947, *CW XIX*, 3254, p. 181.

60. Orwell, resenha de *The Nineteen-Twenties* de Douglas Goldring, *The Observer*, 6 jan. 1946, *CW XVIII*, 2843, p. 21.

61. Carta de Orwell a Gollancz, 25 mar. 1947, *CW XIX*, 3200, p. 90.

62. Kynaston, op. cit., p. 191.

63. Carta de Orwell a Dwight Macdonald, 15 abr. 1947, *CW XIX*, 3215, p. 128.

64. Orwell, *CW IX*, pp. 85-6.

65. Carta de Orwell a Mamaine Koestler, 24 jan. 1947, *CW XIX*, 3159, pp. 27-8.

66. Orwell, "Burnham's View of the Contemporary World Struggle", *New Leader*, 29 mar. 1947, *CW XIX*, 3204, p. 102.

67. Carta de Orwell a Dwight Macdonald, 15 abr. 1947, *CW XIX*, 3215, pp. 126-8.

68. Orwell, "Burnham's View of the Contemporary World Struggle", *CW XIX*, 3204, pp. 100-1.

69. Orwell, "Toward European Unity", *CW XIX*, 3244, p. 163.

70. Orwell, "As I Please", *Tribune*, 29 nov. 1945, *CW XVIII*, 3126, p. 504.

71. Apud Scott Lucas, *The Betrayal of Dissent: Beyond Orwell, Hitchens & the New American Century* Londres: Pluto, 2004, p. 27.

72. Orwell, "Burnham's View of the Contemporary World Struggle", *CW XIX*, 3204, p. 103.

73. Orwell, "Toward European Unity", *CW XIX*, 3244, p. 167.

74. Orwell, "As I Please", 17 jan. 1947, *CW XIX*, 3153, p. 19.

75. Carta de Orwell a Warburg, 4 fev. 1948, *CW XIX*, 3339, p. 264.

76. Carta de Orwell a Warburg, 31 maio 1947, *CW XIX*, 3232, p. 149.

77. "Mrs. Miranda Wood's Memoir", *The Complete Works of George Orwell XX: Our Job Is to Make Life Worth Living 1949-1950*. Londres: Secker & Warburg, 2002, 3735, p. 301. [A partir daqui citado como *CW XX*.]

78. Ibid.

79. Coppard e Crick, op. cit., p. 231.

80. Carta de Orwell a Tosco Fyvel, 31 dez. 1947, *CW XIX*, 3322, p. 240.

81. Carta de Orwell a Celia Kirwan (née Paget), 27 maio 1948, *CW XIX*, 3405, p. 345.

82. Orwell, "Notes from Orwell's Last Literary Notebook", *CW XX*, 3725, p. 203.

83. Orwell, "How the Poor Die", *Now*, n. 6, nov. 1946, *CW XVIII*, 3104, p. 463.

84. Wadhams, op. cit., p. 197.

85. Orwell, *CW IX*, p. 106.

86. Orwell, "Things Not Foreseen in Youth as Part of Middle Age", anotação em caderno, *c.* maio 1948, *CW XIX*, 3402, p. 340.

87. Carta de Orwell a Julian Symons, 20 abr. 1948, *CW XIX*, 3386, pp. 321-2.

88. Orwell, anotação no diário, 30 mar. 1948, *CW XIX*, 3374, p. 307.

89. Orwell, "Writers and Leviathan", *CW XIX*, 3364, p. 292.

90. Ibid., p. 291.

91. Orwell, anotações preliminares para "Writers and Leviathan", 1948, *CW XIX*, 3365, p. 294.

92. Orwell, anotações preliminares para "George Gissing", 1948, *CW XIX*, 3407, p. 353.

93. Orwell, "George Gissing", maio-jun. 1948(?), *CW XIX*, 3406, p. 352.

94. Orwell, "Such, Such Were the Joys", *CW XIX*, 3409, p. 370.

95. Ibid., p. 383.

96. Orwell, *Nineteen Eighty-Four: The Facsimile*, op. cit., p. 223.

97. Orwell, "Such, Such Were the Joys", *CW XIX*, 3409, p. 359.

98. *The New Yorker*, 28 jan. 1956, em Meyers (org.), op. cit., p. 78.

99. Hilary Spurling, *The Girl from the Fiction Department: A Portrait of Sonia Orwell*. Londres: Penguin, 2003, p. 68.

100. Depoimento transcrito em *Arena: George Orwell*, op. cit.

101. Carta de Orwell a Julian Symons, 2 jan. 1948, *CW XIX*, 3325, p. 249.

102. Orwell, *Nineteen Eighty-Four: The Facsimile*, op. cit., p. 3.

103. Orwell, *CW IX*, p. 24.

104. Ibid., p. 59.

105. Orwell, *Nineteen Eighty-Four: The Facsimile*, op. cit., p. 37.

106. Orwell, *CW IX*, p. 225.

107. Parecer editorial de Fredric Warburg sobre *1984*, 13 dez. 1948, *CW XIX*, 3505, p. 480.

108. Ibid.

109. *The New York Times*, 5 jan. 1948, apud Bew, op. cit., p. 451.

110. Kynaston, op. cit., p. 248.

111. Ver Coppard e Crick, op. cit., p. 216.

112. Orwell, "The Labour Government After Three Years", *Commentary*, out. 1948, *CW XIX*, 3461, p. 442.

113. Ibid., p. 439.

114. Orwell, "As I Please", *Tribune*, 15 nov. 1946, *CW XVIII*, 3115, p. 483.

115. Orwell, "Reflections on Gandhi", *Partisan Review*, jan. 1949, *CW XX*, 3516, p. 8.

116. Ver Warburg, op. cit., p. 102.

117. Carta de Orwell a David Astor, 21 dez. 1948, *CW XIX*, 3510, p. 485.

9. OS RELÓGIOS MARCAM TREZE HORAS [pp. 252-79]

1. Carta de Orwell a Julian Symons, 4 fev. 1949, *CW XX*, 3541, p. 35.

2. Ver Sally Coniam, "Orwell and the Origins of *Nineteen Eighty-Four*", *The Times Literary Supplement*, 31 dez. 1999.

3. Orwell, *CW IX*, p. 9. [Ed. bras.: p. 17.]

4. Carta de Orwell a Jacintha Buddicom, 14 fev. 1949, *CW XX*, 3550, p. 42.

5. Carta de Orwell a Celia Kirwan (*née* Paget), 13 fev. 1949, *CW XX*, 3549, p. 41.

6. Carta de Orwell a Anthony Powell, 15 nov. 1948, *CW XIX*, 3488, p. 467.

7. Carta de Orwell a Warburg, 22 out. 1948, *CW XIX*, 3477, p. 457.

8. Carta de Orwell a George Woodcock, 12 jan. 1949, *CW XX*, 3521, p. 16.

9. Carta de Orwell a Warburg, 21 dez. 1948, *CW XIX*, 3511, p. 486.

10. Carta de Orwell a Brenda Salkeld, ago. 1934, *CW X*, 204, p. 347.

11. Carta de Orwell a Leonard Moore, 3 out. 1934, *CW X*, 209, p. 351.

12. Orwell, "Benefit of Clergy", *CW XVI*, 2481, p. 234.

13. Orwell, "Notes from Orwell's Last Literary Notebook", *CW XX*, 3725, p. 204.

14. *Times Literary Supplement*, 10 jun. 1949, em Meyers (org.), op. cit., p. 256.

15. Parecer de Fredric Warburg sobre *1984*, *CW XIX*, 3505, p. 479.

16. Ibid., p. 481.

17. Parecer de David Farer sobre *1984*, 15 dez. 1948, *CW XIX*, 3506, p. 482.

18. Ibid.

19. Carta de Orwell a Roger Senhouse, 26 dez. 1948, *CW XIX*, 3513, p. 487.

20. Carta de Eugene Reynal a J. Edgar Hoover, 22 abr. 1949.

21. Carta de Orwell a Leonard Moore, 17 mar. 1949, *CW XX*, 3575, p. 67.

22. Ver Warburg, op. cit., p. 110.

23. Orwell, anotação em diário, 17 abr. 1949, *CW XX*, 2602, p. 92.

24. Carta de Orwell a Warburg, 16 maio 1949, *CW XX*, 3626, p. 116.

25. Orwell, resenha de *Dickens: His Character, Comedy and Career* de Hesketh Pearson, *The New York Times Book Review*, 15 maio 1949, *CW XX*, 3625, p. 115.

26. Orwell, anotações preliminares para "Evelyn Waugh", 1949, *CW XX*, 3586, p. 79.

27. Carta de Orwell a Wiadomsci, 25 fev. 1949, *CW XX*, 3553, p. 47.

28. Ibid., p. 95.

29. Warburg, "Relato de Visita a Orwell", 14 jun. 1949, *CW XX*, 3645, p. 132.

30. *Daily Mirror*, 14 dez. 1954.

31. John Lehmann, apud Spurling, op. cit., p. 53.

32. Stephen Spender, anotação em diário, 24 dez. 1980, em Lara Feigel, John Sutherland e Natasha Spender (orgs.), *New Selected Journals 1939-1995*. Londres: Faber & Faber, 2012, p. 586.

33. Spurling, op. cit., p. 27.

34. Carta de Orwell a Sonia Brownell, 12 abr. 1947, *CW XIX*, 3212, p. 124.

35. Spurling, op. cit., p. 77.

36. Carta de Orwell a Warburg, 22 out. 1948, *CW XIX*, 3477, p. 457.

37. Orwell, *CW IX*, p. 128. [Ed. bras.: p. 149.]

38. Spurling, op. cit., p. 93.

39. Orwell, *CW IX*, p. 12.

40. Ibid., p. 163.

41. Orwell, *Nineteen Eighty-Four: The Facsimile*, op. cit., p. 101.

42. Orwell, *CW IX*, p. 161. [Ed. bras.: p. 184.]

43. Randall Swingler, "The Right to Free Expression", *Polemic*, n. 5, set.--out. 1946, *CW XVIII*, 3090, pp. 433-34.

44. Arendt, op. cit., p. 622.

45. Ibid., p. 500.

46. Orwell, "The Last Man in Europe", *CW XV*, 2377, p. 368.

47. Kynaston, op. cit., 305.

48. Joe Moran, *Armchair Nation* (Profile, 2013), p. 27.

49. Arendt, op. cit., p. 444.

50. Orwell, *CW IX*, p. 29.

51. Crossman (org.), op. cit., p. 191.

52. Boris Souvarine, *Stalin: A Critical Survey of Bolshevism*. Trad. de C. L. R. James. Londres: Secker & Warburg, 1939, p. xiii.

53. Arendt, op. cit., p. 456.

54. Orwell, *CW IX*, p. 272. [Ed. bras.: p. 303.]

55. Ibid. [Ed. bras.: p. 304.]

56. Orwell, "The Last Man in Europe", *CW XV*, 2377, p. 368.

57. Orwell, *CW IX*, p. 38. [Ed. bras.: p. 94.]

58. Ibid., p. 44.

59. Ibid., p. 27. [Ed. bras.: p. 37.]

60. Ibid., p. 146. [Ed. bras.: p. 169.]
61. Ibid., p. 158. [Ed. bras.: p. 181.]
62. Ibid., p. 166. [Ed. bras.: p. 191.]
63. Ibid. [Ed. bras.: p. 191.]
64. Ibid., p. 142. [Ed. bras.: p. 163.]
65. Ibid., p. 251. [Ed. bras.: p. 281.]
66. Ibid., p. 256. [Ed. bras.: p. 287.]
67. Ibid., p. 182. [Ed. bras.: p. 209.]
68. Ibid., p. 276. [Ed. bras.: p. 308.]
69. Ibid., p. 172. [Ed. bras.: p. 197.]
70. Ibid., p. 19. [Ed. bras.: p. 28.]
71. Ibid., p. 84. [Ed. bras.: p. 101.]
72. Ibid., p. 268. [Ed. bras.: p. 300.]
73. Ibid., p. 201. [Ed. bras.: p. 229.]
74. Ibid., p. 281. [Ed. bras.: p. 313.]
75. Muggeridge, *The Thirties*, op. cit., p. 208.
76. Orwell, *CW IX*, p. 281.
77. Orwell, "The Prevention of Literature", *CW XVII*, 2792, p. 374.
78. Orwell, *CW IX*, p. 277. [Ed. bras.: p. 309.]
79. Ibid., p. 264. [Ed. bras.: p. 295.]
80. *The New Republic*, 16 mar. 1953, em Meyers (org.), op. cit., p. 315.
81. Orwell, *CW IX*, p. 276. [Ed. bras.: p. 308.]
82. Orwell, "Statement on *Nineteen Eighty-Four*", *CW XX*, 3636, p. 134.
83. *The Times*, Londres, 8 jun. 1949.
84. *The New York Times Book Review*, 31 jul. 1949.
85. Carta de John Dos Passos a Orwell, 8 out. 1949, *CW XX*, 3698, p. 194.
86. Ver Muggeridge, *Like It Was*, op. cit., p. 331.
87. E. M. Forster, apud Warburg, op. cit., p. 116.
88. Carta de Koestler a Orwell, 26 ago. 1949, *CW XX*, 3681A, p. 328.
89. Carta de Huxley a Orwell, 21 out. 1949.
90. Apud George Orwell, *Nineteen Eighty-Four with a Critical Introduction and Annotations by Bernard Crick*. Oxford: Clarendon University Press, 1984, p. 96.
91. Apud "Publication of *Nineteen Eighty-Four*", *CW XX*, 3643, p. 129.
92. Hansard, HC Deb, 21 jul. 1949, v. 467, col. 1623.
93. Wadhams, op. cit., p. 205.
94. Orwell, *CW IX*, p. 205.
95. Forster, *Two Cheers for Democracy*, op. cit., p. 61.
96. *Frankfurter Rundschau*, 5 nov. 1949, em Meyers (org.), op. cit., p. 281.
97. *New Leader*, 25 jun. 1949, em Meyers (org.), op. cit., p. 264.

98. *Life*, 4 jul. 1949.

99. *Evening Standard*, 7 jun. 1949.

100. *Masses and Mainstream*, ago. 1949, em Meyers (org.), op. cit., p. 274.

101. Ibid., p. 275.

102. *Pravda*, 12 maio 1950, em Meyers (org.), op. cit., p. 282.

103. Apud "Publication of *Nineteen Eighty-Four*", *CW XX*, 3643, p. 128.

104. Carta de Orwell a Shaw, 20 jun. 1949, *CW XX*, 3650, p. 139.

105. Carta de Orwell a Richard Rees, 28 jul. 1949, *CW XX*, 3669, p. 154.

106. Orwell, "Statement on *Nineteen Eighty-Four*", *CW XX*, 3636, p. 134.

107. Orwell, "Statement on *Nineteen Eighty-Four*", *CW XX*, 3636, p. 136.

108. Warburg, op. cit., p. 119.

109. *NBC University Theater: Nineteen Eighty-Four*, NBC, 27 ago. 1949.

110. *The New York Times*, 12 jun. 1949.

111. Warburg, "Relato de Visita a Orwell", *CW XX*, 3645, p. 131.

112. Jeffrey Meyers, *Orwell: Wintry Conscience of a Generation*. Nova York: W. W. Norton & Company, 2001, p. 304.

113. Muggeridge, *Like It Was*, op. cit., p. 354.

114. Orwell, *CW IX*, p. 143. [Ed. bras.: p. 164.]

115. Spurling, op. cit., p. 96.

116. Orwell, resenha de *The Two Carlyles* de Osbert Burdett, *The Adelphi*, mar. 1931, *CW XI*, 103, p. 197.

117. Wadhams, op. cit., p. 210.

118. Muggeridge, *Like It Was*, op. cit., p. 368.

119. George Woodcock, *The Crystal Spirit*, op. cit., p. 45.

120. *The New Statesman and Nation*, 28 jan. 1950, em Meyers (org.), op. cit., p. 296.

121. Ibid., p. 294.

122. *The Observer*, 29 jan. 1950, em Meyers (org.), op. cit., pp. 296-7.

123. Muggeridge, *Like It Was*, op. cit., p. 376.

124. Apud Cesarani, op. cit., p. 347.

125. Wadhams, op. cit., p. 211.

10. MILÊNIO NEGRO [pp. 283-313]

1. *Daily Mirror*, 13 dez. 1954.

2. Memorando de D. K. Wolfe-Murray ao Diretor de Programação Televisiva, 16 dez. 1954.

3. *The New York Times*, 17 dez. 1954.

4. *Daily Mirror*, 16 dez. 1954.

5. *Films and Filming*, set. 1958, apud Jason Jacobs, *The Intimate Screen: Early British Television Drama* Oxford: Clarendon Press, 2000, p. 138.

6. *Daily Mirror*, 13 dez. 1954.

7. *Daily Express*, 14 dez. 1954.

8. *Daily Mirror*, 13 dez. 1954.

9. *Daily Mirror*, 17 dez. 1954.

10. *Daily Express*, 14 dez. 1954.

11. *Daily Mirror*, 15 dez. 1954.

12. The Goon Show, "Nineteen Eighty- Five", BBC Home Service, 4 jan. 1955.

13. Bernard Hollowood, "On the Air", *Punch*, 22 dez. 1954, apud Rodden, *The Politics of Literary Reputation*, op. cit., p. 279.

14. *Daily Express*, 14 dez. 1954.

15. *Daily Mail*, 14 dez. 1954.

16. Ibid.

17. *The Guardian*, 22 dez. 1954.

18. *The Guardian*, 29 dez. 1954.

19. Isaac Deutscher, "1984: The Mysticism of Cruelty", Williams (org.), op. cit., p. 119.

20. *London Times*, 16 dez. 1954.

21. Para a vendagem, ver Warburg, op. cit., pp. 114-15.

22. Orwell, "Rudyard Kipling", *Horizon*, fev. 1942, *CW XIII*, 948, p. 157.

23. Nigel Kneale, "The Last Rebel of Airstrip One", *Radio Times*, 10 dez. 1954.

24. Hansard, HC Deb, 2 nov. 1950, v. 480, col. 353.

25. Apud Taylor, op. cit., p. 419.

26. Hansard, HC Deb, 18 jun. 1956, v. 554, col. 1026.

27. Spender, *World Review*, jun. 1950.

28. Lionel Trilling, "George Orwell and the Politics of Truth", Williams (org.), p. 79.

29. Arendt, op. cit., p. 601.

30. Orwell, resenha de *Russia Under Soviet Rule* de N. de Basily, *New English Weekly*, 12 jan. 1939, *CW XI*, 524, p. 317.

31. Crossman (org.), op. cit., p. 261.

32. Orwell, "Charles Dickens", *CW XII*, 597, p. 47.

33. Hansard, HC Deb, 21 jul. 1960, v. 627, col. 770.

34. A. L. Morton, *The English Utopia*. Londres: Lawrence & Wishart, 1952, p. 212.

35. Ibid., p. 213.

36. *Marxist Quarterly*, jan. 1956, Meyers (org.), op. cit., p. 290.

37. Orwell, "As I Please", *Tribune*, 17 mar. 1944, *CW XVI*, 2435, p. 124.

38. Deutscher, Williams (org.), op. cit., p. 130.

39. Ibid., pp. 131-2.

40. Golo Mann, Meyers (org.), op. cit., p. 277.

41. Czesław Miłosz, *The Captive Mind*. Londres: Penguin Classics, 2001, p. 42.

42. John Rodden, *Scenes from an Afterlife: The Legacy of George Orwell*. Wilmington: ISI Books, 2003, p. 71.

43. *Life*, 29 mar. 1943.

44. Frances Stonor Saunders, *Who Paid the Piper?: The CIA and the Cultural Cold War*. Londres: Granta, 2000, p. 59.

45. Orwell, "Notes on Nationalism", *CW XVII*, 2668, p. 148.

46. Orwell, *CW IX*, p. 321.

47. Peter Coleman, *The Liberal Conspiracy: The Congress for Cultural Freedom and the Struggle for the Mind of Postwar Europe*. Nova York: Free Press, 1989, p. 32.

48. Arthur M. Schlesinger, Jr, *The Vital Center: The Politics of Freedom*. Cambridge: Da Capo, 1998, p. 148.

49. Ibid., p. 147.

50. Ver Saunders, op. cit., pp. 162-3, 166.

51. Arthur Koestler, *The Yogi and the Commissar and Other Essays*. Londres: Jonathan Cape, 1945, p. 107.

52. Dwight Macdonald, *Discriminations: Essays & Afterthoughts 1938--1974*. Nova York: Grossman, 1974, p. 59.

53. Conor Cruise O'Brien, *Listener*, 12 dez. 1968, Meyers (org.), pp. 345-6.

54. Daniel J. Leab, *Orwell Subverted: The CIA and the Filming of Animal Farm*. University Park: Pennsylvania State University Press, 2007, p. 85.

55. Carta de Ihor Szewczenko a Orwell, 11 abr. 1946, *CW XVIII*, 2969, p. 236.

56. Ibid., p. 79.

57. Ibid., p. 83.

58. Apud David Sylvester, "Orwell on the Screen", *Encounter*, mar. 1955.

59. Apud David Hencke e Rob Evans, "How Big Brothers Used Orwell to Fight the Cold War", *The Guardian*, 30 jun. 2000.

60. Sylvester, op. cit.

61. *Today's Cinema*, 28 dez. 1954.

62. Saunders, op. cit., p. 459.

63. Ibid., p. 297.

64. (dir. Michael Anderson, 1956).

65. Cartaz para divulgação do filme *1984*.

66. *Daily Mail*, 27 fev. 1956.

67. Ibid.

68. Relatório de Celia Kirwan sobre visita a Orwell, 30 mar. 1949, *CW XX*, 3590A, p. 319.

69. Carta de Orwell a Celia Kirwan, 6 abr. 1949, *CW XX*, 3590B, p. 322.

70. Carta de Orwell a Celia Kirwan, 2 maio 1949, *CW XX*, 3615, p. 103.

71. Carta de Orwell a Richard Rees, 2 maio 1949, *CW XX*, 3617, p. 105.

72. Carta de Orwell a Richard Rees, 17 abr. 1949, *CW XX*, 3600, p. 88.

73. Orwell, "London Letter", *CW XIII*, 2990, p. 291.

74. Orwell, "Statement on *Nineteen Eighty-Four*", *CW XX*, 3636, p. 135.

75. Randall Swingler, "The Right to Free Expression", anotado por Orwell, *Polemic*, n. 5, set.-out. 1946, *CW XVIII*, 3090, p. 442.

76. *Lost Orwell*, op. cit., pp. 147-48.

77. Orwell, "Burnham's View of the Contemporary World Struggle", *CW XIX*, 3204, p. 103.

78. Carta de Orwell a George Woodcock, 23 mar. 1948, *CW XIX*, 3369, p. 301.

79. Stephen Bates, "Odd Clothes and Unorthodox Views: Why MI5 Spied on Orwell for a Decade", *The Guardian*, 4 set. 2007.

80. Ros Wynne- Jones, "Orwell's Little List Leaves the Left Gasping for More", *Independent on Sunday*, 14 jul. 1996.

81. Prefácio de Alexander Cockburn a John Reed, *Snowball's Chance*. Nova York: Roof Books, 2002, p. 7.

82. Wynne-Jones, op. cit.

83. Carta de Orwell a Richard Rees, 3 mar. 1949, *CW XX*, 3560, p. 52.

84. Ted Morgan, *Reds: McCarthyism in Twentieth-Century America*. Nova York: Random House, 2004, p. 566.

85. Richard H. Rovere, *Senator Joe McCarthy*. Londres: Methuen & Co., 1960, p. 12.

86. Richard M. Fried, *The McCarthy Era in Perspective*. Oxford: Oxford University Press, 1990, p. 136.

87. Orwell, "Burnham's View of the Contemporary World Struggle", *CW XIX*, 3204, p. 105.

88. Richard Hofstadter, *The Paranoid Style in American Politics*. Nova York: Vintage, 2008, p. 14.

89. Crossman (org.), op. cit., pp. 224-25.

90. Carol Brightman (org.), *Between Friends: The Correspondence of Hannah Arendt and Mary McCarthy, 1949-1975*. Londres: Secker & Warburg, 1995, p. 5.

91. Swingler e Orwell, "The Right to Free Expression", *CW XVIII*, 3090, p. 443.

92. Orwell, "Statement on *Nineteen Eighty-Four*", *CW XX*, 3636, p. 134.

93. Apud David M. Oshinsky, *A Conspiracy So Immense: The World of Joe McCarthy*. Oxford: Oxford University Press, 2005, p. 187.

94. James Reston, *Deadline: A Memoir*. Nova York: Random House, 1991, p. 215.

95. Ibid., p. 219.

96. Apud Morgan, op. cit., p. 447.

97. Apud Ray Bradbury, *Fahrenheit 451: 60th Anniversary Edition*. Nova York: Simon & Schuster, 2012, p. 189.

98. Ibid., p. 167.

99. Kingsley Amis, *New Maps of Hell: A Survey of Science Fiction*. Londres: Penguin, 2012, pp. 70-1.

100. George Orwell, *Nineteen Eighty-Four*. Nova York: Signet Books, 1950.

101. Walsh, op. cit., Meyers (org.), p. 293.

102. Ver Rodden, *The Politics of Literary Reputation*, op. cit., p. 211.

103. Raymond Williams, *Politics and Letters: Interviews with New Left Review*. Nova York: Verso, 1981, p. 384.

11. UM PAVOR TÃO MEDONHO [pp. 314-39]

1. Stephen Haseler, *The Death of British Democracy: A Study of Britain's Political Present and Future* Londres: Paul Elek, 1976, p. 221.

2. Buckley, op. cit., p. 252.

3. Geoff MacCormack, *From Station to Station: Travels with Bowie 1973--1976*. Guildford: Genesis, 2007, p. 93.

4. Roy Hollingsworth, "Cha-Cha-Cha-Changes: A Journey with Aladdin", *Melody Maker*, 12 maio 1973.

5. Benn, anotação em 7 dez. 1973, *Against the Tide: Diaries 1973-76*. Londres: Hutchinson, 1989, p. 220.

6. Apud Stephen Dorril e Robin Ramsay, *Smear!: Wilson and the Secret State*. Londres: 4th Estate, 1991, p. 230.

7. Richard Eder, "Battle of Britain 1974", *The New York Times*, 24 fev. 1974.

8. Patrick Cosgrave, "Could the Army Take Over?", *Spectator*, 22 dez. 1973.

9. Charles Shaar Murray, "Tight Rope Walker at the Circus", *New Musical Express*, 11 ago. 1973.

10. *Merkur*, v. 28, n. 10, 1974.

11. Richard N. Farmer, *The Real World of 1984: A Look at the Foreseeable Future*. Filadélfia: David McKay Co., 1973, p. vii.

12. Jerome Tuccille, *Who's Afraid of 1984?*. Nova York: Arlington House, 1975, p. 3.

13. Burgess, *1985*, op. cit., p. 18.

14. Nicholas von Hoffman, "1984: Here Today, Here Tomorrow?", *The Washington Post*, 17 jun. 1974.

15. Mary McCarthy, "The Writing on the Wall", *The New York Review of Books*, 30 jan. 1969.

16. Sonia Orwell, "Unfair to George", *Nova*, jun.-jul. 1969.

17. Ver Lucas, *The Betrayal of Dissent*, op. cit., p. 39.

18. Saul Bellow, *Mr. Sammler's Planet*. Alison Press, 1984, p. 42.

19. Bruce Franklin, "The Teaching of Literature in the Highest Academies of the Empire", em Louis Kampf e Paul Lauter (orgs.), *The Politics of Literature: Dissenting Essays on the Teaching of English*. Nova York: Pantheon Books, 1972, p. 116.

20. *Omnibus: George Orwell: The Road to the Left* (BBC, 1971).

21. Spirit, "1984" (Ode Records, 1969).

22. John Lennon, "Only People", *Mind Games* (Apple, 1973).

23. Rare Earth, "Hey Big Brother" (Rare Earth, 1971).

24. Ver *The Official Warren Commission Report on the Assassination of President John F. Kennedy* (Doubleday & Company, 1964).

25. *The Prisoner File* (Channel 4, 1984).

26. Entrevista de Warner Troyer com Patrick McGoohan para a Ontario Educational Communications Authority, mar. 1977.

27. Orwell, resenha de *The Unquiet Grave: A Word Cycle* de Palinurus, *Observer*, 14 jan. 1945, *CW XVII*, 2604, p. 21.

28. *The Prisoner* (ITV, 1967-8).

29. *The Prisoner*, episódio "A Change of Mind".

30. *The Prisoner*, episódio "Dance of the Dead".

31. *The Prisoner*, episódio "The Chimes of Big Ben".

32. *Privilege* (dir. Peter Watkins, 1967).

33. Apud Peter Doggett, *The Man Who Sold the World: David Bowie and the 1970s*. Londres: Bodley Head, 2011, p. 254.

34. Cameron Crowe, "Ground Control to Davy Jones", *Rolling Stone*, 12 fev. 1976.

35. Steve Malins, "Duke of Hazard", *Vox*, out. 1995.

36. Ben Edmonds, "Bowie Meets the Press: Plastic Man or Godhead of the Seventies?", *Circus*, 27 abr. 1976.

37. Ibid.

38. Nicholas Pegg, *The Complete David Bowie*. Londres: Titan, 2011, p. 333.

39. Ibid., p. 68.

40. Paul Du Noyer, "Contact", *Mojo*, n. 104, jul. 2002.

41. Burgess, op. cit., p. 91.

42. Ibid., p. 92.

43. Orwell, *CW VI*, p. 54.

44. David Bowie, *Diamond Dogs* (RCA, 1974).

45. Buckley, op. cit., p. 185.

46. Eder, "Battle of Britain, 1974", op. cit.

47. Ibid.

48. Apud Doggett, op. cit., p. 211.

49. Apud Pegg, op. cit., p. 555.

50. "Sketch for Hunger City film", 1974, *David Bowie Is*. Nova York: V&A Publishing, 2013, p. 135.

51. Robert Hilburn, "Bowie Finds His Voice!", *Melody Maker*, 14 set. 1974.

52. Entrevista de Cameron com Bowie, *Playboy*, set. 1976.

53. Crowe, "Ground Control to Davy Jones", op. cit.

54. Anthony O'Grady, "Dictatorship: The Next Step?", *NME*, 23 ago. 1975.

55. Buckley, op. cit., p. 231.

56. Ibid., p. 253.

57. *Daily Express*, 1 fev. 1974.

58. "Firm Action for a Fair Britain", manifesto para a eleição geral do Partido Conservador, fev. 1974.

59. Andy Beckett, *Pinochet in Piccadilly*. Londres: Faber & Faber, 2003, p. 173.

60. Ibid., p. 84.

61. Ibid., p. 85.

62. Apud Dominic Sandbrook, *Seasons in the Sun: The Battle for Britain, 1974-1979*. Londres: Allen Lane, 2012, p. 129.

63. Maugham, op. cit., pp. 31-2.

64. Apud Beckett, op. cit., p. 196.

65. Ibid.

66. Lord Chalfont, "Could Britain Be Heading for a Military Takeover?", *London Times*, 5 ago. 1974.

67. Dorril e Ramsay, op. cit., p. 265.

68. Benn, anotação em diário, 22 ago. 1974, *Against the Tide*, op. cit., p. 220.

69. *London Times*, 8 maio 1975.

70. Benn, anotação em diário, 20 jan. 1976, *Against the Tide*, op. cit., p. 501.

71. Ver Dorril e Ramsay, op. cit., p. 258.

72. Philip Whitehead, *The Writing on the Wall: Britain in the Seventies*. Londres: Michael Joseph, 1985, p. 216.

73. Robert Moss, *The Collapse of Democracy*. Londres: Temple Smith, 1975, p. 277.

74. Ibid., p. 35.

75. Haseler, op. cit., p. 10.

76. Ibid., p. 199.

77. Rhodes Boyson (org.), *1985: An Escape from Orwell's 1984: A Conservative Path to Freedom*. Londres: Churchill Press, 1975, p. ix.

78. *Radio Times*, 19 set. 1977.

79. Howard Brenton, *Plays: One*. Londres: Methuen, 1986, p. 108.

80. Entrevista de Troyer com McGoohan, mar. 1977.

81. Martin Amis, *The War Against Cliché: Essays and Reviews 1971-2000*. Londres: Vintage, 2002, p. 117.

82. Burgess, op. cit., p. 102.

83. Martin Amis, *The War Against Cliché*, op. cit., p. 116.

84. Ibid., p. 120.

85. The Jam, "Standards", *This Is the Modern World* (Polydor, 1977).

86. Dead Kennedys, "California Über Alles" (Optional Music, 1979).

87. The Clash, "1977" (CBS, 1977).

12. ORWELLMANIA [pp. 340-69]

1. Jack Mathews, *The Battle for Brazil* Terry Gilliam v. Universal Pictures in the Fight to the Final Cut. Nova York: Applause, 1998, p. 45.

2. "1984" (Chiat/Day, 1983).

3. Walter Isaacson, *Steve Jobs*. Londres: Little, Brown, 2011, p. 162 [Ed. bras.: Steve Jobs. São Paulo: Companhia das Letras, 2011.].

4. Steve Hayden, "'1984': As Good As It Gets", *Adweek*, 30 jan. 2011.

5. Apud Adelia Cellini, "1984: 20 Years On", *Macworld*, jan. 2004.

6. Nancy Millman, "Apple '1984' Spot: A Love/Hate Story", *Advertising Age*, 30 jan. 1984.

7. Ibid.

8. Isaacson, op. cit., p. 169.

9. Millman, op. cit.

10. Nat Hentoff, "The New Age of No Privacy", *Village Voice*, 1 fev. 1983.

11. *Village Voice*, 1 fev. 1983.

12. Geoffrey Stokes, "The History of the Future", *Village Voice*, 1 fev. 1983.

13. Günter Grass, *Headbirths, or The Germans Are Dying Out*. Londres: Secker & Warburg, 1982, p. 67.

14. Michael Robertson, "Orwell's *1984* — Prophecy or Paranoia?", *San Francisco Chronicle*, 19 dez. 1983.

15. Apud Leopold Labedz, "Will George Orwell Survive 1984?", *Encounter*, jun. 1984.

16. John Ezard, "Big Brother Looks Ready for Big Business in 1984", *The Guardian*, 28 dez. 1983.

17. *The New Show* (NBC, 1984).

18. Reproduzido em Rodden, *The Politics of Literary Reputation*, op. cit., p. 234.

19. *TV Guide*, 18 jan. 1984.

20. *Musician*, mar. 1983.

21. Apud Ezard, op. cit.

22. James Cameron, "All Together Now", *The Guardian*, 3 jan. 1984.

23. *Spectator*, 7 jan. 1984.

24. Hansard, HC, 25 jan. 1984, v. 52, col. 1001.

25. Rodden, *The Politics of Literary Reputation*, op. cit., p. 235.

26. *The Futurist*, dez. 1983.

27. Isaac Asimov, "It's Up to the Scientists to Refute Orwell's *1984*", *Science Digest*, ago. 1979.

28. Rodden, *The Politics of Literary Reputation*, op. cit., p. 257.

29. Orwell, "Benefit of Clergy", *CW XVI*, 2481, p. 237.

30. Oingo Boingo, "Wake Up (It's 1984)" (A&M, 1983).

31. *The New York Times*, 1 jan. 1984.

32. Cathy Booth, "1984 — The Year of the Book", UPI, 1 jan. 1984.

33. Orwell, "Statement on *Nineteen Eighty-Four*", *CW XX*, 3636, p. 136.

34. Robertson, "Orwell's 1984 — Prophecy or Paranoia?", op. cit.

35. George Steiner, "Killing Time", *The New Yorker*, 12 dez. 1983.

36. David Plante, *Difficult Women: A Memoir of Three*. Londres: Victor Gollancz, 1983, p. 99.

37. *Variety*, 25 abr. 1984.

38. *Photoplay*, dez. 1984.

39. Depoimento de Michael Radford ao autor (também nas citações seguintes).

40. Fiona Kieni, "John Hurt on Nineteen Eighty-Four", *Metro Magazine*, n. 65, 1984.

41. *The Guardian*, 11 out. 1984.

42. Terry Gilliam, Charles Alverson e Bob McCabe, *Brazil: The Evolution of the 54th Best British Film Ever Made*. Londres: Orion, 2001, p. 12.

43. Salman Rushdie, "An Interview with Terry Gilliam", *Believer*, mar. 2003.

44. Gilliam, Alverson e McCabe, op. cit., p. 157.

45. Orwell, *CW IX*, p. 48.

46. *Brazil* (dir. Terry Gilliam, 1985).

47. Depoimento de Radford ao autor.

48. Mathews, op. cit., p. 93.

49. Ibid., p. 144.

50. Rushdie, "An Interview with Terry Gilliam", op. cit.

51. Orwell, "Personal Notes on Scientifiction", *Leader Magazine*, 21 jul. 1945, *CW XVII*, 2705, p. 220.

52. Alan Moore e David Lloyd, *V for Vendetta*. Burbank: DC, 1990, p. 5.

53. Alan Moore, "Behind the Painted Smile," *Warrior* 17, 1 mar. 1984, ibid., p. 267.

54. Ibid., p. 108.

55. Ibid., p. 6.

56. Margaret Atwood, "What *The Handmaid's Tale* Means in the Age of Trump", *The New York Times*, 10 mar. 2017.

57. Atwood, *Curious Pursuits*, op. cit., p. 335.

58. Ingersoll (org.), op. cit., p. 161.

59. Margaret Atwood, *The Handmaid's Tale*. Nova York: Vintage, 1996, p. 34. [Ed. bras.: *O conto da aia*. Rio de Janeiro: Rocco, 2017.]

60. Margaret Atwood, "Haunted by *The Handmaid's Tale*", *The Guardian*, 21 jan. 2012.

61. Orwell, *CW IX*, p. 319.

62. Ibid., p. 133.

63. Atwood, *The Handmaid's Tale*, op. cit., p. 239.

64. Atwood, "What *The Handmaid's Tale* Means in the Age of Trump", *The New York Times*, 10 mar. 2017.

65. *Time*, 28 nov. 1983.

66. Christopher Norris (org.), *Inside the Myth: Orwell: Views From the Left*. Londres: Lawrence and Wishart, 1984, p. 81.

67. Norman Podhoretz, "If Orwell Were Alive Today", *Harper's*, jan. 1983.

68. Christopher Hitchens e Norman Podhoretz, *Harper's*, fev. 1983.

69. Ver Robert C. de Camara, "Homage to Orwell", *National Review*, 13 maio 1983; e E. L. Doctorow, "On the Brink of 1984", *Playboy*, fev. 1983.

70. Ver *Tribune*, 6, 13, 20, 27 jan. 1984.

71. *The Guardian*, 31 dez. 1983.

72. Neil Kinnock, "Shadow of the Thought Police", *London Times*, 31 dez. 1983.

73. *The Sun*, 2 jan. 1984.

74. Paul Johnson, *Spectator*.

75. Apud Michael Glenny, "Orwell's 1984 Through Soviet Eyes", *Index on Censorship*, v. 13, n. 4, ago. 1984.

76. Apud Labedz, "Will George Orwell Survive 1984?", op. cit.

77. Glenny, "Orwell's 1984 Through Soviet Eyes", op. cit.

78. *The Guardian*, 8 jan. 1984.

79. Timothy Garton Ash, "Orwell for Our Time", *The Observer*, 6 maio 2001.

80. Apud Thomas Cushman e John Rodden (orgs.), *George Orwell Into the Twenty-First Century*. Boulder: Paradigm, 2004, p. 274.

81. Glenny, "Orwell's 1984 Through Soviet Eyes", op. cit.

82. Milan Šimečka, "A Czech Winston Smith", *Index on Censorship*, v. 13, n. 1, fev. 1984.

83. Milan Kundera, *The Book of Laughter and Forgetting*. Trad. de Michael Henry Heim. Londres: Faber & Faber, 1992, p. 3. [Ed. bras.: *O livro do riso e do esquecimento*. São Paulo: Companhia das Letras, 2008.]

84. Kundera, *Testaments Betrayed*, op. cit., p. 255.

85. Ibid., p. 256.

86. Natan Sharansky, coletiva de imprensa, 29 jan. 1996.

87. Milovan Djilas, "The Disintegration of Leninist Totalitarianism", Irving Howe (org.), *1984 Revisited: Totalitarianism in Our Century*. Nova York: Harper & Row, 1984, p. 140.

88. Masha Gessen, *The Future Is History: How Totalitarianism Reclaimed Russia*. Londres: Granta, 2018, p. 65.

89. Orwell, *CW IX*, p. 159. [Ed. bras.: p. 182.]

90. Apud Gessen, op. cit., p. 86.

91. Labedz, "Will George Orwell Survive 1984?", op. cit.

92. Bob Brewin, "Worldlink 2029", *Village Voice*, 1 fev. 1983.

93. *Tribune*, 17 jun. 1949, *CW XX*, 3649, p. 139.

94. David Burnham, "The Computer, the Consumer and Privacy", *The New York Times*, 4 mar. 1984.

95. Walter Cronkite, "Orwell's *1984* — Nearing?", *The New York Times*, 5 jun. 1983.

96. John Corry, "TV: *1984* Revisited", *The New York Times*, 7 jun. 1983.

13. OCEÂNIA 2.0 [pp. 370-92]

1. Apud Elizabeth Young-Bruehl, *Hannah Arendt: For Love of the World.* New Haven: Yale University Press, 1982, p. 255.

2. Neil Postman, *Amusing Ourselves to Death.* Londres: Methuen, 1987, p. viii.

3. Ibid., p. 160.

4. Andrew Smith, *Totally Wired: On the Trail of the Great Dotcom Swindle.* Nova York: Simon & Schuster, 2012, p. 295.

5. "Estate of Orwell versus CBS", 00-C-5034 (ND Ill).

6. Orwell, *CW IX*, p. 29.

7. Bernard Crick, "Big Brother Belittled", *The Guardian*, 19 ago. 2000.

8. Timothy Garton Ash, "Orwell for Our Time", *The Observer*, 6 maio 2001..

9. *The Guardian*, 31 dez. 2002.

10. David Fricke, "Bitter Prophet", *Rolling Stone*, 26 jun. 2003.

11. *Fahrenheit 9/11* (dir. Michael Moore, 2004).

12. Orwell, *CW IX*, p. 60.

13. Ron Suskind, "Faith, Certainty and the Presidency of George W. Bush", *The New York Times Magazine*, 17 out. 2004.

14. Daniel Kurtzman, "Learning to Love Big Brother/ George W. Bush Channels George Orwell", SFgate.com, 28 jul. 2002.

15. Scott Lucas, *Orwell.* Londres: Haus, 2003, p. 138.

16. Apud John Rodden, *Every Intellectual's Big Brother: George Orwell's Literary Siblings.* Austin: University of Texas Press, 2006), p. 159.

17. Mihir Bhanage, "Never Thought *V* Would Become a Symbol of Global Rebellion", TNN, 1º mar. 2017.

18. Philip Roth, "The Story Behind 'The Plot Against America'", *The New York Times*, 19 set. 2004.

19. Entrevista do autor com Charlie Brooker para a *Empire*, Londres, 7 jul. 2016.

20. Huxley, *Brave New World and Brave New World Revisited*, op. cit., p. 8.

21. *Fahrenheit 451* (HBO, 2018).

22. Rebecca Solnit, "Poison Apples", *Harper's*, dez. 2014.

23. Ibid.

24. Dave Eggers, *The Circle.* Londres: Penguin, 2014, p. 303. [Ed. bras.: *O círculo.* São Paulo: Companhia das Letras, 2014.]

25. Ibid., p. 491.

26. Margaret Atwood, "When Privacy Is Theft", *The New York Review of Books*, 21 nov. 2013.

27. Edward Snowden, "Alternative Christmas Message", Channel 4, 25 dez. 2013.

28. Coletiva de imprensa, Califórnia, 7 jun. 2013.

29. *All in With Chris Hayes*, MSNBC, 10 jun. 2013.

30. "So, Are We Living in 1984?", Newyorker.com, 11 jun. 2013.

31. Tilman Baumgaertel, "'I Am a Communication Artist': Interview with Nam June Paik", Rhizome.org, 5 fev. 2001.

32. Peter Huber, *Orwell's Revenge: The 1984 Palimpsest*. Palimpsest: Free Press, 1994, p. 235.

33. Ibid., p. 228.

34. George Orwell, *Nineteen Eighty-Four*. Introdução de Thomas Pynchon. Londres: Penguin, 2003, p. xxv.

35. Huxley, *Brave New World and Brave New World Revisited*, op. cit., p. xxi.

36. Apud Snyder, op. cit., p. 82.

37. Apud Gessen, op. cit., p. 249.

38. Peter Pomerantsev, *Nothing Is True and Everything Is Possible: Adventures in Modern Russia*. Londres: Faber & Faber, 2015, p. 7.

39. Ibid., p. 77.

40. *The Guardian*, 15 set. 2018.

41. Anne Applebaum, "A Warning from Europe: The Worst is Yet to Come", *The Atlantic*, out. 2018.

42. *Hollywood Reporter* online, 3 abr. 2017.

43. Variety.com, 21 mar. 2017.

44. Depoimento de Robert Icke e Duncan Macmillan ao autor, Londres, 5 jul. 2018.

45. Icke e Macmillan, op. cit., p. 17.

46. Ibid.

47. Ibid.

48. Ibid., p. 95.

49. Ibid., p. 80.

50. Ibid.

51. Ibid., p. 89.

52. *Daily Record*, 26 fev. 2017.

53. Orwell, *CW IX*, p. 220. [Ed. bras.: p. 249.]

54. Orwell, "As I Please", *Tribune*, 24 mar. 1944, *CW XVI*, 2441, p. 133.

55. Apud Robertson, "Orwell's 1984 — Prophecy or Paranoia?", op. cit.

56. Orwell, *CW IX*, p. 14.

57. Nicholas Thompson e Issie Lapowsky, "How Russian Trolls Used Meme Warfare to Divide America", Wired.com, 17 dez. 2018.

58. Andrew Marantz, “Reddit and the Struggle to Detoxify the Internet”, *The New Yorker*, 19 mar. 2018.

59. *My Next Guest Needs No Introduction with David Letterman*, episódio 1, Netflix, 2018.

60. Twitter, @alexstamos, 7 out. 2017.

61. Disponível em: <https://www.washingtonpost.com/graphics/politics/trump-claims-database>

62. *Meet the Press*, NBC, 19 ago. 2018.

63. Dee Rees, em Philip K. Dick, *Philip K. Dick’s Electric Dreams*. Londres: Gollancz, 2017, p. 54.

64. Discurso de Donald Trump na convenção dos Veterans of Foreign Wars, 24 jul. 2018.

65. Orwell, *CW IX*, p. 84.

66. Adam Gopnik, “Orwell’s ‘1984’ and Trump’s America”, Newyorker.com, 27 jan. 2017.

67. Orwell, “Looking Back on the Spanish War”, *CW XIII*, 1421, p. 504.

68. *Life*, 4 jul. 1949.

POSFÁCIO [pp. 393-5]

1. Orwell, *CW IX*, p. 303.

2. Depoimento de Michael Radford ao autor.

3. Orwell, *CW IX*, p. 282.

4. Orwell, “Why I Write”, *CW XVIII*, 3007, p. 316.

5. *Partisan Review*, jul. 1949, Meyers (org.), op. cit., p. 270.

6. Orwell, *CW IX*, p. 9.

7. Orwell, “The Freedom of the Press”, *CW XVII*, 2721, p. 258.

Créditos das imagens

ORGANIZADOS POR PÁGINA

Bellamy *Historical/ Getty Images*
Wells and Welles *Bettman/ Getty Images*
Huxley *Edward Gooch Collection/ Stringer/ Getty Images*
Koestler *National Portrait Gallery/ Londres*

Milicianos do Poum *The Orwell Archive, UCL Library Services, Special Collections*
Eileen Blair *The Orwell Archive, UCL Library Services, Special Collections*
Orwell e colegas *BBC Photo Library*

Prédio da BBC *Photo Library*

Orwell em casa *Venon Richards State*
Barnhill *The Orwell Archive, UCL Library Services, Special Collections*

Sonia Blair *ullstein bild Dtl./ Getty Images*

Pleasence e Cushing *ullstein bild/ Getty Images*

Bowie *Terry O'Neill/ Iconic Images/ Getty Images*

Planned Parenthood *SAUL LOEB/ AFP/ Getty Images*

As demais imagens são cortesia do autor ou de domínio público.

Índice remissivo

ESTA OBRA FOI COMPOSTA EM MINION PELO ESTÚDIO O.L.M. / FLAVIO PERALTA
E IMPRESSA EM OFSETE PELA LIS GRÁFICA SOBRE PAPEL PÓLEN SOFT DA
SUZANO S.A. PARA A EDITORA SCHWARCZ EM JUNHO DE 2021

FSC
www.fsc.org
MISTO
Papel produzido
a partir de
fontes responsáveis
FSC® C112738

A marca FSC® é a garantia de que a madeira utilizada na fabricação do papel deste livro provém de florestas que foram gerenciadas de maneira ambientalmente correta, socialmente justa e economicamente viável, além de outras fontes de origem controlada.